La Résistance française à Buchenwald

DU MÊME AUTEUR

La Déportation fragmentée. Les anciens déportés parlent de politique,
préface d'André Kaspi, Paris, La Boutique de l'Histoire Éditions, 1994.

OLIVIER LALIEU

La Résistance française
à Buchenwald

Préface de Jorge S<small>EMPRUN</small>

TEXTO
Le goût de l'histoire

© Éditions Tallandier, 2005 et 2012 pour la présente édition
Éditions Tallandier, 2 rue Rotrou – 75006 Paris.

www.tallandier.com

SOMMAIRE

Sigles 11
Glossaire des principaux termes concentrationnaires 13
Préface, par Jorge SEMPRUN 19
Le camp de concentration de Buchenwald
et ses kommandos extérieurs... 24
Introduction 25

Chapitre premier : L'univers de Buchenwald 51

    La création du camp 52
    Les premières années 56
    Une imposante cité 59
    Une population bigarrée 72
    Des rapports de force permanents 77
    La délégation de pouvoir 80
    « Rouges » ou « verts » ? 87
    « Une stratégie de survie » 91
    La naissance du *Häftling* 95
    La quarantaine 98
    Une journée à Buchenwald 99

Chapitre II : Les fondateurs du collectif français :
Frédéric-Henri Manhès et Marcel Paul 104

    Manhès : de l'édition à la guerre d'Espagne 105
    Le militant Marcel Paul 110

L'adjoint de Jean Moulin 115
L'un des premiers résistants communistes 126

Chapitre III : Le Comité des intérêts français 134
    L'expérience communiste de l'internement 134
    Les premiers regroupements de Français 141
    L'action du colonel Manhès 146
    L'arrivée de Marcel Paul 153
    Le développement de l'appareil communiste 156
    Le Collectif français : le CIF 161
    L'influence des communistes 168
    L'équilibre des forces au sein du CIF 172
    Bataille politique au sein du Comité international 177

Chapitre IV : La dramatique question des « transports » 184
    L'épée de Damoclès 187
    Le dévouement du père Stenger 191
    Le rôle central de l'*Arbeitsstatistik* 194
    De nombreuses initiatives individuelles 203
    « Une vie remplacée par une autre » 206
    Un « choix » nécessaire ? 215
    Le convoi pour Ohrdruf du 9 janvier 1945 222

Chapitre V : Rester des hommes 226
    Soutenir le moral 228
    Lutter contre les coups 235
    Discipliner la communauté française 243
    La solidarité 251
    Les colis 255
    Le sabotage 264

Chapitre VI : La libération du camp 268
    La Brigade française d'action libératrice 273
    Le rôle de la *Lagerschutz* 279
    Les derniers mois de Buchenwald 282
    Le block 61 287
    La fin : avril 1945 292
    Le 11 avril 1945 298

Chapitre VII : Un symbole controversé 304
   Les premiers témoignages 309
   La campagne de *Paroles françaises* 314
   « L'amnésique de Brive » 320
   Des polémiques récurrentes 323
   Un procès historique 325

Conclusion 331
Annexes 345
Sources 414
Bibliographie 427
Index 434
Remerciements 443

SIGLES

AS : Armée secrète.
BCRA : Bureau central de renseignement et d'action, organe directeur des services spéciaux de la France libre.
BFAL : Brigade française d'action libératrice.
CIF : Comité des intérêts français, ou Collectif français (CF).
CF : *Voir* CIF.
CFLN : Comité français de libération nationale.
CNA : Comité national de l'Allemagne libre.
CND : Confrérie Notre-Dame.
CNR : Conseil national de la Résistance.
DAW : *Deutsche Ausrüstungswerke*, usines allemandes d'équipements.
CGT : Confédération générale du travail, organisation syndicale.
FN : « Front national », mouvement de résistance.
FNDIR : Fédération nationale des déportés et internés de la Résistance.
FNDIRP : Fédération nationale des déportés et internés résistants et patriotes.
FTP : *Voir* FTPF.
FTPF : Francs-tireurs et partisans français, ou Francs-tireurs et partisans (FTP).

GPRF : Gouvernement provisoire de la République française
IKL : *Inspektion der Konzentrationslager*, Inspection générale des camps de concentration rattachée à la SS.
KL : *Konzentrationslager*, camp de concentration (ou KZ, sigle familier).
KZ : *Voir* KL.
KPD : *Kommunistische Partei Deutschlands*, parti communiste allemand.
NAP : « Noyautage des administrations publiques », mouvement de résistance.
ORA : Organisation de résistance de l'armée.
OS : Organisation spéciale.
PCF : Parti communiste français.
PRL : Parti républicain de la liberté.
PS : Parti socialiste.
SD : *Sicherheitsdienst*, service de sécurité de la SS.
SFIO : Section française de l'internationale ouvrière ou parti socialiste français.
SS : *Schutzstaffel*, Échelon de protection, initialement garde rapprochée d'Hitler puis corps d'élite du régime nazi.
STO : Service du travail obligatoire.

GLOSSAIRE DES PRINCIPAUX TERMES CONCENTRATIONNAIRES

Arbeitseinsatz : Service du travail dans l'appareil concentrationnaire nazi.

Arbeitsstatistik : Bureau de la statistique du travail, fonctionnant au sein de l'administration détenue sous la conduite d'un kapo et sous le contrôle d'un SS, l'*Arbeitseinsatzführer*. Ce service est chargé de la répartition de la main-d'œuvre au sein des kommandos.

Block : Bâtiment d'habitation ou affecté à un service au sein du camp des détenus. Chacun dispose d'un numéro.

Blockältester : Doyen de block.

Blockführer : Responsable SS d'un block.

Brandwache : Groupe de détenus chargé de la lutte contre les incendies.

Bunker : Prison.

Effektenkammer : Entrepôt des effets et des vêtements pris aux détenus. C'est le plus grand bâtiment à l'intérieur du camp de Buchenwald.

Flügel : Aile d'un block. À Buchenwald, les blocks en bois en comportent deux, ceux en pierre avec un étage, quatre.

Gustloff-Werke : Firme industrielle appartenant à la SS.

Häftling : Détenu.

Holzhof : Kommando du bois.

Kapo : Prisonnier encadrant un kommando de travail.

Kino : Cinéma.

Kommando : Unité de travail. Le terme concerne par extension les lieux où sont implantés des camps annexes rattachés au camp principal (*Aussenkommando*).

Lager : Camp.

Lagerältester : Doyen du camp. Prisonnier occupant la plus haute fonction dans l'administration détenue, au nombre de deux lors de la création de Buchenwald en 1937, puis de trois dès l'année suivante.

Lagerkommandant : Commandant SS du camp.

Lagerkommando : Kommando affecté à l'entretien du camp.

Lagerschutz : Service de police intérieure du camp composé de détenus.

Meister : Contremaître civil participant à l'encadrement du travail concentrationnaire.

Politische Abteilung : Section politique, antenne de la *Gestapo* auprès de la direction SS du camp.

Prominenz : Détenus prééminents occupant une charge majeure au sein de l'administration concentrationnaire.

Revier (nom officiel « *Häftlingskrankenbau* ») : Infirmerie du camp des détenus.

Schneiderei : Kommando des tailleurs.

Schreibstube : Secrétariat des détenus.

Schonung : Billet de repos

Sonderlager dit « *Fichtenhain* » : Camp spécial pour les internés de marque, à l'extérieur de l'enceinte principale.

Stubendienst : Service d'entretien de la chambrée, le détenu affecté au *Stubendienst* se trouve dans le block sous l'autorité du *Blockältester*. Par extension, le nom est donné à l'homme lui-même.

Stück : « Pièce », « chose ». Terme qualifiant les détenus dans le jargon nazi.

Transport : Transfert d'un groupe de détenus vers un autre camp ou un camp annexe.
Vorarbeiter : Détenu spécialiste encadrant le travail d'un *Kommando*, sous les ordres du kapo.
Wehrmacht : Armée allemande.
Zeltlager : Camp des tentes.

Pour Lior,

« Par malheur, à force de juger,
on finit, presque fatalement,
par perdre jusqu'au goût d'expliquer.
Les passions du passé mêlant leurs reflets
aux partis pris du présent,
le regard se trouble sans recours,
et pareille au monde des manichéens,
l'humaine réalité n'est plus
qu'un tableau en blanc et en noir[1]. »

---

1. BLOCH (Marc), *Apologie pour l'histoire ou métier d'historien*, édition critique préparée par Étienne BLOCH, préface de Jacques LE GOFF, Paris, Armand Colin, 1993, p. 157.

PRÉFACE

« Dans des sociétés totalement barbarisées, comme un camp de concentration, ou même dans certaines conditions tout à fait particulières, comme celles de la résistance clandestine dans un pays occupé, bien des choses, qui étaient, quant à leur nature morale, objectivement fraude ou meurtre ou perfidie dans la vie civilisée ordinaire, cessent alors de tomber sous la même définition et deviennent, quant à leur nature morale, objectivement permises ou éthiquement bonnes [...] »

C'est Jacques Maritain qui a écrit ces mots percutants, dépourvus d'ambiguïté, dans l'un de ses essais les plus importants de philosophie politique, *L'Homme et l'État*. Et il les a écrits en pensant concrètement à l'expérience de Buchenwald, qu'il a connue et analysée à partir de deux livres, principalement, *Les Jours de notre mort*, de David Rousset et *L'Enfer organisé* d'Eugène Kogon.

Maritain, philosophe chrétien de la tradition thomiste, ne peut être soupçonné de faiblesse envers les théories qui prétendent justifier les moyens par la fin à obtenir. Il arrive cependant à la conclusion que je viens de citer après avoir examiné les deux attitudes possibles dans un camp de concentration.

« La première attitude suppose, écrit-il, que les seuls moyens d'activité qui demeurent sont les évangéliques de purification de soi, de sacrifice et d'amour fraternel. »

Maritain ne nie pas que cette attitude soit justifiable, il en respecte la grandeur morale. Mais il croit cependant que, même dans un univers concentrationnaire, « il n'est pas possible à l'homme, en règle générale, de renoncer à toute activité politique ».

Ainsi, constate Maritain, la première attitude, qui vise à une pureté sacrificielle, n'est pas recommandable en général, et la seconde, parce qu'elle suppose que la fin – la résistance aux entreprises de déshumanisation du nazisme – justifie les moyens et qu'il n'y a pas de dieu, pas de référence morale, en somme, hors de l'espèce humaine, celle-là est mauvaise en soi.

Quelle est donc la réponse à ce dilemme ? Où établir la ligne de démarcation entre le mal et le bien, entre les principes moraux abstraits et les exigences d'une action de résistance clandestine ? C'est la conscience qui devient l'arbitre, dit Maritain. La conscience morale du résistant et non point « des notions abstraites résidant dans un ciel platonicien ».

« À Buchenwald, proclame Maritain, non seulement ceux qui professaient que la fin justifie les moyens, mais des chrétiens aussi, comme Eugène Kogon et ses amis, ont entrepris, non sans succès, une action clandestine pour déjouer la discipline féroce de leurs geôliers. Et dans cette action clandestine une conscience droite, avertie de la loi morale, avait à séparer les actes permis des actes non permis, alors qu'il fallait faire face à des situations sans précédent dans la vie civilisée. »

Jamais, me semble-t-il, les problèmes moraux et pratiques qui se posaient aux résistants déportés, désireux de continuer le combat dans les conditions spécifiques de l'univers concentrationnaire nazi, jamais ils n'auront été évoqués et analysés avec la rigueur et la clarté de ces pages de Jacques Maritain, dans son essai *L'Homme et l'État*.

Il est probable, pour ne point dire certain, que les responsables français des divers réseaux et mouvements de résistance qui se sont retrouvés à Buchenwald, au début de l'année 1944 – époque des déportations massives en Allemagne – ne se sont pas formulé la question des fins et des moyens comme l'énonce Jacques Maritain. Certains d'entre eux, sans doute, ne devaient même pas connaître l'existence de ce philosophe chrétien. Ils se sont rassemblés, concertés, sous la pression exigeante d'une situation dramatique. Ils avaient l'esprit de lutte chevillé au corps, au-delà des différences d'idéologie politique et de parcours dans le monde de la vie clandestine. Ils ont décidé de poursuivre le combat, quelles que fussent les difficultés. « On s'engage et puis on voit », cette phrase de Napoléon exprime sans doute de façon adéquate leur état d'esprit de l'époque.

D'autre part, il est clair que le camp nazi de Buchenwald était, dans l'archipel des *Lager*, celui où les possibilités concrètes d'une résistance antifasciste clandestine existaient objectivement.

Créé en 1937, Buchenwald a été, en effet, le camp où la Gestapo a concentré la plupart des opposants politiques au régime hitlérien : communistes, sociaux démocrates, chrétiens, avec une nette prédominance de la première catégorie. En 1943-1944, lorsque y sont arrivés, par vagues successives, les milliers de résistants arrêtés en France, les politiques allemands au triangle rouge avaient déjà écarté, après une longue et sourde lutte sans quartier, les criminels de droit commun au triangle vert, de la plupart de postes décisifs de l'administration interne.

Malgré l'évidente démoralisation individuelle d'une grande partie de ces militants – comme l'a fort bien dit Maritain, l'homme qui lutte dans ces conditions-là « ne peut que se corrompre à la longue du fait de sa complète adaptation à un milieu corrompu » – ils étaient pourtant parvenus à créer une structure solide, bien que clandestine, de résistance et de solidarité. Structure dans laquelle les déportés non-allemands, à commencer par les Tchèques et les Polonais, arrivés dès 1939, et ensuite par les résistants venus de France, ont pu s'intégrer peu à peu, non sans heurts et sans conflits.

C'est précisément l'étude minutieuse de cette histoire, dans toutes ses nuances et ses singularités, qui fait l'objet de l'essai d'Olivier Lalieu, auquel je suis heureux de pouvoir apporter quelques pages en guise de préface.

Il s'agit, en effet, d'un travail remarquable. D'abord par l'ampleur et la rigueur de sa documentation : archives officielles ou privées, témoignages écrits ou oraux, il semble bien qu'Olivier Lalieu a tenu compte, de façon exhaustive, de la documentation disponible, souvent inédite, oubliée ou très peu utilisée. Il sera difficile, sinon impossible, de faire mieux.

En deuxième lieu, il faut souligner l'objectivité historique du travail de l'auteur. Il ne s'est pas laissé entraîner sur le terrain mouvant des querelles, des passions, des règlements de compte de cette histoire vivante et circonstanciée, dramatique en tout cas, sur laquelle le choc idéologique de la « guerre froide » a projeté une lumière contrastée, souvent injuste, parfois sottement calomnieuse.

De ce point de vue, me semble-t-il, Olivier Lalieu apporte tous les arguments, toutes les données documentaires, toutes les interprétations ajustées, minutieusement, qui permettent un travail d'approche à la vérité du moment.

Car à l'objectivité de son regard historique, Olivier Lalieu a su ajouter une vision psychologique profonde et empathique des principaux personnages réels de l'histoire de la résistance clandestine à Buchenwald. Comme s'il avait, du moins implicitement, tenu compte de l'observation philosophique, magistralement résumée, de Jacques Maritain, selon laquelle « dans des sociétés totalement barbarisées, comme un camp de concentration », il est impossible d'appliquer les préceptes moraux d'une vie civilisée ordinaire. Des actes condamnables dans cette vie-là, devenaient dans les circonstances de Buchenwald, « objectivement permis et éthiquement bons ».

Avec prudence, rigueur et minutieuse attention aux documents existants, le travail d'Olivier Lalieu permet une approche nouvelle de cette vérité apparemment paradoxale, mais essentielle, si on revient sur ce passé tragique au moment du soixantième anniversaire de la libération des camps nazis.

Jorge SEMPRUN

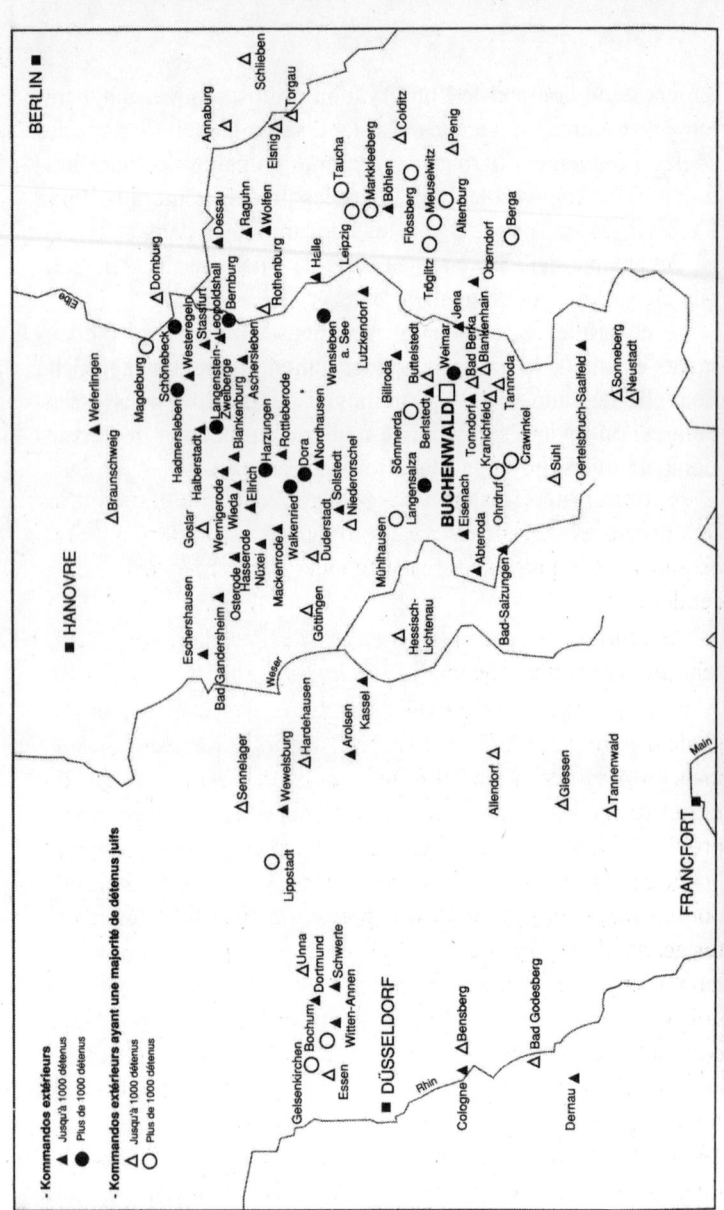

INTRODUCTION

18 avril 1945. Aéroport du Bourget, banlieue parisienne. Des avions se posent tous les après-midi sur le tarmac. Des dizaines de rapatriés en provenance d'Allemagne en descendent.

Ce jour-là, les premiers rescapés de Buchenwald, libérés sept jours plus tôt, touchent le sol de France.

En ce printemps, l'actualité est rythmée par l'avancée triomphale des troupes alliées vers Berlin, capitale d'un Reich désormais en perdition. Loin du front, sauf en de rares zones de son territoire, la France commence à renaître. Le Gouvernement provisoire lutte contre le marché noir qui mine une économie brisée par quatre années d'occupation et de combats dont elle portera longtemps les traces. Il poursuit l'épuration contre les dirigeants du régime de Vichy et les autres partisans de la collaboration avec l'Allemagne hitlérienne ; une épuration sévère qui sait toutefois se montrer ponctuellement bienveillante. Nombre d'entre eux ne sont pas là, à la traîne des armées nazies en déroute. Près de deux millions et demi d'hommes, de femmes et d'enfants sont eux aussi absents, transférés entre 1939 et 1944 hors du territoire national pour des motifs très divers, prisonniers de guerre, travailleurs forcés ou non, déportés. La France se prépare à la tenue imminente de ses premières élections depuis la Libération, des élections municipales où, fait inédit, les femmes pourront voter. Les mouvements issus de la Résistance s'effacent devant les partis, et singulièrement le parti communiste, première force du pays. Le jeu politique reprend ses droits.

Bref, le quotidien mêle privation et enthousiasme, impatience et travail, deuil et espérance.

La libération des camps de concentration et le retour des déportés s'inscrit dans ce contexte, à la fois banal et exceptionnel.

Ce 18 avril, Jean Quittard, l'un des grands radioreporters de l'époque, couvre l'arrivée des survivants de Buchenwald. Il réalise à cette occasion un document particulièrement émouvant. De plus, ses propos et les témoignages recueillis illustrent précisément la conscience naissante de ce qu'est Buchenwald, en même temps qu'ils participent à la définir.

Buchenwald offre l'image d'un camp symbole, le camp des élites où le combat de la Résistance s'est poursuivi. Il acquiert ainsi dès 1945 et pour plusieurs décennies une place centrale dans la représentation de la déportation, comme le montre Annette Wieviorka dans son ouvrage de référence *Déportation et génocide. Entre la mémoire et l'oubli*[1]. Plusieurs raisons y concourent, relevant à la fois de données statistiques et historiques.

Si l'on excepte le camp d'extermination d'Auschwitz-Birkenau, où près de soixante-neuf mille Juifs de France furent déportés et dont seuls deux mille cinq cents survécurent,

---

[1]. WIEVIORKA (Annette), *Déportation et génocide. Entre la mémoire et l'oubli*, 2ᵉ éd., Paris, Hachette Littérature, 2003, 506 p. (coll. « Pluriel »).

le camp de concentration de Buchenwald constitue la principale destination des déportés de l'Hexagone. Sur un effectif total de deux cent quarante mille détenus, plus de vingt-cinq mille Français y furent immatriculés, dont dix à treize mille regagnent le pays à l'issu du conflit. Il n'est donc pas étonnant que leurs témoignages soient les plus nombreux parmi tous ceux publiés en France dans l'après-guerre[1].

L'importance de Buchenwald est en outre renforcée par le fait que ce camp et ses kommandos extérieurs furent les premiers sites concentrationnaires, avec encore des détenus, libérés sur le front occidental. À l'est, les troupes soviétiques ont pénétré à Lublin-Majdanek dès juillet 1944 et à Auschwitz en janvier 1945. À l'ouest, les Américains ont ouvert en novembre 1944 le camp de Natzweiler près de Strasbourg, vidé de toute présence humaine. Mais c'est avec la découverte d'Ohrdruf et de ses charniers à une soixantaine de kilomètres au sud-est de Buchenwald, le 5 avril 1945, que les autorités militaires américaines prennent réellement conscience de la monstruosité de l'univers concentrationnaire. Visitant les lieux une semaine plus tard, Dwight D. Eisenhower, commandant en chef des troupes expéditionnaires alliées en Europe aurait prononcé cette phrase entrée dans la postérité : « On nous dit que le soldat américain ne sait pas pourquoi il se bat. Maintenant, au moins, il saura contre qui il se bat[2]. »

Dès lors, une « pédagogie de l'horreur » selon l'expression de Marie-Anne Matard-Bonucci est mise en place, aussi bien envers les troupes, les hommes politiques, les médias et l'opinion des pays de la coalition contre l'Axe, que la population

---

1. Avec 48 livres sur 248 édités entre 1944 et 1951, selon le comptage effectué par MANNARINO (Damien), « La Mémoire déportée », in *La Revue d'histoire de la Shoah. Le monde juif*, n° 162, janvier-avril 1998, p. 16.

2. Selon le général Omar BRADLEY, cité par WIEVIORKA (Annette), *Déportation et génocide. Entre la mémoire et l'oubli, op. cit.*, p. 78.

allemande. Elle vise à montrer dans sa réalité la plus brutale les camps et les morts qu'ils ont engendrés[1]. Elle se renforce immédiatement avec la libération de Buchenwald et l'appréhension progressive du fonctionnement des camps.

Mais au-delà de ces facteurs, Buchenwald est indissociable de l'importance prise par la résistance des détenus dans la vie du camp. Au terme d'un sourd et impitoyable combat, les détenus politiques sont en effet parvenus à renverser les détenus de droit commun dans le contrôle de l'administration intérieure et à constituer une puissante organisation clandestine dont l'action n'a pas d'équivalent ailleurs. David Rousset n'aura de cesse de la décrire à travers ces deux ouvrages capitaux que sont *L'Univers concentrationnaire* en 1945 et surtout *Les Jours de notre mort* en 1947. Bien qu'il passe moins de deux mois à Buchenwald, entre janvier et février 1944, avant d'être transféré au kommando de Porta Westphalica puis à Neuengamme, David Rousset centre son œuvre sur ce camp et contribue par la qualité et l'intelligence de ses écrits, à sa prééminence dans la mémoire de la déportation. Militant trotskiste né le 18 janvier 1912 à Roanne dans la Loire, il est arrêté le 16 octobre 1943 après avoir œuvré clandestinement dans le travail de propagande en direction de l'armée allemande.

Aussi, le triomphe des forces antinazies survenu à Buchenwald, dont la reconnaissance transcende les clivages politiques sans exclure de vifs débats, ne peut que trouver un

---

1. Voir MATARD-BONUCCI (Marie-Anne), « La Pédagogie de l'horreur », in MATARD-BONUCCI (Marie-Anne) et LYNCH (Édouard), dir., *La Libération des camps et le retour des déportés. L'histoire en souffrance*, Bruxelles, Complexe, 1995, pp. 61-73 ; se reporter également à l'étude de CHÉROUX (Clément), « "L'Épiphanie négative". Production, diffusion et réception des photographies de la libération des camps », in CHÉROUX (Clément), dir., *Mémoire des camps. Photographies des camps de concentration et d'extermination nazis (1933-1999)*, Paris, Marval, 2001, pp. 103-127.

écho manifeste dans une société française désormais fédérée par le culte de la Résistance.

Le reportage de Jean Quittard livre cependant bien davantage d'informations, révélant au passage les préjugés de l'époque sur la vie dans les camps et les approximations qui les sous-tendent.

Il y a dans cet avion des hommes politiques, des universitaires, des hauts fonctionnaires, des militaires, des médecins, un célèbre musicien et les dirigeants du Comité des intérêts français (CIF), l'organisation clandestine nationale. Dans les silences des uns et les formules des autres, l'histoire et les rapports de force au sein de la communauté française se dessinent.

Le journaliste précise d'emblée son propos, dans un style déclamatoire, évoquant le retour de déportés « politiques », selon le vocabulaire de l'époque par opposition aux déportés « raciaux », c'est-à-dire les victimes juives : « Déportés politiques ! Quelle affreuse injure à la liberté et au respect de la personne humaine. Mais les Boches nazis ne toléraient pas que des intellectuels français puissent critiquer par leur attitude ou par leurs propos courageux les exactions qu'ils commettaient. C'est ainsi que de nombreux intellectuels français, précisément parce qu'ils étaient des intellectuels, s'opposèrent aux méthodes et à la propagande nazie. Pour cela, ils furent arrêtés par la Gestapo et déportés dans des camps comme celui de Buchenwald où ils ne risquaient plus de servir d'exemple à la Résistance. Ces déportés qui n'ont jamais douté de leurs convictions ; ces hommes et ces femmes qui ont toujours cru que la liberté et la justice triompheraient un jour de la barbarie et de l'oppression reviennent parmi nous. Parmi nous qui ne les avions jamais oubliés et qui devons maintenant les accueillir partout, avec un enthousiasme digne et affectueux[1]. »

---

1. INA Phonothèque, 180445RDF00.

Le journaliste s'approche tout d'abord d'Albert Forcinal, ancien député de l'Eure qu'il reconnaît et interroge sur ses premières impressions.

Albert Forcinal : « Nous sommes extrêmement touchés de remettre le pied sur le sol français, que nous avons quitté dans des conditions atroces, il y a quelque chose comme quinze mois pour ceux venus au départ de Compiègne. Et ces quinze mois, qui avaient été précédés de neuf mois de prison très durs, ces cellules de condamnés à mort à Fresnes…[1] »

Le bruit d'un moteur d'avion couvre sa voix. Une fois l'appareil passé, Albert Forcinal a changé de sujet.

« Nous avons été libérés, pour répondre à cette question précise, après environ deux jours d'attente très anxieuse vous le devinez, car la bataille faisait rage à l'ouest de la position du camp de Buchenwald. Les Américains ont eu un mérite considérable à pousser la bataille, à l'enlever, à être vainqueur sans causer de pertes au camp. Nous n'avons eu aucun camarade de touché par les bombes, les obus ou les balles de mitrailleuses qui évidemment pleuvaient tout autour du camp. C'est bien le cas mon cher camarade, car en ce moment je me fais un devoir de dire que je parle non seulement pour moi mais pour mon camarade Thomas, mon excellent camarade, auquel je dois peut-être la vie car à un certain moment quand…[2] »

Quittard lui coupe la parole et invite alors Eugène Thomas à les rejoindre, mais celui-ci préfère décliner la proposition et demeure en retrait du micro. Albert Forcinal poursuit toutefois, lui rendant un vibrant hommage public. Car Thomas le sauva alors qu'il était au plus mal, épuisé physiquement. Il évoque ensuite les transports qui voyaient régulièrement de nombreux détenus partir vers d'autres camps où beaucoup décédèrent.

---
1. *Ibid.*
2. *Ibid.*

Forcinal insiste en outre sur la reconnaissance éprouvée par les rescapés envers les troupes américaines pour la bataille libératrice, mais également « pour dire qu'ils nous ont traités d'une façon extrêmement belle, extrêmement touchante, extrêmement fraternelle, ils ont fait les choses très largement. Ils ont commencé en quelques heures à effacer les traces vraiment des misères et des tortures que nous avons endurées pendant si longtemps ; un accueil extrêmement touchant[1]. » Enfin, Forcinal tient à rassurer les familles dans l'attente de nouvelles des leurs.

Le ton change avec l'interview suivante, celle du professeur Robert Waitz dont le nom n'est pas donné à l'antenne. Ses propos n'en présentent pas moins une portée politique essentielle, dont la pertinence demeure aujourd'hui encore : « Nous espérons que l'enseignement que l'on peut tirer des événements des dernières années, de ce que nous avons vu dans les camps de concentration [...] devront servir pour que de tels faits ne se reproduisent et d'autres enseignements également doivent montrer combien l'éducation, dans les universités, dans les écoles, doit être remaniée afin que cette génération s'oppose à ce que de tels faits se reproduisent[2]. »

Jean Quittard acquiesce et enchaîne : « Mais voici que l'on pousse près du micro le colonel Manhès qui était chargé je crois des intérêts français au camp de Buchenwald. Mon colonel, est-ce que vous pourriez me donner la liste, si vous connaissez les noms, des personnalités qui sont arrivées aujourd'hui par les avions qui viennent d'atterrir ? »

Colonel Manhès : « Monsieur, je parle au nom des résistants et des politiques déportés au camp de concentration de Buchenwald. L'avion qui vient d'atterrir rapatrie les premiers

---
1. *Ibid.*
2. *Ibid.*

Français et ce convoi comprend quelques-unes des notabilités qui sont restées pendant des mois derrière les barbelés de Buchenwald. »

Le colonel égrène alors la liste des rapatriés, close par une délégation du CIF, comité présidé par Manhès, avec pour vice-président Albert Forcinal, Marcel Paul comme secrétaire, et dont Eugène Thomas est membre[1].

Les échanges qui suivent méritent une attention toute particulière.

Jean Quittard : « Mon colonel, vous qui étiez chargé des intérêts français au camp de Buchenwald, puisque ce camp était surtout composé d'intellectuels français, est-ce que vous avez eu la possibilité au camp de satisfaire à votre goût de l'étude et du travail intellectuel. Est-ce que les nazis ne vous ont pas gênés dans vos goûts ? »

Colonel Manhès : « Il nous a été très difficile de satisfaire à nos aspirations parce que les nazis nous condamnaient à un travail obligatoire... »

JQ : « Un travail manuel ? »

M : « Travail manuel le plus souvent et souvent pour des usines de guerre. Inutile de vous dire que nous nous sommes efforcés de faire tout le sabotage possible, mais malgré cela nous avons été obligés en tous les cas de travailler. Nous étions d'ailleurs fort mal considérés parce que les Français étaient ceux qui travaillaient le moins. »

JQ : « Pouvez-vous me dire quelques mots mon colonel sur le traitement qui vous était infligé au camp de Buchenwald ? »

M : « C'est très difficile à définir. »

JQ : « C'était un traitement certainement très sévère, je comprends votre réserve. »

M : « Traitement très sévère, mais surtout la schlague. »

---

1. La liste complète est reproduite dans les annexes de cet ouvrage.

JQ : « Et quelle est votre impression en arrivant en France, quels sont vos espoirs surtout ? »

M : « Nous ne savons rien encore. Je n'ai qu'une émotion que vous devez comprendre, nous avons atterri au Bourget, c'est véritablement… j'ai tellement d'émotion à voir des Français, des Françaises, que je ne sais pas quoi dire. Je dois vous paraître un peu maladroit… »

JQ : « Non, du tout, du tout. Vous ne connaissiez rien de la situation actuelle de la France, tant au point de vue politique qu'économique bien entendu. »

M : « Non absolument rien, absolument rien, sauf ce que nous avons connu par la radio allemande dans le domaine militaire. »

L'apparente naïveté de la première question du journaliste surprend. La méconnaissance des camps est-elle à ce point forte qu'elle autorise à s'interroger sur les possibilités d'étude et de travail intellectuel derrière leurs barbelés ? Il faut le croire. La remarque repose en outre sur une donnée historiquement fausse relative à la composition sociologique du groupe des Français, à l'assise nettement plus large que les seuls intellectuels. En retour, le discours du colonel Manhès apparaît fortement marqué par l'émotion comme il le reconnaît lui-même. Ses réponses sont brèves, hachées ; leur teneur pourrait sembler presque superficielle pour un homme de son importance.

Face aux propos du dirigeant communiste Marcel Paul, qui lui succède au micro, le contraste est en tout cas saisissant.

JQ : « Mais je reconnais dans le groupe de ces déportés qui gagne la sortie Marcel Paul. Marcel Paul qui, dans le comité intersyndical des services publics parisiens a pris la défense de ses camarades, et que j'ai eu l'occasion et le plaisir d'applaudir dans les meetings de la Bourse du travail. Marcel Paul, je suis heureux de te revoir. Je me permets de te tutoyer. Quelle est ton impression en revenant sur le sol français ? Il y a longtemps que tu étais absent. »

Marcel Paul : « Notre impression à tous ici est indéfinissable. Nous nous demandions, nous nous demandons dans quel état nous retrouvons la France. Notre tâche, au colonel Manhès, à moi, ainsi qu'aux autres camarades du comité français est d'obtenir le plus rapidement possible le retour ici de tous nos camarades de Buchenwald et en particulier les invalides et les malades dont l'état est alarmant. »

JQ : « Est-ce qu'il y avait beaucoup de militants syndicalistes au camp de Buchenwald ? »

MP : « Un certain nombre, mais les pertes dans ce domaine ont été très lourdes. »

JQ : « Très lourdes ! Et quel est le régime de vie qui vous était imposé ? »

MP : « Le régime de vie était très différent. Il y avait deux camps. Le Petit camp, camp de quarantaine, où les conditions de vie étaient abominables. C'est dans ce camp que les pertes dont on a donné les chiffres impressionnants se produisaient. Plus de cinq mille pour chacun des mois de février et mars de cette année. Dans le Grand camp, les conditions étaient un peu différentes, mais il n'y avait qu'une minorité des arrivants à Buchenwald qui pouvait passer au Grand camp. Ceux-là sont dans un état moins grave quoiqu'ils étaient traités eux aussi à la schlague, c'est-à-dire à la trique SS, et aux chiens. »

JQ : « Tu n'as pas d'informations, évidemment, sur la situation actuelle de la France ? »

MP : « Nous avions des informations, évidemment très générales. Nous savions dégager quand même de la presse, de la propagande hitlérienne, ce qu'elles pouvaient nous indiquer sur la situation en France. Ce que nous savons, c'est qu'en France une grande bataille est encore à livrer, une bataille que les internés qui rentrent vont essayer de livrer et de gagner. »

JQ : « Et bien, j'espère bien qu'ils auront leur place et qu'à la suite des sacrifices qu'ils ont subis ils pourront parler haut et clair et se faire entendre. »

MP : « Ils voudront surtout que les responsables des malheurs de la patrie, les responsables des souffrances de ces milliers, milliers, dizaines de milliers de Français internés, que ces souffrances ne soient pas vaines et qu'elles soient vengées. Nous avons la volonté de refaire une France propre, une France forte et une France heureuse. Nous rejoindrons sur ce front de combat tous les Français de bonne volonté. »

JQ : « Je te remercie Marcel Paul et je constate que d'instinct tu retrouves la personnalité du militant syndicaliste qui sait exprimer et interpréter les sentiments de la population ouvrière. »

La sympathie de Jean Quittard envers Marcel Paul est évidente. Le journaliste souligne avec raison la vision politique qui se dégage de ses propos. On notera que Marcel Paul formule une appréciation différente de Manhès sur deux points majeurs, Manhès dont il fut pourtant très proche en déportation : sur ses impressions au sortir du camp et sur la connaissance de la situation en France. En fait, Marcel Paul s'affirme dès ses premières paroles, avec calme et détermination, comme un leader charismatique, ce qu'il n'a jamais cessé d'être. Sa déportation n'aura pas été une parenthèse de ce point de vue, mais une étape cruciale dans sa vie, comme d'ailleurs – à des degrés divers – pour la plupart de ceux interviewés ici par Jean Quittard.

Nous le verrons, ces hommes sont des personnalités publiques ; ils deviendront des dirigeants associatifs, des ministres. Ils ont alors en moyenne quarante à cinquante ans. Certes, leur carrière n'a pas débuté pas à Buchenwald ; elle se poursuivra après. Mais le camp marque d'une empreinte indélébile leur existence et tisse entre eux des liens durables, qu'ils soient placés sous le signe d'une grande fraternité ou d'un ressentiment tenace. Pendant une dizaine de mois, en 1944 et 1945, Buchenwald les a réunis dans un combat commun pour la sauvegarde de la communauté française au camp.

Ce livre rapporte leur histoire et détaille leur action, individuelle et collective, menée dans des circonstances dramatiques et singulières.

Fondé en juin 1944 à Buchenwald, dans la clandestinité, le Comité des intérêts français est l'expression de cette lutte, son aboutissement au terme de longs mois de gestation, d'initiatives avortées, de tractations. Il réunit les diverses factions présentes, partis et mouvements de la Résistance, et s'appuie d'une manière centrale sur sa composante communiste. Car « étant donné la situation de fait et les circonstances exceptionnelles, il s'est trouvé que l'instrument exécutif du CIF fut officiellement l'organisation communiste[1] », explique Marcel Paul en 1977. Le comité n'est certes pas la seule manifestation de la solidarité française, car d'autres initiatives le précèdent ou sont conduites en parallèle. Certains prisonniers choisirent de rester en dehors ou en marge du comité, par méfiance ou par calcul. Mais le CIF et les personnalités qui le composent constituent historiquement le cœur de cette communauté, son épine dorsale.

Son action doit impérativement rester invisible aux yeux des SS pour qui le moindre signe de rassemblement des détenus est une marque de résistance, ce qu'il constitue effectivement. L'action du CIF est à la fois tournée vers l'intérieur et l'extérieur du groupe ; vers l'intérieur, pour organiser et discipliner

---

1. Préface de Marcel Paul à l'ouvrage : DURAND (Pierre), *Les Français à Buchenwald et à Dora. Les armes de l'espoir*, Paris, Messidor, 1977, p. 17.

les membres de la communauté ; vers l'extérieur, pour représenter et défendre leurs intérêts face aux autres nationalités également structurées. Pour agir dans la société concentrationnaire de Buchenwald, une société si particulière, le CIF a aussi pour ambition de trouver des relais et de conquérir des places dans l'administration intérieure avec des hommes sûrs. Marcel Paul le rappelle :

« Les camarades assurant les tâches dans l'administration intérieure étaient, par cette action, personnellement en danger direct, ils constituaient, c'est vrai, une partie de la machinerie résistante clandestine invisible, dont ni le centre, ni les moyens ne devaient être décelés.

Et cette défense souterraine, ces grains de sable partout dans l'organisation SS, c'était là encore qu'un aspect du combat livré contre l'ennemi, par les déportés[1]. »

La participation aux structures administratives du camp n'est certes qu'une des dimensions de l'action clandestine, mais elle est sans conteste la plus sensible, provoquant les controverses les plus violentes. Sous le titre « la zone grise », Primo Levi l'analyse avec une grande finesse dans son ouvrage *Les Naufragés et les rescapés*. Mais il faut le dire d'emblée, si sa définition du concept de « zone grise » et son analyse séduisent, son travail vise à dégager des leçons générales et il ne prend pas pour objet le seul camp de Buchenwald, dont les caractéristiques propres ne doivent pas être ignorées.

Pour l'auteur de *Si c'est un homme*, rescapé italien d'Auschwitz-Birkenau, comprendre conduit nécessairement à simplifier, « réduire le connaissable à des schémas », notam-

---

1. INA Phonothèque, bobine 54 L 01, « Le monde concentrationnaire », émission du 30 mars 1965, témoignage de Marcel Paul.

ment dans le domaine des relations sociales « avec une bipartition ami-ennemi[1] ». Mais cette division théorique entre victime et persécuteur, entre bien et mal, s'adapte *a priori* difficilement aux rapports humains au sein des camps. L'une des premières étapes de l'initiation du nouvel arrivant réside en effet dans sa confrontation avec « un ennemi, nouveau et étrange, le prisonnier-fonctionnaire qui [...] vous tombait dessus en hurlant dans une langue que vous ignoriez et vous frappait au visage[2] ». Au camp, « la classe hybride des prisonniers-fonctionnaires en constitue l'ossature, et, en même temps, l'élément le plus inquiétant. C'est une "zone grise", aux contours mal définis, qui sépare et relie à la fois les deux camps des maîtres et des esclaves[3] ».

Primo Levi réaffirme à plusieurs reprises cette volonté de ne pas porter avec précipitation de jugement sur l'action des « prisonniers-fonctionnaires ». Il exprime sur ce point des positions successives qui, sans être contradictoires, intègrent certaines nuances. La première tend à réserver cette capacité d'appréciation « uniquement à ceux qui ont eu la possibilité de vérifier sur eux-mêmes ce que signifie le fait d'agir en état de contrainte[4] ». Quelques lignes plus loin, Primo Levi adopte un point de vue plus tranché : « La condition d'offensé n'exclut pas la faute, et souvent celle-ci est grave objectivement, mais je ne connais pas de tribunal humain auquel en déléguer la mesure[5]. »

---

1. LEVI (Primo), *Les Naufragés et les rescapés. Quarante ans après Auschwitz*, traduit de l'italien par André MAUGÉ, Paris, Gallimard, 1989, p. 36. (coll. « Arcades »).
2. *Ibid.*, p. 41.
3. *Ibid.*, p. 42.
4. *Ibid.*, p. 43.
5. *Ibid.*, p. 44.

Ces précautions exprimées, Primo Levi distingue deux catégories. Le plus grand nombre des prisonniers-fonctionnaires est constitué d'individus occupant des postes d'un rang inférieur – balayeurs, interprètes, etc. –, bénéficiant de bien peu de privilèges et dont le sort ne les éloigne guère de la souffrance commune. Ceux-là pourraient être considérés avec complaisance. Il identifie ensuite les détenus occupant un poste de commandement : kapos, chefs de baraque, secrétaires et tous ceux travaillant dans les services administratifs du camp. Pour eux, son regard se fait moins bienveillant, plus partagé, même s'il réaffirme l'impossibilité de les juger. Si Primo Levi se montre prudent, c'est en fait pour mieux identifier les « prisonniers-fonctionnaires » appartenant parallèlement aux organisations de résistance du camp, suivi en cela par le sociologue allemand Wolfgang Sofsky[1]. Il cite plusieurs noms, dont ceux de communistes. Pour ces déportés, « le pouvoir dont ils disposaient grâce à leurs charges était-il contrebalancé par le très grand danger qu'ils couraient comme résistants et comme détenteurs de secrets. Ces fonctionnaires n'étaient nullement, ou n'étaient qu'en apparence, des collaborateurs mais bien plutôt des opposants camouflés[2] ». Et Primo Levi les oppose à la masse des autres qui « se sont révélés des exemplaires humains allant de la médiocrité au pire[3] ».

Primo Levi refuse donc qu'on confonde au sein de la « zone grise » victimes et bourreaux, cibles d'un même opprobre. Dans son essence même, l'existence d'une classe de détenus privilégiés et la responsabilité des rapports oppressifs engendrés entre prisonniers est imputable à l'État totalitaire nazi ;

---

1. SOFSKY (Wolfgang), *L'Organisation de la terreur. Les camps de concentration*, traduit de l'allemand par Olivier MANNONI, Paris, Calmann-Lévy, 1995, p. 177. (coll. « Liberté de l'esprit »).
2. LEVI (Primo), *op. cit.*, p. 44.
3. *Ibid.*, p. 45.

peu importe la disponibilité de certains prisonniers, la diversité de leurs motivations et la violence de leur comportement.

Force est de constater que cette analyse distinctive n'a pas toujours prévalu dans l'étude de Buchenwald. Car feindre l'ignorance serait absurde, voire hypocrite. Le sujet est délicat et il le reste soixante ans après les faits, suscitant régulièrement de nombreuses polémiques, entre anciens déportés, sur la scène publique, dans la presse, dans des livres, à la télévision ou jusque sur la scène judiciaire, mais le plus souvent en dehors du champ historique. La dernière partie de cet ouvrage leur est d'ailleurs consacrée, afin d'examiner leurs spécificités et de s'interroger sur leur permanence.

La question de la « maîtrise des camps » s'est trouvée posée à travers le prisme des « détenus-fonctionnaires » considérés comme des alliés objectifs de la SS et des exécuteurs zélés de leurs consignes criminelles, ce qu'ils furent effectivement la plupart du temps, et à ce titre unanimement condamnés avec vigueur. Mais une généralisation abusive, devenue simplification ou caricature, empêche de comprendre l'histoire singulière de Buchenwald et le rôle pris par l'organisation clandestine de résistance.

Un autre phénomène vient renforcer cette difficulté d'appréhension. Au terme d'un processus mémoriel complexe, aujourd'hui l'opinion publique se représente souvent la vie dans les camps à travers l'exemple extrême d'Auschwitz-Birkenau, « *anus mundi* » comme l'a qualifié Wieslaw Kielar[1].

---

1. Sur l'évolution de la mémoire de la Shoah, on consultera d'Annette WIEVIORKA, outre *Déportation et génocide. Entre la mémoire et l'oubli, op. cit.*, *L'Ère du témoin*, Paris, Plon, 1998, 185 p. ; BENSOUSSAN (Georges), *Auschwitz en héritage ? D'un bon usage de la mémoire*, nouv. éd. revue et augm., Paris, Mille et une nuits, 2003, 300 p.

À la fin de l'année 1941, le IIIe Reich décide de procéder à l'extermination du peuple juif, après des années de violences antisémites, de persécutions et d'exclusion. Elle repose en particulier sur des exécutions massives dans l'est de l'Europe et, surtout, sur la création en Pologne de six centres de mise à mort : Belzec, Chelmno, Lublin-Majdanek, Sobibór, Treblinka et Auschwitz-Birkenau. Sur les six millions de victimes du génocide perpétré par les nazis contre le peuple juif, plus d'un million périrent dans les chambres à gaz d'Auschwitz-Birkenau[1]. Dans ce dernier camp, l'univers quotidien et les conditions matérielles de survie n'eurent rien de commun avec ceux de la plupart des camps de concentration, ce qui n'a d'ailleurs pas empêché qu'une résistance s'y développe, mais sans atteindre l'efficience de celle constituée à Buchenwald[2]. Car si partout la mort a pénétré les esprits, si son omniprésence a enserré le quotidien des déportés, si finalement « la mort est dans le temps[3] », les rescapés expliquent, dès leur retour, les différences qui existent entre les camps, à commencer par Auschwitz, soit du fait de leur expérience propre, soit de celle de leurs camarades transférés d'autres lieux. Professeur de chimie organique à la faculté des sciences de Strasbourg et déporté à Buchenwald le 24 janvier 1944, Albert Kirrmann l'exprime sans détours : « On sait par tous les récits que la différence est grande d'un camp à l'autre. Buchenwald est, avec Dachau, cer-

---

1. Sur la Shoah, se reporter en particulier à HILBERG (Raul), *La Destruction des Juifs d'Europe*, traduit de l'anglais par Marie-France de PALOMÉRA et André CHARPENTIER, Paris, Fayard, 1988, 1099 p.

2. Voir notamment LANGBEIN (Hermann), *La Résistance dans les camps de concentration nationaux-socialistes (1938-1945)*, Paris, Fayard, 1981, 512 p. (coll. « Les nouvelles études historiques ») ; SWIEBOCKA (Teresa) et PIPER (Franciszek), *Auschwitz. Camp de concentration et d'extermination*, Oswiecim, musée d'Auschwitz-Birkenau, 1994, pp. 217-292.

3. ANTELME (Robert), *L'Espèce humaine*, 3e éd., Paris, Gallimard, 1978, p. 45. (coll. « Tel »).

tainement l'un des moins mauvais. Nous le savions bien, et notre grande préoccupation était d'éviter les transports vers d'autres camps. » Avant d'ajouter : « L'existence à Buchenwald, comparée à celle des autres camps, était à peu près viable en 1944[1]. » Au demeurant, ceci correspond pour partie à une hiérarchie théorique dans l'oppression établie par la SS, à travers une classification des seuls camps de concentration selon le degré de sévérité du régime qui y serait infligé, même si cette approche ne recouvre que partiellement la réalité ; certains lieux s'étant révélés plus rudes que d'autres bien qu'appartenant à une catégorie inférieure[2].

Rappeler ces nuances ne revient en rien à diminuer le courage de ceux qui poursuivirent un combat clandestin en déportation, mais sert à mesurer que Buchenwald fournit un cadre permettant à une minorité de détenus d'agir avec l'efficacité que nous allons décrire, malgré l'oppression imposée par les SS. Car, comme le note avec lucidité Robert Antelme – déporté à Buchenwald puis au kommando de Gandersheim – dans un témoignage exceptionnel de simplicité et d'intelligence, *L'Espèce humaine* : « pour organiser, pour penser, il faut encore avoir de la force et du temps[3] », ce que la vie concentrationnaire ne permit pas à l'immense majorité des détenus.

À cet égard, il ne s'agit pas non plus d'exagérer l'héroïcité d'une histoire qui se suffit à elle-même. Déporté devenu après-guerre historien, Hermann Langbein souligne bien que l'analyse de la résistance dans les camps « doit se conformer aux

---

1. KIRRMANN (Albert) « Buchenwald », in *De l'université aux camps de concentration. Témoignages strasbourgeois*, Paris, Les Belles Lettres, 1954, pp. 67-68.

2. Voir WORMSER-MIGOT (Olga), *Le Système concentrationnaire nazi*, Paris, PUF, 1968, pp. 152-155 ; KOGON (Eugen), *L'État SS. Le système des camps de concentration allemands*, 3ᵉ éd., Paris, Seuil, 1993, pp. 33-34. (coll. « Points »).

3. ANTELME (Robert), *L'Espèce humaine*, *op. cit.*, p. 135.

exigences de la critique, il ne faut ni enjoliver ni noircir les personnes et les partis[1] ». Sa légitimité est patente pour exprimer ce point de vue. Militant communiste autrichien né le 18 mai 1912, Hermann Langbein combat en Espagne dans les rangs des Brigades internationales, avant d'être interné en 1939 dans les camps français de Gurs, Saint-Cyprien et du Vernet d'Ariège. Déporté en mai 1941 à Dachau, il y occupe la fonction de secrétaire au *Revier*. Fin août 1942, il est transféré à Auschwitz et intègre à nouveau le *Revier* comme secrétaire du médecin-chef SS Eduard Wirths. Il devient l'un des responsables de l'organisation clandestine, avant d'être affecté en août 1944 au camp de Neuengamme.

Notre ambition est donc de sortir d'un schéma simpliste et manichéen, en posant un regard à la fois global et particulier sur les hommes et les événements. Un regard global, en décrivant l'organisation clandestine française avec ses dirigeants, ses militants, ses détracteurs et ses moyens d'action, parmi lesquels la participation à l'administration intérieure ; mais aussi un regard particulier, en évoquant l'histoire d'un camp précis et le devenir de l'une de ses communautés nationales – la communauté française –, dans la diversité de ses composantes confrontées à d'autres forces puissantes.

Nous décrirons les réflexions et les actes d'hommes affrontant une expérience unique et inédite, agissant dans ces circonstances tragiques en conformité avec ce que leur dictait leur conscience, leur sens des responsabilités ou leurs intérêts du moment.

Une première partie nous permettra de replacer le destin de la communauté française dans le contexte de l'univers de Buchenwald. Puis, nous présenterons les deux personnalités à

---

1. LANGBEIN (Hermann), *La Résistance dans les camps de concentration nationaux-socialistes (1938-1945)*, *op. cit.*, p. 11.

l'origine du collectif, Frédéric-Henri Manhès et Marcel Paul. La formation de ce collectif, le Comité des intérêts français, comme les passions qu'il soulève au camp, seront décrites avec précision avant l'examen de son activité. Le 11 avril 1945, Buchenwald est libéré dans des conditions qui suscitent de vifs débats sur la portée exacte de l'insurrection des déportés. Ces polémiques sont toutefois d'une intensité moindre face à celles provoquées par le rôle de l'organisation clandestine qui, depuis soixante ans, font de Buchenwald un symbole controversé. L'analyse de ces phénomènes montrera les enjeux et les composantes de ces discussions passionnées.

Pour nourrir notre réflexion, les sources disponibles sont plus fournies qu'il n'y paraît. Des récits de rescapés sont publiés en nombre dès 1945, dont le contenu empêche de dire qu'un tabou entoure la question du rôle de l'administration détenue et des organisations clandestines. Ce qui ne signifie pas qu'un décryptage est inutile et que tout a été dit, loin de là. Ensuite, aussi incroyable que cela puisse paraître, des documents écrits à Buchenwald, notamment par les membres du Comité des intérêts français, nous sont également parvenus et nous renseignent d'une manière précieuse sur l'action des hommes et leurs motivations. La plupart de ceux cités ici sont inédits. Il apparaît ainsi possible d'apprécier globalement les facettes de cette histoire, sans prétendre pouvoir en expliquer forcément tous les points, certains demeurant obscurs aujourd'hui encore.

Certes, il ne s'agit pas de sous-estimer l'avertissement de David Rousset dans *Les Jours de notre mort* : « Comprendre ? Qui jamais comprendra Buchenwald ?[1] » De nombreux autres survivants ont souligné l'impossibilité de saisir la complexité

---

1. ROUSSET (David), *Les Jours de notre mort*, Paris, Éd. du Pavois, 1947, p. 526.

intrinsèque de la vie concentrationnaire et ont revendiqué un silence pudique sur certains événements ou attitudes. « Bien sûr, je n'ai pas tout dit, il s'en faut de beaucoup, c'eût été d'abord impossible, et puis, vois-tu, il y a tant de choses qui ne seraient pas comprises. La vie du bagne, avec ses misères, elle avait ses grandeurs, elle avait aussi ses petitesses et de celles-ci, par exemple, je n'ai pas le droit de faire état devant d'autres que nous. Pour juger et comprendre, il faut avoir vécu l'enfer[1] », prévient Émile Janvier, un ancien de Buchenwald. Christian Pineau partage ce point de vue rigoriste. Né le 14 octobre 1904 à Chaumont dans la Haute-Marne, licencié en droit, il entame avant la Seconde Guerre mondiale une brillante carrière dans le secteur bancaire, tout en exerçant des responsabilités importantes au sein de la Confédération générale du travail, devenant secrétaire de son conseil économique. En 1939, il entre au cabinet du commissaire à l'information, son beau-père Jean Giraudoux. Dès l'automne 1940, il participe activement à la fondation du mouvement « Libération-Nord » et à la reconstitution de la CGT clandestine. Membre du Comité d'action socialiste et créateur de plusieurs réseaux, il devient une personnalité éminente de la Résistance en France, réalisant à deux reprises des missions à Londres. Cet engagement lui vaut d'être fait en 1945 compagnon de l'ordre de la Libération. Arrêté à Lyon le 3 mai 1943 sous une fausse identité, Christian Pineau est interné au fort Montluc avant d'être transféré en novembre à Compiègne puis déporté à Buchenwald le 14 décembre 1943. Quelques jours après la libération de Buchenwald, il refuse de livrer une vérité crue à des correspondants de guerre avec, comme justification, cette magnifique formule : « Le monde a-t-il besoin de savoir trop vite qu'en

---

1. JANVIER (Émile), *Retour (Histoire d'hier et d'aujourd'hui)*, préface de Léon MAZEAUD, Alençon, Imp. Alençonnaise, 1952, p. 65.

face des lions, les martyrs se déchiraient entre eux[1] ? » Christian Pineau n'en rédige pas moins une chronique détaillée de la vie de la communauté française du camp, constituant à cet égard une source essentielle.

Cette préoccupation anime également Eugen Kogon et David Rousset. Le premier s'interroge sur la légitimité de livrer au public la vérité dès les premières lignes du *Système des camps de concentration allemands*, paru en France pour la première fois en 1947 et devenu depuis une étude de référence sur le fonctionnement des camps nazis. Selon Kogon, sociologue et journaliste autrichien, arrêté le 12 mars 1938 et déporté à Dachau puis à Buchenwald l'année suivante, cet ouvrage présente un contenu qui se trouve « à la limite de ce qui est permis par la morale, car il n'apporte presque rien de bon[2] ». David Rousset préfère quant à lui la technique du roman pour écrire la plus grande fresque jamais réalisée sur la société concentrationnaire « par méfiance des mots », mais sans fabulation et en ne recourant pas, la plupart du temps, à des pseudonymes. Il utilise par ailleurs une vaste documentation, dont l'édition allemande d'Eugen Kogon. Les dialogues qu'il place dans la bouche de ses personnages reposent sur les souvenirs des différents acteurs, même s'ils ne peuvent être pris comme retranscription sténographique des conversations tenues à Buchenwald[3].

---

1. PINEAU (Christian), *La Simple Vérité (1940-1945)*, Paris, Julliard, 1961, p. 569.

2. KOGON (Eugen), *L'État SS. Le système des camps de concentration allemands*, *op. cit.*, p. 7. Sur l'origine de cet ouvrage, reposant sur une série de rapports commandés par les services de renseignements américains à un groupe de déportés de Buchenwald dans les jours suivant leur libération, voir KOGON (Eugen), *L'État SS. Le système des camps de concentration allemands*, *op. cit.*, pp. 15-19.

3. ROUSSET (David), *Les Jours de notre mort*, *op. cit.*, p. 13.

Eugen Kogon et David Rousset choisissent d'affronter sans complaisance la diversité et les contradictions de la vie dans les camps, en la décrivant minutieusement et sans taire les critiques qu'appelle selon eux le rôle de certains. Ils permettent ainsi au profane d'entrevoir, à travers l'esprit et le langage, l'univers concentrationnaire à défaut de le saisir entièrement. Car, Eugen Kogon nous l'explique : « C'était un monde en soi, un État en soi, un ordre sans droit, dans lequel on jetait un être humain qui, à partir de ce moment, en utilisant ses vertus et ses vices – plus de vices que de vertus – ne combattait plus que pour sauver sa misérable existence, simplement pour survivre. » Désormais, le déporté se trouve plongé dans un univers impitoyable, où les notions de conscience et de valeurs morales changent de nature, un lieu où « la *tragœdia humana* apparaissait dans toute sa nudité[1]. »

Les livres de Christian Pineau, d'Eugen Kogon, David Rousset, de Jorge Semprun ou de Pierre Durand, pour ne citer que quelques-uns des principaux témoignages sur Buchenwald, prouvent que vouloir rejeter derrière « un immense paravent[2] » la question de l'action clandestine à Buchenwald est une mauvaise réponse contre laquelle se sont justement élevés ces auteurs à travers leurs œuvres. La démarche serait de toute façon vaine puisque la polémique s'est emparée précocement du sujet ; le silence ne profiterait alors qu'à l'exagération ou à la calomnie, l'une n'excluant d'ailleurs pas l'autre. Ainsi, c'est en réaction à une présentation qu'il juge erronée, lors d'une émission radiophonique en 1947, de la question de la formation des transports vers les kommandos extérieurs de Buchenwald que le colonel Manhès décide d'écrire un opuscule sur la résis-

---

1. KOGON (Eugen), *L'État SS. Le système des camps de concentration allemands*, *op. cit.*, p. 12.
2. *Ibid.*, p. 13.

tance des Français à Buchenwald. Il estime en effet que ses concitoyens n'ont pas été suffisamment informés de certaines facettes de la déportation. Son plaidoyer en faveur de l'action du CIF repose alors sur une argumentation détaillée, à défaut d'être toujours totalement transparente[1].

La nature même du sujet et sa complexité imposent par contre le respect de certaines règles élémentaires.

La question n'est pas de savoir, dans un cadre théorique, ce qu'il aurait été préférable d'entreprendre ou de rechercher sur le plan philosophique ce qu'il aurait été moralement juste de faire, et encore moins de formuler une quelconque espèce de jugement sur ce qui a été accompli[2]. La tâche de l'historien ne se confond pas avec celle d'un magistrat comme le rappelait avec ferveur le grand médiéviste Marc Bloch. « Un mot, pour tout dire, domine et illumine nos études : "comprendre". Ne disons pas que le bon historien est étranger aux passions ; il a du moins celle-là. Mot, ne nous le dissimulons pas, lourd de difficultés, mais aussi d'espoirs. Mot, surtout, chargé d'amitié[3]. »

Dans cet esprit, il est possible de prétendre à la compréhension, sans vouloir tout expliquer.

---

1. MANHÈS (Frédéric-Henri), *Buchenwald. L'organisation et l'action clandestines des déportés français (1944-1945)*, Paris, FNDIRP, 1947, p. 7.

2. Sur ces questions, voir « Peut-on collaborer à l'univers concentrationnaire ? », in *Esprit*, n° 11, novembre 1947, pp. 685-705 ; FESSARD (Gaston), *France, prends garde de perdre ta liberté*, Paris, Éd. du Témoignage chrétien, 1946, p. 99 ; MARITAIN (Jacques), *L'Homme et l'État*, préface de B. MIRKINE-GUETZÉVITCH et Marcel PRÉLOT, Paris, PUF, 1953, pp. 64-68 ; MOUSSÉ (Jean), *Libre à Buchenwald. Leçon de vie pour aujourd'hui*, Paris, Bayard/Centurion, 1995, 175 p.

3. BLOCH (Marc), *Apologie pour l'histoire ou métier d'historien*, *op. cit.*, pp. 156-157, 159.

De plus, la compréhension n'exclut nullement la chaleur, bien au contraire. Le professeur Joseph Mélèze a évoqué ce souci d'écrire « avec rigueur et bienveillance[1] » l'histoire de la Shoah, et cette réflexion peut sans conteste être étendue à l'histoire de la déportation dans son ensemble. Rigueur, car il s'agit d'un sujet historique nécessitant par définition une approche et un traitement méthodologique fins et impartiaux ; bienveillance, car les victimes du système criminel nazi suscitent un fort sentiment d'empathie.

Ces considérations ne nous paraissent aucunement contradictoires, et elles nous ont précisément guidés dans l'écriture de cet ouvrage.

---

1. Allocution du professeur Joseph Melèze lors de la conférence publique inaugurale en novembre 1993 organisée dans le cadre du séminaire d'histoire de la Shoah de l'université Paris I Panthéon-Sorbonne dirigé par le professeur André Kaspi.

Chapitre premier

L'UNIVERS DE BUCHENWALD

Déportés dans le dernier convoi parti de Compiègne en direction de Buchenwald, le 17 août 1944, les frères Michaut synthétisent en quelques mots ce que représente à leurs yeux ce camp : « Une ville, ville de crime et de souffrance, de vol et de démence. Ville de haine et de vengeance, ville de froid et de faim. Ville de mort[1]. »

Pour apprécier la réalité de la résistance clandestine, nulle doute qu'il faille d'abord se représenter le cadre dans lequel elle s'exerce en refusant de concevoir l'univers concentrationnaire comme un milieu abstrait et vide, une sorte de « trou noir » de l'histoire humaine. Il s'avère nécessaire au contraire de le décrire au plus près, de rappeler son histoire et ses objectifs, de préciser sa géographie et ses rythmes, de sentir l'existence particulière des hommes qui le peuplent, régie par des règles draconiennes et inédites, comme nous y presse David Rousset : « Il ne peut suffire de prendre une sorte de contact physique avec cette vie, si totalement séparée des structures courantes du XXe siècle. Mais faut-il encore en saisir les règles

---

1. MICHAUT (Édouard et François), *Esclavage pour une résurrection*, préface du général DEJUSSIEU-PONTCARRAL, Bagneux, Éd. du Cep, 1945, p. 31.

et en pénétrer le sens. Et, tout d'abord, des erreurs naïves à éviter comme des poteaux indicateurs sur les nouvelles routes[1]. »

La création du camp

Buchenwald signifie la « forêt de hêtres » en allemand. Le site originel s'avère remarquable, sur la colline verdoyante de l'Ettersberg, dont le sommet culmine à quatre cent soixante-dix-huit mètres. Il se situe en Thuringe à moins de dix kilomètres au nord de Weimar, capitale de la culture allemande, dont les XVIIIe et XIXe siècles ont marqué l'apogée. Le monde des arts, des lettres et de la musique a fréquenté la ville : les compositeurs Jean-Sébastien Bach et Franz Liszt, les écrivains Friedrich von Schiller ou Johann Wolfgang von Goethe. Goethe se promena d'ailleurs dans la forêt de l'Ettersberg et, dit la tradition reprise par les déportés, vint avec Schiller graver son nom sur un grand chêne ou tout au moins méditer à l'abri de son feuillage. Olga Wormser-Migot rappelle pourtant que Goethe évoque un hêtre et non un chêne quand il relate l'anecdote de l'apposition de son nom[2]. Quoi qu'il en soit, les dirigeants SS ne purent effectivement se résoudre, deux siècles plus tard à abattre cet arbre, peut-être aussi en raison de l'importance du chêne dans la culture païenne nazie. Ils le maintinrent à l'intérieur de l'enceinte du camp, à l'est, entre la cuisine et la buanderie.

Selon Eugen Kogon, le choix de ce site, sur la face nord de l'Ettersberg, ne tient nullement du hasard, mais se veut au

---

1. ROUSSET (David), *L'Univers concentrationnaire*, Paris, Éd. de Minuit, 1989, pp. 43-44. (coll. « Documents »).

2. WORMSER-MIGOT (Olga), *Le Système concentrationnaire nazi*, *op.cit.*, p. 110.

contraire hautement symbolique de la naissance d'une nouvelle culture allemande, à l'opposée des fastes désuets de Weimar[1].

Ce paradoxe recherché de l'univers concentrationnaire n'est que le premier d'une longue série, et de nombreux rescapés n'ont pas manqué de le relever dans leurs témoignages. Le « chêne de Goethe » est ainsi entré dans le quotidien des détenus, présence apparemment incongrue mais trace palpable de culture et de liberté dans un monde de violence et de misère.

Plus prosaïquement, la fondation de Buchenwald correspond à une double volonté[2]. En mai 1936, Fritz Sauckel, *Gauleiter* de Thuringe, gouverneur de la province, installé à Weimar, et futur commissaire général à la main-d'œuvre du Reich[3], expose oralement au *Reichsführer* Heinrich Himmler, chef suprême de la SS, son désir de voir implanter un camp de concentration et un cantonnement SS sur le territoire relevant de son autorité ; une source de pouvoir supplémentaire.

La naissance de l'Allemagne hitlérienne en 1933 s'accompagne en effet de la création à une large échelle de camps destinés à l'internement des opposants au régime et des individus jugés nuisibles à la société nazie[4]. Au fil des années, le système de répression, au départ temporaire, est pérennisé et consolidé avec la prise de contrôle des camps opérée par la SS dès 1934. L'objectif est de briser moralement et physiquement les personnes afin, officiellement, de les rééduquer par la discipline et le travail. La libération demeure théorique-

---

1. Kogon (Eugen), *L'État SS. Le système des camps de concentration allemands*, *op. cit.*, p. 51.
2. Voir Wormser-Migot (Olga), *Le Système concentrationnaire nazi*, *op. cit.*, pp. 107-117.
3. Ce qui lui vaudra une condamnation à mort au procès de Nuremberg.
4. Sur le système concentrationnaire, outre l'ouvrage d'Olga Wormser-Migot déjà cité, il convient de se reporter à la synthèse rigoureuse de Voutey (Maurice), *Les Camps nazis. Des camps sauvages au système concentrationnaire (1933-1945)*, Paris, Graphein/FNDIRP, 1999, 234 p.

ment possible au bout de trois à six mois en fonction de la conduite. Si certains détenus en bénéficient jusqu'à la guerre, un grand nombre demeurent prisonniers bien que les autorités maintiennent faussement cette perspective pendant plusieurs années. Eugen Kogon rapporte ainsi que son épouse, en prévision d'une prétendue libération imminente, lui fit passer son trousseau de clés, grâce à la complicité d'un policier, afin de pouvoir pénétrer dans son domicile si par hasard personne ne s'y trouvait[1].

Appuyé par les plus hautes autorités de l'État, le projet de Sauckel est instruit par l'inspection générale des camps de concentration, *Inspektion der Konzentrationslager* (IKL) dirigée par Theodor Eicke ; un organisme rattaché à la SS. En préparation de la guerre, Eicke entend créer de vastes centrales concentrationnaires regroupant à la fois un camp de détenus, une caserne et un centre de formation pour les troupes, des ateliers de production industrielle, tout en supprimant des camps préexistants de taille plus modeste[2]. Le procédé a déjà conduit à la naissance du camp de Sachsenhausen en 1936, extension d'Oranienburg, camp modèle dans la banlieue de Berlin et siège de l'IKL à partir de 1938. Cette dernière accède à la demande de Sauckel et installe en Thuringe un tel complexe, en remplacement du camp proche de Lichtenberg, et définit un cahier des charges précisant une série de critères : capacité prévue de trois mille à six mille détenus, ressources naturelles permettant l'exploitation

---

1. KOGON (Eugen), *L'État SS. Le système des camps de concentration allemands*, op. cit., p. 312.
2. Sur l'histoire de Buchenwald, voir la synthèse de STEIN (Harry), « Buchenwald », in BÉDARIDA (François) et GERVEREAU (Laurent), dir., *La Déportation. Le système concentrationnaire*, Paris, BDIC/musée d'histoire contemporaine, 1995, pp. 108-111.

d'une carrière et de gisements de terre glaise, surface minimum de soixante-quinze hectares.

Le site retenu n'a toutefois rien de propice à la présence humaine, mais ce critère n'en a jamais été un pour les nazis. Il souffre du climat défavorable des contreforts de l'Allemagne centrale, souvent humide, venteux et froid, sujet à de fortes variations de température. Il présente en outre une déclivité pénible à vivre pour des hommes harassés, notamment quand il s'est agi d'édifier le camp.

Les travaux débutent le 16 juillet 1937 avec cent cinquante détenus provenant de Sachsenhausen, rapidement rejoints par d'autres contingents plus réduits transférés des camps régionaux de Lichtenberg et de Sachsenburg. Au fil des jours, les hommes défrichent la dense forêt, évacuent les grumes, construisent les routes d'accès, bâtissent les baraquements et les locaux de service, édifient les casernements de la SS, commencent l'exploitation de la carrière.

Initialement dénommé camp de l'Ettersberg, la SS est contrainte de le débaptiser fin juillet 1937 après les plaintes de la municipalité de Weimar qui refuse de voir associer le nom d'un lieu marqué par Goethe avec un camp de concentration. Il prend alors définitivement l'appellation de camp de Buchenwald.

Six mois plus tard, alors que la phase d'aménagement n'est pas terminée – elle se poursuivra encore pendant plus d'une année –, les effectifs s'élèvent déjà à deux mille cinq cent soixante internés. Au printemps suivant, une enceinte barbelée électrifiée d'une longueur de trois kilomètres et demi est installée, renforcée par des miradors tous les cent cinquante mètres. Elle délimite un espace intérieur de quarante hectares et englobant trente-quatre baraques. Si l'on ajoute les sites de travail extérieurs à l'enceinte, la superficie du camp atteint deux kilomètres carrés[1].

Les premières années

Les conditions de vie à Buchenwald dans cette première période sont extrêmement rudes. Les travaux en cours ne permettent de disposer d'aucune commodité, tout en imposant un labeur exténuant pouvant durer parfois jusqu'à seize heures par jour. L'une des principales déficiences réside dans la pénurie d'eau et l'évacuation des eaux usées. L'eau manque en permanence, aussi le rationnement s'avère draconien pour les détenus qui connaissent les tourments de la soif, une souffrance savamment entretenue par les gardiens. Le système initialement prévu pour l'acheminement de l'eau ne sera achevé qu'en 1942 et ne correspondra alors plus aux besoins de la population présente, tout comme l'écoulement des latrines dont la construction a débuté seulement en 1939 et fut terminée deux ans plus tard[2].

Avant guerre, les SS imposent déjà un régime d'oppression permanente, fait de brimades, de coups, de tortures et d'exécutions. Karl Koch commande alors le camp ; c'est un officier zélé et expérimenté. Auparavant, il dirigeait la « Maison de Colombie » à Berlin, centre de détention de la Gestapo, déclaré camp de concentration en janvier 1936 où de nombreux antinazis furent torturés, avant de rejoindre l'encadrement des camps d'Esterwegen et de Sachsenhausen. Son épouse, Ilse, surnommée par les détenus « la chienne de Buchenwald » en raison de son sadisme – sa passion pour les tatouages va conduire à la

---

1. KOGON (Eugen), *L'État SS. Le système des camps de concentration allemands*, *op. cit.*, pp. 54-55.
2. *Ibid.*, p. 53.

mort certains internés dont elle souhaite recueillir les lambeaux de peau décorée –, va marquer durablement les esprits[1].

Le premier mort de Buchenwald est enregistré le 13 août 1937. L'allemand Hermann Kempeck était ouvrier ; il n'avait que vingt-trois ans.

Peu de temps avant la fermeture du camp de Lichtenberg, au régime proche de celui de Buchenwald, *Izvestia*, titre phare de la presse soviétique, a publié le 10 mars 1937 le règlement intérieur du camp, dont la teneur s'apparente à celui de Dachau connu dès 1933 et matrice du genre[2]. Ce document rend parfaitement compte de l'assujettissement complet des détenus et de l'état de terreur qui caractérise la vie dans les camps. Le IIIe Reich a institué un univers à part qui concentre et exacerbe la violence et l'arbitraire légalisé sur lequel se fonde le nouveau régime. À Lichtenberg, l'interné est condamné aux arrêts de rigueur de huit jours s'il réunit des signatures pour une pétition, exprime une fausse dénonciation ou une plainte non-fondée, ou écrit plus de deux lettres par mois. Il reçoit en plus vingt-cinq coups de bâton au début et à la fin de l'arrêt s'il insulte, se moque ou ne salue pas un SS. Il en est de même si, par son attitude, il semble refuser d'appliquer le règlement. Les arrêts de rigueur passent à quatorze jours, et toujours vingt-cinq coups, pour celui qui quitte une colonne de travail en marche, critique les institutions et leurs dirigeants, honore les anciens partis d'opposition, ou encore

---

1. DURAND (Pierre), *La Chienne de Buchenwald*, préface d'Alain DECAUX, Paris, Éd. Temps Actuels, 1982, pp. 100-104. (coll. « La vérité vraie »). Karl Koch est remplacé en 1942 par Hermann Pister. Jugé pour corruption, il sera fusillé par la SS en 1945.

2. WORMSER-MIGOT (Olga), *Le Système concentrationnaire nazi, op. cit.*, pp. 128-129.

diffuse des nouvelles sur le fonctionnement du camp. À tout moment et en tout lieu, le détenu encourt la peine de mort s'il tient des propos politiques ou séditieux, cherche à s'évader ou communique clandestinement avec l'extérieur. Il sera fusillé sur le champ comme émeutier, ou pendu s'il offense un gardien, siffle pendant le travail et les déplacements, ou refuse d'obéir dans un esprit de révolte.

Le nombre des prisonniers de Buchenwald ne cesse d'augmenter avec le développement de la politique répressive allemande étendue à des territoires toujours plus vastes : l'Autriche en 1938, la Tchécoslovaquie et bientôt la Pologne en septembre 1939 marquant le déclenchement de la Seconde Guerre mondiale. Au début de l'automne 1939, il atteint ainsi près de neuf mille détenus et le chiffre progresse encore avec des transferts provisoires venant de Dachau, dont les infrastructures connaissent des travaux d'agrandissement afin de recevoir les unités de la *Waffen SS*, nouvellement créée. Pour répondre à cette situation, des tentes sont montées sur la place d'appel où près de trois mille personnes, en majorité des Juifs autrichiens et des Polonais, sont parquées dans des conditions précaires. Une épidémie de dysenterie provoque son isolement du reste du camp et le décès de nombreux malades, laissés sans soins. Au cours de l'hiver 1939-1940, la mortalité est telle qu'un premier crématoire mobile est installé. Jusqu'alors, les corps étaient incinérés à Weimar et à Iéna.

En 1940 et 1941, les effectifs se stabilisent avec plus de sept mille détenus. Les installations provisoires sont démontées, mais la guerre provoque un afflux constant de nouveaux arrivants, parallèlement à l'internationalisation de la population concentrationnaire. En 1942, neuf mille cinq cents hommes sont internés et ils sont trente-sept mille l'année suivante, originaires de trente-deux pays.

Les premières années du camp ont été tout particulièrement éprouvantes, compte tenu de la grande précarité des conditions d'existence et de l'extrême brutalité des geôliers. Les détenus allemands internés dès cette période ne manquent pas de le rappeler à leurs camarades arrivés par la suite, en soulignant combien le régime s'est amélioré depuis. Ils utilisent l'expression « *Krematorium/Sanatorium* » pour qualifier les deux situations[1].

Une imposante cité

Au début des années quarante, le camp de Buchenwald a pris son visage définitif. Il se compose de trois zones distinctes : celle de la garnison SS, celle du camp des détenus, celle enfin dévolue aux entreprises utilisant la main-d'œuvre déportée.

La première zone est celle des SS, à laquelle la grande majorité des détenus n'accède jamais, hormis quelques groupes de travailleurs attachés à l'entretien des espaces ou au service particulier des officiers. Elle mêle habitations, administrations et lieux de détente. La partie la plus proche de l'enceinte est dédiée au commandement, avec les bureaux du commandant du camp, les bureaux de la Gestapo, le mess, l'état-major de la SS et les garages de l'administration. À sa périphérie, à quelques mètres seulement des miradors, Karl Koch fait installer un jardin zoologique, doté de cinq singes, quatre ours et un loup, afin de divertir les troupes.

---

1. KIRRMANN (Albert), « Buchenwald », in *De l'université aux camps de concentration. Témoignages strasbourgeois, op. cit.*, p. 68.

PLAN DU CAMP DE CONCENTRATION DE BUCHENWALD
(1944)

N

PETIT CAMP

DAW

GRAND CAMP

Karachoweg

Manège

Gare de Buchenwald

Chenil

ZONE SS

Champ de manœuvres

Fichtenhain

GUSTLOFF WERKE II

Carrière

Villas SS

Garage

Château d'eau

Casernes

Fauconnerie

vers WEIMAR

ZONE SS
1- Panneaux de signalisation
2- Poste de surveillance principal
3- Bureau de poste
4- Station d'essence
5- Mess des officiers
6- Kommandantur
7- Adjudantur
8- Section politique (Gestapo)
9- Zoo
10- Chenil
11- Potences
12- Cave à charbon
13- Direction centrale des constructions de la Waffen SS
14- Baraque d'isolement
15- Infirmerie

0   200 m

Dans le même ordre d'idées, une superbe fauconnerie en bois est construite à l'ouest du camp SS, en hommage à Hermann Goering – maréchal du Reich et successeur désigné d'Hitler en 1939 – et à ses côtés un pavillon de chasse dans lequel des personnalités seront ponctuellement internées, comme Léon Blum entre le printemps 1943 et le printemps 1945. Un manège d'équitation est également installé pour Ilse Koch. La préservation des bêtes bénéficie de toutes les attentions de la part de la direction. Karl Koch rappelle ainsi à l'ordre ses hommes devant des débordements qui l'exaspèrent : « On est cependant en droit d'attendre et d'exiger de chaque visiteur qu'il fasse preuve de raison et d'amour envers les animaux et qu'il s'abstienne de tout acte qui ne serait pas convenable pour les animaux ou qui pourrait même compromettre leur santé ou leurs habitudes[1]. » Dans le même temps, des détenus seront jetés vivants dans la fosse aux ours pour y être dévorés !

Si, dans le pavillon de chasse, les conditions d'existence de personnalités comme Léon Blum ou de la femme qui deviendra son épouse n'ont rien de commun avec celles de leurs compatriotes déportés dans le camp, ils sentent néanmoins l'ombre de la mort peser sur eux, notamment depuis que Georges Mandel qui partageait leur quotidien a été emmené début juillet 1944 par la Gestapo, sans illusion sur son destin, pour être aussitôt exécuté en France par la Milice. « Jamais nous n'avons supposé une seule minute que nous retrouverions vivants la terre de France. J'étais entre les mains de nazis. Je représentais pour eux quelque chose de plus qu'un homme politique français ; j'incarnais par surcroît ce qu'ils haïssaient le plus au monde, puisque j'étais un socialiste démocrate et que j'étais juif. Mais

---

1. Cité dans STEIN (Sabine et Harry), *Buchenwald. Le tour du mémorial*, Weimar, Gedenkstätte Buchenwald, 1993, p. 23. D'une manière générale, ce guide fournit de précieuses informations sur l'ensemble du site et constitue une source à laquelle nous nous sommes référés à de nombreuses reprises.

les mêmes raisons qui faisaient de moi un adversaire particulièrement détesté faisaient de moi un otage particulièrement précieux[1]. »

D'autres lieux de détention sont présents sur ce territoire, notamment le *Fichtenhain*, camp spécial créé fin 1942 pour des prisonniers de marque comme des membres de la Garde de fer roumaine, un mouvement fasciste interdit après que ses partisans aient tenté de renverser le dirigeant du pays Ion Antonescu ou, dans un bâtiment à part, la princesse Mafalda, fille du roi d'Italie, retenue comme otage.

La partie orientale du camp des SS est traversée par la voie d'accès menant à la porte d'entrée, empruntée par les détenus pour rejoindre le camp : il s'agit du *Karachoweg*, le chemin « Karacho », terme russe qui signifie « bon », nom donné par dérision à cette route. Les prisonniers arrivent dans un premier temps de la gare de Weimar en camion ou à pied puis, à partir de 1943, d'une installation ferroviaire plus proche desservant spécialement le camp, installation dont la construction par les détenus suscita de nombreuses souffrances.

À l'ouest se trouvent les casernements pour la garnison SS : dix-huit bâtiments en pierre de plusieurs étages destinés à héberger des milliers de soldats, jusqu'à six mille au cours de la guerre. Les officiers résident à l'écart dans de coquettes villas. À la fin du conflit, la direction centrale et la direction des bâtiments de la *Waffen SS* s'installent également sur le site.

Sans atteindre les dimensions du camp SS d'Oranienburg-Sachsenhausen, Buchenwald présente toutefois une importance significative.

---

1. BLUM (Léon), *Le Dernier Mois*, Paris, Éd. Diderot, 1945, pp. 2-3.

Le camp des détenus compose la deuxième zone et se divise en deux parties bien distinctes, le Grand et le Petit camp, aux conditions d'existence bien différentes. Entre elles se dresse une enceinte barbelée, avec des passages gardés qui garantissent en théorie son caractère hermétique.

Le Petit camp rassemble les détenus nouvellement arrivés, placés en quarantaine. Au bout d'un délai variable, la grande majorité des détenus reçoit une affectation les conduisant soit à quitter Buchenwald pour un autre site concentrationnaire, soit à rejoindre le Grand camp. Très peu de prisonniers restent dans le Petit camp, qu'ils soient affectés à un service, classés comme invalides ou, plus rarement, qu'ils parviennent à s'y faire oublier par l'administration.

Le Grand camp débute par la porte d'entrée, surnommée « la tour », large édifice avec en son cœur le portail, enserré par deux ailes et surplombé du mirador central. C'est pour beaucoup, avec le crématoire, un lieu emblématique de Buchenwald, un sas formel entre la liberté et l'enfermement, celui par lequel le détenu abasourdi après plusieurs jours de trajet pénètre dans le monde concentrationnaire pour rejoindre, aux confins du Grand camp, le Petit camp. Ses différentes fonctions contribuent aussi à le charger de symboles comme le souligne Wolfgang Sofsky : « [...] il représentait le pouvoir absolu. Il servait de station dans la cérémonie d'introduction, de lieu du martyre public, de poste de douane et de point de contrôle, de centre d'enregistrement bureaucratique et d'arc de triomphe du pouvoir[1]. » Sur le portail, la sentence « *Jedem das Seine* » (« À chacun son dû »), héritée d'une maxime romaine reprise par les

---

1. SOFSKY (Wolfgang), *L'Organisation de la terreur. Les camps de concentration*, *op. cit.*, p. 85.

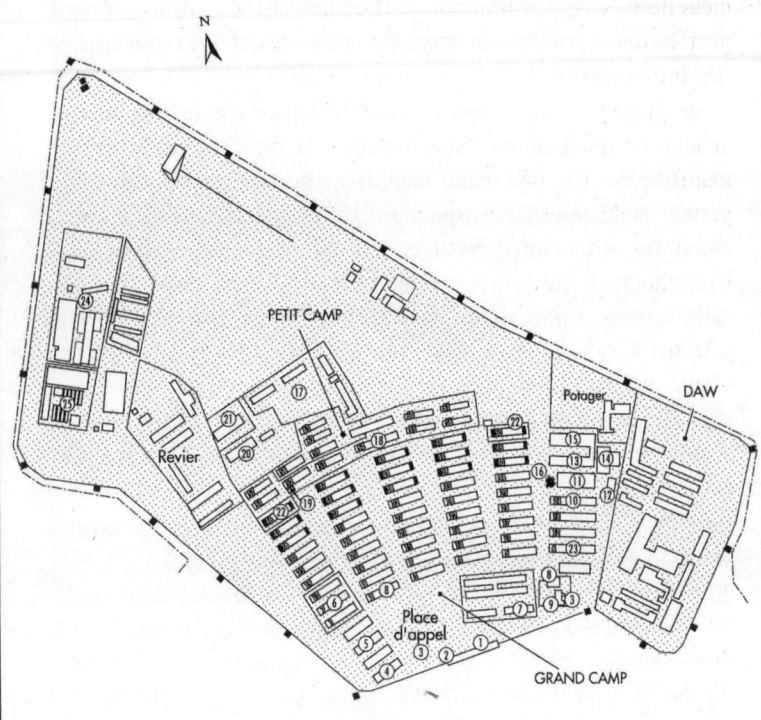

rois de Prusse prônant l'inégalité entre les hommes et justifiant ainsi la soumission à une élite. Dans l'aile de gauche, le *Bunker*, la prison avec ses cachots ; à droite, les bureaux des officiers de service. Un mirador domine l'ensemble, sur lequel sont greffés une horloge – la seule du camp –, des haut-parleurs et des projecteurs.

À proximité de la porte d'entrée se trouve le crématoire, achevé en 1941 après l'abandon de modèles mobiles devenus insuffisants. Ce bâtiment massif comprend en sous-sol une grande salle pour la morgue, reliée par un ascenseur à deux chambres d'incinération, avec au total six ouvertures pour l'introduction des corps. En outre, le bâtiment comporte une salle de dissection ainsi que des logements pour les détenus affectés à ce service. Comme dans tous les camps dotés d'un crématoire, la présence d'une salle de dissection est obligatoire. Chaque corps doit en théorie être autopsié afin d'établir un procès-verbal indiquant l'origine de la mort. Les familles des ressortissants allemands peuvent en outre récupérer, moyennant finance, une urne avec les cendres du défunt. En fait, les causes de décès avancées s'avèrent fantaisistes, taisant les mauvais traitements et les exécutions. Bien souvent, les cendres ne correspondent aucunement à l'identité mentionnée. Pour plus de discrétion, une palissade entoure le bâtiment, sa cour et l'un des blocks de la pathologie. Les corps transitent d'abord par ce service où les dents en or sont arrachées, où des préparations anatomiques sont élaborées, mais aussi où la cruauté du nazisme s'exprime sans fard : des centaines de tatouages y sont prélevés et des têtes humaines réduites à la manière des indiens Jivaros, afin de produire des objets de décoration pour les membres de la SS. La cheminée du crématoire surplombe l'ensemble de plusieurs mètres et projette sur tout le camp son ombre sinistre.

Pour autant, dans la vie du déporté, le lieu central demeure le block, le lieu d'habitation. Ceux du Grand camp sont, pour trente-quatre d'entre eux, en bois, et quinze sont en pierre, comportant même un étage. Le block 34 où vécurent de nombreux Français, appartient à la première catégorie. Une description fidèle en a été faite : « Comme tous les blocks en bois du camp, le 34 était peint en vert amande et il était entouré d'une plate-bande de thym. On distinguait une partie centrale flanquée de deux grandes ailes ou *Flügel*, A et B. Dans la partie centrale où se situait l'entrée, étaient installés les lavabos et les W.-C. Les vasques rouges des lavabos, les parquets passés à l'huile pouvaient faire illusion et donner l'impression que l'endroit était avenant. De part et d'autre de la partie centrale, il y avait deux portes, celle du *Flügel* A et celle du *Flügel* B. Par chacune d'elles, on avait accès à un réfectoire dont les poutres étaient garnies de plantes vertes. Le réfectoire était une vaste salle meublée de sept grandes tables peintes en vert et rouge. En son milieu trônait un authentique poêle en fonte. À un angle, près de la porte qui conduisait au dortoir, se trouvait un réduit que les placards isolaient du reste de la pièce et que garnissaient, une fois encore, des plantes vertes. Ce réduit servait de logement-bureau au chef de block au *Flügel* A et à un adjoint dans l'autre. Le réfectoire donnait sur le dortoir. De chaque côté d'une allée centrale, des bas-flancs groupés par trois et à trois niveaux constituaient le mobilier avec des bancs sur lesquels les détenus déposaient, chaque soir, vêtements et chaussures. L'ensemble était toujours impeccable. On y mourait, mais l'hygiène, l'ordre, l'organisation se voulaient stricts[1]. » À l'intérieur du dortoir, des box dans lesquels deux ou trois hommes dorment, se partageant une couverture. En théorie, les blocks, d'environ cinquante mètres de long sur huit de large, sont prévus pour seulement cent cinquante détenus,

---

1. *Buchenwald. Block 34 : témoignages*, Luçon, Éd. Hécate, 1989, pp. 18-19.

mais la réalité est souvent fort différente, selon les périodes et les blocks[1].

Au-delà des blocks, assimilés à des lieux de vie, se trouvent d'autres espaces aux destinations diverses.

La place d'appel, d'une superficie initiale de deux hectares, se situe entre les blocks et la porte d'entrée. De longues et éprouvantes séances de dénombrement s'y déroulent quotidiennement.

Parmi les bâtiments les plus imposants figure celui de l'*Effektenkammer* : haut de deux étages – il s'agit du bâtiment le plus grand du camp –, il sert de dépôt pour l'habillement et les objets confisqués aux détenus à leur arrivée.

L'infirmerie du Grand camp, le *Revier*, est « bien installé, avec un jardin assez spacieux[2] » selon le professeur Charles Richet, l'un des éminents médecins français du camp, arrêté le 8 avril 1943 puis déporté le 22 janvier 1944 à Buchenwald à l'âge de 62 ans, avec son fils Olivier. Fils d'un médecin ayant reçu le prix Nobel en 1913, lui-même agrégé de physiologie, élu à l'Académie de médecine en 1940 et médecin à l'hôpital Necker, Charles Richet appartient à « Ceux de la Libération » durant l'Occupation. Il s'occupe notamment du recrutement dans le VIIe arrondissement de Paris, s'appuyant sur un réseau de connaissances issu de son engagement dans les « Croix-de-Feu » au cours des années trente.

Au terme d'expansions successives, le *Revier* se compose en 1945 de six bâtiments, dont certaines parties sont en pierre avec un sous-sol, et comporte de nombreux services ; la baraque de réception comprend, par exemple, la réception proprement dite, une salle d'opération, la pharmacie et un laboratoire d'analyses médicales. Cependant, la géographie des lieux ne doit abuser

---

1. SOFSKY (Wolfgang), *L'Organisation de la terreur. Les camps de concentration*, *op. cit.*, p. 88.
2. RICHET (professeur Charles, Jacqueline et Olivier), *Trois bagnes*, Paris, J. Ferenczi & fils, 1945, p. 34.

personne. Il manque de tout au *Revier :* médicaments, nourriture, place et, pendant longtemps, de personnel compétent.

Les lieux ne peuvent être confondus avec les deux blocks en pierre attachés à l'Institut d'hygiène de la *Waffen SS*, dans lesquels des expériences médicales sur les détenus sont effectuées, sous la direction du médecin SS Erwin Ding-Schuler. Entourés de barbelés, ils sont isolés du reste du camp. À partir d'avril 1942, le block 46 est dédié à des essais de vaccins contre la fièvre typhoïde, après avoir servi à des essais thérapeutiques sur le traitement des brûlures au phosphore. En août 1943, le block 50 se voit affecté à la même mission, et accueille le service du typhus et de recherche virale. Au total, plus de mille cent détenus servent de cobayes pour l'armée et l'industrie pharmaceutique allemandes. Issus notamment de la compagnie disciplinaire, bien peu survécurent à ces pratiques criminelles, accomplies en dehors de toutes règles éthiques[1]. Des médecins déportés se voient également contraints de s'associer, avec plus ou moins d'implication, aux expériences, pour lesquelles des animaux sont en outre utilisés.

Dans ce cadre, le parcours étonnant d'Alfred Balachowsky doit être retracé. Entomologiste d'origine russe né à Karotcha en Russie le 15 janvier 1901, il arrive dans l'Hexagone à l'âge de douze ans et sera naturalisé Français en 1932. Directeur de laboratoire au sein de la station centrale de zoologie agricole de Versailles, professeur à l'École nationale de Grignon puis à l'Institut Pasteur, il est arrêté en juillet 1943 pour sa participation au réseau britannique « *Buckmaster* » et déporté en janvier 1944 à Buchenwald puis transféré le mois suivant à Dora. Le docteur Ding-Schuler, qui l'a rencontré en 1941 à l'Institut Pasteur à Paris, apprend sa présence à Dora et le fait revenir à

---

1. KLEE (Ernst), *La Médecine nazie et ses victimes*, traduit de l'allemand par Olivier MANNONI, Arles, Actes Sud, 1999, pp. 203-250.

Buchenwald où il le nomme au block 50. Avec le professeur Maurice Suard, Alfred Balachowsky n'a de cesse de saboter les expériences entreprises et de faire profiter ses camarades des ressources alimentaires dont il dispose[1].

Buchenwald ne se borne pas à ces quelques lieux emblématiques car, résume Albert Kirrmann, « c'est vrai que Buchenwald est une ville[2] », dotée de toutes les structures nécessaires à la vie de sa population : une vaste cuisine avec ses autoclaves modernes, une blanchisserie, des administrations diverses. Mais il existe, en outre, des lieux inattendus où le commun des détenus n'accède pas, par manque d'envie ou de moyens, mais qui participent néanmoins à son environnement, ne serait-ce que de manière lointaine.

Une « cantine » est installée en 1942. Les détenus peuvent y trouver des produits d'alimentation et d'hygiène, ersatz divers payés avec l'argent envoyé clandestinement par les familles ou une monnaie spéciale, introduite à l'automne 1943, en rémunération du travail de certains kommandos et valable uniquement dans le camp.

Un bordel, appelé *Sonderbau* ou maison spéciale, existe également dans le camp des détenus. Sa création date de 1943, lorsque Himmler a décidé d'en doter les camps de concentration. Buchenwald fut le premier. L'objectif recherché n'est nullement de procurer du plaisir aux détenus mais, analyse Eugen Kogon, de corrompre par la chair les détenus politiques, ce en quoi ils ne parviennent guère[3]. Selon Claude Francis-Bœuf et Yves Darriet,

---

1. JULITTE (Pierre), *L'Arbre de Goethe*, préface de Joseph KESSEL, Paris, Presses de la cité, 1965, pp. 200-205.

2. KIRRMANN (Albert), « Buchenwald », in *De l'université aux camps de concentration. Témoignages strasbourgeois*, *op. cit.*, p. 71.

3. KOGON (Eugen), *L'État SS. Le système des camps de concentration allemands*, *op. cit.*, pp. 208-209.

qui consacrent un chapitre de leur témoignage à la question des mœurs, les Français n'y ont pas accès. Ils soulignent l'étonnant mélange que suscitent les diverses facettes du camp, tel un paradoxal et dramatique kaléidoscope : « Il y a le crématoire, mais il y a le bordel. Il y a le Petit camp, mais il y a les douches gaies, réconfortantes, il y a le travail, mais il y a la musique carnavalesque, il y a les appels ; mais il y a le cinéma[1]. »

Car il existe aussi à partir de 1941 un cinéma, le *Kino*, installé dans une grande baraque de bois, où sont proposées des productions allemandes, films de propagande ou parfois de divertissement[2].

Mais avant de pénétrer dans le Grand camp, le détenu doit affronter le camp de quarantaine et ses baraques de bois. Il s'agit d'une douzaine d'écuries préfabriquées de quarante mètres de long sur neuf mètres cinquante de large, sans aucune fenêtre, haute sur la ligne médiane de cinq mètres environ et de trois ou quatre sur les parties latérales. Elles comportent une allée centrale de deux mètres où les repas sont pris. De chaque côté se trouvent six box, comprenant trois étages de couchettes superposées, soit au total soixante-douze couchettes de quatre mètres de large sur un mètre quatre-vingt de long et un mètre de haut environ. Dans ces couchettes, dix ou douze hommes doivent prendre place, la tête de chacun reposant sur les pieds de son voisin[3]. À l'intérieur, les SS prévoient d'installer quatre cent cinquante détenus mais mille cinq cents et parfois plus vont s'y entasser. Il n'y a pas d'eau courante, ni

---

1. DARRIET (Yves) et FRANCIS-BŒUF (Claude), *Intermède... Écrit à Buchenwald*, préface de René Lalou, Paris, J. Susse, 1946, p. 89. Voir aussi RICHET (Charles), *Trois bagnes, op. cit.*, p. 34.
2. KOGON (Eugen), *L'État SS. Le système des camps de concentration allemands, op. cit.*, pp. 151-152.
3. RICHET (Charles), *Trois bagnes op. cit.*, p. 36.

d'évacuation pour les eaux usées. Il faut sortir à travers des chemins boueux pour accéder à quelques sanitaires et lavabos. La vermine s'y développe et la misère y règne, sans commune mesure avec le Grand camp. Le camp de quarantaine a été construit à la fin de 1942 pour répondre à la venue croissante de déportés étrangers et à leur intégration dans le système concentrationnaire. Un second *Revier* a fini par y être construit, composé de deux blocks dans lequel le professeur Richet sera affecté. Il n'en demeure pas moins que le Petit camp va devenir au fil des mois un véritable mouroir.

Dans le bas du camp, au nord, en lisière du Grand et du Petit camp, à proximité du *Revier*, un modeste bois existe dans lequel les détenus du Grand camp peuvent occasionnellement se promener le dimanche. Plus loin, derrière la ligne de barbelés, la forêt est là, visible, si proche, promesse de liberté et cependant inaccessible. Au-delà, selon les conditions climatiques, l'horizon dévoile parfois la crête des montagnes. Mais le monde de Buchenwald s'arrête aux barbelés ; ils délimitent un espace irrémédiablement clos, en apparence infranchissable.

La troisième et dernière zone est occupée par des usines situées à proximité immédiate du camp. La plus proche, jouxtant les barbelés du Grand camp, est celle occupée depuis 1942 par les *Deutsche Ausrüstungswerke* (DAW), une entreprise d'armement propriété de la SS. De l'autre côté de la gare se trouve la *Gustloff-Werke II*, dont la construction a débuté en juillet 1942 et s'est achevée à l'automne 1943. Ce site comprend treize halls principaux, certains, réunis sous l'appellation courante de *Mibau*, sont dédiés à la production d'éléments pour les armes secrètes V 2 ou à des ateliers de mécanique, d'autres servent à la fabrication de fusils et de munitions. Près d'une dizaine de milliers de détenus sont affectés à cette zone, jusqu'à son bombardement par l'aviation alliée le 24 août 1944.

Une population bigarrée

David Rousset ouvre *L'Univers concentrationnaire* par une description magistrale des lieux et des hommes : « Des hommes rencontrés de tous les peuples, de toutes les convictions, lorsque vent et neige claquaient sur les épaules, glaçaient les ventres aux rythmes militaires, stridents comme un blasphème cassé et moqueur, sous les phares aveugles, sur la Grand place des nuits gelées de Buchenwald [...] tout un peuple nu, intérieurement nu, dévêtu de toute culture, de toute civilisation[1]. »

Les déportés ne constituent pas un groupe homogène, une communauté unie fédérée par les épreuves jalonnant un unique destin. Dès la naissance du système concentrationnaire, les nazis ont délibérément cherché à fragmenter la population des détenus, en créant diverses catégories, et à exacerber les antagonismes, afin de renforcer leur pouvoir absolu et d'humilier davantage leurs victimes. Ils entendent également supprimer ce qui aurait pu créer un esprit de corps, limitant ainsi les risques de rébellion collective. Le processus, anarchique et expérimental lors de la création des premiers camps en 1933, les « camps sauvages », a rapidement été perfectionné et institutionnalisé par ses concepteurs.

La première de ces distinctions repose sur l'origine de la détention et l'apposition de marques particulières, des triangles de couleur complétés parfois par divers signes, des lettres et des formes peintes ou brodées désignant les détenus à surveiller particulièrement.

Deux catégories représentent l'essentiel de la population internée à Buchenwald. Il y a tout d'abord les détenus poli-

---

1. ROUSSET (David), *L'Univers concentrationnaire*, *op. cit.*, p. 13.

tiques, porteurs du triangle rouge, c'est-à-dire les opposants au régime nazi, pour beaucoup membres des partis de gauche et particulièrement du parti communiste. Le rouge, c'est la couleur du drapeau révolutionnaire. Il y a aussi par milliers des détenus de droit commun, au triangle vert : repris de justice, qualifiés dans la terminologie nazie de « criminels de métier » ou *Berufsverbrecher* (BV), mêlés à des détenus purgeant des peines pour des délits ou des crimes appelés *Sicherungsverwahrte* (SV), c'est-à-dire « internés par mesure de sécurité ». Ils constituent pour l'immense majorité d'entre eux les « pires éléments de la société » selon Eugen Kogon[1].

La proximité imposée aux hommes relevant de ces deux groupes, mis au ban de la nation, a pour but de briser les premiers en les ravalant au rang des seconds, quand un ancien député côtoie un proxénète dans une même déchéance recherchée.

D'autres catégories de détenus peuplent également les camps de concentration, comme les « asociaux », triangle noir, un groupe aux contours flous allant du vagabond au réfractaire au travail, en passant par l'ivrogne ; les témoins de Jéhovah ou fondamentalistes, triangle violet ; les homosexuels, triangle rose, dont les mœurs sont réprimées et qui, à ce titre, sont arrêtés sur le seul territoire du Reich, ou annexés comme l'Alsace. À partir de 1938, les Juifs sont également massivement internés dans ce camp afin de faciliter la spoliation de leurs biens et les conduire par la force à l'émigration, moyennant finance pour autoriser leur libération. Ce mouvement atteint son paroxysme avec la « Nuit de cristal », du 9 au 10 novembre 1938 où plusieurs milliers de Juifs sont enfermés au camp. Entre 1938 et

---

1. KOGON (Eugen), *L'État SS. Le système des camps de concentration allemands*, *op. cit.*, p. 38.

1942, dix-sept mille Juifs sont détenus en tant que tels à Buchenwald[1]. Pourtant, dès l'automne 1941, il n'est plus question d'autoriser l'émigration ; c'est par l'extermination de masse que le IIIe Reich entend désormais résoudre la « question juive » en Europe en créant des centres de mise à mort en Pologne, notamment Auschwitz-Birkenau, et en procédant à de vastes exécutions par des unités spéciales en Pologne et en Union soviétique.

« Couleurs, insignes, signes spéciaux. […] À ce point de vue, le camp tout entier était une maison de fous ! On voyait même, certaines fois, apparaître de magnifiques arcs-en-ciel : tel ce détenu qui portait les insignes de Juif, de fondamentaliste, de "souilleur de race", avec le rond noir des compagnies disciplinaires et la cible rouge et blanche des suspects d'évasion[2] ! »

L'arc-en-ciel prend d'ailleurs les couleurs d'une tour de Babel chaotique. Toutes les nationalités ne sont toutefois pas placées sur un plan d'égalité. Fondamentalement, les camps sont pénétrés par les théories nazies qui hiérarchisent les individus en fonction de leurs « origines raciales », établissant la suprématie de ceux qu'elles considèrent comme aryens. Les détenus allemands non-juifs détiennent de ce fait une place de première importance, renforcée par la malheureuse antériorité de leur présence. Au fil des années, ils sont rejoints par les membres d'autres nationalités. En 1942, les Allemands originaires du Reich ne représentent déjà plus que 31% des effectifs, et ce chiffre ne cesse de diminuer pour atteindre 8% en octobre 1944[3].

---

1. STEIN (Harry), « Buchenwald », in BÉDARIDA (François) et GERVEREAU (Laurent), dir., *La Déportation. Le système concentrationnaire, op. cit.*, p. 109.

2. KOGON (Eugen), *L'État SS. Le système des camps de concentration allemands, op. cit.*, p. 43.

3. Ces pourcentages sont donnés par DURAND (Pierre) dans *Le Mémorial. Buchenwald, Dora, kommandos*, Paris, Association française Buchenwald-Dora et kommandos, 1999, p. 20.

Selon Hermann Langbein, il faut distinguer « les ressortissants de territoires considérés comme "racialement valables" selon le national-socialisme[1] », tels les Autrichiens, les Scandinaves (Norvégiens, Danois), les Hollandais ou les Luxembourgeois. Ceux-là seront mieux considérés et disposeront de plus de facilité pour toucher l'attention des détenus exerçant des responsabilités et des gardiens allemands, de la même manière que les prisonniers pratiquant leur langue.

Plus que les autres nationalités, les Soviétiques – notamment les Russes et les Ukrainiens – et les Polonais vont représenter un contingent numériquement lourd, mais leur situation s'avère difficile comme pour l'ensemble des Slaves, perçus comme des hommes de second rang par les nazis. Les Soviétiques constituent ainsi 39 % des détenus en décembre 1943 et encore 27 % fin 1944 ; aux mêmes époques, 20 % sont des Polonais.

La place des Français n'est guère plus enviable, loin de là. Numériquement, ils ne représentent longtemps qu'une frange marginale de la population du camp, comme en août 1942 avec 0,1 % des effectifs. Seuls cinq cents d'entre eux sont arrivés entre 1940 et 1942[2]. Ce n'est qu'au cours de l'année suivante que les premiers convois importants parviennent à Buchenwald avec six mille trois cents Français, soit 13 % de la population totale.

1944 constitue l'année la plus noire de la déportation française dans ce camp avec une dizaine de grands convois, dont certains amènent jusqu'à deux mille personnes, représentant un total de dix-sept mille cinq cents individus, soit 15 % du total. Plus d'un millier suivront encore début 1945 en provenance d'autres installations concentrationnaires. Mais sur plus de

---

1. LANGBEIN (Hermann), *La Résistance dans les camps de concentration nationaux-socialistes (1938-1945)*, *op. cit.*, p. 62.
2. Selon l'étude de Roger ARNOULD, « Recherches sur la déportation des Français à Buchenwald », in *Le Serment*, n° 85, 4ᵉ trimestre 1971, pp. 8-10.

vingt-cinq mille déportés français au total à Buchenwald, seule une minorité, environ six mille, demeure en fait sur la colline de l'Ettersberg. Les autres sont transférés dans des kommandos extérieurs ou d'autres camps.

Parvenus tardivement à Buchenwald, longtemps peu nombreux, les Français sont aussi desservis par la composition hétéroclite de leurs rangs. Jusqu'à la fin de l'année 1943, les plus nombreux sont des droit-commun, des travailleurs en Allemagne s'étant rendus coupables d'un quelconque larcin, des trafiquants divers, meurtriers et autres souteneurs provenant des prisons de l'Hexagone. Certains ont aussi été raflés au hasard du fait de représailles. « Parmi eux il y avait de tout : des durs, des "demi-durs", des mous et des collaborateurs[1] », note le professeur Richet. Or, comme les Belges par exemple, tous les Français reçoivent un triangle rouge, indépendamment de l'origine de leur déportation.

Les détenus voient donc arriver des déportés français, supposés politiques, dont, pour la plupart, la moralité se révèle vite douteuse. Il en résulte une réaction de méfiance, voire de rejet, de la part des combattants des autres nationalités, pesant sur l'ensemble de la communauté. Elle joue particulièrement en défaveur des résistants français arrivés massivement à partir de l'extrême fin de l'année 1943 et surtout début 1944. Ce caractère massif doit toutefois être relativisé, puisque les « résistants authentiques » ne représentent environ qu'un quart des Français, selon l'évaluation du professeur Richet[2].

Le complexe concentrationnaire de Buchenwald ne compte pas que des détenus masculins. Près de 10% de l'effectif total, soit vingt-cinq mille personnes, est constitué par des femmes

---

1. RICHET (Charles), *Trois bagnes, op. cit.*, p. 40
2. *Ibid.* Voir les contributions de Claudine Cardon-Hamet et Thomas Fontaine dans *Résister à Buchenwald. Les Français et la Résistance à Buchenwald, 1943-1945*. Présenté par l'Association Buchenwald Dora et ses Kommandos, Paris, Tirésias, 2006, pp. 21-41.

dirigées vers une trentaine de camps annexes. La plupart viennent d'Auschwitz ou de Ravensbrück. Trois cents Françaises se retrouvent ainsi au kommando *Hasag* de Leipzig et *Markkleeberg* de Magdeburg[1].

Des rapports de force permanents

Supposer que le mélange de tous ces peuples va de soi s'avère une grave erreur. Les conséquences de cette tension sont à la fois individuelles et collectives. Dans la masse des détenus, la personne est d'abord identifiée comme membre d'un groupe national, un groupe qui doit s'imposer face aux autres au sein d'un rapport de force permanent dominé par les ressortissants allemands. Or les préjugés érigés en culture fondent ce regard, comme le relèvent Yves Darriet et Claude Francis-Bœuf : « Fausse et triste première opinion des Français sur les Russes, fausse et triste opinion des Russes sur les Français, fausse et triste opinion de tous, Allemands, Polonais, Tchèques, sur les Français[2]. »

En effet, les Français figurent parmi les prisonniers les plus mal considérés tant par les nazis que par leurs compagnons de misère. Les premiers stigmatisent une nation qu'ils jugent abâtardie, « ennemie mortel inexorable du peuple allemand », selon Hitler dans *Mein Kampf*[3]. Les seconds leur reprochent de façon véhémente les conséquences de la politique française des

---

1. Déportée à Ravensbrück puis à Leipzig, Lise London a décrit la vie dans ce dernier kommando : LONDON (Lise), *La Mégère de la rue Daguerre. Souvenirs de Résistance*, Paris, Seuil, 1995, pp. 327-376.

2. DARRIET (Yves) et FRANCIS-BŒUF (Claude), *Intermède... Écrit à Buchenwald*, *op. cit.*, p. 43.

3. Cité par JÄCKEL (Eberhard), *Hitler idéologue*, traduit de l'allemand par Jacques CHAVY, Paris, Gallimard, 1995, p. 44. (coll. « Tel »).

années trente et les en tiennent pour responsables. Ils dénoncent leur absence de réaction après l'accession au pouvoir d'Hitler et ses conquêtes successives, illustrée par les accords de Munich en septembre 1938 où les démocraties occidentales cèdent dans la crise des Sudètes, puis par l'absence de réaction offensive lors de l'invasion de la Pologne. La débâcle du printemps 1940, la chute de la IIIe République, la naissance du régime de Vichy et la mise en œuvre d'une politique de collaboration avec l'Allemagne hitlérienne suscitent en outre l'ironie et le mépris. Le colonel Manhès évoque ainsi ces « erreurs qui avaient causé de grandes déceptions à des hommes qui s'attendaient à ce que les Français, comme à leur habitude, accourent se battre pour leur rendre la liberté. De plus, le Français était considéré comme un réactionnaire, un fasciste, un capitaliste ; le Français était *a priori* sale et paresseux, etc. Finalement, il était tout juste bon pour les kommandos les plus pénibles, et cela faisait admirablement l'affaire de tous ceux qui désiraient ne pas être envoyés en transports. » Bref, ils étaient « voués à l'extermination[1] ».

Le constat est cinglant, mais à l'inverse, les Français ne manquent pas de dénoncer les travers des autres peuples, à commencer par les Allemands qui suscitent des commentaires peu amènes motivés au départ par un antigermanisme hérité de trois guerres en un demi-siècle et renforcé souvent par la violence de leur comportement au camp. Henri Manhès dénonce lui-même leur rudesse et leur brutalité acquises au fil des années d'internement et « auxquelles les prédisposaient leurs ataviques instincts ; de ces tout premiers internés, peu avaient survécu et, parmi les survivants, certains étaient simplement abrutis, d'autres étaient devenus féroces, quelques-uns étaient

---

1. MANHÈS (Frédéric-Henri), *Buchenwald. L'organisation et l'action clandestines des déportés français (1944-1945)*, op. cit., p. 15.

restés des humains. Dans l'ensemble, ils étaient francophobes[1]. » Le regard sur les Polonais est encore plus sévère. La grande majorité d'entre eux parviennent à Buchenwald à la suite de vastes rafles ou comme travailleurs déportés et bien peu pour des motifs politiques, à l'instar des ressortissants soviétiques présents – notamment les Ukrainiens –, hormis les prisonniers de guerre issus de l'armée Rouge dont plus de huit mille sont exécutés à Buchenwald. Beaucoup de Polonais se révèlent, selon le colonel Manhès, « foncièrement conservateurs, passionnément anti-Russes, haïssant les Allemands, mais souples et serviles devant les seigneurs tant que la puissance ne leur était pas enlevée, joyeusement et grandement antisémites, étonnamment incultes et chauvins[2] ». Aussi, les frères Michaut émettent le jugement suivant : « Des Polonais invivables : qu'on ne vienne plus parler de la Pologne et des Polonais aux anciens prisonniers. Ils en ont trop souffert[3]. »

Pour autant, comment les Français se perçoivent-ils eux-mêmes ? Fidèles à leurs habitudes, Yves Darriet et Claude Francis-Bœuf portent un regard teinté d'une ironie mordante sur le comportement de leurs compatriotes : « Eux, ils se révoltent, ils se refusent à accepter. Ils ont soif d'égalité, de justice et aussi de cette atmosphère bon enfant qui caractérise si bien tous les rassemblements de Français. À Compiègne, le doux et incomparable bordel des baraques, le laisser-aller général leur était quelque chose de familier, quelque chose qui sentait la caserne. Ici, la rigidité, la discipline, la langue, tout s'oppose à l'épanouissement du caractère français. Il est brisé, il rentre en lui-même, il râle[4]. »

---

1. *Ibid.*, p. 13.
2. *Ibid.*, p. 14.
3. MICHAUT (Édouard et François), *Esclavage pour une résurrection*, op. cit., p. 68.
4. DARRIET (Yves) et FRANCIS-BŒUF (Claude), *Intermède... Écrit à Buchenwald*, op. cit., p. 43.

Eugen Kogon partage ce point de vue, dans une analyse où l'on ne distingue guère de bienveillance : « Par leur tempérament et leur constitution généralement moins robuste, les Français souffrirent davantage que les autres des difficultés de la vie dans les camps. Leur individualisme très accusé et leur niveau intellectuel généralement très élevé leur causèrent de nombreuses difficultés qui auraient pu être évitées [...][1]. »

En d'autres termes, si l'univers concentrationnaire est par nature hostile, il l'est encore plus pour les Français, exposés « sans défense, à toutes les infortunes[2] ».

La délégation de pouvoir

Le fonctionnement de la société concentrationnaire repose sur le principe de la délégation du pouvoir. Il suppose une organisation sociale spécifique, structurée par une hiérarchie propre entraînant l'existence de classes qui disposent de responsabilités et, parallèlement, d'avantages plus ou moins étendus.

Nous l'avons dit, les SS dirigent et surveillent les camps[3]. Le commandant, *Lagerkommandant*, exerce les fonctions suprêmes, secondé en matière économique par un chef administratif (*Verwaltungsführer*).

Les *Lagerführer*, ou chefs du camp, qui peuvent être au nombre de trois pour assurer une présence permanente, sont directement à la tête du camp des détenus. Leurs directives transitent par le chef inspecteur (*Rapportführer*), dont le poste le place au croisement des relations entre les prisonniers et les SS.

---

1. KOGON (Eugen), *L'État SS. Le système des camps de concentration allemands*, op. cit., p. 415.
2. *Ibid.*
3. *Ibid.*, pp. 57-60.

Le *Rapportführer* dirige les chefs de blocks (*Blockführer*), qui assument la responsabilité d'un bâtiment d'habitation et se manifestent, avec les chefs de kommandos qui encadrent les travailleurs, avec une néfaste et violente proximité dans le quotidien des détenus.

Deux autres administrations jouent un rôle fondamental : l'une gère le travail des déportés, notamment les rapports avec les entreprises, les affectations dans certains kommandos, c'est l'*Arbeitseinsatz* ; l'autre, la section politique, antenne locale de la Gestapo, procède aux interrogatoires et au contrôle des éléments politiques dangereux. Des prisonniers sont ainsi régulièrement appelés par haut-parleurs pour se rendre dans ces locaux, situés à la porte d'entrée.

Dans le prolongement de ces responsabilités, les nazis s'en remettent à des détenus pour appliquer leurs orientations et faire fonctionner le camp sur le plan pratique. En fait, administration nazie et administration détenue sont structurellement imbriquées. Les uns encadrent, les autres gèrent, au sein d'une bureaucratie où les services d'une administration trouvent leur correspondance dans l'autre. Les autorités maintiennent cependant un étroit contrôle et une pression constante sur ces « fonctionnaires » ; ces derniers se doivent de justifier leur action et leurs résultats en permanence, au risque d'être renvoyés ou physiquement menacés.

La délégation de pouvoir s'impose aux nazis par l'ampleur du système concentrationnaire et sa gestion quotidienne : des centaines de lieux de détention sur une échelle quasi continentale et près de sept cent mille prisonniers en 1945, dont il faut organiser et surveiller l'existence. Sans le recours à la bureaucratie internée, ce sont autant de forces mobilisées au détriment d'autres missions répressives ou de la conduite de la guerre. Il ne s'agit toutefois que d'une partie de l'explication, comme l'analyse avec une grande intelligence David Rousset. L'existence d'une aristocratie parmi les *Häftlinge*, disposant d'un certain pouvoir et de privilèges, fragmente le groupe des détenus et rend impossible la formation d'une opposition globale. « Elle est enfin (et c'est dans l'univers concentrationnaire sa raison suffisante et définitive d'être) un merveilleux instrument de corruption. La métaphysique du châtiment propre aux SS impose comme une nécessité absolue l'existence de cette aristocratie[1]. » Par ce biais, les SS affirment en effet leur pouvoir absolu : ils dressent les détenus les uns contre les autres, potentiellement tous désireux d'accéder à ces postes ou réagissant à l'inverse contre l'attitude des « fonctionnaires », engagés de fait dans un processus de « collaboration[2] », selon le terme employé par Wolfgang Sofsky.

Himmler revendique clairement la perversion de ces procédés devant des généraux au cours de l'été 1944 : « Ces politiques et récidivistes allemands, quelque quarante mille... sont mes "sous-officiers" pour toute cette société. Nous avons nommé là... ceux que nous appelons kapos. Il y en a aussi un qui a la responsabilité... de trente, quarante ou cent autres détenus. De la minute où il est kapo, il ne couche plus avec les autres. Il est responsable de l'exécution des travaux imposés, il doit veiller à ce qu'il n'y ait pas de sabotage, qu'ils soient propres, que les lits soient bien faits... Autrement dit, aiguillonner ses hommes. De la minute où nous ne sommes plus satisfaits de lui, il n'est plus kapo, il couche de nouveau avec ses hommes. Il sait alors qu'ils le tueront dès la première nuit... Comme nous n'avons pas assez d'Allemands, on s'arrange naturellement pour qu'un Français soit kapo des

---

1. ROUSSET (David), *L'Univers concentrationnaire*, *op. cit.*, pp. 105-106.
2. SOFSKY (Wolfgang), *L'Organisation de la terreur. Les camps de concentration*, *op. cit.*, p. 124.

Polonais, un Polonais kapo des Russes... de manière à jouer d'une nation contre l'autre[1]. »

La notion de « maîtrise des camps » pour reprendre l'expression de Primo Levi recouvre en fait des fonctions et des situations individuelles très diverses, au sein d'un véritable appareil administratif créant des catégories de détenus au régime de vie particulier. Albert Kirrmann dénonce ainsi l'abîme entre le *Lagerältester*, « traversant la place d'appel dans ses somptueuses bottes [...], accompagné de son magnifique saint-bernard » et le détenu du Petit camp, « lamentable squelette ambulant [...], couvert de quelques haillons et titubant de faiblesse[2]. »

Aux « sommets de cette hiérarchie concentrationnaire », selon le colonel Manhès, ou « aristocratie », pour le professeur Richet, on trouve les *Lagerälteste*, les doyens du camp, dont le nombre s'est parfois élevé à trois. Ils représentent vis-à-vis des autorités allemandes l'ensemble des prisonniers. Les échelons inférieurs de l'administration détenue leur sont subordonnés et, à bien des égards, leurs responsabilités et leur influence conditionnent le quotidien de tous. Il s'appuie sur le secrétariat, la *Schreibestube*, en charge de toutes les affaires intérieures, depuis la gestion des différents fichiers, les affectations dans les blocks ou le suivi de la distribution de nourriture. Au sein de l'appareil SS, le *Rapportführer* coiffe ce bureau. Dans chaque block, un *Blockschreiber*, assure la liaison avec le secrétariat. L'*Arbeitsstatistik*, bureau de la statistique du travail, détermine et centralise toutes les affectations pour les kommandos et les départs en transports, en fonction de consignes transmises par la SS. Ce service figure au centre des enjeux ici

---

1. Cité par LANGBEIN (Hermann), *La Résistance dans les camps de concentration nationaux-socialistes (1938-1945)*, op. cit., p. 38.

2. KIRRMANN (Albert), « Buchenwald », in *De l'université aux camps de concentration. Témoignages strasbourgeois*, op. cit., p. 67.

développés ; à ce titre, sa composition et son fonctionnement seront examinés en détail dans un chapitre suivant. À la tête de la *Schreibestube* et de l'*Arbeitsstatistik*, comme d'un certain nombre de kommandos stratégiques – *Revier*, *Effektenkammer*, block de la pathologie, cuisine –, se trouvent des kapos qui composent eux aussi l'aristocratie internée, dont les membres sont qualifiés de *prominenz*, un terme métaphorique pour les détenus prééminents.

Le terme de « kapo » appelle quelques commentaires. Son origine est floue, venant sans doute de l'italien *capo*, signifiant chef, ou peut-être de la contraction de *Kaporal* en allemand. Dans les camps, le kapo est un détenu qui dirige les kommandos de travail, celui qui souvent hurle et frappe pour faire respecter l'ordre et la cadence. En fait, de tous les détenus chargés d'une fonction, le kapo apparaît comme l'auxiliaire zélé des nazis et incarne aux yeux de beaucoup de prisonniers toutes les tares de l'administration détenue. Dans l'imaginaire collectif contemporain, il en devient même la figure exemplaire, dans sa forme dévoyée, jusqu'à entrer dans le langage courant comme un synonyme de traître. L'« aristocratie » comprend en outre à l'échelon inférieur les chefs de blocks (*Blockälteste*). Tous sont des ressortissants allemands ; il ne peut en être autrement pour les initiateurs du système. La plupart d'entre eux portent un brassard sur lequel est brodée l'inscription de leur fonction : kapo, *Blockältester*, etc.

La masse des kapos, les médecins, les détenus travaillant dans les kommandos précédemment évoqués, les *Blockschreiber*, les *Stubendiente* – hommes de chambrée, pouvant atteindre le nombre de six par Block, chargés de veiller à la propreté et à l'ordre, représentent « la haute bourgeoisie » selon le professeur Richet qui admet sans complexe avoir appartenu à ce groupe. « Si l'aristocratie avait parfois chambre à part, les grands bourgeois n'avaient pas à se plaindre. Ils avaient chacun leur lit personnel. Notre chambre était chauffée, nos vêtements satisfaisants. La nourriture était, non en principe, mais en fait, plus substantielle[1]. » Pour Manhès, ceux-là représentent « la très large base des privilégiés[2] ».

Dans la pyramide sociale des camps, on trouve ensuite une classe moyenne, la plus nombreuse, constituée par les détenus sans responsabilités résidant dans le Grand camp et affectés à des kommandos de travail à l'intérieur de Buchenwald ou dans les usines proches.

En dessous existe encore une catégorie plus vulnérable et affaiblie, celle des détenus croupissants dans la misère du Petit camp.

Le corollaire de ces situations diverses est donc une existence plus ou moins supportable selon la place occupée. « La vie même du camp oblige à une différenciation des fonctions. Les cuisiniers ont forcément une vie plus facile que les travailleurs de la carrière[3] », note avec bon sens Albert Kirrmann. Pour le commun des détenus, la « maîtrise des camps » avec ses différentes strates est perçue avec méfiance, sinon suspicion, voire haine pour certains. L'abbé Roger Chetaneau, séminariste, requis du Service du travail obligatoire (STO) en Allemagne, puis transféré à Buchenwald en février 1945, en dresse ainsi un portrait collectif au vitriol : « Tout un monde de "planqués" qui a droit à des vêtements plus beaux et plus chauds, aux cheveux longs, à un supplément de nourriture, en un mot à un régime de faveur. Certes, ces gens-là ne sont pas à plaindre ; peut-être certains n'ont jamais été si heureux. Tous ces favoris pour garder leur poste font du zèle ; accepter un

---

1. RICHET (Charles), *Trois bagnes*, *op. cit.*, p. 49.
2. MANHÈS (Frédéric-Henri), *Buchenwald. L'organisation et l'action clandestines des déportés français (1944-1945)*, *op. cit.*, p. 12.
3. KIRRMANN (Albert), « Buchenwald », in *De l'université aux camps de concentration. Témoignages strasbourgeois*, *op. cit.*, p. 70.

emploi, un service, c'est devenir automatiquement un "tueur d'hommes". [...] Je dois l'avouer, sans crainte de me voir démentir : en KL, les prisonniers galonnés nous font bien plus souffrir que les SS ; sans doute, ces derniers sont coupables de la création de ces camps de la mort, mais, à leurs côtés, ils ont de bien fidèles complices[1]. »

Il y a dans ces propos plusieurs niveaux de réflexion que nous analyserons au fur et à mesure tant ils sont redondants dans le discours de certains rescapés. Ce caractère global et l'analogie avec les SS se retrouvent aussi dans les commentaires de l'ambassadeur Albert Chambon : « Tous ces *Vorarbeiter* [détenu spécialiste participant à l'encadrement du travail], *Lagerschutz*, kapos, internés allemands, se conduisent aussi durement que possible à notre égard, et sont aussi impitoyables que les SS eux-mêmes. Ils aiment montrer leur pouvoir et en abuser[2]. » Mais ce qui frappe de prime abord dans les propos de l'abbé Chetaneau, c'est leur violence et l'impression d'amalgame qui s'en dégage : tous coupables par nature dit-il en substance. Cependant, au-delà de l'outrance, la question des avantages n'est pas infondée, bien que la présentation apparaît ici la discréditer. Avec plus de retenue, David Rousset expose lui aussi les différents bénéfices tirés par ceux qu'ils appellent « les bureaucrates », en matière de nourriture ou de logement ; des bénéfices réels variant beaucoup selon la fonction. « Les bureaucrates à tous les échelons se distinguent donc par une vigueur physique et une carrure tranchant sur la misère physiologique de la plèbe[3] », conclut-il néanmoins.

---

1. CHETANEAU (abbé Roger), *Le Christ chez les rayés par le n° 31947*, préface de Monseigneur PIGUET, Fontenay-le-Comte, Imp. P. et H. Lussaud frères, 1947, p. 94.

2. CHAMBON (Albert), *81 490. Fresnes-Compiègne-Buchenwald*, Paris, Flammarion, 1961, p. 101.

3. ROUSSET (David), *L'Univers concentrationnaire, op. cit.*, p. 139.

Or dans un monde de misère extrême où la mort violente régit le quotidien, des chaussures à sa taille ou une louche de soupe supplémentaire, une protection relative face au froid ou aux coups dans un bon kommando permettent d'arracher à la mort quelques jours de plus ; la pincée de tabac devient un luxe inestimable pour le fumeur invétéré, une bouffée de plaisir dans un cycle infernal de souffrances. Aussi, il n'est pas surprenant que le moindre avantage soit observé avec envie et convoitise, le privilège insupportable, suscitant pour celui qui n'a pas des sentiments d'amertume envers celui qui a, peu importe quoi et comment. L'autre devient suspect par ce qu'il est, ce qu'il fait, ce qu'il dit, ce qu'il possède.

« Rouges » ou « verts » ?

Ce qu'exprime l'abbé Chetaneau est néanmoins tempéré quelques pages plus loin par le regret qu'il formule que tous les détenus n'aient pas été des politiques car alors les conditions d'existence se seraient révélées bien meilleures[1]. La réflexion ne manque pas de surprendre dans la mesure où ce sont justement les politiques qui, au terme d'une âpre lutte, ont finalement pris le contrôle de l'administration intérieure de Buchenwald, un contrôle qui n'est pour autant pas total, laissant de fait des postes aux mains des droit-commun. Resté seulement quelques semaines sur place avant de partir en transport, il se peut que l'abbé n'ait eu qu'une vue biaisée et superficielle des hommes et de l'organisation en place. Sa préférence pour la prééminence des politiques n'en demeure pas moins très largement partagée par les rescapés, indépendamment des critiques sur leur comportement formulées

---

1. CHETANEAU (abbé Roger), *Le Christ chez les rayés par le n° 31947*, *op. cit.*, p. 117.

par ailleurs. Paul Hagenmuller le confirme : « En effet, une direction « rouge » constituait d'une façon générale un réel progrès. Les pires des « politiques » conservaient un reste d'humanité, les meilleurs ont rendu d'inestimables services. Leur but était, en collaborant à l'organisation du camp, d'améliorer le régime commun et de protéger les éléments les plus intéressants en leur assurant des avantages de kommando et de blocks[1]. »

Pourtant très négatif sur l'exercice du pouvoir de ceux qu'il appelle les « grands kapos », Pierre Julitte partage néanmoins cette analyse mesurée. Compagnon de la Libération, engagé à Londres dès 1940 au sein de la France libre, responsable de ses transmissions, il joue un rôle majeur dans le ralliement de l'Afrique noire avant d'effectuer plusieurs missions importantes sur le territoire métropolitain. Arrêté en février 1943, déporté à Buchenwald en décembre de la même année puis transféré à Dora en janvier 1945, Pierre Julitte publie en 1965 un témoignage remarqué, intitulé *L'Arbre de Goethe*, où il apparaît sous le pseudonyme d'Alain. Selon lui, « quelque critiquable qu'ait été la façon dont les communistes allemands ont administré le camp de Buchenwald, leur présence, aux postes de commandement, a été, de très loin, préférable pour les déportés, à celle des condamnés de droit commun. Il suffit, pour en être convaincu, d'avoir séjourné, comme c'est le cas de l'auteur dans des camps tels que Dora, où régnaient "les verts"[2] ».

Aussi, le contrôle des politiques est un événement exceptionnel sur lequel il est nécessaire de s'arrêter. Nous nous plaçons ici sur le plan du système et non sur le plan pratique ou celui des hommes. Les chapitres qui suivent leur sont entièrement consacrés.

---

1. HAGENMULLER (Paul), « Le Travail à Buchenwald », in *De l'université aux camps de concentration. Témoignages strasbourgeois*, *op. cit.*, p. 99.
2. JULITTE (Pierre), *L'Arbre de Goethe*, *op. cit.*, p. 99.

En préambule, il importe de ne pas se tromper de perspective. L'immense majorité des déportés français ignore tout de l'histoire des camps et de ses coulisses. Ils subissent, observent la surface des faits et les commentent sans prise sur le concret, au moins jusqu'à la mi-1944 pour une fraction d'entre eux. Il n'en demeure pas moins que la lutte pour le contrôle de l'administration détenue influence de manière capitale la vie des déportés.

Mais il faut le dire d'emblée pour répondre à un préjugé répandu : à l'échelle du camp comme du système concentrationnaire, la victoire des politiques à Buchenwald ne va pas de soi. Elle est unique par son ampleur ; elle résulte d'un combat acharné et fut sans cesse menacée. Des camps importants comme Mauthausen ou Dora connurent certes une domination progressive des politiques tout en conservant une forte influence des droit-commun jusqu'à la fin ; à Dachau, les politiques parviennent à s'imposer jusqu'en juin 1944, date à laquelle l'organisation clandestine est découverte et démantelée par la SS ; dans le même temps, Oranienburg-Sachsenhausen demeure pour l'essentiel aux mains des droit-commun.

Un principe de base doit être posé : les détenus choisis par le régime nazi pour remplir les fonctions d'encadrement sont partout, au départ, des droit-commun. Puisque les camps sont particulièrement destinés à briser les opposants politiques, la promiscuité avec les droit-commun ne suffit pas, il faut aussi que ces derniers disposent d'un pouvoir de coercition pour mieux les humilier. Aux yeux des dirigeants nazis, les droit-commun se montrent aussi plus serviles, ils portent en eux la violence dont le régime a besoin pour fonctionner. C'est pourquoi tous les camps sont ouverts avec des contingents de droit-commun afin de pourvoir aux postes essentiels. Aussi, « la couleur dominante est verte. Le peuple des camps est droit-commun. [...] Le ton, la mode des camps, leur climat, tout est déterminé par le droit-commun. Les politiques sont la plèbe taillable et corvéable à merci[1] ».

Certes, l'affrontement entre les « verts » et les « rouges » ne doit pas être caricaturé. La composition de ces deux groupes ne se révèle pas toujours homogène, surtout chez les politiques comme nous l'avons vu pour les Français où tous les individus relèvent de cette catégorie, qu'ils soient proxénètes ou partisans. À l'inverse, certains « verts » peuvent s'avérer ponctuellement bons compagnons, selon les anecdotes rencontrées dans quelques récits. Néanmoins, Hermann Langbein précise que le combat pour le contrôle de l'administration détenue prit au final cette forme : deux forces face à face opposant « des égoïstes sans scrupules ni moralité [...] à ceux dont la conscience politique et la force de caractère restaient intactes, pour qui les privilèges attachés à une fonction représentaient des devoirs supplémentaires. Or il s'agissait surtout d'adversaires politiques qui poursuivaient la lutte contre le national-socialisme derrière les barbelés électrifiés, le moral soutenu par la conviction de pouvoir agir utilement même là [...][2] ».

Pour Eugen Kogon, comme pour Hermann Langbein, il ne peut y avoir d'ambiguïté sur la légitimité de cette lutte. Partout, les « politiques » cherchent à conquérir la « maîtrise des camps », parce qu'il s'agit fondamentalement de se défendre contre la SS et ses agents, tout en contribuant à la défaite matérielle et morale du système en place. Pas de contresens : cette lutte ne passe pas par une collusion avec les bourreaux, mais au contraire par la formation d'un « mur impénétrable » et « invisible » aux yeux des SS comme des autres prisonniers[3]. Elle

---

1. ROUSSET (David), *L'Univers concentrationnaire, op. cit.*, pp. 53-54.

2. LANGBEIN (Hermann), *La Résistance dans les camps de concentration nationaux-socialistes (1938-1945), op. cit.*, p. 54.

3. KOGON (Eugen), *L'État SS. Le système des camps de concentration allemands, op. cit.*, p. 341.

nécessite une fermeté implacable, une discipline de fer et une confidentialité vitale au risque de voir la conspiration démasquée et anéantie.

« Une stratégie de survie »

Cette lutte s'annonce impitoyable, prenant pour cadre l'univers concentrationnaire. À Buchenwald, comme souvent dans les camps, elle est conduite au sein des « politiques » par les communistes allemands, dont les militants ne sont pas forcément les plus nombreux mais qui constituent indiscutablement le groupe le plus structuré idéologiquement et pratiquement. Il ne s'agit nullement pour eux d'une stratégie de collaboration visant à profiter du cadre du camp pour asseoir les bases d'une nouvelle société, mais d'« une stratégie de survie[1] », selon l'expression de Jorge Semprun. Puisqu'il apparaît impossible de mener une lutte frontale, sauf à aller au massacre, les communistes allemands cherchent donc à exercer le pouvoir en utilisant toutes les possibilités, légales ou clandestines, selon la doctrine bolchevique, tout en menant une opposition larvée dans les faits.

Le combat se déroule sur plusieurs années et débute dès l'ouverture du camp de l'Ettersberg. Une âpre et violente bataille quotidienne s'ouvre pour le contrôle progressif des postes d'encadrement, permettant de placer des hommes sûrs, c'est-à-dire des militants rendant compte de leurs actes, non seulement sur la forme, à la hiérarchie concentrationnaire, mais sur le fond, à un appareil clandestin fondé sur d'autres valeurs que celles régissant le système nazi. La finalité suprême reste la conquête du poste de *Lagerältester*, dont l'autorité et les com-

---

1. Entretien avec Jorge Semprun, 27 juin 2000.

pétences permettent une grande amplitude d'action, dans les limites fixées par la SS et sous son regard permanent, obligeant à une discrétion draconienne.

Jusqu'en 1943, la situation reste très disputée à Buchenwald. Après la création du camp, la mainmise des « verts » n'est entamée qu'à partir de 1938 et 1939, quand plusieurs transports expédient des contingents importants de « fonctionnaires » relevant de cette catégorie vers les camps en construction de Mauthausen et Flossenbürg, et que la corruption entache gravement leur gestion. Dans le même temps, le doyen du camp n° 3, Hubert Richter, est exécuté par les SS.

Dès lors, entre 1939 et 1941, trois doyens « rouges » exercent la fonction : Karl Barthel, Ernst Frommhold et Ernst Busse. La direction des principaux kommandos et celle des blocks change progressivement de main ; la situation générale des détenus s'améliore. Mais rien n'est acquis. La population de droit-commun a de nouveau augmenté au début de la guerre, suite à une vaste campagne d'arrestations, modifiant le rapport des forces en présence. L'un d'entre eux, kapo du kommando des constructions, Josef Ohles, prend à l'automne 1941 la tête d'un complot visant à renverser le pouvoir des « politiques ». Il fait placer sous le secrétariat des détenus dominé par les « rouges », un poste de radio clandestin et dénonce son existence aux SS, suscitant un important mouvement de répression accentué par la solidarité exprimée par certains fonctionnaires envers les prisonniers de guerre soviétiques déportés et exécutés au camp. Jorge Semprun note que la prise de pouvoir des « rouges », puis leur chute, correspondent également à la période du pacte germano-soviétique, levant peut-être pour quelque temps certaines appréhensions des autorités nazies[1]. Nommé premier doyen, Ohles assoit son pouvoir en organisant notamment l'exécution du kapo

---

1. Entretien avec Jorge Semprun, *op. cit.*

communiste de l'infirmerie, Walter Krämer. L'opposition fratricide se radicalise encore un peu plus.

Au printemps 1942, jouant sur les rivalités au sein de l'administration SS et sur l'origine trouble de l'affaire du récepteur radio, les « rouges » parviennent à faire renvoyer Ohles. Démis de ses fonctions, il est affecté à la carrière où il meurt dès le lendemain. Pour autant, le commandant refuse de nommer à nouveau un « politique ». Son choix se porte sur Fritz Wolff, un ancien officier de l'armée allemande, interné pour des motifs crapuleux. Le cercle proche de Wolff est constitué par des détenus polonais, farouchement anticommunistes et antisémites. La menace demeure toujours forte, aussi la lutte ne faiblit pas. Mais Wolff s'avère homosexuel, ce que ses adversaires ne manquent pas de rapporter au commandant Pister, entraînant finalement sa chute en juin 1943.

À cette date, les « politiques » membres du parti communiste allemand parviennent à s'imposer aux postes de doyens du camp et aux principales fonctions de l'administration détenue, tout en sachant que ce pouvoir demeurerait fragile.

Cette approche pragmatique vient conforter l'analyse d'Olga Wormser-Migot critiquant le caractère réducteur de la position d'Hannah Arendt quand cette dernière explique la prise de contrôle opérée par les « politiques » par un choix délibéré des autorités nazies[1]. Selon elle, l'intégration du système concentrationnaire au profit de l'effort de guerre lors du tournant de « la guerre totale » entre 1942 et 1943 a conduit la SS à préférer l'influence des « rouges » à celle des « verts », en raison de leur meilleure capacité à encadrer le travail en usine, du fait notamment de la présence parmi eux d'ouvriers. Il est vrai que la spécialisation des tâches au sein de l'industrie concentration-

---

1. WORMSER-MIGOT (Olga), *Le Système concentrationnaire nazi, op. cit.*, p. 479.

naire nécessite désormais un personnel mieux formé, dont la violence ne doit plus être la seule qualification. Hannah Arendt est rejointe en cela par David Rousset ou Hermann Langbein par exemple. Pourtant, il faut se prémunir contre toute généralisation par trop hâtive. L'histoire de Buchenwald montre d'abord que la victoire des « politiques » fut arrachée de haute lutte et resta de fait précaire. Cette victoire ne constitue pas en outre une norme valable partout. Si Albert Kuntz, communiste allemand membre du triangle clandestin de direction du KPD à Buchenwald avant d'être affecté à Dora par les autorités nazies comme responsable du service d'exploitation, parvient à convaincre au cours de l'été 1944 la direction du camp de nommer des *Lagerälteste* « rouges » avec des arguments de ce type, force est de constater que ceux-ci ne gardèrent que peu de temps leurs fonctions et durent s'effacer rapidement devant des « verts »[1]. Albert Kuntz est lui-même exécuté par les SS en 1945 pour sabotage. De plus, il ne semble pas que des directives de l'Inspection centrale des camps aient imposé de nouvelles nominations en fonction de la catégorie des détenus du fait de la « guerre totale », alors que des consignes engageant à une meilleure productivité par la baisse de la mortalité est avérée. En fait, les commandements SS des camps ont sans doute recherché au coup par coup à s'adapter aux nouvelles exigences, sans se départir pour autant de leurs pratiques criminelles. L'extension numérique des camps les a toutefois effectivement conduits à ouvrir l'encadrement des détenus, faisant cohabiter « droit-commun » et « politiques ». Ils se contentèrent le plus souvent d'arbitrer la lutte les opposant au gré des circonstances et de leurs intérêts immédiats, sans forcément faire preuve de cette cohérence que leur prête Hannah Arendt.

---

1. LANGBEIN (Hermann), *La Résistance dans les camps de concentration nationaux-socialistes (1938-1945)*, *op. cit.*, p. 39.

La naissance du Häftling

S'il faut être conscient du jeu des intrigues lié au pouvoir à Buchenwald, la perspective dans laquelle s'inscrit le commun des déportés français n'est pas de prime abord celle-là. En quelques jours, il passe d'une captivité sur le territoire national à l'inconnu le plus complet. Entre les deux, il a accompli un voyage de deux ou trois jours dans un wagon à bestiaux, dans des conditions où la notion de respect de la personne humaine lui apparaît à nouveau sérieusement entamée, après les épreuves de l'arrestation et de l'internement. Sur ces wagons de la Société nationale des chemins de fer français, une mention maintes fois rapportée est affichée : « hommes : 40 ; chevaux : 8 », alors qu'il n'est pas rare qu'une centaine de personnes soient entassées de force à l'intérieur. Les maigres rations distribuées au départ à Compiègne n'ont pas empêché la faim et surtout la soif d'attiser les supplices dus à la promiscuité. Certains s'évanouissent, d'autres deviennent fous comme le rapportent les frères Michaut[1].

La majorité des Français arrivent à la gare située à deux kilomètres du camp de Buchenwald. La découverte de l'univers concentrationnaire commence. « Les scellés et les portières à coulisse s'ouvrent à grands coups de marteaux. Un hurlement rauque de voix allemandes arrive à nos oreilles bourdonnantes de fatigue et d'énervement. Les premiers ayant eu à peine le temps de retrouver leurs musettes, se précipitent vers la sortie. Ceux qui peuvent sauter sautent, les autres se font glisser et se trouvent entraînés par des bras inconnus[2]. » Les faits s'enchaî-

---

1. MICHAUT (Édouard et François), *Esclavage pour une résurrection, op. cit.*, p. 25.
2. STRAKA (Georges), « L'Arrivée à Buchenwald », in *De l'université aux camps de concentration. Témoignages strasbourgeois, op. cit.*, pp. 78-79.

nent, dans la rapidité et la violence, sous les cris des SS et les aboiements des chiens.

Placés en rangs par dix, les nouveaux arrivants vont rejoindre péniblement le camp. Ils empruntent une route sillonnant un environnement nouveau et incroyable dont ils vont au fil des jours apprendre le détail. Ils croisent parfois d'autres détenus. Bien que les contacts soient interdits, quelques mots fusent pourtant ; dans un sens, des renseignements sur l'origine du convoi et la situation au pays ; de l'autre, des consignes sur les effets à cacher avant d'en être privé. Bientôt, la cohorte franchit le portail et rejoint le bas du camp, longeant le four crématoire dont la présence menaçante renforce encore un peu plus l'inquiétude.

Commence alors un long processus qui dépouille non seulement l'individu de tous ses biens, mais vise aussi à lui inculquer les bases de sa nouvelle identité. Il n'est plus un homme, il devient un *Häftling*, un détenu dans la langue des camps. « On dirait que l'existence concentrationnaire a créé entre la vie et la mort un état intermédiaire[1] », note Christian Pineau. Débute alors la quarantaine, période sombre dont tous ne réchappent pas.

À l'*Effektenkammer*, le détenu se voit dépossédé de tout, bien que certains parviennent à camoufler à l'extérieur quelques effets personnels qu'ils récupèreront ensuite, dernières attaches au monde du dehors. Il est rasé complètement depuis les cheveux jusqu'aux parties intimes, puis baigné dans une solution désinfectante censée éviter l'entrée de maladies contagieuses dans le camp. Il passe ensuite par une douche – seul moment de réconfort pourvu que l'eau ne soit pas gelée –, une nouvelle séance de désinfection puis, au pas de course toujours, il reçoit un à un les habits qui constituent son nouvel uniforme, des vêtements épars et usagés provenant de l'Europe entière, distribués sans soucis

---

1. PINEAU (Christian), *La Simple Vérité*, *op. cit.*, p. 488.

quant à la taille : une chemise, un caleçon, un pantalon, une veste, des chaussettes, des galoches de bois, et une casquette[1]. Christian Pineau observe non sans humour ses compagnons ainsi vêtus : « Nous ressemblons à des figurants de cinéma habillés pour jouer des clochards français dans un film américain. On n'a pas lésiné sur le pittoresque[2]. » L'amusement initial passé, la question des chaussures, notamment, devient cruciale, source supplémentaire de souffrances dans la boue et le froid.

Le parcours s'achève par des formalités administratives, une étape déterminante pour la suite de l'existence concentrationnaire. Derrière un comptoir, des fonctionnaires détenus du secrétariat procèdent à un interrogatoire d'identité et remplissent la fiche personnelle de chacun. Outre l'état civil, la situation de famille, les informations mentionnées portent également sur le nom du service à l'origine de la déportation, la religion et la profession. Celle-ci revêt une grande importance car elle conditionne l'affectation ultérieure, du moins en théorie. D'ailleurs, une des influences premières de la résistance clandestine ou des solidarités nationales s'exerce à ce niveau. Roger Nathan apprend ainsi d'un camarade communiste parlant allemand, qui vient d'en être averti par le préposé, qu'il doit se déclarer électricien. « C'est l'emploi le plus demandé à l'heure actuelle et le plus calme ![3] », lui indique-t-il avec ironie. Enfin, le prisonnier se voit affecté à ce moment un numéro matricule qui désormais supplante son nom. Il doit l'apprendre par cœur en allemand pour pouvoir le déclamer à la moindre occasion. Peut-être plus que l'accoutrement, la perte d'identité au profit d'une suite de chiffres incarne la déshumanisation voulue par le nouveau régime.

---

1. RICHET (Charles), *Trois bagnes*, op. cit., p. 29.
2. PINEAU (Christian), *La Simple Vérité*, op. cit., p. 333.
3. NATHAN-MURAT (Mireille), *Poursuivi par la chance. De Marseille à Buchenwald. Mémoires partagées (1906-1996). Dialogue avec Roger et Lily Nathan-Murat*, Paris, L'Harmattan, 1996, p. 192. (coll. « Mémoires du XXe siècle »).

La quarantaine

Au terme de ce parcours, les *Häftlinge* sont conduits dans le Petit camp et placés dans un block. On ne travaille pas pendant les trois ou quatre semaines que durent la quarantaine, juste quelques corvées à l'occasion. En fait, l'attente et la découverte brutale des règles de la vie concentrationnaire occupent le quotidien.

La surprise se transforme au fil des mois, pour ceux qui survivent, en une certaine accoutumance, car un principe s'impose rapidement : s'adapter aux nouvelles conditions ou mourir, en faisant fi des positions sociales antérieures. Le camp les nivelle et génère une autre échelle de valeurs, il crée une nouvelle organisation sociale, un autre monde. Eugen Kogon le décrit sans artifice, lui qui estime à six mois le délai avant devenir un « concentrationnaire » : « La tentative désespérée et ridicule de vouloir faire valoir, dans un tel milieu, sa supériorité sociale et non pas sa personnalité, se terminait par une chute rapide. [...] Tous les corsets sociaux étaient radicalement brisés dès le premier jour. S'ils avaient tenu lieu d'armature à un caractère, on pouvait rayer l'homme des contrôles[1]. »

Engagé dans une véritable lutte pour préserver son existence, le concentrationnaire se forge de nouveaux réflexes, l'humanité compose. Kogon décrit ainsi le nécessaire durcissement du caractère face à la barbarie environnante, la prise de distance pour mieux se protéger, l'insensibilité obligée de beaucoup[2]. Dans un texte à la crudité sans doute dérangeante,

---
1. KOGON (Eugen), *L'État SS. Le système des camps de concentration allemands*, *op. cit.*, pp. 404-405.
2. *Ibid.*, p. 407.

mais à la réalité évocatrice, Yves Darriet résume avec noirceur, mais non sans lucidité, les perspectives qui s'imposent désormais au *Häftling* : « Le camp, c'est l'abrutissement, le renoncement à sa personnalité, l'impuissance intellectuelle. Le camp ? Ce sont les cris, les brutalités, les scènes d'horreur, la crasse, les puces, le pus et la merde. [...] S'adapter ? Oui, avec un moral sans faille, un moral d'où tout le passé et tout l'avenir sont rigoureusement bannis, un moral buté, obstiné, concentré sur un seul point, essentiel, fondamental : ne pas crever. La méthode Coué ! Ne pas crever, ne pas crever, ne pas crever : c'est tout[1]. »

Une journée à Buchenwald

À la fin de la période de quarantaine, les déportés passent dans un block du Grand camp et reçoivent une affectation dans un kommando de travail. Une minorité demeure en fait à Buchenwald, accédant pour la plupart, au début, à l'un des kommandos les plus éprouvants telles la terrasse ou la carrière ; les autres étant transférés vers un camp extérieur. Pour les premiers, les perspectives ne changent guère, la journée s'organise selon un morne séquençage où seuls les maîtres des camps contrôlent le temps.

Le matin, réveil vers 5 heures. En trente minutes s'enchaînent alors la toilette dans les sanitaires des blocks, le rangement de la paillasse puis le petit déjeuner constitué d'un quart de succédané de café, un morceau de pain, une noisette de margarine, une petite portion de saucisson. Au pas de course, alors que la nuit règne encore, il faut monter vers le haut du camp

---

1. DARRIET (Yves) et FRANCIS-BŒUF (Claude), *Intermède... Écrit à Buchenwald, op. cit.*, pp. 49-50.

pour l'appel, sur la grand-place face à la porte d'entrée. Cet appel du matin sera supprimé en février 1945, remplacé par un simple comptage devant le block. Puis, c'est le départ pour le travail, avec une pause d'une demi-heure le midi, jusqu'à 17 heures. Au retour, débute l'appel principal au cours duquel les SS dénombrent l'ensemble des effectifs du camp. Si sa durée moyenne tourne autour d'une heure, la moindre faute, le moindre décalage entre les listes dressées par la *Schreistube* et le relevé physique des vivants et des morts, prolonge l'appel pendant des heures, peu importe les conditions climatiques et les souffrances endurées. Une fois les comptes finalement clos, les détenus peuvent regagner leur block et prendre le seul repas chaud de la journée, une soupe à base de légumes, agrémentée parfois de quelques suppléments, comme une maigre portion de fromage blanc ou de marmelade.

La composition et le volume de la ration dépendent en fait beaucoup de la période considérée, et de la chance ou de l'opportunité de chacun à pouvoir l'augmenter. Elle dépend aussi de l'affectation, certains kommandos disposant de meilleures rations et d'autres procurant surtout un accès direct à la nourriture, comme pour le personnel des cuisines. Au-delà de ces cas particuliers, deux principes s'imposent : premièrement, l'alimentation est insuffisante pour répondre aux besoins élémentaires d'un organisme confronté à des conditions de vie terribles ; deuxièmement, plus la guerre se prolonge, plus les rations diminuent de façon radicale. La nourriture prend donc une place importante dans les esprits et participe à attiser les antagonismes entre les hommes. Il en va de même pour tout ce qui permet de la consommer – ustensiles, gamelles, fabriqués ou récupérés – et de l'habillement d'une manière générale. Car dans cet univers de misère extrême, les vols ne sont pas rares. La confiance ne peut se porter que sur un cercle limité de camarades, alors que dans la majorité des blocks, il n'est pas possible de choisir ses voisins. Comme le définit Wolfgang Sofsky, « la société du block est une société forcée[1] ».

Après le repas du soir, une inspection quelconque – des poux, de la propreté des pieds... – vient parfois prolonger les humiliations de la journée. Enfin, entre 8 et 10 heures selon la saison, l'extinction des feux est proclamée.

Le lendemain, tout recommence, sauf pour les morts de la nuit...

Car la mort est partout, elle fonde le quotidien et change de nature par rapport à celle connue dans le monde extérieur ; elle devient à la fois « hideuse[2] » et sinistrement banale. Léon Leloir, prêtre belge, membre de l'ordre des pères blancs missionnaires d'Afrique et ancien aumônier des maquis des Ardennes, interpelle ainsi le lecteur : « Peut-être à m'écouter, le dégoût te soulève. Sache qu'à Buchenwald, on ne meurt pas, on crève[3]. » Cette conclusion en forme de cri vient clore plusieurs poèmes consacrés à l'évocation de la mort. S'il lui accorde tant d'importance, ce n'est pas pour satisfaire à un quelconque goût du morbide – ni pour lui, ni pour le public –, mais c'est bien parce que l'univers concentrationnaire ne peut se décrire en faisant l'impasse sur le sujet ; parce que l'action des hommes qui survivent dans les camps ne peut être rapportée sans être mise en perspective avec ce qui constitue l'environnement de leur existence nouvelle. Il ne suffit pas de le dire posément, il faut que cette idée vienne pénétrer notre pensée et ébranler nos douces certitudes.

Pourtant, il faut le dire également avec force, la vie au camp ne se résume pas à ce funeste tableau. Elle est à la fois ceci et

---

1. SOFSKY (Wolfgang), *L'Organisation de la terreur. Les camps de concentration*, *op. cit.*, p. 92.

2. RICHET (Charles), *Trois bagnes*, *op. cit.*, p. 66.

3. LELOIR (Léon), *Je reviens de l'enfer*, Paris, Éd. du Rendez-Vous, 1945, p. 135.

cependant infiniment plus complexe et intense. Force est de le constater à la lumière des récits, la solidarité globale et inconditionnelle entre détenus relève du cliché face à la multitude des profils, des distinctions et des intérêts particuliers savamment entretenus par le système. Il n'en demeure pas moins que des solidarités individuelles, entre des groupes plus ou moins restreints d'individus, fondées sur des amitiés nouvelles ou consécutives à un engagement commun préconcentrationnaire, et des solidarités nationales ou internationales parfois s'établissent[1]. De plus, l'absence de perspectives – un homme identifié à un matricule sans passé ni avenir cherchant à survivre – ne constitue pas l'horizon obligé de tous. Une fraction aux contours plus larges qu'il n'y paraît, parmi la plus militante, cherche à dépasser le seuil de douleurs et d'abandon qui l'enserre avec violence.

Dans un texte publié au printemps 1945, le journaliste Maurice Nègre, ancien correspondant de l'agence Havas en Roumanie avant guerre, fondateur du réseau de résistance « Super-NAP » et déporté en août 1944 à Buchenwald, montre bien toute l'ambiguïté de cette situation : « Et puis des amitiés sont nées, des habitudes. Les hommes, qui sentent chaque jour leurs forces diminuer, ont peur d'affronter des risques nouveaux. Peu à peu, ils se referment sur eux-mêmes et utilisent leur énergie dans ce combat patient pour la subsistance quotidienne. C'est la jungle, une jungle apparemment policée, mais où les appétits ne sont pas moins frénétiques, où la bataille pour être secrète n'en est que plus âpre. Au milieu de cette mêlée angoissée, circulent cependant quelques héros et quelques saints. Ils ne sont, ils ne peuvent être qu'une très petite minorité[2]. »

---

1. KOGON (Eugen), *L'État SS. Le système des camps de concentration allemands, op. cit.*, pp. 410-413.
2. NÈGRE (Maurice), in *Crimes nazis*, 1945, p. 35.

C'est bien du rôle de cette minorité agissante comme de celui de la masse de leurs camarades dont il s'agit dans cet ouvrage, tombés dans une tourmente sur laquelle ils vont tenter de trouver prise.

Chapitre II

LES FONDATEURS DU COLLECTIF FRANÇAIS : FRÉDÉRIC-HENRI MANHÈS ET MARCEL PAUL

Le destin de deux hommes ne saurait incarner à lui seul celui des Français de Buchenwald. Pourtant, la formation et le développement de l'organisation clandestine française reposent pour beaucoup sur la rencontre de deux personnages, Henri Manhès et Marcel Paul. Chacun mériterait une biographie détaillée que ce chapitre ne prétend pas offrir, mais leur existence se doit d'être retracée, ne serait-ce qu'à grands traits, pour mieux comprendre les rôles capitaux qu'ils vont exercer par la suite au camp et l'importance de leur travail commun.

Henri Manhès et Marcel Paul ne se connaissent pas avant d'être déportés à Buchenwald. Au regard de leur parcours, cette rencontre n'a d'ailleurs rien d'évident. En 1944, quand ils se découvrent, le premier a cinquante-cinq ans, le second est plus jeune de dix ans. Mais l'un comme l'autre sont déjà des personnalités affirmées issues de milieux fort différents. Au-delà du cliché, l'un est officier et bourgeois, l'autre est militant syndical et ouvrier. Pourtant, trop souvent, leur combat dans la Résistance et leurs engagements d'après guerre polarisent les descriptions biographiques qui leur sont consacrées, non sans omissions ou erreurs. Les faits doivent donc être précisés avec exactitude et la personnalité de chacun affirmée.

Manhès : de l'édition à la guerre d'Espagne

Né le 9 juin 1889 à Étampes de parents horlogers, Henri Manhès apparaît comme un personnage complexe à la vie intense dont certains épisodes demeurent toutefois obscurs. Manhès, c'est « une sorte de guerrier du Moyen Âge, une sorte de Bayard. Le geste superbe, sa crinière blanche qui commençait à repousser. [...] Il avait le verbe haut, il était éloquent mais, attention, cassant aussi[1] ». Bachelier de l'enseignement secondaire classique, Henri Manhès entame précocement une brillante carrière dans le monde de l'édition après deux années de droit, en entrant à l'âge de vingt-cinq ans au Cercle de la librairie, de l'imprimerie et de la papeterie. Il en devient secrétaire administratif en 1914. Il va dès lors exercer tout au long des années vingt et trente de nombreuses fonctions au sein de plusieurs comités professionnels, toujours du côté patronal.

Après deux années de service militaire entre 1910 et 1912, Manhès est mobilisé le 2 août 1914 comme sergent au 160ᵉ régiment d'infanterie, dans les chasseurs à pied. Blessé à plusieurs reprises, dès octobre 1914 à Mamez dans la Somme, puis à Soulchy dans le Pas-de-Calais en octobre 1915, déclaré inapte à faire campagne, il retourne à chaque fois combattre en première ligne. Sorti de l'hôpital en février 1916, il est versé comme cadre dans un bataillon d'instruction puis, en avril 1917, au Centre d'instruction des élèves chefs de section où il se révèle un excellent élément. Il n'en multiplie pas moins les

---

1. FNDIRP, entretien du docteur Fichez avec Jean-Pierre Vittori, 1985.

demandes pour regagner le front, parce qu'il se sent inutile à Paris loin du feu. Devenu officier de renseignements en mars 1918, il repart au combat avant d'être à nouveau blessé en août 1918 alors qu'il dirige un exercice à Bouilly près de Reims. Il finit la guerre avec le grade de lieutenant et exerce les fonctions de commandant de compagnie. Sa conduite valeureuse lui vaut d'être décoré de la Légion d'honneur le 1er avril 1918 et de recevoir la croix de guerre avec six citations[1].

Dans son livret militaire, ses supérieurs soulignent tous sa bravoure et son aptitude au commandement. On peut lire par exemple : « officier d'une culture intellectuelle développée, doué des plus belles qualités morales, d'une grande énergie et d'une grande modestie », ou « haute valeur morale. Instruit, bien élevé. Discipliné. Robuste et résistant. Très patriote ». Certains commentaires, en nombre plus réduit, sont toutefois plus nuancés, voire ponctuellement contradictoires avec les appréciations précédemment formulées : « A une tendance à la critique et est parfois un peu susceptible. N'en est pas moins un officier très au-dessus de la moyenne. D'un courage à toute épreuve [...] » ; « caractère susceptible et violent. Bonne éducation. Bonne instruction. Intelligent et débrouillard mais esprit superficiel. Valeur morale bonne. Aurait tendance à dénigrer ses camarades pour servir ses propres intérêts[2]. » Quoi qu'il en soit, Manhès ne laisse pas indifférent ; c'est un homme de caractère, « flamboyant », selon le mot de Pierre Péan qui, le premier, s'est attaché avec brio et ténacité à redécouvrir le personnage dans son ouvrage consacré à Jean Moulin[3].

---

1. FNDIRP, boîte bio. Manhès (51), relevé sommaire des états de service militaire de M. Manhès Frédéric-Henri, classe 1909, p. 1.
2. Service historique de l'armée de l'air, dossier militaire de Frédéric-Henri Manhès.
3. PÉAN (Pierre), *Vies et morts de Jean Moulin*, Paris, Fayard, 1998, pp. 161-162.

Rendu à la vie civile, il démissionne en 1924 du Cercle de la librairie[1] et devient adjoint au directeur des Messageries Hachette, après avoir rejoint la société en qualité de secrétaire de direction à la fin de la guerre selon Pierre Péan[2]. Manhès demeure peu de temps chez Hachette bien qu'il en reste proche, et intègre la société d'édition dirigée par Jules Tallandier. Son excellente connaissance du milieu professionnel lui permet de négocier avec succès la diffusion par Hachette des ouvrages de son nouvel employeur[3]. Au fil des années, il devient l'un des plus proches collaborateurs de l'éditeur. Préparant sa succession, Jules Tallandier le fait d'ailleurs nommer directeur adjoint du groupe en juillet 1930 puis membre du conseil d'administration de la société[4]. À son décès, au début de l'année 1933, et conformément à sa volonté, Manhès devient directeur général. Toutefois, il occupe le poste moins d'un an, sans doute en raison d'une gestion et de choix éditoriaux hasardeux, et de la reprise de la maison par Arthème Fayard. Au terme d'âpres négociations, Manhès quitte Tallandier en décembre 1933 avec une forte indemnité et la propriété du journal *Réalisme*, centré sur les faits divers. Selon lui lâché par Hachette, Manhès doit accepter la disparition de ce titre trois mois plus tard.

La trace de Manhès se perd pendant les trois années qui suivent. On constate toutefois que l'avènement du Front populaire et la guerre d'Espagne marquent un premier tournant dans la vie d'Henri Manhès, même si les sources disponibles restent

---

1. FNDIRP, boîte bio. Manhès (51), lettre de Jean Lobel, directeur du Cercle de la librairie, s.d.
2. PÉAN (Pierre), *Vies et morts de Jean Moulin, op. cit.*, p. 163.
3. Sur la carrière de Henri Manhès dans l'édition, voir PÉAN (Pierre), *ibid.*, pp. 163-165. Les principales informations mentionnées proviennent de ses recherches.
4. FNDIRP, boîte bio. Manhès (51), lettre de Manhès à Jules Tallandier, 22 mai 1930.

lacunaires. Jusqu'alors dirigeant patronal, Manhès est en outre membre des Croix-de-Feu, cette ligue d'anciens combattants située sur l'échiquier politique à la droite nationale[1]. Il gagne l'Espagne en juillet 1936 afin semble-t-il de couvrir pour l'*Excelsior* le conflit naissant, suscité par une insurrection militaire contre le gouvernement républicain. Sous le pseudonyme de Louis Dorca, il avait déjà écrit plusieurs articles dans la rubrique militaire de ce journal et celle de *L'Œuvre*[2]. La parenthèse espagnole ne laisse que peu de traces dans les éléments biographiques rédigés par Manhès et sa chronologie demeure donc confuse. En septembre 1936, il se retrouve à Paris pour effectuer une période d'instruction à l'École de perfectionnement des officiers de réserve de Paris. Le directeur relève les qualités d'un homme qui essaye « de regagner le retard des années écoulées depuis la guerre. Animé d'un excellent esprit, instruit, cultivé, très vigoureux et très apte à faire campagne. Travaux assez bons. Apte à commander une compagnie[3] ». En 1937, il ne réitère pas le stage. En Espagne, au cours des différents séjours qu'il effectue entre de 1936 et 1937, il s'engage de plus en plus nettement en faveur des combattants antifranquistes. Manhès, il le dira lui-même après guerre : « Lors de l'agression de l'Espagne républicaine par les forces fascistes de Hitler, de Franco et de Mussolini, apporte ses connaissances et son soutien à la jeune République espagnole[4]. » La guerre d'Espagne semble jouer un rôle dans l'évolution politique du personnage, puisqu'il est difficile au départ de déterminer dans quel camp il se situe, comme le souligne Pierre Péan. Sans

---

1. Arch. Laurent Wetzel, texte d'Albert Kirchmeyer, 30 août 1982 et PÉAN (Pierre), *Vies et morts de Jean Moulin*, *op. cit.*, p. 163.
2. Arch. de la préfecture de police de Paris, dossier de Frédéric-Henri Manhès.
3. Service historique de l'armée de l'air, dossier militaire de Frédéric-Henri Manhès.
4. FNDIRP, boîte bio. Manhès (51), biographie de Frédéric Manhès, s.d., p. 1.

qu'il soit possible d'en déterminer les circonstances, il entre alors en relation avec Jean Moulin, chef de cabinet du ministre de l'Air, Pierre Cot, et semble devenir son représentant pendant quelques mois en Espagne. Manhès travaille en outre avec le commandant Cahuzac, attaché de l'air à l'ambassade de France à Madrid, en charge du renseignement[1]. D'après ses notes rédigées à Buchenwald, l'ambassadeur Albert Chambon le désigne d'ailleurs comme attaché militaire à Madrid[2]. Il est donc possible que Manhès se soit prévalu de ces fonctions auprès de certains cercles au cours de sa déportation. Sur le détail de son action en Espagne, l'inconnue demeure complète. Manhès n'en dira rien publiquement.

De retour en France, Manhès intègre le cabinet civil de Pierre Cot, aux côtés notamment de Robert Chambeiron et de Pierre Meunier, même si ce dernier semble le tenir pour un collaborateur de second plan[3]. Selon Jacques Lecompte-Boinet, il en devient le chef du cabinet militaire, ce qui semble peu probable[4]. Il côtoie par ailleurs des hommes dont on sait que certains sont proches des services soviétiques comme Louis Dolivet ou André Labarthe, mais rien n'indique que Manhès le fut lui-même. À la fin des années trente, il adhère au parti radical-socialiste[5]. En août 1937, sur le conseil de Jean Moulin, Manhès demande en outre, avec succès, de servir en situation d'activité dans l'armée de l'air. Un décret de Pierre Cot, daté du 5 juin 1937, permet en effet à tous les officiers jugés aptes

---

1. PÉAN (Pierre), *Vies et morts de Jean Moulin, op. cit.*, p. 168.
2. CHAMBON (Albert), *81 490. Fresnes-Compiègne-Buchenwald, op. cit.*, p. 104.
3. MEUNIER (Pierre), *Jean Moulin mon ami*, avec la collaboration de Maurice VOUTEY, Paris, Éd. de l'Armançon, 1998, p. 35.
4. GRANET (Marie), *Ceux de la Résistance (1940-1944)*, Paris, Éd. de Minuit, 1964, p. 50.
5. FRENAY (Henri), *La Nuit finira. Mémoires de Résistance (1940-1945)*, Paris, Robert Laffont, 1973, p. 102. (coll. « Vécu »).

d'être intégrés dans l'armée d'active, afin de renforcer le caractère républicain des forces aériennes[1]. Son goût pour l'aviation n'est pas nouveau, puisque Manhès avait déjà demandé par deux fois en vain son passage de l'infanterie à l'aviation en 1916 et en 1918[2].

Le 22 novembre 1937, Manhès rejoint donc le bataillon de l'air n° 107 de Villacoublay puis la base aérienne de Saint-Cyr-l'École. Manhès est toujours bien noté par ses supérieurs qui continuent à saluer ses hautes qualités humaines et morales. Major de base à la déclaration de guerre, il réalise la mobilisation de Saint-Cyr puis en organise la défense face à la menace des troupes hitlériennes. Le 23 juin 1940, le général commandant en chef des forces aériennes le cite à l'ordre de l'escadre aérienne pour son comportement face à l'offensive allemande. Manhès a commencé la Seconde Guerre mondiale comme il a traversé la Première, avec valeur.

Le militant Marcel Paul

Selon *L'Humanité*, dans une biographie publiée à l'issue du Xe congrès du parti communiste français de juillet 1945 qui le voit élu au comité central, Marcel Paul incarne le « type du militant héroïque de la cause nationale[3] ». Abandonné à sa naissance, qui eut probablement lieu le 12 juillet 1900, il est trouvé sur un banc de la place Denfert-Rochereau à Paris. Son identité n'est finalement pas inconnue, du fait de déclarations ultérieures de ses parents biologiques[4].

---

1. FNDIRP, boîte bio. Manhès (51), biographie de Frédéric-Henri Manhès, s.d., p. 1.
2. *Ibid.*
3. *L'Humanité*, 4 juillet 1945.
4. Arch. de la préfecture de police de Paris, dossier de Marcel Paul.

Confié à l'Assistance publique, il connaît une enfance difficile dans des familles de placement à Écommoy puis rapidement à Moncé-en-Belin, à une dizaine de kilomètres du Mans dans la Sarthe, qui fut marquée par la misère de la petite paysannerie[1]. Il commence à travailler à l'âge de treize ans, comme domestique puis comme ouvrier agricole, effectuant un labeur harassant. De cette époque, il garde un souvenir assez vif, alors que sa condition de pupille le place dans une situation de grande dépendance et qu'il ne détient aucun bien matériel[2].

La conscience politique de Marcel Paul s'affirme avec la Première Guerre mondiale dans l'opposition à celle-ci. Il est alors fortement marqué par le passage des trains emmenant les hommes au front et par ceux qui en ramènent les blessés, comme par l'hécatombe qui frappe les hommes du village. « J'aimais les hommes, j'aimais les bêtes, les chevaux, les vaches – et Dieu sait si les vaches ne sont pas très affectueuses ! –, j'aimais la vie et je la respectais. La guerre m'est apparue tout de suite comme une stupide et criminelle œuvre de mort. C'est parce que je la condamnais violemment que je suis devenu socialiste, avec, à l'époque, une forte teinte d'anarchisme[3]. » Il adhère ainsi en 1915 à la jeunesse socialiste, clandestinement afin de ne pas heurter son entourage et encourir les sanctions de l'Assistance publique.

---

1. Sur Marcel Paul, on consultera DURAND (Pierre), *Marcel Paul, vie d'un « pitau »*, Paris, Messidor, 1983, 320 p. (coll. « Temps actuels »), et la plaquette réalisée en sa mémoire par la FNDIRP, *Marcel Paul ou la passion des autres*, Paris, 1983, 79 p. Nous avons en outre utilisé sa notice in MAITRON (Jean), *Dictionnaire du mouvement ouvrier*, t. XXXVIII, Paris, Éd. ouvrières, 1990, pp. 102-109, son dossier tiré des archives de la préfecture de police de Paris et de la FNDIRP, ainsi que le texte de l'entretien accordé par Marcel Paul au journaliste Jean-Pierre Vittori en 1980. Nous remercions beaucoup Jean-Pierre Vittori de nous avoir autorisé à consulter ce document remarquable.
2. Entretien de Marcel Paul avec Jean-Pierre Vittori, 1980.
3. Cité par DURAND (Pierre), *Marcel Paul, vie d'un « pitau »*, *op. cit.*, p. 39.

En 1917, celle-ci décide d'orienter les pupilles vers la Marine nationale qui manque d'équipages. Marcel Paul, titulaire du certificat d'études, est admis à l'école d'apprentis mécaniciens de Lorient puis des apprentis électriciens de Toulon. Il est officiellement incorporé le 4 avril 1919 au 2e dépôt des équipages de la flotte à Brest. Cette année voit plusieurs émeutes éclater dans les arsenaux, davantage liées aux mauvaises conditions de vie des marins que motivées par des contingences politiques en écho à la révolte des mutins de la mer Noire. Marcel Paul suit le mouvement sans occuper une quelconque responsabilité et visiblement sans conséquence sur le plan disciplinaire. S'il n'a pas changé d'avis sur la guerre, il ne participe toutefois plus de manière active au mouvement contestataire. Entré simple matelot, il accède en avril 1921 au grade de quartier-maître électricien, une promotion, au terme de plusieurs mois de navigation en Atlantique, mer Noire et Méditerranée. Il achève sa période militaire dans un sous-marin sillonnant la mer Rouge et les côtes africaines de la Méditerranée. Cet apprentissage et la reconnaissance qui le couronne le sort « du complexe d'écrasement » dans lequel il se sent jusqu'alors. De plus, « c'était une fierté d'être ouvrier[1] », affirme-t-il avec simplicité. Démobilisé en avril 1922, il se voit accorder sans difficulté un certificat de bonne conduite[2].

Rendu à la vie civile, il monte à Paris et, après divers emplois dans le bâtiment et les transports, entre en avril 1923 à la Compagnie parisienne de distribution d'électricité. Rapidement, il s'engage à plein temps dans l'action revendicative et gravit les différents échelons qui le mènent à assumer d'importantes fonctions dans le mouvement syndical. Il devient l'un

---

1. Entretien de Marcel Paul avec Jean-Pierre Vittori, 1980.
2. Ministère de la Défense, bureau Résistance, dossier de Marcel Paul, état signalétique et des services par la direction centrale du génie, 1965.

des dirigeants du syndicat CGTU des producteurs et distributeurs d'énergie électrique de la région parisienne et de l'intersyndicale CGTU des services publics de la région parisienne. L'opposition à la guerre reste pourtant solidement ancrée en lui. En 1925, il est emprisonné durant plusieurs jours avec d'autres militants à la suite de manifestations contre la guerre du Rif. Il est élu en 1931 secrétaire de la Fédération CGTU des services publics, hospitaliers, éclairage et force motrice, puis secrétaire général en 1937 de la Fédération réunifiée de l'éclairage. De cette expérience, il retire une pratique et un attachement profond à l'unité d'action qui marquèrent toute sa vie.

Membre du parti communiste français depuis 1923, il monte également dans l'appareil pour devenir secrétaire du 1er rayon comprenant Saint-Denis, Pierrefitte, les Ier, IIe, X^e et XIXe arrondissements de Paris. Le Parti propose alors à Marcel Paul d'endosser des mandats électifs, mais celui-ci refuse au nom de ses responsabilités dans des instances syndicales unitaires parce qu'une telle étiquette risquerait d'en menacer la cohésion. Car son engagement est fondamentalement double, complémentaire et résolu comme il l'explique en 1982 : « Je n'avais qu'une seule préoccupation : le Parti et les syndicats. Aujourd'hui encore, si le Parti me demande quelque chose, je dis oui et je dirai toujours oui. Être communiste comme nous avons appris à l'être à cette époque-là, c'était cela. Le Parti peut toujours tout me demander. En ce temps-là, on te disait : "Tant que tu n'as pas donné ta vie pour le Parti, tu n'as rien donné." Nous étions nourris aux sources de l'héroïsme révolutionnaire. Les exploits de partisans, des gardes rouges soviétiques, l'absolu de Lénine nous guidaient. C'était une question de morale, d'exigence morale. Aujourd'hui, ce n'est plus comme ça, sans doute parce que ce n'est plus nécessaire et que tout change. Mais enfin, je dis ce qui était. C'était comme ça. Nous avons fait des bêtises, nous avons eu des politiques abruptes, sectaires et ça n'aidait pas. Mais, finalement, je crois que nous avons trouvé l'équilibre dans et par les luttes et que lorsque est venue la crise majeure, celle de 1939 et de la guerre, nous étions prêts à l'affronter[1].»

« Très discipliné » selon lui-même, Pierre Durand a cette belle formule le concernant : « Le Parti pour Marcel Paul c'était la loi et la fidélité au Parti, c'était la morale[2]. » Il voue en outre un grand respect à Maurice Thorez qu'il côtoie dès l'avant-guerre et qui le consulte régulièrement sur les questions liées à l'énergie. Il n'en reste pas moins distant vis-à-vis des intrigues liées au pouvoir et à son exercice au sein du PCF : « La discipline interne de l'appareil, ce n'était pas mon job », déclare-t-il à la fin de sa vie à Jean-Pierre Vittori[3]. En fait, son choix, « c'était le combat dans les syndicats[4] ».

Il n'a pourtant pas la possibilité de refuser de se présenter lors des élections municipales de 1935. La veille du lancement de la campagne, Maurice Thorez lui annonce que le Parti l'a désigné comme candidat. Marcel Paul doit s'incliner et se voit élire au conseil de Paris dans le XIVe arrondissement. Il démissionne en 1938 pour cause d'incompatibilité entre le mandat syndical national qu'il vient d'acquérir dans la Fédération réunifiée de l'éclairage et son mandat politique.

Mobilisé début septembre 1939, il gagne Brest et le 2e dépôt des équipages de la flotte. Exclu des sous-marins en raison de son appartenance au parti communiste après l'interdiction de celui-ci le 26 du même mois, et transféré dans l'équipage du cuirassé *Richelieu*, il se sait surveillé. Il est finalement arrêté en janvier 1940 et conduit à Paris dans les locaux du 2e Bureau aux Invalides. La disparition de son dossier, grâce à la compli-

---

1. Cité dans DURAND (Pierre), *Marcel Paul, vie d'un « pitau »*, *op. cit.*, p. 65.
2. Entretien avec Pierre Durand, 24 juin 2000, Breuille-le-Sec.
3. Entretien de Marcel Paul avec Jean-Pierre Vittori, 1980.
4. *Ibid.*

cité d'un policier, provoque pour l'heure l'abandon des poursuites et en définitive son versement dans la réserve de l'armée de terre. Le 2 mars, il se voit affecté comme caporal dans un dépôt du génie près de Sedan. Le 4 avril, il monte en grade, devenant caporal-chef. Capturé par les Allemands à deux reprises durant la débâcle, il s'évade à chaque fois et regagne Paris à la fin du mois de juin 1940. Ne parvenant pas à renouer le contact avec l'appareil du Parti, aucun des camarades connus n'étant à son domicile, Marcel Paul rejoint la Bretagne où il conserve l'adresse de quelques militants.

L'adjoint de Jean Moulin

Le 14 juin 1940, Henri Manhès et Jean Moulin, alors préfet d'Eure-et-Loir, se retrouvent à Chartres. Manhès est sur le chemin de l'arrière avec son unité. Il vient d'effectuer avec succès une mission de récupération de matériel militaire en passe de tomber entre les mains de l'ennemi ; une mission pour laquelle il s'était porté volontaire[1]. Le détail de leur discussion n'est pas connu, mais les deux hommes évoquent la nécessaire poursuite du combat. Dès la proclamation de l'armistice, Manhès demande sa démobilisation et l'obtient à compter du 1er août. Au cours du second semestre de l'année, il entre en relation avec Marcel Ripoche, issu comme lui de l'armée de l'air, et participe à ses côtés à la constitution du mouvement qui deviendra « Ceux de la Libération ». L'engagement dans la Résistance de Manhès est toutefois indissociable de l'œuvre de son compagnon Jean Moulin. Leur rencontre suivante se produit en janvier 1941 à Cagnes-sur-Mer, où Manhès et son épouse Lucie résident alors. Ils acquièrent en août suivant une

---

1. PÉAN (Pierre), *Vies et morts de Jean Moulin*, op. cit., pp. 224-225.

auberge à Bargemon dans le Var. Le lieu servira à héberger de nombreux résistants ou persécutés. Cette fois, ils restent plusieurs jours ensemble, renouant certainement des liens forts.

Le couple Manhès appartient dès lors au cercle des intimes de Jean Moulin. Les deux hommes vont passer sur le plan de la résistance de la théorie à la pratique, selon des modalités où l'influence de Manhès est sans doute palpable[1]. Grâce aux relations de Manhès auprès des autorités locales, Jean Moulin parvient à obtenir un passeport sous un faux nom. Mais Moulin charge surtout son ami de « prospecter les possibilités de la Résistance [2]». Il faut dire que Manhès dispose d'une excellente couverture grâce à la Société d'exploitation des brevets AB, spécialisée dans l'agroalimentaire, qu'il a fondée avant guerre et dont Lucie est la gérante. Il peut circuler à ce titre à travers le pays et passe ainsi fréquemment la ligne de démarcation pour se rendre en zone occupée, notamment à Paris où se trouve le siège de son entreprise. Sous le pseudonyme de « Frédéric Monceau », Manhès signe son engagement dans les Forces françaises libres le 1er avril 1941, avec le grade de lieutenant-colonel puis accède à celui de colonel un an après. Dans une notice biographique rédigée par Manhès après la guerre, cette signature aurait été effectuée à l'occasion d'un séjour à Londres avec Moulin[3]. Nous n'avons pu vérifier cette donnée qui semble peu probable, même si l'engagement de Manhès à cette date est certain. Il devient dès lors le colonel Frédéric, son nom de guerre, sans pour autant basculer dans la clandestinité.

Tout au long de l'année 1941, Manhès seconde Moulin dans l'organisation de la Résistance en zone sud et devient, à partir

---

1. *Ibid.*, p. 305.
2. CORDIER (Daniel), *Jean Moulin, l'inconnu du Panthéon*, t. II (juin 1936-novembre 1940), Paris, Jean-Claude Lattès, 1989, p. 298.
3. FNDIRP, boîte bio. Manhès, Biographie de Frédéric-Henri Manhès.

de mai 1942, son représentant en zone nord. Manhès choisit pour adjoint Pierre Meunier et pour premier agent de liaison Robert Chambeiron. L'équipe établit ainsi des contacts avec plusieurs mouvements de résistance en vue d'asseoir l'autorité de Jean Moulin et de préparer son entreprise d'unification, sous l'autorité du général de Gaulle. Ils nouent notamment des relations poussées dans les milieux maçonniques, dont Meunier fait partie[1] comme peut-être également Manhès, avec « Ceux de la Résistance », « Voix du Nord », le groupe d'action du parti radical-socialiste. Il rencontre également en janvier 1943 Jacques Lecompte-Boinet, dirigeant de l'« Organisation nationale de la Résistance », un nom que Manhès critique en lui préférant « Ceux de la Résistance » aussitôt adopté[2]. Dans ce travail important, des mouvements majeurs comme l'« Organisation civile et militaire », « Libération-Nord » ou le « Front national » semblent toutefois apparaître au second plan ou même inexistants. Moulin et Manhès échangent tout au long de cette période des correspondances, dont la majorité, codées, informent de l'état d'avancement des « travaux » et fixent des rendez-vous[3].

Depuis avril 1941, Manhès est également à la tête d'un réseau d'action, de renseignement et d'évasion, « Frédéric », revendiquant après guerre trois cent dix-neuf membres dont Maurice Panier, Max Heilbronn, Pierre Meunier et Robert Chambeiron. Manhès quant à lui assure disposer de renseignements sur au moins deux cent cinquante-six agents[4]. Le réseau est reconnu au titre des Forces françaises combattantes par arrêté du 9 juin 1947, publié au *Journal officiel* dix jours plus tard[5]. Sa

---

1. PÉAN (Pierre), *Vies et morts de Jean Moulin, op. cit.*, p. 398.
2. GRANET (Marie), *Ceux de la Résistance (1940-1945), op. cit.*, p. 50.
3. FNDIRP, boîte bio. Manhès (52), Manhès/Moulin (1941-1943).
4. FNDIRP, boîte bio. Manhès (55), réseau « Frédéric », Manhès Frédéric, historique du réseau « Frédéric », s.d., p. 5.
5. BAYNAC (Jacques), *Les Secrets de l'affaire Jean Moulin*, Paris, Seuil, 1998, p. 81.

date de création officielle n'est toutefois que le 1ᵉʳ janvier 1942, soit plusieurs mois après la date avancée par Manhès. Dans un texte présentant son réseau, Manhès affirme que sa création répond à un ordre donné par Jean Moulin « qui désirait avoir, en dehors des groupes de résistance existants, des agents dans toutes les régions, tant en zone occupée qu'en zone non-occupée[1] ».

Selon lui, l'activité débute en fait dès 1940 et se poursuit de manière intense jusqu'à la mi-1942. À cette date, les agents de zone nord constituent son état-major afin de coordonner les groupes et réseaux. Les actions revendiquées couvrent une grande partie du territoire national, surtout dans la région lyonnaise, le Puy-de-Dôme et le Sud-Est où Manhès possède des attaches : relevé des défenses côtières sur la rive méditerranéenne, sabotage de voies ferrées dans la région de Bordeaux ou constitution d'un groupe au sein du 4ᵉ bureau de l'état-major à Vichy.

Dans cette même note, Manhès précise son action en région parisienne. Les seules liaisons qu'il y revendique sont celles avec la CGT, les FTPF et le PC. Ces mentions laissent dubitatif, car l'importance des contacts avec des communistes ne ressort absolument pas des rapports produits pendant la guerre. D'autres éléments se rapportant à l'histoire du réseau « Frédéric » et au détail de l'action, indéniable, de son fondateur demeurent eux aussi flous, voire surestimés parfois, laissant à penser qu'il puisse exister un décalage entre les faits et leur présentation au sortir de la guerre[2]. Manhès parle ainsi d'une liaison établie avec le Bureau central de renseignements et d'action (BCRA) et de contacts radio avec Londres. Il précise que jusqu'en 1942 la liaison s'opère via la Délégation géné-

---

1. FNDIRP, boîte bio. Manhès (55), Réseau Frédéric, Manhès Frédéric, historique du réseau « Frédéric », s.d., p. 1 et suivantes.
2. BAYNAC (Jacques), *Les Secrets de l'affaire Jean Moulin, op. cit.,* p. 81.

rale en zone sud puis, en direct, par code Frédéric en zone nord.

Or, et aussi étonnant que cela puisse paraître, les dirigeants de la France libre semblent tout ignorer de Manhès jusqu'en janvier 1943, comme de son action en zone nord. À la fin de l'année 1942, Jean Moulin doit affronter les appétits croissants de Pierre Brossolette, devenu chef du « bloc extérieur » au sein du BCRA, un poste qui fait de lui « le chef d'orchestre à Londres de la Résistance intérieure[1] ». Pierre Brossolette entend en effet devenir l'équivalent de Jean Moulin en zone nord et bénéficie du soutien de Passy, chef du BCRA. Prudent, de Gaulle autorise l'accomplissement de la « mission Brumaire », devant permettre à Brossolette de se rendre en zone nord en janvier suivant, afin d'y recenser les groupements de résistance et de prendre les contacts les plus larges, sans pour autant trancher sur ses compétences à venir.

Moulin, dont le pseudonyme est Rex, est irrité de cette démarche qui doublonne les efforts entrepris par son adjoint, Manhès, depuis près d'un an. Il dépêche Frédéric à Londres à la fin du mois afin de rendre compte de sa mission et pour plaider, de fait, en faveur de l'extension de son influence sur les deux zones. Le colonel Passy garde un souvenir presque amusé de la rencontre : « Jamais auparavant Rex ne nous avait signalé son existence, et encore moins le rôle qu'il jouait. Aussi fûmes-nous stupéfaits quand nous apprîmes, de la bouche même de Frédéric que Rex l'avait chargé, dès le début de 1942, d'organiser l'action en zone nord. Si Moulin lui-même ne nous l'avait pas envoyé, nous l'eussions pris pour un imposteur ou pour un agent provocateur[2]. »

---

1. PÉAN (Pierre), *Vies et morts de Jean Moulin*, op. cit., p. 447.
2. PASSY (colonel), *Mémoires du chef des services secrets de la France libre*, présenté par Jean-Louis Crémieux-Brilhac, Paris, Odile Jacob, 2000, p. 499.

Au cours du séjour, Manhès s'entretient également avec de Gaulle. Mais il repart sans mandat précis, selon Pierre Péan, dans l'attente d'une nouvelle rencontre entre le général et Jean Moulin comme du résultat des missions du BCRA en métropole. Sous la plume de Frédéric, il en va tout autrement puisqu'il revient « pour tenir le poste de délégué zone nord et jeter les bases de ce qui sera le Conseil national de la Résistance[1] ». Le 15 février, Manhès touche le sol de France et croise sur le terrain clandestin d'atterrissage Moulin qui doit gagner Londres par le même avion. Le temps presse ; Manhès tente de rapporter les échanges qu'il a eus et de retenir son ami, sans succès[2].

À la fin février, Brossolette et Passy sont en France ; ils multiplient les rencontres avec les principaux dirigeants des mouvements de la Résistance. Manhès et ses adjoints observent, en l'absence de Rex, toujours à Londres. Le 1er mars, Manhès et Meunier déjeunent avec Passy, Brossolette et Yeo-Thomas, ce dernier appartenant aux services spéciaux britanniques. La rencontre se passe mal, Manhès est agacé et ne le cache pas. Les hommes décident de se revoir le lendemain rue de Rome. Finalement, une nouvelle réunion est organisée le jour suivant, le 3 mars, en présence cette fois de responsables de mouvements de résistance.

Elle n'aura jamais lieu.

Le 3 mars 1943, les brigades spéciales arrêtent le colonel Manhès à son bureau. En effet, un mois auparavant, la police avait interpellé Pierre Brossard, responsable des cadres du parti communiste, et Robert Masspacher, un contact de Manhès ayant servi d'intermédiaire avec Brossard. Sur lui, les policiers trouvèrent un papier mentionnant un rendez-vous et un numéro

---

1. FNDIRP, boîte bio. Manhès (51), biographie de Frédéric Manhès.
2. PÉAN (Pierre), *Vies et morts de Jean Moulin, op. cit.*, pp. 453-454.

de téléphone. Ils n'eurent qu'à se présenter le moment venu. D'abord interrogé par la police française, Manhès ne nie pas ses sentiments patriotiques, mais minimise à outrance son engagement réel, se définissant comme simple boîte aux lettres. Cité par Pierre Péan, le procès-verbal de l'audition rapporte ainsi ses paroles courageuses : « Je ne suis pas communiste. Je suis gaulliste de cœur. J'entends par là que je considère que la France ne sera heureuse que lorsque l'occupation aura cessé et qu'elle sera redevenue libre et indépendante. Je pense également que le général de Gaulle est l'homme qui est capable de permettre à la France d'atteindre ce but[1]. »

Le 5 avril, les policiers français livrent Manhès au SD allemand. Détenu à la prison du Cherche-Midi puis à Fresnes, il est alors torturé à vingt-sept reprises avant d'être condamné à mort le 3 novembre. Manhès ne parle pas. Grâce aux manœuvres de son épouse qui parvient à acheter un commandant allemand dénommé Spinner, la sentence n'est pas exécutée. Le colonel Frédéric-Henri Manhès est transféré le 18 janvier 1944 à Compiègne, avant d'être déporté quatre jours plus tard au camp de Buchenwald où il arrive le 24 janvier 1944.

Le combat dans la Résistance et plus encore l'expérience concentrationnaire marque incontestablement la vie de Manhès d'une manière déterminante. Il écrit à Buchenwald plusieurs textes qui permettent de mieux saisir l'évolution du personnage dans cet univers si particulier.

La révélation est d'abord intime comme en témoigne ce poème intitulé « Essai de bilan », rédigé par Frédéric Manhès le 1er janvier 1945 :

Puisque, à tout prendre, il fallait vivre là.
J'ai accepté – quand même – l'inacceptable,

---

1. Cité par Pierre PÉAN dans *Vies et mort de Jean Moulin*, *op. cit.*, p. 457.

J'ai aussi dépouillé l'homme que j'étais,
J'ai admis l'égalité dans le dénouement,
J'ai tenté d'appliquer la fraternité,
J'ai cherché, autour de moi des hommes,
Je me suis mis à rechercher mon âme !

Oui, j'ai cherché des hommes, parmi les bipèdes de ce collectif étrangement mêlé... Tristesse ! Voilà ce que j'ai trouvé : Toujours des Estomacs... ! Parfois des cerveaux... ! Rarement des Cœurs ... ! Pourtant, malgré tout, il fallait vivre là ; il fallait aider d'autres bipèdes à vivre... essayer de s'entendre... essayer de s'aimer ! Est-ce nature ?... Civilisation ?... Misère ?... Quoi encore ?... les bipèdes se supportent mais ce n'est pas souvent qu'ils parviennent à s'aimer. Cependant, des efforts ont bien été faits, des bonnes volontés se sont rapprochées ; elles ont lutté contre l'égoïsme qui, ICI comme taches d'huile... perce les vernis. Elles ont appliqué l'entraide, la solidarité, elles ont, même, organisé les heures de loisirs. [...] Tous ceux qui, comme moi, chance inespérée, retrouveront leur âme pour garder précieusement le souvenir très dur des héros disparus en un combat sans gloire dans le ciel de Thuringe ! Tous ceux, aussi, qui ayant bien compris les erreurs égoïstes d'un monde à l'agonie, emmèneront avec eux leurs frères assagis et, leur ouvrant bien grande la porte de l'espoir, les lanceront hardiment, ouvriers consciencieux, sur la route de l'avenir... vers le soleil levant[1].

Au crépuscule de sa vie, dix ans après, il le réaffirme avec force et simplicité :

« Nous devons nous dire et nous répéter sans cesse, que nous avons vécu une époque d'obscurantisme où les conditions de notre lutte furent autrement difficiles, où nous étions sans

---

1. FNDIRP, boîte bio. Manhès (53), Papiers 1945-1946, « Essai de bilan », 1ᵉʳ janvier 1945.

moyens autres que notre courage et notre volonté d'action et pourtant nous avons retrouvé la lumière et suscité un progrès moral incontestable[1]. »

Il ne faut pas se laisser abuser par le caractère littéraire du document. Derrière le style, Manhès affiche bel et bien ses convictions. Sans dénaturer ses propos, il apparaît clairement que la proximité avec les déportés communistes a suscité chez lui une grande impression et une prise de conscience. Ils ne sont pas nommés, mais les références utilisées dans les dernières phrases ne sont pas sans rappeler les « lendemains qui chantent » chers au parti communiste. Surtout, il faut reconnaître que les seuls à revendiquer les notions de solidarité et d'entraide à l'échelle du camp sont les communistes avec lesquels Manhès a étroitement œuvré. Leur activité et leur détermination réelle dans l'épreuve concentrationnaire a suscité un véritable sentiment d'admiration chez Manhès comme d'ailleurs chez beaucoup, même si la force des sentiments manifestés par Frédéric est d'une intensité peu commune, lui qui retrouve « son âme » à Buchenwald.

Il en retire sans doute la conviction que les communistes représentent une force susceptible de faire évoluer positivement la collectivité humaine, brisant les carcans d'un système élitiste et égoïste, ayant engendré le nazisme. C'est ce que laisse penser un autre texte inédit de Manhès rédigé à Buchenwald à une date inconnue : un essai politique sur l'origine de la défaite de 1940 et la chute de la IIIe République. Car la démarche de Manhès ne me semble pas seulement le fruit d'un sentiment fraternel envers des frères d'armes, plus braves et valeureux que les autres. Elle répond aussi à une véritable réflexion sur le plan politique où l'amour de la France transcende les fluctua-

---

1. FNDIRP, bureau de la FIR 22/28-10-1956, Allocution de Manhès le 26 octobre, pp. 9-10.

tions de sa trajectoire partisane. Pour lui, les événements de l'année 1940 symbolisent l'expiation des nombreuses erreurs commises par les gouvernements depuis plusieurs décennies, des gouvernements qui n'ont jamais véritablement représenté les intérêts du peuple français, ni cherché à les défendre sur le plan social. La plupart des gouvernements de la IIIe République sont autant d'émanations « de la bourgeoisie, c'est-à-dire de la classe sociale issue de la déviation réactionnaire de 1789. Avec les têtes de Robespierre et de Saint-Just, la révolution est tombée. » Ce pouvoir s'est trouvé soutenu par les forces financières : « J'estime que l'emprise des grandes banques à puissance internationale n'a fait qu'augmenter de 1848 à nos jours[1]. »

Pourtant, le pouvoir réel et légitime est ailleurs ; la France ne saurait se confondre avec ces élites honnies : « Les gouvernements républicains ont toujours créé systématiquement le trouble en laissant entendre que la France c'était le gouvernement et que ce gouvernement représentait la majorité du pays. C'est une profonde erreur, qu'étaient ces gouvernements qui sombraient plus souvent que les feuilles d'un arbre et qui, parfois, ne vivaient – comme les roses – que l'espace d'un matin ? La France ne restait-elle pas toujours la France ? Parbleu, c'est que la France ce n'est pas tel ou tel régime, ce n'est pas non plus un gouvernement, ce n'est pas la royauté, l'Empire ou la République aux mains d'une caste ; ce n'est pas davantage l'État français de Pétain et Laval ; la France c'est le peuple qui ne cesse de produire, c'est la terre qui ne se lasse pas de nourrir ; c'est le peuple toujours vivace qui, du fond de l'abîme où ses maîtres provisoires l'ont souvent poussé par leurs folies de conquêtes ou de [indéchiffrable],

---

1. FNDIRP, boîte bio. Manhès (53), 1945-1946, *Essai politique*, s.l.n.d., p. 1. Ce manuscrit intitulé *Croquis* a été trouvé dans les archives personnelles de Henri Manhès conservées par son épouse, et ramené à Paris en 1980 après le décès de cette dernière, par André Leroy, alors président délégué de la FNDIRP.

accroché à sa terre, remonte jour chaque la pente. La France, ce n'est sans doute qu'un mot sur la mappemonde, mais c'est TOUT qui eut, au cours d'une histoire unique au monde, des frontières élastiques, dont le peuple – à toute époque – subit courageusement toutes les misères, accepta tous les sacrifices, qui fut souvent trahi par ses maîtres mais que la terre, elle, n'abandonna jamais et c'est cette dualité : la terre et le peuple, qui constitue la France[1]. »

Manhès poursuit son analyse par une définition du peuple, dénonçant le pouvoir que s'est arrogé une minorité « de commander et de diriger les autres, traités par eux en "petites gens" de qualité inférieure, seulement intéressantes pour les nécessités de l'exploitation ». Même si la situation de « la masse opprimée » s'est améliorée au cours du siècle dernier, « il n'en reste pas moins que le travailleur n'est qu'une sorte de "pièce détachée" qui présente l'avantage sur la pièce détachée mécanique d'être seulement louée à l'heure et d'être rétribuée à terme échu, c'est-à-dire de n'altérer en rien le capital, tandis que la pièce mécanique est achetée, s'use et risque d'immobiliser la machine si elle casse. Le travailleur est donc plus intéressant mais a moins de valeur intrinsèque que la pièce mécanique du point de vue capitaliste. Que penser du point de vue humain ? S'il y a un progrès matériel, il n'y eut guère de progrès moral et l'illogisme continue à jouer au bénéfice de privilégiés qui, la plupart du temps, n'ont aucune raison valable d'expliquer leur mainmise sur une situation supérieure[2] ».

Pour Manhès, les facteurs pouvant justifier une position privilégiée ne peuvent être que « le mérite et les possibilités

---

1. *Ibid.*, p. 4.
2. *Ibid.*, pp. 4-5.

d'apporter au collectif national une intelligence, des connaissances, des moyens physiques supérieurs[1]. » Et l'auteur de dénoncer la filiation pour justifier cette prééminence.

D'autres réformes doivent être entreprises. La terre reviendra à l'État qui dirigera la production et rationalisera la distribution de ses ressources. De larges secteurs de la société seront aussi nationalisés, comme les assurances, l'industrie lourde, les transports. Une réforme du corps des fonctionnaires, les obligeant à prêter serment de fidélité à la patrie et au régime, et des institutions seront en outre nécessaires. « Il faut donc arriver à un système qui fasse que l'élu pense, d'abord, à l'intérêt du grand collectif et ne sacrifie pas l'intérêt général à des intérêts locaux ou particuliers[2]. »

Son action à Buchenwald ne paraît pas guidée par d'autres sentiments, à moins qu'elle ne préfigure ce qu'il théorise pour l'avenir de la France.

L'un des premiers résistants communistes

Marcel Paul bascule dans la clandestinité dès juillet 1940. Ayant quitté Paris fin juin, il gagne à bicyclette Le Mans puis Rennes et Nantes. Là-bas, grâce à l'épouse de Robert Ballanger, futur député communiste, elle-même militante importante du Parti, Marcel Paul parvient à entrer à Rennes en relation avec Auguste Havez, qui assurait la liaison avec lui lorsqu'il était dans la marine en 1939. Né le 4 avril 1897 à Carvin dans le Pas-de-Calais, cadre du parti communiste clandestin depuis juin 1940, Auguste Havez est alors interrégion Ouest pour l'action clandestine du parti communiste, couvrant les départe-

---

1. *Ibid.*, p. 5.
2. *Ibid.*, p. 9.

ments de la Vendée, des Deux-Sèvres, du Maine-et-Loire, de la Sarthe, de la Mayenne, des Côtes-du-Nord, du Finistère, du Morbihan, de l'Ille-et-Vilaine. Les deux hommes décident de se partager le secteur, Havez agissant depuis Rennes et Paul depuis Nantes. Ils sont alors convaincus de la nécessité de poursuivre la lutte contre les troupes hitlériennes et s'y emploient effectivement, notamment par la constitution d'importants stocks d'armes, abandonnés par les troupes françaises en déroute, ou le sabotage de plusieurs usines réquisitionnées.

Dans la polémique sur l'action des communistes dans la Résistance au début de la guerre, entre la signature du pacte de non-agression germano-soviétique et l'invasion de l'Union soviétique en juin 1941, les initiatives d'Auguste Havez ont souvent servi à illustrer le combat individuel de ces militants communistes qui ont d'emblée résisté au IIIe Reich malgré les consignes attentistes de leurs dirigeants. Marcel Paul ne doit pas être oublié, même si la plupart des ouvrages consacrés à la question passent sous silence son action. Selon Henri Noguères, « Marcel Paul était de ceux que l'on pouvait citer en exemple pour montrer quelle avait été la place occupée par les communistes dès le lendemain de la défaite et de la trahison de 1940, dans la lutte armée contre l'occupant nazi[1]. »

Pour Auguste Havez et Marcel Paul, l'intérêt de la France et l'intérêt du Parti se confondent dans un même refus de l'Occupation, de ses hommes et du régime de collaboration instauré par le maréchal Pétain. Ils sont alors sans liaison avec la direction du Parti et agissent de leur propre initiative en fonction de leurs convictions[2]. Un tract rédigé par leurs soins est diffusé à

---

1. Cité par *L'Humanité*, 17 novembre 1982.
2. FNDIRP, entretien de Marcel Paul avec Henri Alleg. Toutefois, cette version est fortement remise en cause par BERLIERE (Jean-Marc) et LIAIGRE (Franck), *L'affaire Guy Môquet. Enquête sur une mystification officielle*, Paris, Larousse, 2009, pp. 71-79.

plusieurs milliers d'exemplaires dans le courant de la seconde semaine d'août 1940[1]. Il illustre fort bien la ligne développée alors par Havez et Paul, où cohabitent la dénonciation vigoureuse des responsables de la défaite, l'action revendicative, la fidélité à l'URSS et la nécessaire poursuite de la lutte :

> « Travailleurs et petites gens de France. Ne vous résignez pas. Le parti communiste est avec vous.
>
> La troisième République devenue un simple instrument du grand capitalisme international croule sous la honte et dans le déshonneur.
>
> Les Daladier, Bonnet, Reynaud, Mandel ont essayé de s'enfuir au moment où nous devions supporter les conséquences de leur concussion et de leur trahison. Leurs complices socialistes et réformistes désertent évidemment la bataille contre le joug hitlérien et le fascisme de Vichy. […]
>
> Mais il n'est pas possible que la France populaire, la France de 1789, celle de Jemmapes et de Valmy, celle de la Commune de Paris accepte de mourir sous la botte de Hitler, dans les filets de la Constitution de Vichy ou sur les champs de bataille de l'impérialisme anglais. […]
>
> LE PARTI COMMUNISTE RELÈVE LE DRAPEAU DE LA FRANCE POPULAIRE.
>
> D'abord, il vous dit, à chacun et à tous : vous n'avez pas le droit, ni pour vous, ni pour les vôtres de vous résigner à la situation de misère qui vous est faite, ni à celle que les hitlériens vous préparent. […]
>
> CROYEZ DE TOUT VOTRE CŒUR EN LA VICTOIRE DU PEUPLE ; le capitalisme a déjà perdu plusieurs de ces bases fondamentales et n'oubliez pas que le peuple de France est soutenu par l'immense et puissante UNION SOVIÉTIQUE dont l'action de chaque jour de division et d'affaiblissement du grand capitalisme (son mortel ennemi

---

1. *Id.*

en même temps que le vôtre) ne vise – même si vous n'en comprenez pas tous les détours tactiques –, qu'à libérer les travailleurs du monde entier.
CONFIANCE : AVEC LE PARTI COMMUNISTE FRANÇAIS
POUR LA LIBÉRATION DU SOL NATIONAL
POUR UNE FRANCE LIBRE FORTE ET HEUREUSE[1]. »

Au fil des semaines, la police retrouve la trace de Marcel Paul et resserre son étreinte. Des avis de recherche sont largement diffusés dans la région. La direction du Parti, qui a rétabli le contact, décide en novembre 1940 de le rapatrier sur la région parisienne et lui confie la mission de monter les comités populaires dans les services publics. Ces comités clandestins visaient au-delà du Parti à approcher les travailleurs par le biais de l'action revendicative. Dans une brochure datée d'octobre 1940, le PCF insiste en effet sur « l'impérieuse nécessité pour un parti illégal de voir l'ensemble de ses adhérents se mêler intimement à la vie quotidienne de vies laborieuses et développer leur activité dans les organisations de masse illégales[2] ».

À compter de janvier 1941, Marcel Paul se voit en outre chargé de mettre en place l'Organisation spéciale (OS) pour la région parisienne, l'organisation militaire du Parti qui donnera naissance aux Francs-Tireurs et partisans (FTP). Il appartient à son triangle de tête. Sabotages et incendies d'usines réquisitionnées se multiplient, notamment dans la banlieue nord de Paris. Il ne minimise pour autant pas la dimension humaine de sa tâche, comme il l'explique à Henri Alleg : « J'ai travaillé très bas parce qu'il fallait travailler bas, il fallait être chez les camarades eux-mêmes pour avoir la discussion ; expliquer

---

1. Document conservé par les archives départementales de Loire-Atlantique, cité par DURAND (Pierre), *Marcel Paul, vie d'un « pitau »*, *op. cit.*, pp. 273-276.
2. AN, F7 15277, *La Vie du Parti*, octobre 1940.

comment le travail pouvait être conduit ; j'allais chez les camarades, je faisais assurer des liaisons, mais dans la plupart des cas j'avais vu les camarades que nous faisions admettre, en particulier ceux qui étaient admis dans nos organisations territoriales, nos organisations économiques, les comités populaires et encore plus spécialement ceux que nous devions affecter à l'OS[1]. »

Recherché depuis plusieurs mois, Marcel Paul est considéré par les autorités comme le « responsable de la région parisienne de l'activité clandestine du parti communiste[2] ». Elles multiplient les filatures et les arrestations dans son entourage, à commencer par celle de son ex-épouse interpellée le 7 janvier 1941. Elles sont convaincues qu'il dirige le travail d'entrisme conduit clandestinement au profit du parti communiste dans les nouvelles organisations syndicales reconnues par Vichy, notamment le Syndicat des services publics et de la santé de la région parisienne. Dénoncé, *Louis Lucas*, son pseudonyme, est finalement arrêté par les Brigades spéciales le 13 novembre 1941 et transféré au commissariat de Saint-Denis où son dossier est instruit. Il est immédiatement torturé par les policiers français, avec une violence toute particulière. Craignant de parler, il tente de se suicider en inhalant le gaz d'un fourneau de chauffage. Marcel Paul avait en effet dans les jours qui suivent des rendez-vous conduisant directement à la direction clandestine du PCF par l'intermédiaire de Jean Laffitte. Transporté dans un état grave à l'hôpital de Saint-Denis, il survit sans avoir à aucun moment parlé à ses bourreaux. Au bout de trois jours, il est transféré à la préfecture de police de Paris puis, le 18 novembre, à la prison de la Santé et condamné une première fois, le 22 novembre, à six

---

1. FNDIRP, entretien de Marcel Paul avec Henri Alleg.
2. Arch. préfecture de police de Paris, dossier de Marcel Paul, rapport du commissaire de police de la circonscription de Saint-Denis Ville au directeur des Renseignements généraux, 26 novembre 1941, p. 1.

mois de prison pour activité communiste. L'instruction se poursuit toutefois sur les principales charges pesant contre lui.

Le 3 février 1943, la section spéciale de la cour d'appel de Paris condamne Marcel Paul à quatre ans de prison, en vertu du décret-loi du 26 septembre 1939 et de la loi du 14 août 1941, en même temps que six autres personnes, inculpées dans la même affaire, à des peines plus légères. Selon les juges, il « avait donné pour consignes aux anciens membres et sympathisants du parti communiste d'entrer dans les nouvelles organisations syndicales pour en prendre la direction[1] ».

Il demeure emprisonné à La Santé encore quelques jours, avant d'être envoyé à la prison de Fontevrault jusqu'en septembre 1943, puis à celle de Blois. À chaque fois, il joue un rôle essentiel dans la conduite de l'action clandestine au sein des triangles de direction, alors que des contingents importants de détenus communistes sont présents. Il rédige ainsi à La Santé un journal intitulé *Le Patriote enchaîné*, refuse de travailler dans le cadre pénitentiaire, organise la solidarité puis fomente un plan insurrectionnel à Blois, avorté en raison de la présence de nombreuses troupes SS. À Blois justement, il retrouve de nombreux camarades connus dans le cadre de son action politique et syndicale ; parmi lesquels Auguste Havez, arrêté le 26 mars 1942 à Paris, Émile Pasquier, Daniel Anker ou Émile Valley.

En février 1944, un groupe solidement structuré de quelque deux cents militants, dont Marcel Paul, est transféré au camp de Compiègne en vue de sa déportation. Sur place, celui-ci est immédiatement coopté au sein du triangle de tête. À nouveau, il élabore un projet d'évasion collective. Le plan s'appuie sur les FTP du camp dirigés par Robert Darsonville, un de leurs res-

---

1. Arch. préfecture de police de Paris, dossier de Marcel Paul, condamnations prononcées par la section spéciale de la cour d'appel de Paris.

ponsables pour la région parisienne, et sur des militants communistes expérimentés tels que Jean Lloubes, André Leroy ou Pierre Durand, adjoint de Pierre Georges dit « colonel Fabien », dirigeant des FTP de l'est de la France[1] ; des hommes qu'il retrouve à Buchenwald et dont nous reparlerons à cette occasion. Un précédent existe au camp de Compiègne, puisqu'en 1942 une vingtaine de détenus parmi lesquels Georges Cogniot et André Tollet parvinrent à s'évader grâce à un tunnel creusé sous l'enceinte barbelée. En 1944, l'exploit ne peut être réitéré faute de temps. La direction du Parti décide de faire sortir Marcel Paul par tous les moyens. Un stratagème est échafaudé : grâce à une injection de Propidon par des complices présents à l'infirmerie, déclenchant une forte fièvre, il devra simuler une crise d'appendicite le conduisant à l'hôpital, d'où il sera libéré par un groupe armé venu de l'extérieur. Malheureusement, un médecin SS conduit lui-même l'opération et, s'apercevant du subterfuge, décide de le renvoyer au camp immédiatement, sans prendre la peine de recoudre le péritoine. Le projet a échoué et, entre-temps, le 6 avril, la plupart des membres du groupe de Blois, dont Havez et Valley, ont été dirigés vers Mauthausen.

Sans l'opération, il y a fort à penser que Marcel Paul les aurait accompagnés, modifiant sans doute profondément l'histoire des Français à Buchenwald.

Avec plus de mille sept cents autres détenus, Marcel Paul est donc déporté le 27 avril 1944 vers Auschwitz-Birkenau dans le convoi dit « des tatoués ». Dès leur entrée, les hommes sont en effet tatoués sur la peau avec leur numéro matricule, sans subir de sélection. Il s'agit du troisième convoi de déportés « politiques » partis de France en direction de ce camp de Pologne vers lequel furent très majoritairement dirigés les convois de déportés juifs de l'Europe entière en vue de leur extermination,

---

1. DURAND (Pierre), *Marcel Paul, vie d'un « pitau »*, *op. cit.*, pp. 167-168.

ce qui n'est pas le cas des hommes partis de Compiègne le 27 avril. Arrivés trois jours plus tard, ils sont immédiatement placés en quarantaine à l'écart des autres détenus. La raison de la formation de ce convoi demeure à ce jour largement inconnue. S'agit-il d'une riposte à la condamnation à mort par le tribunal militaire d'Alger et à l'exécution de l'ancien ministre de l'Intérieur de Vichy, Pierre Pucheu, en mars 1944, ou d'un choix délibéré ? Les hypothèses ne trouvent pour l'heure aucune confirmation absolue[1].

Au cours du trajet puis des semaines qui suivent, Marcel Paul a rassemblé autour de lui quelques dizaines de membres du parti communiste ou des FTP – dont Robert Darsonville –, identifiés parmi les détenus du convoi. Il a aussi pu brièvement parler à Henriette Mauvais, une des dirigeantes communistes françaises déportées elles aussi à Auschwitz-Birkenau précédemment, comme Marie-Claude Vaillant-Couturier. Henriette Mauvais avait appris par la résistance intérieure du camp la présence d'un convoi de déportés français et parmi eux de Marcel Paul qu'elle connaissait[2]. Les bases d'une nouvelle action clandestine sont jetées. Mais le 12 mai, mille cinq cent soixante-trois rescapés du convoi du 27 avril sont transférés à Buchenwald où ils parviennent le 14 mai 1944.

Désormais réunis à Buchenwald, Henri Manhès et Marcel Paul vont voir leurs destins intimement liés, imprimant de manière indélébile leurs empreintes sur le sort de la communauté française de ce camp.

---

1. Voir *Destination Auschwitz, des déportés tatoués*, Paris, mémorial Leclerc/musée Jean Moulin, Paris, 2002, pp. 78-80.
2. DURAND (Pierre), *Marcel Paul, vie d'un « pitau »*, *op. cit.*, p. 176 ; FNDIRP, entretien de Marcel Paul avec Henri Alleg.

Chapitre III

LE COMITÉ DES INTÉRÊTS FRANÇAIS

L'histoire de l'organisation clandestine française de Buchenwald ne commence pas dans ce camp, mais repose largement sur des bases établies préalablement. Certes, les parcours individuels de Henri Manhès et de Marcel Paul fournissent des éléments importants dans la compréhension de la démarche des deux hommes en déportation, en particulier leur volontarisme et leur stratégie de rassemblement. Mais à lui seul, il n'explique pas tout, loin sans faut.

L'expérience communiste de l'internement

Nous l'avons vu à travers le destin de Marcel Paul, les détenus communistes disposent d'une solide expérience de l'action dans les prisons et les camps d'internement de France, dans lesquels certains se trouvent depuis 1939. Or leur comportement n'offre guère de place à la spontanéité. Il est conditionné par des règles strictes édictées par le Parti et transmises par les cadres ou par voie de tracts diffusés sous le manteau. Déjà dans les rangs de la Résistance, obéissance et vigilance leur étaient imposées, d'une manière plus prononcée encore que dans n'importe quel autre mouvement. La vie clandestine suppose en effet un solide encadrement doctrinal et une rigueur accrue. Un tract du comité central du PCF énonce ainsi des principes simples pour assurer leur sécurité, insistant sur les provocations à éviter, sur les précautions à prendre en cas de rendez-vous, sur la mise en place d'un logement illégal, sur le danger des liaisons en dehors des militants connus. Bref, il s'agit d'appliquer avec constance un cloisonnement et « une discipline de fer » :

> « Un communiste arrêté, c'est peut-être un otage pour demain, c'est sûrement un combattant de perdu, au moins momentanément, pour la lutte libératrice. Que chacun ait donc à cœur d'accomplir son travail en tenant compte des mesures de sécurité et de vigilance dont la non-observation constitue un véritable crime contre le Parti et contre la cause de la libération nationale. Que chaque membre du Parti considère qu'il est de son devoir d'appliquer les directives qui précèdent, avec la plus extrême rigueur. Comme le disait notre maître Lénine : "Le parti communiste ne pourra remplir son devoir que s'il est organisé de la façon la plus centralisée ; que s'il est régi par une discipline de fer touchant de près à la discipline militaire et que si, le centre du Parti est un organisme jouissant d'une haute autorité, investi de pouvoirs étendus et bénéficiant de la confiance générale du Parti." (Cité par STALINE dans *Questions du Léninisme*)[1]. »

Pour ceux finalement arrêtés et emprisonnés, de nouvelles règles viennent s'ajouter aux réflexes précédemment acquis avec, comme principe de base, la nécessaire poursuite du combat. Les détenus communistes de la prison des Baumettes à

---

1. MRN, tracts carton n° 28 (répression), tract n° 1A, « Aux militants du parti communiste », s.l.n.d.

Marseille se trouvent ainsi interpellés à l'automne 1943 par le message suivant :

> « Chers amis,
> Renforcez à tout prix l'union de tous les patriotes qui, d'où qu'ils viennent, quels qu'ils soient, se trouvent avec vous pour s'être dressés contre l'ennemi commun, attisez la haine du Boche et des vils individus qui les servent, penchez-vous avec attention sur les revendications, même les plus minimes et engagez la lutte pour obtenir satisfaction ; faites que dans les camps la lutte revendicative et patriotique réponde à la lutte du peuple tout entier pour sa libération. Que sur cette base et dans les conditions actuelles l'esprit de la lutte et du combat anime tous les internés et emprisonnés communistes qui doivent envisager et œuvrer pour leur évasion avec la seule et unique idée : servir la cause de la France qui ne peut être séparée de celle du Parti. Les initiatives prises de l'extérieur s'en trouveront grandement facilitées et pourront être réalisées sur une grande échelle si elles trouvent leur prolongement dans vos propres initiatives que vous devez aborder avec l'audace et la volonté bolchevik qui font d'un communiste un lutteur et un combattant quelles que soient les conditions où il se trouve. [...]
> Tenez compte que l'essentiel c'est : s'unir et agir, s'organiser et se battre et qu'un communiste, même en prison, est toujours un membre actif de son parti[1]. »

Ces directives se trouvent affinées dans un autre tract spécialement élaboré à la fin de l'année 1943 ou au début de 1944 par le comité central, en direction des détenus communistes, pour que « chaque camp, chaque prison » devienne « un centre

---

1. SHAT, 10 R 1209, circulaire adressée à la prison des Baumettes, WEZ/12/ 31000. Date de l'info : 10 septembre 1943 ; de la réception : 25 septembre 1943 ; de la diffusion : 8 octobre 1943.

de mobilisation de l'armée patriotique ». À grands traits, l'évolution du cours de la guerre est retracée, notamment les défaites du IIIe Reich sur le front de l'Est, fièrement annoncées, et l'action du Comité français de libération nationale (CFLN) dans lequel le Parti entend peser. Bref, des combats décisifs se profilent, dans « l'union du bloc antifasciste ». L'engagement de tous est nécessaire, y compris celui des militants à ce jour derrière les barreaux ou les barbelés des camps d'internement. Ceux qui se défausseraient ou pire qui trahiraient, seront impitoyablement châtiés, prévient avec fermeté le tract :

> « Il n'est pas de camp ni de prison si bien clôturés qu'il ne s'en échappe jamais une lettre non censurée. Il n'est pas de camp ni de prison si solides que les portes n'en soient ouvertes, un jour proche, par les patriotes en armes. Il n'est pas de camp ni de prison si bien gardés qu'il ne s'en évade jamais un détenu doué d'une mémoire suffisante. Et ces trois vérités signifient toutes qu'il n'y a pas un traître qui échappera au châtiment[1]. »

Le document insiste surtout sur la préparation de la grande bataille à venir, pour la libération et la chute du régime nazi, en maintenant en toutes circonstances l'organisation du Parti et en contribuant à l'unité de tous les combattants antinazis.

> « Nous sommes certains que les camarades sauront faire preuve des qualités nécessaires d'adaptation aux données concrètes de chaque lieu de détention, de souplesse dans les méthodes, d'imagination et d'initiative. [...] Une riche expérience prouve qu'on peut mener à bien cette tâche, isoler complètement les rares traîtres. Quelle que soit la dureté du

---

1. MRN, fonds thématique, carton n° 75 (Internement. Dossier correspondance), « Faites de chaque camp, de chaque prison un centre de mobilisation de l'armée patriotique », s.l.n.d.

régime, une direction active doit réussir à éviter les manifestations de découragement, le repliement des individus sur eux-mêmes, la hantise des solutions individuelles immorales au problème de la libération, la perte des perspectives, désormais rapprochées, de la libération nationale.

Les actions de résistance

L'essentiel pour réussir, pour maintenir l'organisation et l'esprit collectif, c'est, à côté des tâches nécessaires d'éducation, d'information, etc., de mettre sur pied des actions de détenus. [...] Il va de soi que, pour développer l'esprit collectif, combattre le repliement de chaque détenu sur lui-même, il sera également utile de développer dans toute la mesure du possible la solidarité matérielle, l'aide fraternelle, le partage des ressources, des vivres, etc. Partout où cela a pu être fait, les résultats ont été des plus heureux. [...] Organisation de la masse des détenus, développement progressif des actions patriotiques, liaison avec l'extérieur, étude des lieux et plan d'utilisation de ces lieux pour le jour de l'insurrection nationale, lutte contre les traîtres, travail d'explication auprès des gardiens et des membres de la police honnêtes : si toutes ces tâches sont entreprises et menées à bien, alors on pourra vraiment dire que chaque lieu de détention se transforme, comme cela est nécessaire à la veille des événements décisifs, en un centre mobilisateur de l'armée nationale[1]. »

Enfin, et surtout, le Parti rappelle que « pour tout patriote détenu l'évasion est un devoir que les événements rendent plus ou moins pressant[2] ».

Ces consignes, Marcel Paul, comme ses camarades, les connaît et il va s'attacher à les appliquer tant en France qu'à Buchenwald. Déjà au camp de Compiègne-Royallieu, le cadre

---

1. *Ibid.*
2. *Ibid.*

permet une plus grande latitude d'action, en raison de l'absence relative de cloisonnement entre les détenus contrairement aux prisons. Les militants communistes et les autres groupes de résistants se trouvent ainsi plus facilement mêlés, mais également avec les droit-commun et les otages. Bien sûr, les mesures draconiennes de sécurité restent plus que jamais de mise. Mais une certaine vie sociale peut reprendre, une solidarité et une vie culturelle nouvelle se mettent en place, face au désœuvrement qui menace. À Compiègne, on ne travaille pas ; les jours sont rythmés par les appels et la formation des convois de déportation. À l'image de beaucoup, Marcel Paul dit ainsi ressentir la « sensation de revivre » en arrivant à Compiègne[1]. Les mouvements se reforment, les contacts entre leurs membres se tissent à nouveau. Là encore, les militants du PCF donnent l'exemple, même s'ils ne sont pas les seuls à se mobiliser, avec cependant des limites que souligne le pasteur Aimé Bonifas, déporté ensuite à Buchenwald : « Ils étaient organisés, avaient secrètement reconstitué leurs cellules et s'entraidaient. Dans les prisons et les camps, les communistes ont su montrer que leur mouvement était animé d'un esprit et d'un idéal, et qu'ils étaient réellement capables de mourir pour cet idéal. Nous comptions encore des officiers d'active ou de réserve, qui tentaient eux aussi, de se grouper. Ils assumaient, avec les communistes, l'organisation du camp. On remarquait beaucoup certaines notabilités. […] C'était une réunion de gens de toutes classes, de milieux, d'éducation et d'idées bien différents. Et parce qu'il s'y trouvait quelques éléments indésirables, cette communauté française se fractionnait en petits groupes fermés qui s'ignoraient[2]. »

---

1. INA, 57 L 62, témoignage de Marcel Paul.
2. BONIFAS (pasteur Aimé), *Détenu 20801 dans les bagnes nazis*, Paris, Neuchâtel, Delachaux et Niestlé, 1946, p. 25.

Pourtant, le transit par Compiègne ne dure parfois que quelques jours, comme pour le colonel Manhès, avant que le départ vers l'Est ne soit ordonné, et alors qu'aucun ne sait de quoi sera faite l'étape suivante. Pourtant, les rumeurs et les fausses informations distillées par les gardes allemands laissent à penser qu'ils seront envoyés dans des camps de travail.

À Compiègne justement, un texte s'inspirant des consignes du Parti va être introduit au début de l'année 1944 par André Ulmann, l'un des dirigeants communistes du Mouvement national des prisonniers de guerre et déportés, qui l'a rédigé avec d'autres responsables du PCF dont il ne cite pas les noms. Dans un entretien radiophonique diffusé en 1965, André Ulmann explique en effet que ces mots d'ordre avaient été approuvés par le Conseil national de la Résistance en août 1943 et repris dans un texte écrit en prison en février 1944, édictant des principes d'action en vue de la déportation dans les camps de concentration nazis[1]. Ils énoncent huit principes de base :

– organisation politique sous toutes ses formes des Français au camp ;

– organisation militaire en vue de la lutte armée au moment de l'avance des Alliés ;

– organisation de la solidarité nationale ;

– prise de contact avec les responsables des différentes nationalités internées ;

– organisation d'un comité politique international en vue de diriger et de coordonner les actions politiques des différents groupes nationaux ;

– organisation d'un comité militaire international en vue de préparer et de diriger l'action armée des différents groupes nationaux ;

---

1. INA, 57 L 62, témoignage d'André Ulmann.

– organisation systématique du sabotage dans tous les secteurs vitaux ;

– envoi d'émissaires des différentes nationalités dans les différents kommandos en vue d'organiser les différents groupes nationaux sur les mêmes bases.

Ulmann est déporté avec le groupe d'Auguste Havez et des autres internés de Blois au camp de Mauthausen. Mais il est significatif de constater que l'action de Marcel Paul à Buchenwald et celle de ses camarades de Mauthausen relèvent des mêmes principes, suivant dans les faits une démarche similaire[1]. Il n'y a donc pas de hasard dans l'attitude déterminée de Marcel Paul. Il n'y a que des circonstances particulières auxquelles il s'est adapté au camp, sans remettre en cause l'essentiel.

Les premiers regroupements de Français

Les Français, qui arrivent massivement à Buchenwald à partir de la fin de l'année 1943, n'ont pas de prise sur les structures et les règles de la société concentrationnaire. Dans ce combat à mort où se joue sa survie, le Collectif français n'a guère le choix des armes. Il sait pourtant imposer progressivement ses principes, définis au cours des mois précédents, y compris face aux conceptions et aux intérêts des autres communautés nationales.

Nous l'avons dit, collectif parmi les plus faibles, sans leader charismatique, jouissant d'une réputation exécrable, les Français subissent les vexations, les railleries et les brimades des autres détenus tout au long de 1943 et des premiers mois de 1944. La composition du groupe est en elle-même un facteur de

---

1. Sur Mauthausen, voir FABREGUET (Michel), *Mauthausen. Camp de concentration national-socialiste en Autriche rattachée (1938-1945)*, avant-propos de Jean GAVARD, préface de Jacques BARIÉTY, Paris, Honoré Champion, 1999.

morcellement, entre une majorité de droit-commun, de personnes arrêtées à la frontière espagnole et une poignée de politiques. Un trait de caractère tenu pour national vient en outre renforcer cet isolement : une propension naturelle à l'individualisme, pour le meilleur et pour le pire, que soulignent amèrement les frères Michaut : « Jamais les Français n'arrivent à s'unir, même pour défendre leur peau[1]. »

Dans ce contexte, la situation des premiers communistes arrivés n'est guère plus favorable. Ils n'en constituent pas moins le seul groupe organisé et leurs difficultés sont révélatrices de l'importance des problèmes. Certes, ils trouvent à Buchenwald une organisation clandestine du Parti, « une bonne surprise[2] », due à la persévérance des détenus allemands. « Même si on pouvait les trouver brutaux, arrogants et sectaires ; même si la plupart d'entre eux étaient devenus fous, le fait est que les copains allemands avaient préservé et reconstruit l'organisation communiste, c'est-à-dire la possibilité d'une solidarité et d'une stratégie commune[3] », explique Jorge Semprun. Pour capitale qu'elle soit, cette prédominance ne procure encore aux communistes français, confrontés finalement aux mêmes préjugés que l'ensemble de leurs compatriotes, qu'une faveur toute relative.

Ils ne sont alors qu'une poignée, une soixantaine en juin 1943, et « peu ou pas de cadres éprouvés[4] ». Ils sont conduits par Lucien Lagarde et Gaston Deslandes, arrivé en juin 1943 et qui, gravement malade, entre au *Revier* en avril 1944 pour n'en sortir qu'à la Libération. Lucien Lagarde est né le 8 février 1903 à Bayonne. Marin pêcheur de profession, élu conseiller municipal

---

1. MICHAUT (Édouard et François), *Esclavage pour une résurrection*, op. cit., p. 48.
2. SEMPRUN (Jorge), *Quel beau dimanche !*, Paris, Grasset, 1991, p. 90. (coll. « Les Cahiers Rouges »).
3. *Ibid.*
4. FNDIRP, Buchenwald, documents divers (3), procès-verbal de la 1re réunion d'information de la section communiste de Buchenwald, 18 avril 1945, p. 1.

communiste à Argelet en 1936, il est avant guerre l'un des responsables de l'union locale de la CGT à Bayonne. Arrêté en 1939 en vertu du décret Daladier, il est placé en résidence surveillée puis déporté lui aussi à Buchenwald en juin 1943. Un militant rouennais, Pujol, joue également un rôle important. Écarté de la direction clandestine du Parti au camp pour une raison inconnue, malade, il meurt au *Revier* au début de l'année 1944.

Les difficultés rencontrées génèrent durant cette première phase une situation insatisfaisante comme le reconnaît publiquement Lucien Lagarde, dans un discours aux accents d'autocritique, devant les membres du Parti réunis à Buchenwald le 18 avril 1945. Il dresse à cette occasion le tableau suivant :

> « Organisation insuffisante, la formation de l'illégalité, malgré les directives données et sans cesse répétées pas appliquées, peu ou pas de travail collectif, seulement la bonne volonté de quelques camarades dévoués voulant assister la direction dans son travail, pas de commission de contrôle parce qu'on n'avait pas d'élément capable pour la composer. Le résultat a été que dans nos rangs se sont glissés quelques éléments agents de l'ennemi, essayant de passer parmi nous pour y jeter la division, je ne citerai qu'un cas le dernier en date celui du dénommé PLANQUE. Les conséquences ça a été la fausse conception relative à la préservation de nos cadres. [...] C'était alors le débrouillage individuel pour trouver le bon kommando pour éviter d'aller à la carrière et cependant, je connais de bons camarades qui ont su y rester jusqu'aux derniers temps sans chercher à en partir, ils n'en sont sortis que sur la demande expresse de la section allemande [?] que ces camarades ne pouvaient continuer à assumer leur tâche dans ces conditions. Cette preuve de faiblesse, nos ennemis pouvaient s'en emparer. Ce danger que nous avons couru, il faudra constamment l'avoir présent à la mémoire en toutes circonstances et ne jamais oublier que

toutes vos actions ne vous engagent pas à titre personnel, mais qu'en définitive elles se retournent contre notre parti[1]. »

En fait, les militants du PCF se retrouvent assujettis à leurs camarades allemands qui, selon Marcel Paul, « s'étaient assignés en définitive la direction du Collectif français[2] ».

Ce rapport de force va progressivement s'infléchir à partir du début de 1944. Le poids des déportés politiques dans la population française de Buchenwald se renforce dès janvier avec l'arrivée d'un contingent de plus de cinq mille détenus, dont plusieurs personnalités importantes de la Résistance, dont Manhès. Face à l'hostilité ambiante, il apparaît vite aux plus conscients d'entre eux que la seule attitude possible passe par une réponse collective de leurs compatriotes. Elle nécessite de bâtir une organisation clandestine structurée et représentative, capable de s'imposer auprès des détenus allemands puis des autres collectifs et, dans le même temps, susceptible de discipliner les Français. Cette démarche n'est pas propre à Buchenwald et se retrouve dans la plupart des autres camps, notamment à Natzweiler en Alsace où le général Delestraint, chef de l'Armée secrète en France, prend la tête du Collectif français, comme il le fera à Dachau où lui succède Edmond Michelet, après son exécution par les nazis.

Diverses initiatives voient donc le jour à Buchenwald au cours du premier semestre 1944 parmi les résistants non-communistes, alors majoritaires, « couramment désignés par le vocable (d'ailleurs quelque peu illogique) de "gaullistes"[3] ». Quand il écrit ceci en 1946, Manhès a déjà pris ses distances avec Charles de Gaulle et ne peut donc endosser complètement

---

1. *Ibid.*, p. 2.
2. FNDIRP, entretien de Marcel Paul avec Henri Alleg, *op. cit.*
3. MANHÈS (Frédéric-Henri), *Buchenwald. L'organisation et l'action clandestines des déportés français (1944-1945)*, *op. cit.*, p. 18.

l'étiquette de partisan du général que suppose le terme employé en déportation. Comme à Buchenwald, l'expression est donc utilisée faute de mieux. D'ailleurs, en 1944, l'ensemble des formations de la Résistance se reconnaissent, certes avec des nuances et non sans arrière-pensées, dans le combat mené par le président du Comité français de libération nationale devenu en juin 1944 le Gouvernement provisoire de la République française, les communistes également. Il ne devrait donc y avoir au camp, d'un point de vue sémantique, que des « gaullistes »…

L'objectif premier de ces dirigeants est à la fois de nouer contact avec les responsables clandestins allemands et de regrouper leurs compatriotes. Les médecins Richet, Brau et Elmelik essayent ainsi sans succès de s'imposer courant janvier par l'intermédiaire du kapo du *Revier*, Ernst Busse, l'un des principaux dirigeants communistes du camp[1]. Busse est né en 1897 à Solingen. Membre du parti communiste allemand à partir de 1920, avant d'en devenir permanent cinq ans plus tard et d'être élu député en 1932, il est arrêté en 1933 et emprisonné successivement à Kassel puis dans les camps de Lichtenberg et de Buchenwald en 1937, où il occupe le poste de *Lageraltester* entre mai 1940 et novembre 1941. De son côté, le docteur Jean Rousset poursuit une démarche individuelle. « Le flirt que j'avais commencé à mon arrivée avec les communistes allemands avait plutôt l'allure d'un vieux « collage » dans lequel on épie mutuellement les faiblesses, les ridicules et les travers du partenaire et où "ça dure" parce que chacun y trouve un avantage. Par eux, en particulier, j'étais très exactement renseigné sur ce qui se passait chez les communistes français, grâce

---

1. CARIAT (Lucien), *Ici, Chacun son dû*, préface de RÉMY, introduction de Marcel PAUL, Paris, La pensée universelle, 1973, p. 155. Ce livre présente un fort intérêt, l'auteur ayant procédé à des entretiens poussés avec des personnalités majeures comme le docteur Brau et Albert Forcinal.

aux doléances qu'ils m'exposaient surabondamment. Je dis tout de suite que j'ai presque toujours eu l'intime satisfaction d'être fier de la position morale de mes compatriotes[1]. »

L'action du colonel Manhès

Parallèlement, un autre groupe se rassemble autour de Frédéric-Henri Manhès. Le colonel est d'emblée convaincu de l'impérieuse nécessité d'un tel regroupement ; « Ce que je voulais, c'est [sic] créer le comité français[2] », explique-t-il à son retour du déportation. Il doit au docteur Victor Vic-Dupont d'être placé parmi les invalides dans le Petit camp[3], en raison de ses blessures de guerre, ce qui ne l'empêche pas d'être affecté à deux reprises pour des transports de pierre et de bois[4]. Il est poussé en avant par ceux qui l'ont connu en France au poste de délégué de Jean Moulin, comme Alfred Kirchmeyer, chef du réseau « Patriam Recuperare », Pierre Borderie, membre de « Liberté Égalité Fraternité », Maurice Vannier, secrétaire général de « Ceux de la Libération », ou encore le docteur Victor Vic-Dupont, fondateur du réseau « Vengeance »[5]. Ce dernier estime en effet que Manhès pouvait jouir d'une certaine autorité morale et devenir « une espèce de chef[6] », assumant « le rôle ingrat d'homme de confiance des

---

1. Préface de Jean Rousset à GARIN (Jean-Paul), *La Vie dure*, préface du docteur Jean ROUSSET, Lyon, Audin Éditeur, 1946, p. XIII.

2. AN, F9 5577, audition du colonel Manhès, 3 mai 1945.

3. FNDIRP, boîte bio. Manhès (53), PRL, lettre de Vic-Dupont à Manhès, 29 mai 1946.

4. *Ibid.*

5. La liste complète de ces dirigeants est donnée dans *Le Patriote résistant*, mai 1946, p. 1.

6. AN, 72 AJ 321, Comité d'histoire de la Deuxième Guerre mondiale, Buchenwald, témoignage du docteur Vic-Dupont, 16 juin 1952.

Français[1] ». S'adressant à lui dans un courrier personnel, il poursuit : « Vous avez d'abord dépensé votre énergie et votre bonté autour de vous, portant les camarades malades, partageant votre pain avec eux, les défendant devant nos gardiens, Allemands, Luxembourgeois, Polonais et Russes. Vous m'avez même acheté avec votre pain un pull-over qui m'a peut-être sauvé la vie, alors que je travaillais à la terrasse. Vous avez rapidement obtenu des résultats, et tout le monde s'accrochait à vous, alors, sans jamais être éconduit. Vous avez arraché des transports de nombreux camarades, vous en avez fait affecter dans les kommandos où la vie était possible, et à ceux-là, vous demandiez ensuite de vous aider pour soulager les plus malheureux[2]. »

Le témoignage du docteur Vic-Dupont revêt une importance capitale en raison de sa situation au camp et des hautes qualités morales du personnage. Interne des hôpitaux de Paris, mobilisé comme médecin en 1939 et capturé lors des combats de 1940, il est rapidement libéré et reprend sa carrière hospitalière. Dirigeant du réseau « Vengeance », avec François Wetterwald, Vic-Dupont est arrêté le 9 octobre 1943 puis déporté le 21 janvier 1944, quelques semaines avant que le mouvement ne se fonde au sein de « Ceux de la Libération » en février 1944. Il parvient à entrer comme praticien au block des tuberculeux de Buchenwald, dirigé par un phtisiologue allemand communiste, Alfred Knipper. Sur cette affectation, il livre en 1965 un témoignage amusé :

« J'ai d'abord été l'objet d'une cooptation médicale, en fonction de l'internat des hôpitaux de Paris. Cela n'a pas été tout. Ensuite, il me fallait être accepté par le comité politique

---

1. FNDIRP, boîte bio. Manhès, 1945-1946, lettre du docteur Vic-Dupont au colonel Manhès, 29 mai 1946.
2. *Ibid.*

du camp, et plus spécialement par la section affectée au *Revier*, et là j'ai subi un examen qui ne manquait pas de pittoresque, dans une cave, je fus interrogé par quatre, même cinq personnes, dont le kapo du *Revier* et son adjoint, c'est-à-dire Ernst Busse et Otto Kipp. J'ai dû établir un véritable *curriculum vitae*, et en particulier faire état de mes faits de résistance, qui étaient évidemment extrêmement précis. Et cet examen fût jugé satisfaisant, j'ai été accepté par ce comité. [...] Plusieurs questions m'ont été posées. La première, sur le plan de l'activité antinazie pendant la guerre, c'était très précis, je crois avoir eu 10 sur 10 ! La deuxième question était celle de mon appartenance politique ; il m'a été demandé si j'étais communiste, et évidemment j'ai répondu que je n'étais pas communiste. Bon, ceci a été accepté beaucoup mieux d'ailleurs que si j'avais essayé de ruser, ce qui d'ailleurs était hors de propos. Et, troisièmement, on en est effectivement arrivé à la question des soins. Deux chapitres : Le premier, préserver les détenus est une forme de lutte, de lutte pour la vie à l'intérieur du camp, et c'était un chapitre général. Le deuxième faisait allusion à la limitation des moyens ; peu de lits, peu de médicaments, et dans certaines circonstances la nécessité d'un choix, et à ce moment il n'a pas été fait état de telle ou telle catégorie, mais d'une certaine qualité humaine, un choix qu'effectivement on était amené à faire de temps en temps, apporter plus d'attention à Untel... si on n'a qu'un comprimé d'aspirine, on ne peut pas le couper en deux, à qui le donnera-t-on ? Ce problème a été, bien que discrètement, abordé[1]. »

L'historienne Olga Wormser-Migot, qui avait interrogé Vic-Dupont en 1952 dans le cadre d'un entretien destiné au Comité d'histoire de la Seconde Guerre mondiale, notait alors en

---

1. INA, 19 R 199, « Le Monde concentrationnaire », 30 mars 1965.

conclusion : « Témoignage d'une grande valeur, car de l'avis de tous, quelles que soient leur appartenance politique et leurs dissensions ultérieures, l'attitude de Dupont a été sans reproche à Buchenwald[1]. » David Rousset puise en particulier dans ses souvenirs pour la rédaction des *Jours de notre mort*, où il apparaît sous le nom de Victor.

Les efforts du colonel Manhès se trouvent également appuyés par l'ancien député socialiste, Eugène Thomas. Né le 3 juillet 1903, instituteur originaire du Quesnoy dans le Nord, militant syndical dans l'enseignement, il est élu député en 1936 puis conseiller général du canton du Quesnoy. Mobilisé en 1939 comme sous-officier dans l'infanterie, prisonnier évadé, il rejoint alors son épouse en zone sud. La rédaction d'un article destiné à *La Montagne* de Clermont-Ferrand, condamnant le régime de Vichy, est refusé par la censure et attire sur lui l'attention des services de police. Arrivé en Haute-Garonne en février 1941, Eugène Thomas anime clandestinement dans la région le Comité d'action socialiste (CAS) et le réseau « Brutus », après avoir contribué à leur création. Il appartient en outre à la direction nationale du mouvement « France au combat ». Placé en résidence surveillée au début de 1943, il est finalement arrêté le 14 mai et déporté le 24 janvier 1944.

Par l'intermédiaire de Walter Hummelsheim, un aristocrate, ancien secrétaire du ministre conservateur von Papen, interné à Buchenwald pour haute trahison, devenu secrétaire du médecin SS Ding-Schuler, et Hans Bergas[2], un cadre du

---

1. AN, 72 AJ 321, Comité d'histoire de la Deuxième Guerre mondiale, Buchenwald, témoignage du docteur Vic-Dupont, *loc. cit.*
2. Hans-Jean Bergas (1898-1969), militant politique et syndical originaire de Berlin, ancien directeur au Ministère du Travail et délégué au Bureau international du Travail à Genève, membre du réseau Brutus en France, est arrêté dans la région de Montauban le 16 septembre 1943 et déporté le 27 janvier 1944.

parti social-démocrate exilé en France depuis 1933, Bergas rencontre le kapo du block de la pathologie, Gustav Wegerer[1], considéré comme un membre important de l'organisation clandestine. Bergas doit lui présenter des Français capables d'organiser le regroupement de leurs compatriotes. Quelques mois plus tôt, Wegerer avait également réuni les premiers responsables communistes arrivés en juin 1943, Gaston Deslandes, Lucien Lagarde et Gilbert Schwartz[2]. Bergas utilise alors son camarade Eugène Thomas qui se tourne à son tour vers Manhès et vers Albert Forcinal.

Né à Gisors dans l'Eure, le 11 mai 1887, Albert Forcinal est un combattant émérite de la Première Guerre mondiale. En 1918, capitaine au 366e régiment d'infanterie, ce « grand entraîneur d'hommes[3] » revient couvert de gloire, décoré de la Légion d'honneur avec neuf citations et de la croix de guerre avec de nombreuses palmes. Industriel, il se tourne vers la politique en devenant conseiller général du canton de Gisors en 1925 puis député républicain-socialiste des Andelys à partir de 1928. Animateur dans la région de Gisors de « Libération-Nord », Albert Forcinal participe également à l'activité du réseau « Cohors-Asturies »[4]. Albert Forcinal est arrêté à Paris le 11 mai 1943. Déporté à Buchenwald le 22 janvier 1944, il est affecté à la *Schneiderei*,

---

1. ROUSSET (David), *Les Jours de notre mort, op. cit.*, p. 566. Ingénieur autrichien né en 1897 à Vienne, fils de l'ancien maire socialiste de cette ville, il est membre du Comité central du Parti communiste autrichien, avant d'être arrêté et déporté à Buchenwald en 1938.

2. Association française Buchenwald-Dora et kommandos, BFAL, témoignages, témoignage de Gilbert Schwartz.

3. Rapport des Renseignements généraux de l'Eure du 16 novembre 1942, p. 1. Nous remercions Claude Cornu de nous avoir aimablement communiqué plusieurs documents relatifs à la carrière d'Albert Forcinal, dont celui-ci.

4. Voir PAPP (Julien), *La Résistance dans L'Eure*, Épinal, Éd. du Sapin d'Or, 1988, 319 p.

le kommando des tailleurs où il côtoie notamment Manhès et Thomas. Des rencontres sont organisées avec Wegerer qui aboutissent à la formation d'un premier comité à la fin de l'hiver.

David Rousset a rendu compte de manière convaincante des motivations probables de Wegerer : « Les communistes français sont à l'époque en minorité parmi les gaullistes de toutes couleurs, surtout sans contact organisé avec eux, enfin sans dirigeants disposant d'une autorité susceptible de s'imposer largement. Il est dangereux, aux yeux de la direction clandestine, de laisser le milieu français résistant se développer de façon absolument isolée, sans connexion avec l'organisation internationale. Les contacts de block sont trop anarchiques, souvent aussi trop limités. La formation d'un comité de gaullistes authentiques, connus de la direction allemande, agissant dans le cadre de ses directives, est un moyen indirect de contrôler le milieu résistant, bien entendu complètement étranger aux Allemands[1]. »

Dans un premier temps coopté pour rejoindre ce noyau, Octave Crutel, ancien député radical-socialiste de Rouen et président de la délégation des Gauches, se retire rapidement, en raison de sa santé défaillante[2] ou plutôt de ses « opinions hétérodoxes[3] » selon Rousset. Il est vrai que dans un courrier adressé au colonel Manhès en mai 1946, le docteur Crutel se plaint de la campagne entamée contre lui, à son retour en France, conjointement par « les cellules communistes et le parti SFIO, aidés par A. Marie, les Croix-de-Feu et la Franc-Maçonnerie »[4].

---

1. ROUSSET (David), *Les Jours de notre mort*, op. cit., p. 567.
2. *Le Patriote résistant*, numéro spécial, mai 1946, p. 1.
3. ROUSSET (David), *Les Jours de notre mort*, op. cit., p. 567.
4. Lettre d'Octave CRUTEL dans *Le Livre blanc sur Buchenwald*, Éd. de la Déportation et de la Résistance, 1954, p. 112.

Cette « Fédération républicaine de la Résistance française », dont Manhès souhaite qu'elle poursuive son œuvre après le retour en France, est destinée à grouper l'ensemble des mouvements de résistance au camp. Il s'agit en fait de l'ancêtre du CIF[1].

Si la composition de ce premier comité semble désormais donner toutes les garanties sur le plan politique aux dirigeants clandestins allemands[2], son autorité n'en demeure pas moins faible[3]. Il n'a pas de liaison officielle avec la direction clandestine du camp. En effet, celle-ci demeure prudente à l'égard de l'initiative de Wegerer et de Bergas, comme du parcours de plusieurs membres du comité qu'elle estime liés aux services secrets britanniques[4]. De plus, sa représentativité n'est pas totale, même après l'arrivée en son sein, dans les semaines suivantes, de la mouvance communiste, par le biais de contacts personnels établis par Manhès et Forcinal. Il s'agit d'une présence somme toute réservée, à travers Roger Papaud pour le « Front national » et Paul Maury, un syndicaliste de la CGT, pour le Parti. Le second est rapidement récusé pour représenter le PCF, laissant seul Papaud faire le lien[5]. Car là aussi, la méfiance est grande. Lucien Lagarde résume ainsi d'une formule lapidaire sa perception de cette première ébauche de comité : « À cette époque, un agglomérat de gens pour lesquels seulement de

---

1. Texte de Vautier et Maire dans *Le Patriote résistant*, numéro spécial, mai 1946, p. 11.
2. *Ibid.*
3. Rapport de la commission d'enquête clandestine, cité dans Durand (Pierre), *Les Français à Buchenwald et à Dora. Les armes de l'espoir*, op. cit., p. 272.
4. Cariat (Lucien), *Ici, Chacun son dû*, op. cit., p. 155.
5. Rousset (David), *Les Jours de notre mort*, op. cit., p. 568 et rapport de la commission d'enquête clandestine, cité dans Durand (Pierre), *Les Français à Buchenwald et à Dora. Les armes de l'espoir*, op. cit., p. 272.

longues parlottes le dimanche après-midi constituaient le travail[1]. »

L'arrivée de Marcel Paul

En fait, la physionomie et l'influence du Collectif français se trouvent profondément modifiées avec l'arrivée à Buchenwald, le 14 mai 1944, de deux convois composés d'un fort contingent de communistes, dont de nombreux cadres du Parti, des FTP et du « Front national ». Le premier convoi, celui des « tatoués », arrive d'Auschwitz dans la matinée, l'autre, en provenance de Compiègne dans l'après-midi. Parmi les déportés figurent Marcel Paul qui dirige ce groupe, épaulé par Jean Lloubes et André Leroy.

Jean Lloubes est né le 25 août 1909 à Le Palais dans le Morbihan. Agent des PTT, il adhère au parti communiste en 1933. Arrêté en novembre 1940, il est condamné à dix mois de prison, mais parvient à s'évader de la Conciergerie à Paris le 8 juillet 1941. Chef régional pour le nord de Paris du « Front national », il est l'un de ses plus actifs animateurs sous l'autorité de Jean Laffitte, responsable à l'Organisation de la direction clandestine du PCF et meneur en Île-de-France de la Résistance communiste. Jean Lloubes devient en mars 1942 son adjoint. Arrêté le 14 mai 1942, il passe par les prisons et centrales de La Santé, Poissy, Melun et Châlons-sur-Marne, avant d'être transféré à Compiègne en avril 1944 puis déporté à Buchenwald le 12 mai 1944.

Secrétaire national de la jeunesse communiste depuis 1938, André Leroy, né le 16 janvier 1913 à Montreuil-sous-Bois, se

---

1. FNDIRP, Buchenwald, documents divers (3), procès-verbal de la 1re réunion d'information de la section communiste de Buchenwald, 18 avril 1945, p. 2.

voit gratifié de la croix de guerre avec citation en 1940 pour son courage et ses qualités de combattant. Il devient sous l'Occupation l'un des principaux animateurs des « bataillons de la jeunesse » aux côtés de Pierre Georges et d'André Ouzoulias, intégrés à l'OS puis aux FTPF. Arrêté le 12 mai 1942 à Paris, sous les yeux de Jean Lloubes, condamné à cinq ans de travaux forcés, il suit un parcours carcéral identique à celui-ci et appartient au même convoi vers Buchenwald.

L'autorité de Marcel Paul s'impose rapidement auprès de ses camarades communistes français du camp. La direction allemande a également appris sa présence. Elle n'ignore pas son parcours avant guerre, sans doute en raison de ses importantes responsabilités syndicales et de la mission qu'il avait effectuée en septembre 1938 à Prague pour manifester, au sein d'une délégation de l'Union des syndicats CGT composée de Jean-Pierre Timbaud et d'André Tollet, sa solidarité avec le peuple tchécoslovaque après la signature du traité de Munich[1].

À Buchenwald, la prise de contact initiale avec le Collectif allemand est néanmoins entourée d'infinies précautions. Elle met en scène Louis Vautier. Il est né le 6 octobre 1904 à Mesnil Clinchamps dans le Calvados. Militant communiste dès la fin des années vingt, secrétaire régional du PCF, figure syndicale des usines Renault de Billancourt, il est également l'adjoint de Jean Laffitte dès décembre 1940, avant d'être arrêté le 8 novembre 1941. Il arrive à Buchenwald dans le même convoi que son successeur, Jean Lloubes, au sein du triangle de tête du PCF dans la région parisienne. Dans le bois du camp, Louis Vautier se rend, au nom de Marcel Paul, à un rendez-vous transmis par l'intermédiaire de Lucien Lagarde ; les Allemands envoient quant à eux un Soviétique parlant fran-

---

1. DURAND (Pierre), *Marcel Paul, vie d'un « pitau »*, *op. cit.*, p. 95.

çais. La rencontre s'étant finalement bien passée, Marcel Paul retrouve peu de temps après au *Revier* l'un des responsables allemands[1]. L'organisation clandestine a enfin identifié la figure emblématique et digne de confiance qui manquait à ses yeux. Elle lui remet donc « la responsabilité du milieu français[2] ». Désormais, ce n'est plus à Wegerer que Manhès s'adressera, mais à Marcel Paul[3] qui dispose seul de la liaison avec l'appareil allemand.

Marcel Paul obtient en outre un poste de *Stubendienst* au block 57 du Petit camp, où les conditions de vie figurent parmi les plus mauvaises de Buchenwald, mais qui lui sert de couverture pour ses activités souterraines[4]. C'est semble-t-il une première pour un Français. Par la suite, d'autres compatriotes communistes bénéficieront d'une charge similaire, comme Gilbert Schwartz aux blocks 60 puis 31, Yves Kermarec et Robert Darsonville au 26 ou Henri Bassompierre au 34. Au sein du block 57, Marcel Paul bénéficie des avantages communs à tous ceux exerçant une fonction intermédiaire dans l'administration détenue. Contrairement aux accusations calomnieuses portées après guerre contre lui, Marcel Paul n'a jamais exercé d'autre tâche officielle que celle-là, et aucun acte de violence ne lui a jamais été formellement reproché, ni à lui, ni à aucun des *Stubendienst* français. De plus, sa fonction ne le met pas à l'abri des menaces physiques de son chef de block, comme nous le verrons[5]. Bref, il n'appartient à

---

1. DURAND (Pierre), *Les Français à Buchenwald et à Dora. Les armes de l'espoir*, op. cit., p. 51.
2. ROUSSET (David), *Les Jours de notre mort*, op. cit., p. 569.
3. *Ibid*.
4. DURAND (Pierre), *Marcel Paul, vie d'un « pitau »*, op. cit., pp. 183-184.
5. Rapport de la commission d'enquête clandestine, cité dans DURAND (Pierre), *Les Français à Buchenwald et à Dora. Les armes de l'espoir*, op. cit., pp. 273-274 ; DURAND (Pierre), *ibid.*, pp. 77-78.

aucun moment au cercle des grands privilégiés. Le docteur Georges Roos, qui partage son existence au block 57, note dans son témoignage publié en 1945 : « Le *Stubendienst* Marcel Paul est remarquablement intelligent. Il a rendu aux détenus français, souvent à leur insu, d'immenses services. À plusieurs reprises, il m'a soutenu dans mes revendications et je l'en remercie[1]. »

Sur le plan politique, la ligne unitaire et combative développée alors par le PCF sur le sol national conditionne l'attitude de Marcel Paul. Fort de sa légitimité, il impulse donc des changements majeurs dans trois domaines : l'organisation communiste au camp, la structuration de la communauté française et la place de ce collectif dans l'organisation clandestine internationale.

Le développement de l'appareil communiste

Le premier domaine touche à la structure et à l'orientation de la mouvance communiste française. Avec l'arrivée de nombreux militants et de cadres, le PCF se renforce indéniablement. Conduit par un triangle central, désormais composé de Marcel Paul, responsable politique, Lucien Lagarde, chargé des liaisons de masse, et Jean Lloubes, responsable à l'organisation, le Parti peut enfin établir un véritable appareil[2]. La base du système repose sur le groupe de trois, le triangle, la forme traditionnelle de son organisation, avec un responsable, seul en relation avec l'échelon supé-

---

1. Roos (docteur Georges), *Buchenwald*, préface de Christian Pineau, Paris, Éd. Médicis, 1945, p. 59.
2. FNDIRP, entretien de Marcel Paul avec Henri Alleg. La retranscription mentionne « Jean Louis », ce qui ne correspond à aucun membre identifié. Il ne peut s'agir que d'une erreur, compte tenu de la proximité phonique entre les deux noms.

rieur. Dans chaque block se trouve un triangle de direction composé d'un responsable par *Flügel*, soit deux, et d'un responsable de block. À l'échelon intermédiaire entre les triangles de block et le triangle central s'insère une direction interblock, dont chaque membre contrôle trois ou quatre blocks[1]. Elle est constituée de Lucien Chapelain[2], Léon Fix et Roger Arnould[3].

Grâce à ce dispositif, le PCF s'appuie sur « une structure verticale, parfaitement cloisonnée, aboutissant à des contacts décentralisés au maximum[4] », garantissant un niveau de sécurité maximum et une parfaite circulation des informations. Une commission des cadres est en outre établie avec à sa tête Roger Arnould, rejoint ensuite par Pierre Durand, chargée de contrôler l'appartenance et la fiabilité de centaines de personnes se réclamant du Parti[5].

---

1. Nous avons reconstitué ce schéma à l'aide des informations contenues dans : ROUSSET (David), *Les Jours de notre mort, op. cit.*, p. 57 ; FNDIRP, entretien de Marcel Paul avec Pierre Durand ; Arch. du mémorial de Buchenwald, entretien de Lucien Chapelain avec Franka Günther, 22 décembre 1992. Ces sources présentent quelques contradictions de détail, notamment sur l'existence de la direction interblock.
2. Lucien Chapelain a dix-neuf ans au début de la Seconde Guerre mondiale. Il vient d'être exclu des jeunesses socialistes en raison de ses positions en faveur de la fraction dirigée par Marceau Pivert. Antimilitariste militant, il est arrêté le 9 décembre 1939, condamné en mars 1940 à cinq ans de prison et interné successivement à La Santé, Fresnes, Poissy puis Fontevrault entre juin 1940 et juillet 1943. Remis aux autorités allemandes, il est déporté le 4 septembre 1943.
3. Né le 11 janvier 1914 à La Bresse dans les Vosges, membre du « Front national » à Paris depuis 1941, Roger Arnould est en 1942 interrégional des FTP pour quatre départements de l'est de la France, avant de rejoindre en septembre 1942 la région parisienne pour intégrer le Comité militaire national des FTP. Arrêté le 3 février 1943 à Asnières, il est déporté le 11 mai 1944.
4. Préface de Marcel PAUL à l'ouvrage de Pierre DURAND, *Les Français à Buchenwald et à Dora. Les armes de l'espoir, op. cit.*, p. 16.
5. FNDIRP, Buchenwald, documents divers (3), procès-verbal de la 1re réunion d'information de la section communiste de Buchenwald, 18 avril 1945, p. 3 ; entretien avec Pierre Durand, *op. cit.*

Marcel Paul et ses proches, notamment Jean Lloubes et André Leroy, impulsent surtout « une nouvelle ligne ». Lucien Lagarde souligne ainsi l'importance du travail effectué sur le plan politique et sur le plan idéologique, en intégrant l'orientation désormais suivie en France et en galvanisant les énergies[1]. Pour ce faire, des cours de marxisme ou des communiqués d'informations sont par exemple diffusés auprès des responsables de blocks, afin d'être transmis oralement à leur entourage[2]. Toutefois, l'amalgame ne se fait pas sans susciter certaines réserves que pointe Pierre Durand, témoin privilégié de ces échanges lui qui, à vingt ans, devient au camp l'agent de liaison de Marcel Paul : « Entre les "anciens" et les "nouveaux" communistes français, il existe également des différences d'appréciation politique qu'explique l'évolution même des choses en France. En 1944, la Résistance sur le sol national a fait des pas de géant. Elle s'est unifiée au sein du Conseil national de la Résistance. Les communistes y jouent désormais un rôle reconnu et de premier plan. Ils ont des ministres au Gouvernement provisoire. [...] De vives discussions ont lieu entre ceux qui arrivent et ceux qui étaient déjà au camp. Les seconds estiment, reprenant une opinion de leurs camarades allemands, qu'il faut avant tout "sauver les cadres". Les premiers sont partisans d'une poursuite de la lutte résistante derrière les barbelés, qui engloberait l'ensemble de la collectivité française dans toute sa diversité[3]. »

Sur tous, « anciens » comme « nouveaux », l'ascendant de Marcel Paul est bien réel, comme en témoignent ces propos à caractère privé de Jean Lloubes, adressés en 1977 à son camarade : « Il m'arrive parfois de me demander non seulement quel

---

1. FNDIRP, Buchenwald, documents divers (3), procès-verbal de la 1re réunion d'information de la section communiste de Buchenwald, *op. cit.*

2. Noirot (Paul), *La Mémoire ouverte*, Paris, Stock, 1976, p. 24.

3. Durand (Pierre), *Les Français à Buchenwald et à Dora. Les armes de l'espoir*, *op. cit.*, p. 50.

aurait été le sort du convoi des "51 000" si nous n'avions pas trouvé Marcel Paul à Buchenwald, mais aussi quelle attitude j'aurais eue ? Le sang-froid, le courage sont choses aisées lorsque les circonstances sont favorables. Les circonstances… c'était essentiellement la présence d'un camarade dont la clarté politique, l'influence personnelle, s'ajoutaient à ses qualités humaines incontestables. […] Si finalement je pense n'avoir pas été trop moche au camp je t'en suis très reconnaissant car sans Marcel…[1] »

Ces améliorations touchent également le « Front national[2] », dont l'organisation demeurait faible sur le plan structurel et idéologique[3]. Avant l'arrivée de Marcel Paul, ses dirigeants avaient tenté d'en faire une organisation concurrente du comité initié par Manhès, regroupant tous les résistants en leur faisant abandonner leur appartenance antérieure, et suscitant l'irritation de Frédéric[4]. Il faut d'ailleurs signaler que Manhès se montre très ferme à l'égard de cette initiative et manifeste alors un anticommunisme dont se souvient Lucien Chapelain[5]. Désormais, le « Front national » se développe en tant que tel, devenant effectivement, selon la formule de Lucien Largarde, « le véritable outil de masse dans les mains du Parti[6] ». Ses principaux animateurs sont Louis

---

1. FNDIRP, Buchenwald, documents divers (3), lettre de Jean Lloubes à Marcel Paul, 5 septembre 1977.
2. Sur la création en 1941 du « Front national » par le PCF, voir COURTOIS (Stéphane), *Le PCF dans la guerre. De Gaulle, la Résistance, Staline…*, Paris, Ramsay, 1980, pp. 189-193.
3. FNDIRP, Buchenwald, documents divers (3), procès-verbal de la 1re réunion d'information de la section communiste de Buchenwald, *op. cit.*, p. 2.
4. Entretien avec Pierre Durand, *op. cit.* ; Texte de MAIRE et VAUTIER, *loc. cit.*
5. AN, 72 AJ 321, Comité d'histoire de la Seconde Guerre mondiale, témoignage de Lucien Chapelain.
6. FNDIRP, Buchenwald, documents divers (3), procès-verbal de la 1re réunion d'information de la section communiste de Buchenwald, *op. cit.*, p. 3.

Vautier et Gilbert Schwartz, membres du triangle central du FN, le premier responsable politique, l'autre en charge de la solidarité[1]. Il adopte également un profil et un discours plus policés aboutissant à la naissance d'une entité nouvelle, propre au camp de Buchenwald. Elle parvient à attirer des personnalités de premier plan. Ainsi au triangle du block 34, Christian Pineau côtoie en 1945 le lieutenant Vanbremeersch, succédant à Pierre Mania et au docteur Jules Frank.

Arrêté et déporté sous le pseudonyme de *Jacques Grimaux*, Christian Pineau s'est inventé un personnage pour ne pas être démasqué par la Gestapo, y compris à Buchenwald. Sa véritable identité est alors seulement connue de Marcel Paul, qu'il a côtoyé avant la guerre à la CGT au sein de deux tendances opposées, et d'une poignée de ses compatriotes qui l'ont reconnu. D'abord réticent, Pineau n'ignore pas les possibilités de récupération par les communistes : « Je crains en effet d'être entraîné dans l'avenir à prendre des positions opposées à celles auxquelles j'entends rester fidèle. […] Ce qui me décide à accepter, c'est finalement l'approbation de camarades indépendants comme Vanbremeersch et quelques autres, qui me promettent leur appui. Je sais aussi que Frank est un garçon aussi incapable d'agir contre sa propre conscience que de vouloir forcer celle des autres. Je deviens ainsi, sans l'avoir cherché, l'un des pions d'une organisation du camp qui se substitue peu à peu à l'ancienne et dont je crois, compte tenu de ce qu'était leur situation à notre arrivée, que les Français sont finalement bénéficiaires[2]. »

Comme Christian Pineau, le lieutenant Claude Vanbremeersch n'est aucunement un sympathisant communiste, ni

---

1. Entretien avec Pierre Durand, *op. cit.*
2. PINEAU (Christian), *La Simple Vérité*, *op. cit.*, p. 462.

affiché, ni clandestin. Il revendique l'ouverture très large du « Front national » de Buchenwald, « sans distinction d'origine et d'opinion [...] avec, comme seule condition, une garantie d'action patriotique en France et une bonne conduite dans le camp. L'organisation par "triangles" permit de garder le secret, tout en faisant passer les consignes, les thèmes de discussion sur des sujets politiques ou sociaux. Ainsi, l'on fit en sorte que le temps passé en captivité ne soit pas trop du temps perdu et que nous nous trouvions mieux préparés à l'action après ce retour en France que chacun espérait malgré tout. Dans le cadre du "Front national", les informations circulèrent, soutenant le moral, maintenant les contacts avec la patrie[1] ».

Le Collectif français : le CIF

Le Collectif français constitue le second secteur marqué de l'empreinte de Marcel Paul. Il prend rapidement conscience des limites des actions entreprises jusqu'alors : « Les résultats obtenus restaient médiocres, faute d'union et de coordination » ; et affiche un objectif clair : « Le problème stratégique, pour nous Français, était de devenir forts et actifs[2]. » La relative méfiance des communistes manifestée à cette date envers les initiatives du colonel Manhès condamnait celles-ci à plus ou moins brève échéance, ce dont ce dernier a pleinement conscience[3]. Or, Marcel Paul considère que l'unité des Français est un facteur déterminant de leur survie au camp et doit se réaliser sur une base la plus large possible.

---

1. VANBREMEERSCH (lieutenant Claude), « La Résistance à Buchenwald », in *Aux armes*, n° 10, juillet 1945.
2. Préface de Marcel PAUL à l'ouvrage de Pierre DURAND, *Les Français à Buchenwald et à Dora. Les armes de l'espoir, op. cit.*, p. 15.
3. ROUSSET (David), *Les Jours de notre mort, op. cit.*, p. 568.

Selon lui, « le problème était de constituer un bloc, un bloc absolu des hommes de toutes affiliations résistantes, de toutes opinions, de toutes origines, un bloc en l'absence duquel l'action aurait été absolument impossible[1]. » Marcel Paul prend donc l'initiative de voir rapidement Manhès. Selon Lucien Cariat, « la première rencontre fut fraîche. Les deux hommes ne se connaissaient pas et Manhès était irrité par l'incertitude de l'avenir de son comité. Marcel Paul, trapu, la carrure puissante, le cheveux coupé ras sur un front large, observait de ses yeux gris celui qui était le représentant de de Gaulle, alors que lui appartenait à l'OS[2] ». Prenant acte des problèmes de concurrence sur le terrain entre les organisations, Marcel Paul suggère à Manhès d'ouvrir sa Fédération républicaine en créant une structure encore plus large, unitaire, sur le modèle du Conseil national de la Résistance.

Le Comité des intérêts français (CIF) naît directement de cette proposition en juin 1944. Son fonctionnement suppose des précautions importantes pour des raisons évidentes de sécurité et un cloisonnement sévère, sans contact direct entre les mouvements[3]. Les objectifs du comité sont de définir une doctrine d'action unitaire et représentative, d'assurer la diffusion de ses consignes auprès de l'ensemble des résistants, de faire remonter d'une manière rationnelle et efficace les demandes d'intervention en leur faveur, d'identifier de nouveaux membres potentiels et, à l'inverse, d'écarter des éléments troubles[4].

Pour y parvenir, il s'avère nécessaire de recenser l'ensemble des mouvements et de les inciter à désigner chacun un représen-

---

1. FNDIRP, entretien de Marcel Paul avec Pierre Durand, *op. cit.*
2. CARIAT (Lucien), *Ici, Chacun son dû*, *op. cit.*, p. 157.
3. Préface de Marcel PAUL à l'ouvrage de Pierre DURAND, *Les Français à Buchenwald et à Dora. Les armes de l'espoir*, *op. cit.*, p. 16.
4. *Ibid.*

tant, dans le plus grand secret pour éviter d'être démasqué par la SS. Bien que certaines personnalités comme le professeur Charles Richet, semblent s'en tenir à l'écart, chacune des trente-quatre organisations détectées s'accorde laborieusement, au fil des mois, sur la procédure à suivre et nomme un délégué au CIF, toutes tendances politiques confondues : des plus conservateurs, avec le professeur Balachowsky pour les services de renseignements britanniques en France ou le lieutenant-colonel Charles Ailleret pour « l'Organisation de résistance de l'armée », aux progressistes avec Robert Darsonville pour les FTPF.

Puisqu'il est impossible de réunir une assemblée plénière dans les conditions de la vie concentrationnaire, un système de forme pyramidale est conçu prenant comme base l'ensemble des mouvements. Ils sont regroupés en cinq « familles ». Si le détail de chacune de ces familles n'a jamais été révélé, il est toutefois possible d'en établir la composante principale : le PCF, la SFIO – les partis politiques étant considérés comme des mouvements de résistance –, les FTPF, le « Front national » et « Combat »[1].

---

1. Dans un entretien avec Pierre Durand, Marcel Paul indique une répartition par sensibilités des organisations au sein des familles qui nous semble bien surprenante et incohérente avec la composition, établie, du bureau : la famille communiste avec le PCF, les FTP, le FN ; une famille socialiste avec la SFIO, « Libé-Nord », « Libé-Sud », « Combat » ; la famille avec « les organisations de droite », notamment CND ; une famille avec les organisations indépendantes comme « Franc-Tireur ». Selon le témoignage de Lazare Gaillard, un étudiant lyonnais de vingt-deux ans arrivé à Buchenwald le 29 janvier 1944 puis affecté au block 46, très précis sur de nombreux aspects de la vie au camp, la famille du PCF comprenait les mouvements catholiques de Résistance ; celle du « Front national », des mouvements de petite envergure ; celle de « Combat », tous les mouvements importants de la Résistance, « Ceux de la Résistance », « Libération », « Franc-Tireur », « Défense de la France »... (Arch. du Rhône, mémorial de l'oppression, 3808 W 41, déposition de Lazare Gaillard, 1945). Ce deuxième schéma paraît plus plausible au regard des membres du bureau.

Chaque famille est coiffée à sa tête par le délégué issu de l'organisation disposant du plus grand nombre d'adhérents : Marcel Paul pour le PCF, Eugène Thomas pour la SFIO, Robert Darsonville pour les FTPF, Louis Vautier pour le « Front national » et Maurice Jattefaux pour « Combat », à partir d'août 1944[1].

Maurice Jattefaux, né à Paris le 9 septembre 1890, directeur de cours complémentaire dans le XIVe arrondissement de la capitale, est mobilisé en 1939 comme commandant dans l'intendance, et affecté à Montpellier. Maintenu en fonction sous l'Occupation et transféré à Sète, il passe au service du ravitaillement général en janvier 1941, avant d'être nommé le 1er mars 1943 secrétaire général administratif du groupement unique départemental d'achat de l'Hérault à Montpellier. Proche de Gilbert de Chambrun durant l'Occupation, il organise en octobre 1940 à Sète l'Armée secrète et poursuit en octobre 1942 la même action à Port-Vendres. En mars 1943, il dirige l'AS sur la ville de Montpellier puis, en août, le « Noyautage des administrations publiques » (NAP) pour l'Hérault. Il devient alors l'adjoint au chef départemental des Mouvements unis de la Résistance. Arrêté le 17 décembre 1943, il arrive à Buchenwald le 14 mai 1944 dans le convoi en provenance d'Auschwitz.

À eux cinq, ils forment le bureau du CIF, présidé par Manhès et vice-présidé par Forcinal, tous deux pris en dehors des groupes. Selon Marcel Paul, Forcinal ne participe pas aux réunions, mais il est tenu en réserve pour remplacer Manhès en cas de disparition[2]. Il n'est effectivement pas signataire des déclarations du comité. Marcel Paul quant à lui assume le poste

---

1. Lettre de Maurice JATTEFAUX, dans *Le Livre blanc sur Buchenwald, op. cit.*, p. 9.
2. Préface de Marcel PAUL à l'ouvrage de Pierre DURAND, *Les Français à Buchenwald et à Dora. Les armes de l'espoir, op. cit.*, p. 17.

de secrétaire[1]. Ce dernier a insisté pour que Manhès assume la fonction suprême, « en raison de ses responsabilités aux côtés de Jean Moulin, ainsi que de sa volonté d'union et de lutte [2] », selon lui.

Seul le bureau se réunit, une fois par semaine, le dimanche après-midi[3]. Les décisions sont prises au nom de tous par le bureau, chacun de ses membres ayant – en principe – au préalable consulté les autres responsables des mouvements composant sa « famille » ou les informant ensuite des débats afin qu'ils relayent les décisions vers leurs adhérents. Toutefois, Manhès et Paul qui logent tous deux dans le Petit camp, se rencontrent chaque matin[4].

Si les véritables étapes conduisant à la composition du bureau ne sont pas connues, certains points peuvent néanmoins être éclairés. Parmi les représentants non-communistes, trois sur quatre – Henri Manhès, Albert Forcinal et Eugène Thomas – sont déjà largement engagés dans l'organisation clandestine au camp depuis le début 1944. Si les deux premiers sont pris en dehors des « familles », Eugène Thomas a été théoriquement élu, tout comme Maurice Jattefaux. Il semble cependant qu'il s'agisse d'une ratification après coup, plutôt que du résultat d'un véritable scrutin, bien sûr impossible à tenir dans le cadre du camp. Selon le témoignage de Jattefaux, Marcel Paul, déporté dans le même convoi que lui, l'a rapidement approché à Buchenwald en vue de l'associer à l'entreprise d'unification des résistants. À la remarque de Jattefaux lui indiquant qu'il n'est pas communiste, le leader syndical lui aurait répondu :

---

1. La liste complète du CIF est reproduite dans les annexes.
2. Préface de Marcel PAUL à l'ouvrage de Pierre DURAND, *Les Français à Buchenwald et à Dora. Les armes de l'espoir*, *op. cit.*
3. THOMAS (Eugène), « L'action des Français déportés à Buchenwald », *Le Populaire*, *op. cit.*
4. *Le Patriote résistant*, numéro spécial, mai 1946, p. 11.

« Avant tout, il y a la France. Il faut à tout prix organiser la Résistance dans le camp[1]. »

Dans la nécessité de confiance absolue sur laquelle repose le fonctionnement du CIF, un paramètre supplémentaire explique sans doute le rapprochement de ces personnalités. En effet, Albert Forcinal et Maurice Jattefaux appartiennent à la franc-maçonnerie[2]. Selon Daniel Cordier et le docteur Léon Boutbien, témoins de l'époque – l'un étant secrétaire de Jean Moulin, l'autre fondateur du groupe « Liberté » en relation avec Manhès en France occupée –, ainsi que l'historien Pierre Chevallier, Henri Manhès est également maçon, ce que ne confirment pas explicitement les souvenirs d'Alfred Kirchmeyer, qui le connaît pourtant depuis le début des années trente et qui appartient lui-même au Grand Orient de France[3]. Si les archives des deux principales obédiences françaises, le Grand Orient et la Grande Loge de France, ne conservent pas de trace de son éventuelle affiliation, il semble cependant probable qu'il est à cette date, ou a été, membre de la maçonnerie. Son beau-frère par alliance, Victor Bassot, est lui-même avant guerre un dignitaire du Grand Orient. Nous avons dit par ailleurs combien son action en zone occupée durant l'Occupation s'appuie sur ces réseaux.

Les circonstances favorables qui permettent à l'organisation clandestine de se développer avec autant d'efficacité à

---

1. AN, 72 AJ 332, Comité d'histoire de la Seconde Guerre mondiale, témoignage de Maurice Jattefaux, 9 octobre 1953.

2. COMBES (André), *La Franc-Maçonnerie sous l'Occupation*, Paris, Éd. du Rocher, 2001, p. 281, 329.

3. CORDIER (Daniel), *Jean Moulin*, t. II : *Le Choix d'un destin (juin 1936-novembre 1940)*, Paris, Jean-Claude Lattès, 1989, p. 298 ; AN, 72 AJ 70, Comité d'histoire de la Seconde Guerre mondiale, témoignage du docteur Léon Boutbien ; CHEVALLIER (Pierre), *Histoire de la franc-maçonnerie française*, t. III : *La franc-maçonnerie : Église de la République (1877-1944)*, Paris, Fayard, 1984, p. 467. ; Arch. Wetzel, texte d'Albert Kirchmeyer, 30 août 1982.

Buchenwald, sont également profitables à la maçonnerie. En effet, un comité maçonnique français y est constitué en 1944, à l'image de la loge baptisée « Amicale des barbelés de Royallieu » qui fonctionna précédemment en avril 1944 à Compiègne, conduite par le colonel d'aviation Cahuzac, avec Sylvain Dauriac, Jean Najac, Maurice Renaud, Alfred Smoulard, secrétaire général des Mouvements unis de la Résistance à Paris[1]. Événement incroyable et pourtant avéré, une initiation a même été réalisée au camp dans le plus grand secret. Le récipiendaire s'appelle Francis Beltrami, un jeune médecin marseillais, membre des réseaux « Kasanga » puis « Gallia », des années plus tard fondateur de la société Quo Vadis. Selon Armand Giraud, un instituteur membre de l'Organisation civile et militaire et l'un des principaux animateurs du comité maçonnique à Buchenwald, celui-ci regroupe plus de quatre-vingts personnes de toutes obédiences, parmi lesquelles Gaston Weil, ancien grand secrétaire de la Grande Loge de France, Dauriac, Maurice Vannier, Charles Riandey, ancien secrétaire général de la Grande Loge de France, Roger Nathan-Murat, résistant marseillais de « Combat », et maître Jean Kréher, membre fondateur du Mouvement de libération nationale[2]. Dans ses souvenirs, Armand Giraud explique qu'il fut dans un premier temps membre du Comité des intérêts français pour y représenter la franc-maçonnerie et la Ligue des droits de l'homme, avant d'être affecté au kommando de la *Gustloff* à Weimar en septembre 1944, l'obligeant à quitter ses fonctions clandestines[3]. Il aurait été à ce moment remplacé par Maurice Jattefaux, ce qui à un mois près est confirmé par le témoignage de ce dernier évoquant effectivement une

---

1. Musée de la Résistance et de la déportation de Toulouse, fonds Sylvain Dauriac, texte de Sylvain Dauriac intitulé « Jeudi 24 février 1944 », p. 4.
2. Combes (André), *La Franc-Maçonnerie sous l'Occupation, op. cit.*, pp. 328-329.
3. *Ibid.*

place devenue vacante[1]. Parmi les maçons de Buchenwald, Giraud mentionne également Eugène Thomas et Robert Darsonville. Si l'initiation du premier n'a pas pu être corroborée, celle du second semble improbable du fait de son adhésion au parti communiste qui interdit formellement la double appartenance.

Quoi qu'il en soit, les liens fraternels unissant ces hommes ne peuvent que renforcer la solidarité politique qui préside à leur activité clandestine.

L'influence des communistes

Le CIF se révèle une réponse probante, selon ses promoteurs, aux difficultés rencontrées par la communauté française. Manhès et David Rousset n'auront de cesse de revendiquer l'efficacité du système sur le plan stratégique[2]. Pour Marcel Paul, plus mesuré, « les appréciations sur lesquelles les décisions sur telle ou telle question étaient fondées mettaient parfois quelques jours à « descendre » des groupes ou à y « remonter » par le canal des « familles ». Mais dans l'ensemble, le système fonctionnera correctement[3] ». D'autres sont encore plus réservés. Christian Pineau n'évoque guère le CIF dans sa chronique, à la différence du « Front national » de Buchenwald, sans doute en raison d'une activité à ses yeux bien ténue ou de l'antagonisme qui l'oppose à Manhès. Maurice Braun, délégué des réseaux Buckmaster au CIF, lâche enfin cette remarque expéditive : « Mais ce comité ne se réunissait en fait que pour avaliser les décisions du bureau qui était à

---

1. Lettre de Maurice JATTEFAUX, dans *Le Livre blanc sur buchenwald*, *op. cit.*, p. 9.
2. ROUSSET (David), *Les Jours de notre mort*, *op. cit.*, p. 569.
3. Préface de Marcel PAUL à l'ouvrage de Pierre DURAND, *op. cit.*

quatre-vingt-dix pour cent communiste[1]. » Au-delà de l'exagération numérique, une certaine réalité se dessine néanmoins.

En effet, pour « remarquable » que soit le mécanisme de liaison établi à travers le Comité des intérêts français, il repose toutefois, sur le plan opérationnel, sur le parti communiste, comme le déclare sans détours Marcel Paul :

« Étant donné la situation de fait et les circonstances exceptionnelles, il s'est trouvé que l'instrument exécutif du CIF fut officiellement l'organisation communiste. [...] Le colonel Manhès était toujours consulté à propos des dispositions que la direction communiste était appelée à prendre pour l'application des tâches fixées par le CIF et il était tenu au courant des résultats. Il en rendait compte aux "familles". [...] Je crois ne devoir choquer personne et exprimer une vérité indiscutable en affirmant ici que l'organisation communiste de Buchenwald peut être fière d'avoir été le fer de lance du Collectif français pris dans son ensemble, cela au service de la France combattante et des intérêts collectifs et individuels de tous nos camarades, quelle que fût leur appartenance philosophique, religieuse ou politique[2]. »

Le principe n'est pas en soi étonnant et il n'est pas au départ contesté par les membres du comité. En effet, seul le parti communiste, et d'une manière périphérique le « Front national », s'appuie sur un réseau décentralisé au niveau de chaque block. Surtout, les communistes français sont les seuls à être reconnus par l'appareil communiste clandestin allemand qui exerce – il faut le redire – dans des conditions très difficiles le contrôle d'une fraction de l'administration intérieure, et à disposer d'une liaison permanente avec lui.

---

1. FNDIR-UNADIF, FILLAIRE (Bernard), *Jusqu'au bout la Résistance*, Paris, Stock, 1997, p. 150.
2. Préface de Marcel PAUL à l'ouvrage de Pierre DURAND, *loc. cit.*

Par pragmatisme, les autres composantes du comité acceptent de remettre entre les mains de leurs compatriotes communistes la maîtrise d'œuvre de leur collectif, tout en conservant à travers le schéma du CIF un pouvoir théorique. Le choix a été fait en toute conscience dans un contexte bien spécifique, afin de poursuivre le combat derrière les barbelés tout en refusant de laisser les Français seuls et inorganisés face au reste des détenus. Décrivant les relations complexes entre un *Blockältester* allemand et son adjoint luxembourgeois, David Rousset éclaire ainsi la démarche de ces hommes et, par là même sans doute, l'esprit des promoteurs du CIF : « L'un et l'autre savent que les rapports entre les hommes ne se fondent que sur d'impérieuses nécessités. [...] Le reste n'existe que dans les rêves [...][1]. » Allant dans le même sens, et sans nier les avis opposés qu'il rencontre, Christian Pineau souligne également la nécessité d'une telle alliance : « C'est une situation de fait, voulue par les SS, que le parti communiste allemand constitue l'élément de liaison entre eux et les détenus. Que les partis communistes des autres pays aient demandé à participer, eux aussi, à la gestion du camp, rien de plus naturel, ni même de plus souhaitable puisque cela atténue finalement les oppositions nationales. [...] Nous sommes enfermés dans un camp de concentration, certains d'y rester jusqu'à la fin de la guerre. Croyez-vous que, dans ces conditions, l'autonomie de nos mouvements ait un sens concret ? Quel est le seul rôle que nous puissions jouer ? Tenter de nous défendre si les SS veulent nous massacrer avant leur départ. Qui peut prendre la tête de l'action, sinon le parti communiste ? Que pouvons-nous faire, sinon le suivre ? Cela n'a rien à voir avec nos opinions politiques personnelles. La vôtre n'a pas changé,

---

[1]. ROUSSET (David), *Les Jours de notre mort*, *op. cit.*, p. 42.

ni celle de Vanbremeersch ou de Pannetier, ni la mienne, ni celle de nombreux camarades[1]. »

À partir de la fin de l'année 1944 et jusqu'à la libération du camp, des tensions vont toutefois éclater au sein du Comité des intérêts français. Elles traduisent les limites politiques du système et le dysfonctionnement des savants rouages établis. Ainsi, Eugène Thomas et les dirigeants socialistes interpellent par écrit en mars 1945 la direction clandestine du PCF. Ce document étonnant n'a jamais été publié. Il dénonce le fait que seuls leurs camarades du PCF collaborent directement avec la direction détenue du camp, même s'ils mettent effectivement cette liaison au profit de l'ensemble de la communauté nationale.

> « Le PC français apparaît aussi, aux yeux de tous les Français, comme le seul responsable des résultats – hélas souvent décevants – obtenus dans les différents domaines. Le PS en tant qu'élément du CF [Collectif français] ne peut que signaler les inconvénients et les dangers d'une telle formule dont la conséquence logique est de faire peser toutes les responsabilités sur le seul PC puisqu'il est, seul, appelé à jouer un rôle actif dans le cadre de l'administration du camp. Le PS en tant que parti de la classe ouvrière regrette qu'une véritable unité d'action n'ait pu s'établir entre le PC et le PS français avec partage intégral des responsabilités. Le PS eut très volontiers délégué de ses membres aux différentes fonctions administratives du camp [...]. Ses membres ayant été systématiquement tenus à l'écart de ces fonctions, le PS ne peut que juger en quelque sorte du dehors, en spectateur, l'œuvre administrative du PC français[2]. »

---

1. PINEAU (Christian), *La Simple Vérité*, *op. cit.*, p. 475.
2. Musée de la Résistance et de la déportation de Toulouse, fonds Sylvain Dauriac, lettre du Comité de direction du parti socialiste à Buchenwald, 15 mars 1945. Le texte est reproduit dans son intégralité en annexe. Nous remercions le directeur du musée, Guillaume Aguello, de nous avoir très aimablement signalé son existence.

Un constat fondamental s'impose d'emblée. Loin de s'élever contre la participation des communistes à l'administration du camp, les socialistes souhaitent au contraire y être également associés. Il faut donc refuser les jugements moraux hâtifs, jetant sur les communistes l'opprobre du fait de leur prétendue collusion avec les nazis dans les camps, en raison de leurs responsabilités dans la hiérarchie détenue. Sur le plan des principes, la réalité est nettement plus complexe.

L'équilibre des forces au sein du CIF

Au-delà de ces questions importantes, l'équilibre des forces au sein du CIF est-il réellement aussi neutre que les propos de Marcel Paul le laissent penser quand il affirme que l'organisation communiste ne dispose que de deux représentants au sein du CIF[1] ? Probablement non. D'abord, l'organisation communiste s'appuie en fait sur une majorité parmi les membres du bureau, sur trois et non deux délégués des « familles » parmi les cinq : Marcel Paul, Robert Darsonville et Louis Vautier. Le bureau n'est pas tout le CIF, mais il en constitue le cœur.

De plus, l'engagement résolu de Manhès aux côtés de Marcel Paul suscite les critiques d'une partie de la communauté française, qui l'accuse de faire le jeu des communistes. Christian Pineau notamment témoigne à l'égard de Frédéric, rebaptisé *Manevy* dans son livre, d'une méfiance, voire d'une hostilité manifeste. Il conteste ses titres dans la Résistance et s'amuse de ses tentatives de séduction auprès du leader communiste, tout en s'inquiétant de son imprudence. Il distingue enfin, dans ses choix, ce qu'il analyse comme un calcul personnel et la pertinence de sa démarche au sein du CIF dont il ne

---

1. Préface de Marcel PAUL à l'ouvrage de Pierre DURAND, *op. cit.*

nie pas la nécessité : « S'il est exact que Manevy proclame volontiers que "le communisme, c'est l'avenir", qu'il s'y rallie pour son propre compte, il faut placer ces déclarations dans leur contexte. [...] Si l'adhésion de Manevy comporte une large part d'opportunisme, il est naturel, à partir du moment où l'on veut jouer un rôle, que l'on compose avec le pouvoir[1]. »

Le colonel Frédéric est un être assurément complexe. Non sans une certaine clairvoyance, le journaliste Pierre d'Harcourt, membre de « Défense de la France » arrêté en juillet 1941 et déporté NN en novembre 1943 à Sarrebrück puis le mois suivant à Buchenwald, dresse en juin 1944, dans le journal qu'il tient clandestinement, le portrait de Manhès, en définitive proche de celui décrit par Pineau :

« Certainement il aime la France, mais il est naïvement ambitieux et il a un goût instinctif pour la domination. Par certains côtés, il ne diffère guère de La Rocque. S'il lisait ceci... ! Nous avons parlé des diverses réformes à faire en France. Ses vues me paraissent très théoriques, très dépourvues de bases pratiques, enfin assez sommaires et il paraît rempli de bonne volonté, du désir de bien faire et se croit sans doute appelé à jouer un certain rôle. Il m'a expliqué pourquoi il s'était rapproché des milieux communistes du camp afin, dit-il, de servir la cause française. Je ne sais si les résultats ont été bons[2]. » Malgré la sympathie qu'il lui inspire, Pierre d'Harcourt doute de l'efficacité de sa démarche et ajoute : « Il reste que c'est, je crois, un faible malgré ses allures de matamore et sa manière de rouler les épaules, et un timoré qui tremble devant les puissants du jour[3]. » Pourtant, face à l'Allemagne, Henri Manhès n'a jamais tremblé, bien au contraire.

---

1. PINEAU (Christian), *loc. cit.*
2. HARCOURT (Pierre d'), *Journal de Buchenwald*, Paris, PUF, 1988, p. 185.
3. *Ibid.*

La naïveté de Manhès peut également être discutée. Sa personnalité soulève quelques réserves, y compris parmi ses proches. Sans remettre en cause les bienfaits de son rôle au camp, le docteur Vic-Dupont ne manque pas, dans un courrier qu'il lui adresse à titre privé, de souligner ses faiblesses : « Évidemment, vous ignorez tout de la diplomatie, et de l'habilité et même de la clairvoyance [...][1]. »

Il est probable que le caractère affirmé de Manhès puisse irriter. Une citation permet de l'entrevoir sous cet aspect, lui qui déclare, avec une certaine morgue, au cours d'un interrogatoire à son retour : « Personnellement, je n'ai eu à subir de coups de personne. Il y a des gens qui sont faits pour recevoir les coups, d'autres pour les éviter. J'ai vu cependant de braves garçons recevant des coups tous les jours[2]. » À l'image des remarques de Christian Pineau, son volontarisme au camp dérange. De tout cela, Henri Manhès a parfaitement conscience, mais il le revendique avec panache.

Alors que la polémique sur l'action du CIF et des communistes français a déjà commencé, Manhès livre en 1946 à un cercle choisi de lecteurs la clé de son action au camp : Marcel Paul « accepta l'alliance complète avec Manhès qui, accepté par la grande majorité des résistants non-communistes avait donné suffisamment de preuves (dans le passé et dans le présent) pour être accepté par le PC. [...] On oublie peut-être un peu trop ces détails, on oublie un peu trop également que jamais Marcel Paul n'aurait été homme à accepter que disparaisse celui qui avait commencé, envers et contre tous, contre les prétentieux et les jaloux, à réaliser cette unité indispensable, réclamée par les vieux Allemands qui se refusaient à aider cette cohue de bavards sans

---

1. FNDIRP, boîte bio. Manhès, 1945-1946, lettre du docteur Vic-Dupont au colonel Manhès, 29 mai 1946.
2. AN, F9 5577, audition du colonel Manhès, 3 mai 1945.

unité qu'était le clan français au début de 1944. Aujourd'hui les égoïstes oublient leur attitude mais nous ne l'oublions pas si nous savons nous taire et beaucoup de Français – qui ne sont pas les moins connus – font preuve de sagesse en gardant un silence prudent[1] ». Manhès ajoute en outre, à l'intention de Marcel Paul : « Tous ces gens qui n'ont rien fait dans les camps ne veulent pas reconnaître que MOI – ami des communistes – j'y ai fait du travail, car EUX, dans ce cas, que resterait-il de leur passage ? En me minimisant ils établissent que personne, autre que les communistes, ne pouvait agir[2]. »

Marcel Paul dit de lui qu'il a agi à Buchenwald avec un « immense courage politique » dans la formation du CIF[3]. Cette démarche le conduit, non seulement à exercer un rôle moteur dans l'unité des Français, mais aussi à adopter le mécanisme du CIF, comme les autres membres du comité, et également une part de ses dessous plus obscurs conférant de fait au parti communiste une emprise plus grande encore que celle acceptée par tous. Car Lucien Lagarde le souligne ouvertement devant les membres du Parti en avril 1945 : « Nous pouvons dire, et c'est là encore une fierté, que grâce au travail des communistes et en particulier de Paul Marcel que le Comité des intérêts Français était entièrement sous l'influence de notre parti. Comprenez-vous l'importance que cela représente, toucher des gens que nous n'avions pas la possibilité de toucher autrement. C'était faire aimer, faire respecter notre parti que d'agir de telle sorte[4]. » Ceci, Manhès ne peut l'ignorer, alors qu'il rencontre

---

1. FNDIRP, boîte bio. Manhès, 1946, note sur le rapport de Claude Bourdet, 14 août 1946. Le rapport est reproduit intégralement en annexe.
2. *Ibid.*
3. Préface de Marcel PAUL à l'ouvrage de Pierre DURAND, *Les Français à Buchenwald et à Dora. Les armes de l'espoir*, *op. cit.*, p. 16.
4. FNDIRP, Buchenwald, documents divers (3), procès-verbal de la 1re réunion d'information de la section communiste de Buchenwald, 18 avril 1945, p. 3.

Marcel Paul tous les jours et dirige avec lui le comité dans les faits.

Dans les textes que Manhès rédige au camp, nous avons vu par ailleurs quelle importance il accorde à la déportation dans l'évolution de son existence, lui qui retrouve son « âme » à Buchenwald. Manhès, l'ancien Croix-de-Feu y achève sa mutation politique, sans doute déjà entamée au cours de la guerre d'Espagne. Il le dit lui-même dans les quelques citations reproduites précédemment, se définissant désormais comme un « ami des communistes » ayant donné « suffisamment de preuves (dans le passé et dans le présent) pour être accepté par le PC », des preuves dont nous ignorons le détail, mais là n'est pas l'essentiel pour saisir l'évolution du président du CIF, figure emblématique de Buchenwald.

Relais obligé entre la communauté française et les communistes allemands, concepteur du comité, Marcel Paul apparaît donc aux yeux de ses compatriotes comme le véritable détenteur du pouvoir. À propos de l'influence réelle du colonel Manhès, David Rousset résume d'ailleurs la situation d'une manière bien triviale dans la bouche de l'un des personnages des *Jours de notre mort* : « Les habitués du 56 expriment les choses ainsi : "Pas la peine d'aller voir 'Couille Molle' ; on n'obtiendra rien. Il vaut mieux s'adresser directement à Paul[1]". » Mais si Claude Bourdet, transféré de Neuengamme à Buchenwald en février 1945, peut intervenir directement auprès de Marcel Paul en faveur de ses camarades sans passer par le CIF, c'est en raison de ses fonctions importantes et reconnues dans la Résistance[2]. Né le 28 octobre 1909 à Paris, ingénieur de

---

1. ROUSSET (David), *Les Jours de notre mort, op. cit.*, p. 567.
2. BOURDET (Claude), *L'Aventure incertaine. De la Résistance à la restauration*, Paris, Stock, 1975, p. 368.

l'École polytechnique de Zurich, chargé de mission au cabinet du ministre de l'Économie nationale entre 1936 et 1939, Bourdet a refusé de réintégrer ce poste à Vichy après sa démobilisation en août 1940. Membre du Conseil national de la Résistance, dirigeant national de « Combat » et du « NAP », proche d'Henri Frenay, il a été arrêté en mars 1944, puis déporté successivement à Neuengamme, Sachsenhausen et Buchenwald où il arrive le 6 février 1945.

Cependant, à des échelons inférieurs, une telle confiance est le plus souvent impossible car elle comporte trop de dangers en raison de la présence de nombreux mouchards à la solde des SS. Elle remettrait même en cause la pérennité du dispositif.

Dans l'univers concentrationnaire, Marcel Paul ne peut effectivement et malheureusement rien pour les détenus isolés, qui le sollicitent en dehors des « familles » du CIF, sauf à risquer de dévoiler face à des inconnus, sans autre caution que leur parole, son rôle majeur dans l'organisation clandestine et d'être ainsi mortellement piégé.

Cet état de fait génère incompréhensions, frustrations et situations dramatiques qui pèseront lourds dans les polémiques d'après guerre.

Bataille politique au sein du Comité international

Le troisième domaine où s'exerce l'influence de Marcel Paul a largement été suggéré par ce qui précède. Marcel Paul

---

Ordonné Compagnon de la Libération en 1945, vice-président de l'Assemblée consultative, directeur général de la radiodiffusion nationale en octobre 1945, il quitte ce poste pour reprendre en 1947 la tête du journal *Combat* avant de fonder en 1950 *L'Observateur*. Voir BOURDET (Claude), *op. cit.* et WIEVIORKA (Olivier), *Nous entrerons dans la carrière. De la Résistance à l'exercice du pouvoir*, Paris, Seuil, 1994, pp. 359-386. (coll. « XXe siècle »).

obtient pour la première fois l'autonomie du Collectif français et de sa composante communiste par rapport à l'organisation allemande. Désormais, Marcel Paul entre au Comité international clandestin, une entité fondée à l'été 1943 où siègent les représentants des partis communistes nationaux reconnus à Buchenwald. Chaque nationalité dispose d'un ou plusieurs délégués suivant son importance numérique et politique.

En avril 1945, il regroupe dix-sept membres issus de dix pays différents : Walter Bartel, Ernst Busse, Harry Kuhn (Allemagne), Domenico Ciufoli (Italie), Henri Glineur (Belgique), Jan Haken (Pays-Bas), Otto Horn, Franz Schuster (Autriche), Emil Hrsel, Kvetoslav Inemann, Alois Neumann (Tchécoslovaquie), Jan Izydorczyk (Pologne), Nikolaj Kjung, Ivan Smirnov, Nicolai Simakov (URSS), Marcel Paul (France), Rudi Supek (Yougoslavie)[1].

Le comité est un organe occulte, de consultation et de discussion, dirigé par le Collectif allemand qui garde une position prééminente dans l'action de la résistance au camp. Ses dirigeants, volontairement différents des détenus occupant des fonctions importantes dans le camp pour plus de sécurité, sont à partir de la mi-1943 ceux siégeant au Comité international, Walter Bartel[2], Harry Kuhn et Ernst Busse.

Pour Marcel Paul, son entrée au Comité international doit profiter à l'ensemble de la communauté française comme le

---

1. *Konzentrationslager Buchenwald, 1937-1945. Begleitband zur ständigen historischen Ausstellung*, Herausgegeben von der Gedenkstätte Buchenwald, Erstellt von Harry Stein, Göttingen, Wallstein Verlag, 1999, p. 214.

2. Né en 1904, Walter Bartel adhère au mouvement de la jeunesse communiste en 1920 puis trois ans plus tard au KPD. En 1927, il est chargé par le comité central de la JC de conduire la délégation allemande à la journée internationale de la jeunesse à Moscou. Deux ans plus tard, il poursuit des études à l'école du Komintern dans la capitale soviétique. Revenu en 1932, Walter Bartel est arrêté en juin 1933 et interné. Libéré en 1935, il émigre en Tchécoslovaquie avant d'être à nouveau arrêté en mars 1939 et transféré à Buchenwald.

montre, en termes choisis, le rapport de la commission d'enquête du CIF :

> « Les détenus politiques allemands, dont un certain nombre ont, dans le passé, appartenu au parti communiste allemand, dirigeaient pratiquement la vie administrative du camp. De part cette ancienne appartenance, il était possible pour la section communiste française de faire sur eux une pression plus efficace que les autres organisations ne le pouvaient. C'est ce que comprit la section communiste française qui s'empara aussitôt de ces possibilités pour les mettre à la disposition du CIF et les faire servir à l'ensemble du collectif [...][1]. »

Or la ligne développée par Marcel Paul se heurte, dans un premier temps, à « l'incompréhension[2] » de ses camarades allemands ; un euphémisme pour une véritable « bataille politique[3] », conduisant à une opposition très rude avec ces derniers. Pierre Durand est alors au centre des discussions qui s'engagent. Avec précaution, il évoque dans son ouvrage consacré à l'action clandestine au camp l'opposition doctrinale entre communistes allemands et français : « Les communistes allemands – et même les meilleurs d'entre eux – avaient conservé certaines conceptions politiques datant d'avant 1933 et dont le sectarisme n'était pas le moindre défaut. Nul ne songerait, dans les conditions de leur vie et de leur lutte, à le leur reprocher [...]. Il n'en reste pas moins qu'une certaine étroitesse politique prévalut longtemps chez certains d'entre eux, qui ne contribua pas à améliorer aussi rapidement qu'on aurait

---

1. Rapport de la commission d'enquête clandestine, cité dans DURAND (Pierre), *Les Français à Buchenwald et à Dora. Les armes de l'espoir*, *op. cit.*, p. 273.
2. Entretien avec Pierre Durand, *op. cit.*
3. Entretien de Marcel Paul avec Jean-Pierre Vittori, *op. cit.*

pu le souhaiter les rapports entre la collectivité française et l'ensemble de la collectivité détenue[1]. »

Des années plus tard, Pierre Durand se souvient ainsi qu'ils « pensaient que c'était l'aventure la plus totale de se lancer dans l'organisation d'une résistance massive englobant des courants idéologiques différents, dont des non-communistes dont ils se méfiaient a priori. [...] Marcel Paul leur a fait comprendre que les choses avaient changé dans le monde à cause de la guerre ; qu'il existait dans un certain nombre de pays envahis par l'Allemagne des forces regroupées en dehors des courants idéologiques, politiques et rassemblées sur la base de la volonté de libération nationale et de lutte contre le fascisme. C'était notre position et elle a fini par s'imposer[2]. »

En octobre 1944 toutefois, le bureau du CIF rédige une déclaration, qui témoigne d'un positionnement nettement politique. Ce document vise à asseoir la place du Collectif français parmi les autres groupes nationaux au sein du Comité international clandestin, en donnant des assurances sur le caractère « antifasciste » de son action présente et future :

> « Le Comité des intérêts français, expression du Collectif français du camp, placé devant les conditions actuelles de la guerre maintenant à sa dernière phase, entend fixer sa position par rapport aux problèmes posés par les proclamations :
> 1°) du CNA [Comité national de l'Allemagne libre] de Moscou et du représentant du PCA [parti communiste allemand]

---

1. DURAND (Pierre), *Les Français à Buchenwald et à Dora. Les armes de l'espoir*, *op. cit.*, p. 71.
2. Entretien avec Pierre Durand, *op. cit.*

qui, unis, appellent le peuple allemand à lutter de l'intérieur pour l'écrasement plus rapide du fascisme oppresseur,

2°) du Général Eisenhower, commandant en chef des armées anglo-franco-américaines sur le front de l'ouest, qui demande aux travailleurs étrangers en Allemagne d'agir sans tarder et par tous les moyens contre l'appareil de guerre hitlérien,

3°) de la Conférence syndicale anglo-soviétique et du Président Roosevelt sur l'attitude des Alliés à l'égard du peuple allemand.

Dans le sens ainsi fixé par les représentants qualifiés des Alliés (donc de notre propre pays) et par ceux de l'Allemagne antifasciste, le CF [Collectif français], convaincu de suivre la ligne politique adoptée par le peuple français, marque la volonté de l'ensemble du collectif qu'il représente, de prendre place (aux côtés et en accord avec tous les antifascistes du camp) dans le front de combat antihitlérien en Allemagne.

Exprimant sa conviction absolue que le peuple allemand, fraternellement soutenu par les peuples déjà libérés, aidera à vaincre les forces impérialistes chauvines et militaristes qui l'ont conduit d'étape en étape au désastre actuel et qu'il voudra par cela même créer les conditions d'une collaboration pacifique, loyale et fructueuse des peuples européens, le CF s'affirme pour le libre droit du peuple allemand à disposer de lui-même et à fixer librement sa constitution politique, économique et sociale.

Convaincu de la responsabilité absolue des trusts bancaires et industriels nationaux et internationaux par rapport aux conditions dans lesquelles les peuples ont été livrés directement ou indirectement au fascisme, le CF, exprimant la volonté du Collectif français d'agir par tous les moyens pour éviter le retour des carnages actuels et pour créer les conditions d'un libre développement pacifique des peuples, marque son assentiment complet avec les premières mesures prises en accord avec le peuple français par le Gouvernement de la libération nationale en ce qu'elles ont édicté :

a) le châtiment des traîtres, donc de tous ceux qui ont collaboré avec le fascisme,

b) la suppression des trusts,

c) la remise à la collectivité nationale des grandes entreprises, à commencer par celles de la sidérurgie et du sous-sol.

Le CF tient en outre à saluer, dans le détachement des prisonniers de guerre dont la tenue fait l'admiration du camp, la glorieuse armée Rouge et le peuple soviétique tout entier, dont l'action puissante et héroïque a brisé les reins du monstre hitlérien et permis l'entrée en action à l'ouest, des divisions AA [anglo-américaines] qui, conjointement avec les forces de la Résistance, ont bouté l'ennemi hors de France, hors de la Belgique et d'une partie de la Hollande.

Il salue la mémoire des soldats et officiers des armées alliées de l'est, de l'ouest et du sud de l'Europe victimes dans le camp d'une barbarie sans nom.

Le CF, expression d'unité du collectif national dont il a la charge et la responsabilité, lance un vibrant appel à l'unité de tous les internés du camp, sans distinction de nationalités, en vue des tâches qui leur sont assignées par les proclamations précitées émanant tant des Alliés que de la représentation de l'Allemagne antihitlérienne.

Il répète son désir de collaboration immédiate, honnête, loyale et fraternelle avec les représentants des autres collectifs du camp et en particulier avec les représentations soviétiques et allemandes[1]. »

Porté par le colonel Manhès et Marcel Paul, appuyé par la grande majorité des dirigeants des partis et mouvements de

---

[1]. Ass. française Buchenwald-Dora et kommandos, arch. Marcel Paul, Comité des intérêts français, résolution du CIF d'octobre 1944.

résistance, le Comité des intérêts français se construit une doctrine politique, dans l'esprit de celle du Conseil national de la Résistance, conditionnée aussi par les rapports de force internes au camp. Il lui reste toutefois à s'imposer pour défendre effectivement ses ressortissants, pris dans la tourmente concentrationnaire.

Chapitre IV

LA DRAMATIQUE QUESTION DES « TRANSPORTS »

En préambule d'un rapport confidentiel rédigé pour le Conseil national de la Résistance en 1946, consacré à l'action clandestine des Français à Buchenwald, Claude Bourdet constate : « Si tous les déportés savent ce qu'était l'atmosphère des camps, rares sont, parmi les Français, du fait de leur absence de connaissances linguistiques et de leur isolement au milieu des autres groupes nationaux, ceux qui ont compris l'origine et le fonctionnement exact de l'organisation des camps et de la bureaucratie concentrationnaire. » Avec un horizon quotidien des plus réduits, « les changements de l'organisation SS, les modifications du rapport de force entre bureaucrates "verts" ou "rouges", les dangers menaçant la vie de tous, leur sont restés, souvent, complètement étrangers, se traduisant seulement pour eux, par des changements de la vie inexpliqués et dramatiques, qu'il n'y avait, hélas, qu'à subir. Mais, naturellement, dans ce milieu vivant en vase clos et sans informations, les bruits les plus fantaisistes prenaient corps avec une facilité déconcertante, sur la foi d'un ragot, d'une impression collective, ou d'une interprétation lancée au hasard par quelqu'un[1]. »

---

1. FNDIRP, boîte bio. Manhès, 1945-1946, rapport au Conseil national de la Résistance, *op. cit.*, p. 2.

C'est avec cette précaution à l'esprit qu'il faut introduire l'épineuse et cruciale question des affectations pour le travail et, plus encore, celle des transports depuis Buchenwald vers d'autres camps ; une question sur laquelle se polarisent les jugements les plus sévères et les polémiques les plus vives, car tous les avis convergent au moins sur un point : la vie ou la mort du déporté en dépend pour beaucoup[1]. À Buchenwald, une place à l'usine, à la *Gustloff* ou dans les ateliers de la DAW, et c'est l'assurance de bénéficier d'un cadre à l'abri des intempéries et d'un labeur harassant, sans recevoir trop de coups à condition de donner au kapo et au *Meister*, le contre-maître civil, l'apparence de la besogne. À l'inverse, une place à la carrière, au kommando de terrassement ou à la construction de la voie ferrée plonge le *Häftling* dans un univers complètement différent, bien plus exposé à la violence et à la fatigue, corollaire de chances de survie altérées.

Le problème se pose d'ailleurs également pour le placement au *Revier* et pour l'obtention des billets de repos pour un ou plusieurs jours, les *Schonung*. Jusqu'au début de 1944, l'isolement des Français entraîne des difficultés importantes pour en bénéficier. L'intégration progressive de ressortissants de l'Hexagone parmi le corps médical de Buchenwald, à mesure que se développe l'influence du collectif national, permet de disposer de plus grandes facilités en la matière. Outre le professeur Richet, médecin-chef du *Revier* du Petit camp ou le docteur Vic-Dupont déjà cités, figure le docteur Joseph Brau. Né le 26 avril 1891 à Trébons dans les Hautes-Pyrénées, lieutenant-colonel dans l'armée retourné à une carrière médicale civile en 1934, radiologue, il entre en 1941 au réseau « Hector », sous

---

1. L'approche rigoureuse et pragmatique de ces problèmes de Paul Le Goupil a retenu toute notre attention, voir LE GOUPIL (Paul), « Pour la défense de Marcel Paul. La vérité sur les départs en kommandos », in *Le Serment,* n° 252, mars-avril 1997, pp. 16-17.

le pseudonyme de *Bertrand*. Arrêté à Bedous, à quelques kilomètres de la frontière espagnole, le 18 juillet 1943, il arrive le 30 octobre de la même année à Buchenwald où il finit par être affecté à la salle de radiographie du *Revier*. Le docteur Brau occupe en outre une fonction importante dans l'organisation clandestine à la tête d'un Comité clandestin du corps médical français, constitué par la direction du CIF en 1945. Il est épaulé par d'autres praticiens, notamment le dermatologue Jean Rousset (professeur à la faculté de Lyon, arrêté en 1942 et déporté en novembre 1943), le docteur Jean Lansac, ainsi qu'au sein des deux services de chirurgie par les médecins Pierre Maynadier (déporté en mai 1944), Paul-Louis Fresnel (arrivé le 22 août 1944 alors que sa femme arrêtée avec lui est déportée à Ravensbrück), Léon Elmelik (né en 1887, entré au camp le 20 janvier 1944) ou encore le docteur Jacques Poupault, qui accepte de partir comme médecin à Dora afin de participer au sauvetage des détenus.

Ces hommes se dévouent pour faciliter l'accueil de leurs compatriotes, répartir équitablement et efficacement les maigres médicaments ou les suppléments de nourriture que leur procure le CIF[1]. Parmi eux, il n'y a aucun communiste et tous participent à l'effort conduit par le Collectif français, sans critiquer les interventions de ce dernier auprès d'eux. S'adressant à Marcel Paul en mai 1946, le docteur Elmelik dénonce ainsi les reproches de choix partisans opérés soi disant par le CIF : « La vérité la voici toute

---

1. Sur le *Revier*, on consultera le témoignage du docteur Joseph BRAU dans *Le Livre blanc sur Buchenwald*, *op. cit.*, pp. 195-205 ; ROUSSET (docteur Jean), *Chez les barbares*, Lyon, chez l'auteur, s.d., 115 p. ; PAUL (Marcel), « Buchenwald : Du martyre à l'insurrection », in *Histoire de notre temps. Toute la vérité*, textes présentés par Robert ARON, Paris, Plon, 1968, pp. 29-30 ; RICHET (Charles), *Trois bagnes*, *op. cit.*, pp. 69-72 ; GREINER (Georges), « L'Infirmerie de Buchenwald », in *De l'université aux camps de concentration. Témoignages strasbourgeois*, *op. cit.*, pp. 103-108.

simple, et toute crue, mais aussi toute nette ; c'est que depuis ton arrivée à Buchenwald il ne se passait plus de jours où l'on ne te voyait discrètement apparaître au *Revier*, avec de petits papiers cachés au bout des doigts. Et alors, au seuil de mon service d'hôpital qui était le plus fréquenté par nos compatriotes, sitôt que je te voyais arriver, je savais qu'il fallait aller au-devant de toi parce que tu étais le porte-parole du Comité des intérêts français. Et c'était des noms et des noms de tous ceux qu'il fallait à tout prix hospitaliser ou dispenser de travail ou affecter aux "travaux légers", *Leichtarbeit*, comme on disait là-bas. Et ces noms je puis certifier qu'ils étaient tous ceux de nos compatriotes sans distinction d'opinion politique ou confessionnelle. Cela aucun des confrères qui ont été avec moi à l'hôpital ne pourra en disconvenir[1]. »

L'épée de Damoclès

Le caractère sensible de ces interventions se trouve toutefois décuplé en ce qui concerne le départ en transport, qu'il se pose au terme de la quarantaine ou finalement tout au long de la déportation. Aussi, comme le signale Paul Hagenmuller, « le "départ en transport" était la grande menace des kapos au travail, l'arme des *Lagerschutz*, la sanction par excellence des chefs de blocks, épée de Damoclès sans cesse suspendue sur nos têtes lasses. Le peu qu'on en savait inspirait une crainte presque superstitieuse à des gens qui attachaient d'autant plus de prix à leur existence, qu'ils la sentaient sérieusement menacée[2]. »

Cette épineuse question ne saurait faire l'objet d'une présentation caricaturale comme d'une analyse succincte et expédi-

---

1. FNDIRP, boîte bio. Manhès (53), PRL, lettre ouverte du docteur Elmelik à Marcel Paul, 25 mai 1946.
2. HAGENMULLER (Paul), « Le Travail à Buchenwald », in *De l'université aux camps de concentration. Témoignages strasbourgeois*, *op. cit.*, p. 93.

tive. Plus encore que n'importe quel autre aspect de l'histoire et de l'action de l'organisation clandestine française, la prudence critique s'impose, alors que l'aspect parcellaire des sources disponibles renforce encore un peu plus la difficulté de la tâche.

Et pourtant, quelques certitudes s'imposent. Certes, tous les camps ou kommandos extérieurs vers lesquels les détenus peuvent être affectés ne présentent pas les mêmes caractéristiques. Certains sont même susceptibles d'offrir des conditions d'existence dans l'ensemble supérieures à celles rencontrées à Buchenwald, à l'image de Schönebeck, une usine attachée à la firme *Junkers*, ou de Strassfurt, un kommando produisant des éléments pour chars qualifié par les frères Michaut de « l'un des plus doux dans le genre. À côté d'Auschwitz ou de Dora, c'était le paradis[1]. » Mais il s'agit de cas exceptionnels. La plupart des transferts s'opère vers des lieux à la funeste réputation, à commencer par Dora – « Dora la mort[2] » pour les détenus –, ou S-III Ohrdruf. Les déportés le savent. De ces lieux reviennent chaque semaine à Buchenwald des centaines de corps destinés à être incinérés au crématoire[3].

À Dora, les autorités allemandes ont installé un complexe concentrationnaire et industriel dans un tunnel au cœur de la colline du Kohnstein, un ensemble du massif boisé du Harz, à une soixantaine de kilomètres de l'Ettersberg[4]. Sa création a débuté après le bombardement dans la nuit du 17 au 18 août 1943, par l'aviation britannique, du site de Peenemünde, initialement dévolu à la production des V 2, des armes secrètes.

---

1. MICHAUT (Édouard et François), *Esclavage pour une résurrection*, op. cit., p. 249.

2. Titre de l'ouvrage de PONTOIZEAU (André), *Dora la mort. De la Résistance à la Libération par Buchenwald et Dora*, Tours, COSOR, 1947, 144 p.

3. C'est seulement en mars 1944 qu'un four crématoire est installé à Dora.

4. SELLIER (André), *Histoire du camp de Dora*, Paris, Éd. La Découverte, 1998, pp. 38-39. (coll. « Textes à l'appui »).

Conçue sous le nom de A 4, la fusée à longue portée ne prend le nom de V 2, c'est-à-dire *Vergeltung Waffe 2*, « arme de représailles 2 », que lors de son lancement en septembre 1944. Le percement et l'aménagement de plusieurs kilomètres de galeries à Dora s'avèrent des plus meurtriers. En outre, jusqu'à l'achèvement en mars 1944 d'un camp à l'extérieur du tunnel, les détenus logent à l'intérieur de celui-ci dans des conditions terribles. L'arrivée massive des Français à Buchenwald, fin 1943 et début 1944, coïncide avec le développement du chantier, alors qu'il faut toujours plus de main-d'œuvre. Ils constituent donc les principales victimes de cette affectation, phénomène accentué alors par la faiblesse de leur collectif et par la mauvaise réputation qui les entoure. Selon le comptage effectué par Paul Le Goupil, sur les onze mille quatre cent vingt-neuf Français arrivés à Buchenwald jusqu'à la mi-mai 1944, cinq mille deux cent cinquante se trouvent affectés à Dora[1]. D'abord camp annexe de Buchenwald, il deviendra autonome à compter du 1er novembre 1944 sous le nom de Mittelbau, englobant notamment les kommandos d'Ellrich et Harzungen, créés au printemps précédent afin d'installer de nouvelles usines souterraines et de parfaire le réseau ferroviaire.

Dans ces circonstances, l'influence sur les affectations dans les kommandos internes et sur les listes de transports constitue un secteur déterminant pour chaque organisation nationale, car de son efficacité dépend la survie de ses forces vives. C'est même l'un des objectifs premiers que le colonel Manhès assigne au comité, pour tenter d'enrayer l'hémorragie qui saigne la communauté française du fait des transferts massifs vers Dora. Ce n'est donc pas un hasard si, selon David Rousset,

---

1. LE GOUPIL (Paul), *Un Normand dans... Itinéraire d'une guerre, 1939-1945*, Paris, Éd. Tirésias, 1991, p. 171.

la reconnaissance officielle de « Frédéric » par l'organisation communiste française s'accompagne d'une liste de détenus qu'elle lui propose de voir affecter dans l'une des usines proches de Buchenwald[1]. Le repérage des résistants français, des communistes comme des autres, s'effectue dès leur entrée au camp, notamment par le biais des déportés affectés à la prise en charge des nouveaux arrivants. L'ancien mineur Louis Goffez, déporté en septembre 1943 et devenu coiffeur, reçoit ainsi cette mission[2]. Mais, il n'est pas le seul. Car il serait mensonger d'affirmer comme une vérité établie que seuls les détenus communistes ont accepté « d'influencer le destin ». Selon Claude Bourdet, « comme il ne pouvait y avoir de tirage au sort, il est bien évident que les influences et les relations ne pouvaient pas ne pas jouer désespérément. En fait, il n'y a pas un concentrationnaire qui n'ait cherché à tirer ses amis des transports présumés mortels, sans qu'il ait été possible d'éluder la terrible question repêcher Jacques, Werner ou Wladimir, c'était envoyer à sa place : Franz ou Ivan. Il est donc vain de se demander si l'on aurait dû "influencer le destin", tout le monde cherchant à le faire, ne pas défendre soi-même et ses amis contre cette pression agissant de toutes parts, c'est abandonner soi-même et ses amis, à une destruction quasi certaine : telle est la loi de la jungle concentrationnaire[3] ».

Alors que la communauté française est déjà secouée au camp par une polémique naissante sur le rôle de ses représentants clandestins, le CIF approuve l'action développée par ses délégués et singulièrement l'organisation communiste française, notamment en matière de retrait des transports et des

---

1. ROUSSET (David), *Les Jours de notre mort*, *op. cit.*, p. 568.
2. Amicale de Buchenwald-Dora et kommandos, BFAL, témoignages, SCHWARTZ (Gilbert), « La Résistance à Buchenwald », p. 4.
3. FNDIRP, boîte bio. Manhès, 1945-1946, rapport au Conseil national de la Résistance, *op. cit.*, p. 4.

mauvais kommandos. Il le fait à travers le rapport d'une commission d'enquête validé par le bureau le 2 avril 1945, puis en séance plénière après la libération du camp le 17 avril. Malgré leurs oppositions dans le contexte de la guerre froide, jamais aucun membre du bureau, en particulier Eugène Thomas et Albert Forcinal, ne s'est désolidarisé de la ligne adoptée à Buchenwald, sans taire par ailleurs certaines critiques sur le combat politique qui s'y est tenu, mais c'est là un autre sujet.

Le dévouement du père Stenger

Il faut également rappeler le dévouement d'un Français parvenant à exercer une influence importante en la matière, le père Georges Stenger, qui ne suscite étonnamment pas de critiques chez les pourfendeurs de Marcel Paul. Bien au contraire. Aussi, soit la polémique porte sur les principes et, dans ce cas, tous ceux ayant agi doivent être placés sur le même plan, soit l'accusation devient sélective, et dans ce cas la finalité et les termes de la polémique changent grandement. Le père Stenger fait en effet figure de personnage emblématique. Né le 24 décembre 1897 à Sarreinsberg en Moselle, professeur dans un séminaire, mobilisé en juin 1940 comme aumônier militaire au 43e corps d'armée, il est rapidement fait prisonnier au Donon avant d'être libéré le 12 juillet 1940. Curé de Moyeuvre-Grande, il donne asile et aide à de nombreux prisonniers évadés ou à des Lorrains voulant échapper à la *Wehrmacht*. Expulsé de Moyeuvre-Grande le 28 juillet 1941, il poursuit son action clandestine dans sa nouvelle paroisse de Maxeville en Meurthe-et-Moselle. Arrêté le 19 mars 1943, interné à Nancy jusqu'en juin, puis à Écrouves jusqu'à la fin juillet et enfin à Compiègne, il anime à ce moment un groupe catholique avec les abbés Taschaw et Jean Renard. Le père Stenger est déporté à

Buchenwald le 3 septembre. À son arrivée, il est violemment battu lors du transfert depuis la gare de Weimar. Comprenant que tous ses biens seraient pris lors de la fouille initiale, il distribue la communion aux hommes qui l'entourent, dont Jean-Paul Garin, un étudiant en médecine. Ce dernier a été arrêté alors qu'il cherchait à gagner l'Espagne grâce à une filière conduite par le révérend père Sommet, en compagnie d'autres jeunes catholiques, parmi lesquels Yves Biclet, Hélie de Saint-Marc et Jean Moussé. Selon lui, le père Georges « savait parler aux hommes directement, ouvertement. Il avait une connaissance de la psychologie humaine qui lui permettait en quelques minutes de comprendre son homme, de découvrir son point sensible, de s'en faire un ami[1] ».

Nommé par ses camarades responsable des Français du block de quarantaine 62[2], le père Stenger parvient également à occuper une fonction administrative, au sein de la *Politisch Abteilung* selon David Rousset ou de l'*Arbeitsstatistik* selon Pontoizeau[3]. Il ne cesse de se dévouer pour ses camarades, poursuivant en outre clandestinement son office aux côtés des quelques prêtres actifs, tels le belge Léon Leloir, le tchèque Josef Tyl[4] ou le Français Hénocque, ancien aumônier de Saint-

---

1. GARIN (Jean-Paul), *La Vie dure, op. cit.*, p. 25.
2. Mémorial de Buchenwald, témoignage de Lucien Chapelain, 22 décembre 1993.
3. ROUSSET (David), *Les Jours de notre mort, op. cit.*, p. 69 ; PONTOIZEAU (André), *Dora la mort. De la Résistance à la Libération par Buchenwald et Dora, op. cit.*, p. 59.
4. Prêtre catholique né à Cakov en Moravie le 31 juillet 1914, Josef Tyl est arrêté par la Gestapo le 28 mai 1942 au monastère de Nova-Rive, avec les autres frères, suite à une dénonciation pour attitude antiallemande. Déporté à Auschwitz en janvier 1943, il devient aide-porteur de cadavres puis infirmier. Il assiste le docteur Hobbricht, professeur de pathologie et d'anatomie à l'université de Cracovie, qui pratique des autopsies au sein des services du camp. Les autorités nazies décident en août 1943 de transférer à Buchenwald tous les Tchèques non-juifs présents à Auschwitz. Les infirmiers sont placés au *Revier* et, parmi eux, Josef Tyl intègre le block de la pathologie affecté à la salle de dissection.

Cyr. Surtout, le père Georges prodigue ses conseils au moment de l'enregistrement des détenus, lors de leur entrée au camp, et intervient en faveur de ses compatriotes, à l'instar du professeur Richet. Celui-ci explique : « Là heureusement, je suis repéré par l'abbé Stenger, l'admirable père Georges de la Résistance, qui va agir pour moi comme pour tant d'autres en me mettant dans une "planque", la planque médicale[1]. » Aussi, le lieutenant Vanbremeersch souligne la sollicitation fréquente de la direction internée effectuée conjointement par les militants communistes et par « des hommes comme l'abbé Stenger, que sert leur connaissance parfaite des mentalités allemande et tchèque. Quelques Français parviennent ainsi à s'infiltrer dans des postes importants du camp. De là, ils chercheront à sauver au moins une partie de leurs compatriotes, à obtenir qu'une certaine équité règne dans la désignation pour les kommandos[2] ».

Dans cet esprit, le père Georges conseille à Alfred Untereiner, dit frère Birin, le directeur d'une école catholique à Épernay, figure locale de la Résistance arrêtée le 15 décembre 1943 et déportée le 27 janvier 1944 à Buchenwald, de ne pas se déclarer religieux. Alfred, son nom au camp, est transféré à la mi-mars vers Dora où il va suivre un parcours proche de celui de Georges Stenger. Il entre en effet au bout de quelques semaines à l'*Arbeitsstatistik*, en même temps qu'un autre Français, Pierre Ziller. Parallèlement à des fonctions d'interprète, il participe à l'établissement des listes d'affectation, de mutation des kommandos, du contrôle des malades et des morts. Cette situation lui procure des avantages matériels indéniables : un cadre de travail protégé, des conditions de vie et de nourriture privilégiées. « Mais toute médaille a son revers. Il s'est passé

---

1. RICHET (Charles), *Trois bagnes*, op. cit., p. 29.
2. VANBREMEERSCH (Claude), « La Résistance à Buchenwald », in *Aux armes, op. cit.*

dans ce bureau des faits horribles, que le détenu partageant le sort commun a ignorés, et dont je fus malgré moi, le témoin. J'en étais excédé […][1]. » Ces services, Émile Bollaert, futur préfet, les saluent dans la préface qu'il donne aux souvenirs de déportation du frère Birin : « À son poste exposé, il tenait tête aux SS, aux détenus d'autres nationalités pour prendre la défense des Français. Il l'a fait au mépris de sa vie ; car, s'il n'est pas mort, ce n'est pas à ses bourreaux qu'il le doit. » Il le qualifie même de « providence des Français[2] ».

Le rôle central de l'Arbeitsstatistik

On le voit, les communistes ne sont pas les seuls à avoir accepté de remplir pareilles fonctions, alors que la prise de contrôle par les détenus « politiques » de l'administration intérieure offre en la matière des possibilités renforcées d'intervention certes, tout en restant étroitement limitées et totalement clandestines.

Si le mécanisme de formation des transports s'avère complexe, il repose néanmoins, au-delà de la controverse, sur une donnée à la fois simple et intangible : les SS portent fondamentalement la responsabilité de leur existence et de leurs terribles conséquences. Au sein de la « bureaucratie » détenue qu'ils ont instituée, ils s'appuient sur l'*Arbeitsstatistik,* un service créé à Buchenwald en 1938 et chargé de l'organisation du travail et de la répartition de la main-d'œuvre dans les kommandos. Au fil des années, avec l'augmentation de la population concentrationnaire et de l'importance prise par les camps dans l'effort de

---

1. BIRIN (frère), *Seize mois de bagne. Buchenwald. Dora. Par le numéro 43 652*, présentation de Paul CHANDON-MOËT, préface d'Émile BOLLAERT, Épernay, Éd. R. Dautelle, 1947, pp. 96-97.

2. *Ibid.*, p. 11.

guerre, l'*Arbeitsstatistik* s'est grandement développée. En 1944, ce service comprend à Buchenwald plus de soixante-dix détenus, alors qu'ils n'étaient que trois en 1938 et encore cinq en 1941[1]. Parmi eux, vingt-huit Tchèques, dont Josef Frank (future victime des purges staliniennes lors du procès Slansky en 1952 où il est accusé à tort de s'être conduit en tortionnaire au camp[2]), vingt-quatre Allemands, sept Polonais, sept Russes, trois Français, deux Autrichiens, un Hollandais (Henk Spoenay), un Belge (Jean Blume), et un Espagnol (Jorge Semprun affecté en février 1944)[3].

Le seul nom identifié parmi les Français est celui de Daniel Anker, qui occupe par ailleurs le poste le plus exposé parmi ses compatriotes. Né le 27 octobre 1902 à Zakliczyn en Pologne, arrivé en France en 1923, il adhère dès 1924 aux jeunesses communistes puis en 1927 au parti communiste. Travailleur dans la confection, il devient l'un des dirigeants de la CGTU dans ce secteur. Pendant la guerre, Daniel Anker participe en 1941 à la création des comités populaires du « Front national » mis en place clandestinement par le PCF, avant d'être arrêté en raison de ses activités le 26 mars 1942 et condamné en mai 1943 à trois ans de prison par un tribunal français. Son origine juive n'est pas découverte, lui évitant d'être transféré à Drancy et, de là, vers les camps d'extermination. Incarcéré successivement à la prison de la Santé à Paris, où il reste un an, puis à Clairvaux, Blois, Romainville et Compiègne, il est déporté le 24 janvier 1944. Sa connaissance de la langue allemande lui

---

1. *Konzentrationslager Buchenwald, 1937-1945*, op. cit., p. 54.
2. Voir SEMPRUN (Jorge), *Autobiographie de Frederico Sanchez*, Paris, Seuil, 1978, pp. 126-130.
3. Le découpage par nationalités est indiqué par LANGBEIN (Hermann), *La Résistance dans les camps de concentration nationaux-socialistes (1938-1945)*, op. cit., p. 47. Les noms sont cités par SEMPRUN (Jorge), *Quel beau dimanche !*, op. cit., p. 236.

vaut d'être nommé interprète dans le block 51 où il se trouve alors affecté pour la quarantaine. Rapidement repéré par l'organisation clandestine allemande, il est approché discrètement une nuit de février 1944 par le *Lageraltester* n° 2 Hans Eiden pour entrer à l'*Arbeitsstatistik* toujours comme interprète, avant d'être affecté au contrôle des *Schonung*, les billets de repos[1]. Selon Jorge Semprun, qui le côtoie pendant plusieurs mois, Daniel Anker était « un personnage assez extraordinaire, toujours calme et disponible quelles que soient les circonstances, inaccessible à cette déformation ou à cette brutalité dans les rapports qu'engendre presque automatiquement ce type d'univers. On pouvait l'imaginer être exactement comme cela dans sa boutique de tailleur recevant un client ». Jorge Semprun souligne ainsi le respect que lui inspire Daniel Anker du fait « de sa manière de se comporter complètement exemplaire et relativement rare[2] », par son tact et sa gentillesse. Le rôle de Daniel Anker, associé à celui de Marcel Paul, est également loué par Julien Cain, dans *L'Humanité*, dès son retour de Buchenwald : « À Buchenwald, Marcel Paul fut secrétaire général des groupements français clandestins du camp ; sous la menace de la corde, avec Daniel Anker, il évita à des milliers de déportés les affreux commandos de terrassements, ceux dont l'on ne revenait jamais[3]. »

L'opinion de Julien Cain est d'importance, tant il est un personnage unanimement reconnu et apprécié de la communauté française du camp. Né le 10 mai 1887 à Montmorency dans le

---

1. Sur les conditions de sa nomination à l'*Arbeitsstatistik*, on consultera DURAND (Pierre), *Les Français à Buchenwald et à Dora. Les armes de l'espoir*, *op. cit.*, p. 88 et son témoignage conservé par le mémorial de Buchenwald. Dans le premier, il est réveillé par un *Lagerschutz* qui l'emmène dans un block, dans le second c'est directement Heine qui vient le chercher.

2. Entretien avec Jorge Semprun, 3 juillet 2000, Paris.

3. Cité dans *L'Humanité*, 21 avril 1945.

Val-d'Oise, issu d'une famille juive lorraine immigrée en région parisienne après 1870, Julien Cain est agrégé d'histoire et de géographie. Il prépare une thèse d'histoire de l'art quand la Première Guerre mondiale éclate. Mobilisé comme sergent dans l'infanterie, il est blessé une première fois en septembre 1915, mais refuse d'être évacué. Devenu officier, il est gravement atteint par les gaz lors d'une offensive sur le front de Champagne et se voit mutilé à l'un des poumons. Après plusieurs mois d'hospitalisation, il est affecté au ministère des Affaires étrangères où il demeure après la fin du conflit, à la tête des services de documentation. En 1927, il est nommé directeur de cabinet du président de la Chambre des députés, avant de devenir trois ans plus tard administrateur général de la Bibliothèque nationale qu'il marque de son empreinte et dont il assume la direction jusqu'en 1964, période interrompue par la guerre. Secrétaire général du ministère de l'Information en avril 1940, il est révoqué de toutes ses fonctions par le gouvernement de Vichy au mois de juillet suivant en raison de sa judéité. Proche du réseau du musée de l'homme, il est arrêté par la Gestapo le 12 février 1941 puis placé à la prison de la Santé avant d'être interné au fort de Romainville comme otage pendant deux ans et demi. Finalement transféré à la mi-janvier 1944 à Compiègne, il est déporté à Buchenwald le 19 du même mois. Il devient vite une personnalité éminente parmi les autres intellectuels présents au camp, comme le sociologue Maurice Halbwachs, le premier à s'être penché sur la notion de mémoire collective et qui décède en mars 1945 à l'âge de soixante-huit ans[1], ou le professeur Henri Maspero, titulaire de la chaire de sinologie au Collège de France, lui aussi disparu en mars 1945, à l'âge de soixante-deux ans[2]. Julien Cain se distingue à

---

1. Voir BECKER (Annette), *Maurice Halbwachs. Un intellectuel en guerres mondiales, 1914-1945*, préface de Pierre NORA de l'Académie française, Paris, Agnès Viénot Éditions, 2003, 474 p.

2. Voir MASPERO (François), *Les Abeilles et la guêpe*, Paris, Seuil, 2003, 281 p.

Buchenwald par son humanité et son goût intact pour la discussion. Il prononce des conférences devant ses camarades, se procure des ouvrages à la bibliothèque et les communique autour de lui, intervient en faveur de proches auprès des dirigeants du Collectif français. L'artiste américain Herbert Lespinasse, déporté également à Buchenwald, dit ainsi avoir été impressionné « par sa profonde volonté de survivre, par l'élégance de son courage tranquille et par ce langage fleuri dont la distinction m'émouvait, pendant que la neige tombait sur le camp et que la cheminée du four crématoire rougeoyait dans la brume glacée[1] ».

À partir de 1943, l'*Arbeitsstatistik* se compose de cinq sections : la comptabilité, le bureau gérant les fichiers – où travaille notamment Jorge Semprun –, celui en charge des transports dirigé par Alexander Nikle, celui de l'administration des kommandos rattachés au camp et enfin le bureau chargé de la saisie des arrivants par catégories socioprofessionnelles[2]. Willy Seifert est kapo de l'*Arbeitsstatistik* depuis 1941. Il n'a alors que vingt-six ans. Seifert a été arrêté en 1934 après avoir adhéré au KPD trois ans plus tôt. Détenu à la prison de Waldheim entre 1935 et 1938, il est ensuite transféré à Buchenwald. Seifert est secondé par Herbert Weidlich, de cinq ans son aîné. Compatriote et camarade du Parti, Weidlich occupait jusqu'en 1938 la fonction de secrétaire du Comité des réfugiés allemands en Tchécoslovaquie. Malgré leur jeune âge, ces hommes sont des militants éprouvés, agissant en étroite relation avec l'organisation clandestine. Ils ont reçu la mission officieuse d'aider la population, sur le plan collectif, en utilisant toutes les possibilités à leur disposition et, parallèlement, d'écarter les

---

1. LESPINASSE (Herbert), « Souvenirs sur Julien Cain à Buchenwald », in *La Gazette des beaux-arts*, juillet-août 1966, p. 108.
2. *Konzentrationslager Buchenwald, 1937-1945*, loc. cit.

prisonniers complices des SS[1]. Entre Seifert et la direction du KPD, des tensions purent sans doute exister. Walter Bartel trouve ainsi Seifert quelque peu arrogant lors des discussions politiques au camp, le qualifiant de « déterminé et dominateur[2] ».

Le poids des responsabilités de Seifert et Weidlich est énorme.

D'un côté, ils doivent faire fonctionner ce service dans le sens des consignes transmises par les autorités nazies, sous la surveillance d'un contrôleur SS. Chaque jour, ils soumettent au commandant de l'*Arbeitseinsatz*, le SS supervisant l'affectation au travail, et au commandant du camp, un rapport sur la répartition par kommandos des détenus, basé sur les appels, les rapports d'effectifs des différentes unités de travail et ceux des médecins.

De l'autre, ils agissent concrètement dans ce qu'ils revendiquent être « *un esprit antinazi* »[3], sans rien en laisser transparaître, au risque d'être éliminés et de voir leurs efforts anéantis.

Cette ambiguïté ne passe pas inaperçue aux yeux de leurs codétenus, alors que la masse des déportés cherche à contourner les règles établies, tout simplement pour survivre. Paul Hagenmuller décrit ainsi les contrôles opérés régulièrement dans le camp pour vérifier la régularité de la situation des détenus présents, soit au travail, soit au repos ou à l'infirmerie disposant des autorisations nécessaires : « Ceux qui étaient surpris le matin en train de franchir la chaîne du *Lagerschutz*, étaient

---

1. « Rapport sur l'action de la "statistique du travail" (avril-mai 1945) », in NIETHAMMER (Lutz, Hg.), *Der « gesäuberte » Antifaschismus. Die SED und die roten* kapos *von Buchenwald*, Berlin, Akademie Verlag, 1994, p. 215. Ce rapport est sans doute rédigé par Willy Seifert.

2. Cité dans NIETHAMMER (Lutz, Hg.), *Der « gesäuberte » Antifaschismus. Die SED und die roten* kapos *von Buchenwald*, *op. cit.*, p. 134.

3. « Rapport sur l'action de la "statistique du travail" (avril-mai 1945) », in NIETHAMMER (Lutz, Hg.), *Der « gesäuberte » Antifaschismus. Die SED und die roten* kapos *von Buchenwald*, *op. cit.*, p. 215.

immédiatement menés à l'*Arbeitsstatistik* où ils étaient sauvagement frappés par le kapo Willy Seifert, vieux militant allemand au passé sans tache, mais soucieux de discipline et incapable d'admettre que des détenus pussent acquérir des faveurs de leur propre chef, sans l'agrément de la direction "politique"[1]. » Seifert, le « vieux » militant, ne l'est pas par l'âge, mais bien par la précocité de son engagement, à moins qu'Hagenmuller ne se trompe d'individu, ce qui apparaît peu probable.

Quand un convoi est constitué, l'*Arbeitseinsatz* fixe sa destination, le nombre de déportés concernés, parfois les spécialisations requises et le moment du départ[2]. Une fois ces éléments définis, ils sont transmis à l'*Arbeitsstatistik*. Ses responsables disposent alors de quelques jours, ou parfois seulement de quelques heures, pour fournir aux SS une liste de plusieurs centaines de noms répondant à leurs critères. Son élaboration repose sur une poignée d'individus : Willy Seifert, Herbert Weidlich et Alexander Nikle. Ils travaillent en étroite liaison avec le secrétariat, la *Schreibstube*, gérant le fichier principal des détenus, où aucun Français ne semble officier, limitant encore un peu plus les possibilités d'action pour ces derniers. En 1944, la composition des listes obéit à une règle à peu près constante, résumée ainsi par Jorge Semprun : « La liste est faite avec la population flottante du camp de quarantaine, qui est en fait devenu le Petit camp, où résident des individus pas encore totalement intégrés dans le système du travail forcé, des "travailleurs précaires" utilisés comme masse corvéable, en fonction des besoins quotidiens, et nourrie par les transports qui arrivent. Plusieurs milliers de détenus. Si cela ne suffit pas, on

---

1. HAGENMULLER (Paul), « Le Travail à Buchenwald », in *De l'université aux camps de concentration. Témoignages strasbourgeois*, *op. cit.*, p. 99.
2. Entretien avec Jorge Semprun, 27 juin 2000, Paris. Les informations mentionnées dans ce paragraphe proviennent toutes de cet entretien.

prend au hasard dans le Grand camp ceux qui sont affectés à des kommandos non-essentiels[1] », c'est-à-dire ne travaillant pas dans les kommandos intérieurs, nécessaires au fonctionnement du camp, ou dans les usines d'armement. Certaines nationalités en sont aussi généralement exclues en 1944, allemande, tchèque ou espagnole, en raison de l'importance prise par leurs collectifs.

Le fait que les détenus responsables de l'*Arbeitsstatistik* appartiennent à la Résistance permet à celle-ci de peser sur les opérations qui s'y déroulent. Conformément à la volonté des dirigeants communistes allemands, les organisations clandestines nationales disposent ainsi progressivement à l'*Arbeitsstatistik* d'un ou plusieurs représentants afin de défendre leurs intérêts[2]. C'est le cas pour les Espagnols à travers Jorge Semprun et pour les Français avec Daniel Anker. Dans la pratique, la démarche est délicate. Un protocole strict est établi : chaque intervention se doit d'être transmise par l'intermédiaire de l'organisation internationale au kapo de l'*Arbeitsstatistik* ou à son adjoint, Seifert et Weidlich, « selon un ordre bureaucratique », s'inscrivant ainsi dans « des normes établies, des conventions[3] », toujours entourées du plus grand secret, et reposant sur les appareils communistes nationaux.

D'une façon schématique, elle se présente de la façon suivante pour le Collectif français : celui-ci s'appuie sur Daniel Anker qui reçoit des mains du kapo la liste des détenus prévus pour le transport et la fait remettre à Marcel Paul. Or ce dernier tient à dépasser le seul cercle communiste. Manhès et lui, par la pyramide du Comité des intérêts français, en informent donc l'ensemble des délégués, chacun signalant la présence éven-

---

1. *Ibid.*
2. « Rapport sur l'action de la "statistique du travail" (avril-mai 1945) », in NIETHAMMER (Lutz, Hg.), *loc. cit.*
3. SEMPRUN (Jorge), *Quel beau dimanche !*, *op. cit.*, p. 206.

tuelle de membres de son mouvement. Parallèlement, les personnes inscrites sont contactées. Les noms à enlever suivent ensuite à l'envers le même parcours[1]. Les interventions ne se limitent pas à ce stade du processus et peuvent se poursuivre jusqu'à la visite médicale précédant le départ effectif, où un médecin déporté intervient aux côtés d'un médecin SS.

Évoquant lui aussi ce processus, le colonel Manhès en fournit une description vivante, quelque peu différente de celle que nous venons de faire, où n'apparaît pas nommément l'action des dirigeants du CIF, sans être pour autant contradictoire : « Une liste de cinq cents noms est donc établie... elle circule dans les blocks pour que les *Häftlings* désignés en soient avisés ; bien entendu, personne n'est satisfait ; chacun des désignés qui, la veille, se plaignait de Buchenwald, cherche à y rester. C'est une course éperdue, les responsables qui assurent la liaison avec le service *Arbeitsstatistik*, assaillent eux-mêmes leurs représentants au service et le kapo lui-même ; tout cela se fait en secret, bien entendu, en cachette du contrôleur SS... des noms sont rayés, d'autres sont ajoutés... et le moment vient où les hommes dont les noms figurent sur la liste définitive (?) devront passer la visite médicale ; tout *Häftling* examiné lors de cette visite, soi-disant médicale du médecin SS... et déclaré "bon" est transportable ; ici, la lutte reprend, l'action est portée près du médecin-*Häftling* qui assiste le médecin SS, puis près du kapo du *Revier*, entre les mains duquel passe la liste. Enfin, la liste revient à l'*Arbeitsstatistik*, où les délégués des comités triturent encore avant d'établir la liste qui sera remise aux SS[2]. »

---

1. Entretien avec Pierre Durand, *op. cit.* ; Témoignage de M. DESPIERRES dans *Le Patriote résistant*, mai 1946, p. 11.
2. MANHÈS (Frédéric-Henri), *Buchenwald. L'organisation et l'action clandestines des déportés français (1944-1945)*, *op. cit.*, p. 23.

De nombreuses initiatives individuelles

Parallèlement à ce schéma, beaucoup tentent de faire jouer des relations personnelles, auprès de personnalités influentes, communistes ou non, pour échapper aux transports ; des « combines » individuelles que la direction du Collectif français cherche à éviter[1]. Elle les récuse même. Comme à plusieurs reprises dans son plaidoyer en faveur du CIF, Manhès ne se montre pas tendre envers certains de ses compatriotes dont l'individualisme l'irrite. Au-delà de la difficulté fondamentale de bénéficier de places relativement protégées, en nombre limité, et du handicap que représente la méconnaissance de la langue allemande, Manhès dénonce « le fait que beaucoup se montraient peu sociables, souvent nerveux, ne tenant pas suffisamment compte de ce que lorsqu'il s'agit d'hommes ne parlant pas la même langue, le moindre geste, souvent le plus anodin, risque d'être interprété comme une menace ; tout cela nuisait au travail d'unité que nous nous efforcions de réaliser sur le plan international, seul moyen pourtant d'obtenir de réels et tangibles résultats. [...] On ne m'empêchera pas de dire qu'il y eut des Français, peu nombreux heureusement, qui pensèrent "à eux" seulement, sans penser à aider les autres (parmi lesquels il faut placer nombre de leurs compatriotes)[2] ».

Face aux dangers objectifs les menaçant, les déportés ne peuvent effectivement que tenter frénétiquement d'améliorer leur situation en utilisant toutes les possibilités pour rester en vie, ce

---

1. Entretien avec Pierre Durand, *op. cit.*
2. MANHÈS (Frédéric-Henri), *Buchenwald. L'organisation et l'action clandestines des déportés français (1944-1945)*, *op. cit.*, p. 27.

qui se résume pour beaucoup à rester au camp central dans un kommando acceptable. Au-delà du réseau et du protocole établi par le Comité des intérêts français, lui-même s'inscrivant dans un cadre global, défini par l'organisation internationale, les initiatives se multiplient donc, au grand dam du colonel Manhès qui ne ménage pas sa peine pour les autres, sans parvenir de fait à centraliser toutes les demandes d'intervention. Des Français comme Roger Foucher-Créteau ou Roger Nathan-Murat nouent ainsi des relations directes avec des dirigeants aussi importants que les *Lagerälteste* pour plaider leur cause : le premier obtenant plusieurs radiations de transport, le second une affectation dans un kommando privilégié[1]. À son arrivée au camp, le 14 mai 1944 en provenance d'Auschwitz, Paul Le Goupil, alors âgé de vingt-deux ans, responsable pour la Seine-Maritime du « Front patriotique de la jeunesse », est reconnu par l'un de ses anciens camarades de l'École normale déjà installé au Grand camp, Yves Boulongne, un instituteur membre du « Front national », arrêté en septembre 1941 et déporté en septembre 1943. Il lui promet de s'occuper de lui et tient parole. Une semaine après, Paul Le Goupil est transféré au block 40 où il retrouve son ami. Ce dernier est allé directement trouver le kapo de l'*Arbeitsstatistik*, provoquant la colère des cadres de l'organisation clandestine française pour avoir été ainsi contourné, ce qui lui cause quelques ennuis, finalement sans conséquence[2].

Au sein même de l'*Arbeitsstatistik*, Jorge Semprun et Daniel Anker s'affranchissent à plusieurs reprises de la rigueur impo-

---

[1]. FOUCHER-CRÉTEAU (Roger), *Écrit à Buchenwald (1944-1945)*, préface du général André ROGERIE, introduction et notes d'Olivier LALIEU, Paris, La Boutique de l'Histoire Éditions, 2001, p. 23 ; NATHAN-MURAT (Mireille), *Poursuivi par la chance. De Marseille à Buchenwald. Mémoires partagées (1906-1996). Dialogue avec Roger et Lily Nathan-Murat, op. cit.*, p. 203.

[2]. LE GOUPIL (Paul), *Un Normand dans... Itinéraire d'une guerre, 1939-1945*, *op. cit.*, p. 169.

sée par Willy Seifert. Un jour, Anker vient trouver Semprun pour lui demander de s'occuper de trois FTP, nouvellement arrivés au camp, afin de leur éviter d'être envoyés en transport. Le représentant espagnol inscrit sur les fiches des deux premiers DIKAL (« *Darf in kein anderes Lager* » : « ne doit être transféré dans aucun autre camp ») avec la date du jour, puis sur l'autre DAKAK (« *Darf auf kein Assenkommando* » : « ne doit être envoyé dans aucun kommando extérieur »). Le procédé est bien sûr strictement interdit car l'apposition de ces mentions demeure l'apanage de la *Politsche Abteilung*, afin de garder les détenus à la disposition de la Gestapo pour procéder à des interrogatoires[1]. Ces actes, que Jorge Semprun et Daniel Anker qualifient « de travail FTP » ou de « récupération individuelle », se font donc à l'insu des SS, mais aussi des kapos de leur service puisqu'ils bafouent les règles clandestines établies. Si ces derniers le découvraient, les deux hommes se verraient immanquablement chasser de leur poste[2].

Mais pour la majorité de ceux appelés en transport, il n'y pas d'échappatoire, faute de chance ou de relations. Certains de ceux qui pourraient être épargnés refusent même d'abandonner leurs camarades et les accompagnent, comme Jean Bertin, délégué du MNPGD au CIF[3]. La destination n'est pas toujours connue, parfois seulement identifiée par le nom de code donné au lieu par la SS. Une fois appelés, au bout de quelques heures, voire de quelques jours, les détenus passent les dernières formalités : une visite médicale, ultime chance d'être épargné, destinée en théorie à vérifier la capacité du déporté à pouvoir travailler et l'absence de maladies conta-

---

1. SEMPRUN (Jorge), *Quel beau dimanche !*, *op. cit.*, pp. 190-201.

2. *Ibid.*, p. 202. Voir également DURAND (Pierre), *Ite, Missa est. Récits autobiographiques*, Paris, Le Temps des cerises, 1999, pp. 117-125.

3. MANHÈS (Frédéric-Henri), *Buchenwald. L'organisation et l'action clandestines des déportés français (1944-1945)*, *op. cit.*, p. 25.

gieuses ; une séance de désinfection ; l'échange des vêtements pour une tenue rayée blanche et bleue accompagnée d'un calot. Les hommes doivent être prêts. Les heures s'écoulent. Ils en profitent pour saluer leurs camarades demeurant au camp, confier les maigres biens qu'ils ne pourront emporter. Au milieu de la nuit, c'est le réveil dans le block pour être ensuite souvent parqués dans le *Kino*, le cinéma, avant de partir pour la place d'appel et, de là, vers le convoi ferroviaire qui attend sa cargaison humaine.

« Une vie remplacée par une autre »

Le système de sauvetage a des limites évidentes. Le fait que certains noms soient retirés des listes ne signifie pas que tous puissent l'être. Coûte que coûte, le convoi partira avec le nombre de détenus réclamé par les SS, résumés dans le jargon nazi à des *Stück* – des « pièces ». Il faudrait sinon entrer dans une opposition frontale avec eux, dans laquelle l'ensemble des détenus aurait tout à perdre, ce que la direction clandestine se refuse à concevoir. Retirer un Français suppose donc envoyer à sa place un Russe, un Belge ou un Polonais par exemple[1]. En ce sens, Paul Le Goupil écrit avec pertinence que « le nombre de partants restant le même, aucune vie n'a été sauvée par ces manipulations, mais une vie a été remplacée par une autre[2] ». Il suffit de regarder les listes de transport établies par l'*Arbeitsstatistik*, dont une copie est conservée aux archives du ministère

---

1. Préface de Marcel Paul à l'ouvrage de Pierre DURAND, *Les Français à Buchenwald et à Dora. Les armes de l'espoir*, *op. cit.*, p. 14 ; Entretien avec Pierre Durand, *op. cit.* Il n'y a aucune preuve du remplacement automatique d'un Français par un autre Français.

2. LE GOUPIL (Paul), *Un Normand dans... Itinéraire d'une guerre, 1939-1945*, *op. cit.*, p. 171.

de la Défense à Caen, pour le constater : certains noms dactylographiés sont rayés au crayon et remplacés par d'autres, dans des proportions très variables selon les cas.

Il faut cependant distinguer la situation existant avant la constitution du CIF, où prévalent les règles occultes établies par les seuls communistes allemands, sans guère de possibilités d'intervention côté français, de celle qui suit à partir de l'été 1944. Le cas des convois partis vers Dora à la fin 1943 et au début 1944, constitués de fort contingents de Français, est de ce point de vue emblématique. Comme la grande masse des rescapés, le lieutenant Claude Vanbremeersch dresse le noir tableau de ces mois maudits, tout en éclairant d'une manière assez représentative la perception des critères alors appliqués dans la formation des transports : « Chacun sait maintenant le rôle essentiel que laissaient nos bourreaux à ceux des détenus désignés pour constituer l'encadrement du camp. Ce sont eux qui vous affectent dans les différents kommandos. Or, cette direction est alors entièrement aux mains des internés allemands, "droit-commun et politiques" qui communient dans une même haine du Français et, plus généralement, de tout ce qui n'est pas allemand. [...] Alors les Français ont droit aux plus terribles kommandos. Ce sont eux qui alimentent le sinistre "Dora", où l'on meurt par milliers sans voir le jour. Systématiquement, l'élite française est envoyée périr à "Dora" par ces internés allemands qui se proclament internationalistes et antifascistes. Êtes-vous officier, professeur, avocat ? On vous inscrit sur la première liste de départ. Ceux qu'un hasard, ou une profession moins repérable, laissent provisoirement à Buchenwald, ont droit aux pires kommandos du camp[1]. » Lui aussi inscrit pour Dora, Claude Vanbremeersch y échappe grâce à une scarlatine

---

1. VANBREMEERSCH (Claude), « La Résistance à Buchenwald », in *Aux armes, op. cit.*

déclarée le matin même du départ. S'il reste au camp central, il n'en sera pas moins affecté dans un premier temps au dur kommando de la voie ferrée.

Le rôle central de l'*Arbeitsstatistik*, les pressions qui s'y manifestent, la protection accordée à certains ou au contraire les préjugés négatifs pesant sur d'autres, se trouvent présentés, non sans approximation ou exagération parfois, dans de nombreux témoignages publiés dès 1945. En ce sens, il n'y a pas d'occultation du sujet. Le journaliste René Marnot, arrêté pour résistance à Angers en octobre 1943 et déporté le 22 janvier 1944, distingue deux traitements possibles pour le détenu : « Si le déporté n'avait aucun soutien politique au camp, il était désigné pour un prochain départ et habillé du costume rayé de bagnard. S'il se trouvait que ce déporté était une personnalité connue, il était, d'office, voué à un départ de nuit pour un kommando d'extermination. [...] Par contre, si le matricule « pistonné » se trouvait être l'ami de groupes politiques influents dans le camp, il était assuré de l'impunité et les transports partaient sans lui. Certains ne quittèrent jamais Buchenwald grâce à ce moyen qui obligeait les fourbes employés de l'*Arbeitsstatistik* à envoyer un autre malheureux à leur place[1]. »

À juste titre, le colonel Manhès souligne les progrès observés dans la situation des Français au camp, en particulier en matière d'affectation au travail et dans les départs en transport, alors que se développe et se renforce le comité français après l'arrivée de Marcel Paul, permettant ainsi des radiations de

---

1. MARNOT (René), *Dix-huit mois au bagne de Buchenwald*, Tours, Éd. de la Nouvelle République, 1945, pp. 53-54. On se reportera en outre à : CHAMBON (Albert), *81 490. Fresnes-Compiègne-Buchenwald*, *op. cit.*, p. 117 ; CHAPLET (Pierre), *Häftling 43 485*, Paris, Charlot, pp. 224-225 ; CONVERSY (Marcel), *Quinze mois à Buchenwald*, Genève, Éd. du Milieu du monde, 1945, pp. 49-51. (coll. « Documents d'aujourd'hui »).

transport toujours plus nombreuses[1]. À partir de mai 1944, plus de onze mille neuf cents Français arrivent à Buchenwald et trois mille deux cents partent à Dora, soit deux mille de moins que pour la période précédente[2].

Cette situation repose en effet sur « des rapports de force [3] » au sein de l'organisation clandestine internationale et des services de l'*Arbeitsstatistik*, dans lesquels le poids de la communauté française demeure somme toute relatif, chaque collectif cherchant à épargner les siens. L'influence de Marcel Paul va donc s'exercer d'une manière déterminante pour redresser la situation périlleuse dans laquelle se trouve l'ensemble de ses compatriotes.

Ce combat, il l'assume publiquement et répond avec fougue en 1946 à ses détracteurs : « J'ai pris devant ma conscience et je la revendique cette responsabilité. Dès mon arrivée à Buchenwald, dès que j'eus appris que les trois convois de Français arrivés avant le nôtre en décembre 1943 et janvier 1944 étaient presque intégralement et à la place des autres internés partis au tunnel de Dora qui coûtait alors mille hommes par mois, je n'eus plus qu'un souci : en terminer avec l'absence de la France dans le Comité clandestin international, forcer l'ambiance antifrançaise des autres collectifs, faire admettre la France, petite collectivité somme toute dans cette monstruosité (10 à 12 % des effectifs du camp) dans le collège international, pour y sauver tout ce qui pourrait être sauvé du capital humain qu'étaient ces résistants français. Oh ! que de pincements au cœur devant la narration aussi outrageante des efforts de tous. Je dis tous, car tous les groupements de la Résistance étaient unis pour ces tâches dans la jungle de Buchenwald. Il n'est pas un groupement de la Résistance, et c'était leur devoir à chacun

---

1. MANHÈS (Frédéric-Henri), *Buchenwald. L'organisation et l'action clandestines des déportés français (1944-1945)*, *op. cit.*, pp. 24-25.
2. LE GOUPIL (Paul), *loc. cit.*
3. FNDIRP, entretien de Marcel Paul avec Pierre Durand.

et à tous, qui n'ait tout fait pour arracher les siens aux transports de la mort[1]. »

Toutefois, la lutte politique menée par Marcel Paul au sein du Comité international clandestin ne peut tout régler. Le rééquilibrage ne suffit pas, il faut aussi intervenir sur les critères prévalant jusque-là au sein de l'*Arbeitsstatistik* pour la répartition du travail. S'inscrivant dans le cadre strict de la constitution des listes, les communistes allemands y ont en outre ajouté le principe d'une hiérarchisation des individus, pour autant que les circonstances permettent de les identifier et de mettre en adéquation leur affectation avec leur profil, ce qui est loin d'être la règle. Selon les informations recueillies par Eugen Kogon, « tous les éléments antifascistes, c'est-à-dire les communistes en premier lieu, doivent être conservés dans le camp ; affecter en fraude aux transports des gens habiles aux sabotages ; éloigner du camp les éléments douteux et les gens physiquement faibles. Parmi les indésirables, il y avait surtout des gens qui avaient failli à l'esprit de camaraderie dans le camp (voleurs de pain, escrocs, accapareurs de denrées, etc.) Le choix des personnes devant être affectées à ce groupe était fait par les représentants communistes des différentes nations ; ils réclamaient aussi les "éléments positifs", qui, en aucun cas ne devaient être envoyés en transport[2] ».

Interprétés dans un sens plus partisan, ces critères deviennent dans la déposition du père Josef Tyl auprès des autorités militaires françaises en juillet 1945 : « 1re catégorie : les communistes ; 2e catégorie : les travailleurs n'appartenant pas au parti communiste, mais non-hostiles ; 3e catégorie : les indif-

---

1. PAUL (Marcel), « Tragédie française, non tragédie humaine face à la barbarie hitlérienne », in *Ce soir*, édition spéciale, 1946, p. 5.

2. KOGON (Eugen), *L'État SS. Le système des camps de concentration allemands*, op. cit., p. 355.

férents ; 4ᵉ catégorie : les capitalistes et les grands bourgeois, les prêtres et les gens trop pieux[1]. »

Force est de constater que le sentiment exprimé publiquement par le président du Comité des intérêts français apparaît de ce point de vue contradictoire. Selon le colonel Manhès, « y avait-il choix à proprement parler, lors des désignations pour les "transports", tout au moins en ce qui regardait plus particulièrement nos nationaux ? Sans craindre d'être démenti par un ancien détenu qualifié, je réponds sans hésitation : non !... Il y eut des placements en kommandos donnant des garanties approximatives de rester au camp [...][2] ». Il affirme, fort à propos, pour appuyer ses dires, que les communistes ne furent pas spécialement avantagés pour y accéder. Et de citer en exemple de nombreuses personnalités, qui bénéficièrent effectivement d'une affectation parmi les tailleurs ou au ramassage du bois, sans appartenir audit parti, parmi lesquelles notamment des militaires ou des hommes politiques. Quelques lignes plus loin, il réaffirme avec force sa position : « Je dis qu'en 1944-1945, il n'y eut pas de "choix" entre Français, il y eut rééquilibre – entre nationalités – dans les désignations pour "TRANSPORTS", et cela au bénéfice des Français trop longtemps considérés comme tout juste bons pour l'extermination[3]. »

Marcel Paul et le colonel Manhès affichent donc la même ligne : amélioration de la position des Français parmi les autres collectifs nationaux et sauvetage tous azimuts. La réalité semble néanmoins plus complexe car d'autres paramètres interviennent mais, sur le fond, ces deux points sont exacts.

---

1. AN, F9 5577, déposition de Josef Tyl, 20-23, 25, 26 juin, 2, 5, 7 juillet 1945.
2. MANHÈS (Frédéric-Henri), *Buchenwald. L'organisation et l'action clandestines des déportés français (1944-1945)*, *op. cit.*, p. 21.
3. *Ibid.*, p. 22.

Si Claude Bourdet relève « la position préférentielle relative » des communistes français à Buchenwald, du fait de la solidarité politique que leur expriment, non sans réserve nous l'avons dit, les communistes allemands, il ajoute des chiffres précis à son commentaire, tempérant le caractère soi-disant privilégié de la situation des membres du PCF. Selon lui, parmi les huit mille communistes français passés par Buchenwald, moins d'un millier figurent parmi les six mille de leurs compatriotes qui furent rapatriés de Buchenwald et de ses kommandos, dont six cent soixante sur trois mille cinq cents pour le camp proprement dit, prouvant ainsi qu'il n'y a pas eu « un trust de sauvetage ». Claude Bourdet n'en souligne pas moins les tensions qui résultent de « la position préférentielle relative » des communistes parmi les Français[1]. Car là aussi, les faits ne passent pas inaperçus, même s'ils sont accentués ou déformés. Marcel Conversy, comme d'autres, note dans ses souvenirs : « Les communistes jouissent dans le camp d'un certain pouvoir qu'ils doivent à leur organisation secrète. Ils en font souvent bénéficier leurs adeptes ou sympathisants. Il est si facile, dans les bureaux, de remplacer un numéro par un autre[2]. »

Claude Bourdet affirme cependant que, sous l'impulsion de Marcel Paul, les communistes français firent profiter de leur influence « beaucoup d'autres résistants[3] », ce qui est avéré. Il s'agit là d'une donnée fondamentale. L'idéologie et les pratiques des communistes français après mai 1944 ne doivent pas être confondues avec celles d'autres groupes nationaux, en particulier avec celles des Allemands. Il faut le redire, derrière

---

1. FNDIRP, boîte bio. Manhès, 1945-1946, rapport au Conseil national de la Résistance, *op. cit.*, pp. 5-7.

2. CONVERSY (Marcel), *Quinze mois à Buchenwald*, *op. cit.*, p. 51.

3. FNDIRP, boîte bio. Manhès, 1945-1946, rapport au Conseil national de la Résistance, *op. cit.*, p. 6.

Marcel Paul, ils se sont élevés contre le sectarisme des positions exprimées par leurs camarades du KPD[1]. Sur un plan stratégique, ils ont refusé que, vis-à-vis de l'organisation internationale, leur collectif se résume au seul appareil communiste, favorisant l'émergence du CIF, représentatif de l'ensemble des forces de la Résistance française présentes à Buchenwald. De la même manière, ils vont considérer la question des affectations d'un point de vue global au regard de la population déportée de l'Hexagone. Marcel Paul l'affirme ainsi sans fard à Jean-Pierre Vittori : « On a mené le combat de front pour sauver les résistants français. » Puis, il ajoute quelques instants après : « Je dois dire qu'il y a eu un souci, non pas du Parti, mais un souci absolu, je le dis, en l'honneur des résistants. Quand on était en face de personnages comme Michelin ou Dassault, on n'était pas des assassins. On les a sauvés comme les autres[2]. »

De nombreux témoignages sont venus, depuis la fin de la guerre, étayer cette position tranchée de Marcel Paul. Le cas de Marcel Dassault – né Marcel Bloch – est de ce point de vue exemplaire. Marcel Bloch est le fondateur dans les années trente de la société des avions Marcel Bloch, une des plus importantes et des plus innovantes du secteur. Interné à Montluc (Lyon) puis à Drancy le 24 juillet 1944, il est déporté le 17 août vers Buchenwald comme otage, tout en étant signalé comme détenu juif[3]. Toutefois, comme les autres Français, il porte le triangle rouge. Il bénéficie d'un régime spécial du fait de son expérience d'industriel dans un domaine potentiellement

---

[1]. Par exemple, sur les relations difficiles entre communistes et trotskistes à Buchenwald, voir DAZY (René), *Fusillez ces chiens enragés !... Le génocide des trotskistes*, Paris, Olivier Orban, 1981, pp. 238-245. L'auteur signale l'influence modératrice de Marcel Paul également sur ce point.

[2]. Entretien de Marcel Paul avec Jean-Pierre Vittori, *op. cit.*

[3]. CARLIER (Claude), *Marcel Dassault. La légende d'un siècle*, Paris, Perrin, 1992, pp. 140-152.

utile à l'effort de guerre du IIIe Reich, l'autorisant par exemple à conserver ses cheveux. Approché par les ministères de l'Air et du Travail allemands pour diriger une usine, il vient trouver Marcel Paul pour l'aider à échapper à cette collaboration qu'il refuse. Le dirigeant communiste parvient à le faire entrer de manière salvatrice au *Revier*. Le célèbre avionneur est alors placé sous la protection du Collectif français et de sa composante communiste, lui permettant d'échapper à plusieurs transports. Il leur témoigne de ce fait une réelle et entière gratitude :

« Pendant ma présence dans le camp, j'ai été témoin du dévouement sans limites des communistes français, et en particulier de Marcel Paul. [...] J'estime devoir à la vérité de déclarer en particulier que, en ce qui me concerne, quoique dénoncé comme capitaliste par les politiques allemands, et en ce qui concerne les autres Français d'un certain niveau social avec lesquels je me trouvais au camp, le parti communiste français nous est toujours venu en aide, sans attacher la moindre importance, à toute distinction de classe, en considérant tous les déportés, résistants ou politiques français, comme des frères[1]. »

Membre du bureau du CIF, Maurice Jattefaux confirme en 1953 à l'historienne Marie Granet la justesse de l'action du comité et la protection accordée aux déportés résistants, quelles que fussent leurs opinions[2]. À travers eux, il s'agit de sauver tous ceux pouvant servir la France après la Libération. Même dans la bouche d'un adversaire politique comme le professeur de droit Léon Mazeaud, grande figure du mouvement gaulliste après son retour de déportation, le rôle positif de Marcel Paul est sur ce point confirmé. Le dirigeant communiste lui aurait

---

1. Reproduit dans *Le Patriote résistant*, numéro spécial, mai 1946, p. 10.
2. AN, 72 AJ 322, Comité d'histoire de la Deuxième Guerre mondiale, Buchenwald, témoignage de Maurice Jattefaux, 9 octobre 1953.

ainsi affirmé au camp que les intellectuels français était une valeur, un capital qu'il s'agissait de protéger et il s'y consacra effectivement[1]. Bien d'autres récits ou courriers d'anciens de Buchenwald viennent prouver cette action de sauvetage collectif des Résistants[2], de Christian Pineau à Claude Bourdet en passant par le journaliste Rémy Roure, Julien Cain ou le musicien Maurice Hewitt, mais aussi du général Dejussieu, dit *Pontcarral*, chef de l'Armée secrète, arrivé à Buchenwald le 20 août 1944. « Il m'a rendu, ainsi qu'à un certain nombre de camarades de mon convoi, de réels services, tentant dans la mesure de ses possibilités, d'éviter au maximum d'entre nous les transports les plus dangereux et regrettant vivement, lors de notre départ, le peu de succès obtenu[3]. » *Pontcarral* lui-même est en effet affecté à Dora et quitte Buchenwald le 3 septembre ; il n'en rend pas pour autant Marcel Paul responsable, bien au contraire.

Un « choix » nécessaire ?

Toutefois, peux-t-on véritablement dire qu'il n'y a pas eu de « choix » ? Le fait même que les résistants identifiés par le CIF puissent être, au mieux, rayés des transports induit en effet qu'il y ait eu un « choix » parmi les Français. Le collectif est contraint de substituer aux forces vives qu'il entend préserver d'autres individus, à commencer par les droit-commun, dont le destin n'a jamais ému personne, et qui ne manquèrent pas,

---

1. AN, 72 AJ 321, Comité d'histoire de la Deuxième Guerre mondiale, Buchenwald, témoignage de Léon Mazeaud, 3 décembre 1954.
2. Certains de ces témoignages ont été publiés dans *Le Livre blanc sur Buchenwald*, *op. cit.*
3. FNDIRP, boîte bio. Manhès (51), 1889-1959, lettre du général Dejussieu au colonel Manhès, 23 mars 1949.

pour la plupart, de se comporter avec violence avec les « politiques » quand leurs fonctions le leur permettaient. Lazare Gaillard, décidément bien informé, le confirme : « À un moment donné, nous avons vu arriver au camp tous les détenus français du Fort Barrault[1], tous trafiquants ou détenus de droit commun. Par l'influence du comité français, ces gens-là ont été les premiers à partir dans les transports d'extermination, à la place des résistants. Ce système a été rapidement généralisé et l'on peut dire que dans les 9 ou 10 derniers mois de l'existence du camp de Buchenwald, tout détenu qui pouvait prouver qu'il avait eu en France un rôle dans la Résistance, était systématiquement protégé[2]. »

Là encore, vouloir à tout prix présenter la communauté française comme un bloc uni serait une erreur. De profondes dissensions existent et ne peuvent être gommées a posteriori, à commencer par les différentes catégories de déportés. Le professeur Charles Richet fustige à plusieurs reprises cette idée, considérant les résistants de toutes obédiences comme une « élite » sans liens avec les autres Français, porteurs abusifs du triangle rouge des « politiques » selon la volonté perverse des SS[3] : « Avoir été déporté en Allemagne n'est donc pas un brevet de civisme, et nous refusons toute assimilation aux maîtres chanteurs qui partagèrent notre sort. Pas de virginité replâtrée[4] », conclut-il. Aussi, il ne faut pas s'étonner que Roger Nathan-Murat ait cherché à se faire affecter dans le kommando

---

1. Il s'agit en fait de Fort-Barraux en Isère. Les internés, essentiellement des droit-commun, d'un centre de séjour surveillé sont raflés par les Allemands le 22 juin 1944 et majoritairement déportés à Buchenwald le 3 juillet.

2. Arch. du Rhône, mémorial de l'oppression, déposition de Gaillard (Lazare), *op. cit.* Ce système est également attesté par Maurice Jattefaux dans AN, 72 AJ 322, Comité d'histoire de la Deuxième Guerre mondiale, Buchenwald, témoignage de Maurice Jattefaux, 9 octobre 1953.

3. RICHET (Charles), *Trois bagnes, op. cit.*, p. 74.

4. *Ibid.*, p. 40.

où se trouvait le commissaire de police l'ayant interrogé après son arrestation, afin de l'exécuter[1] ; ni que le frère Birin se félicite d'avoir glissé le numéro de matricule de l'un de ses anciens kapos, tortionnaire patenté, dans la liste d'un transport depuis Dora, après avoir indiqué que les « politiques » allemands de Buchenwald « ne menaient la vie dure qu'à ceux qui le méritaient, notamment aux détenus de droit commun [...][2] ». Que penser enfin du cas de Jacques Schweblin, chef de la police aux questions juives de Vichy, arrivé à Buchenwald le 14 mai 1944 à la suite de malversations financières, et mort au camp dans des circonstances inconnues le 14 février 1945 ?

Dans un témoignage unique et courageux, Christian Pineau décrit les choix douloureux qu'il doit opérer du fait de ses fonctions au sein du « Front national » du block 34, avec d'autres camarades, au moment des départs en transports. Il n'a alors pas manqué de faire part au docteur Frank, qui appartient comme lui au triangle de tête, de ses réserves morales face aux critères devant être retenus, selon le médecin, par l'*Arbeitsstatistik* en matière d'affectations : l'appartenance au parti communiste, inévitablement du fait du rôle du KPD, la participation à la Résistance, le comportement au camp basé sur « l'adhésion à la discipline collective, esprit de solidarité et de camaraderie, propreté physique et morale[3] ».

Dans les faits, les hommes sont ainsi parfois directement approchés par d'autres détenus appartenant à l'organisation de résistance, pour les sonder sur leurs opinions et leur état d'esprit face à l'action du CIF. Pierre d'Harcourt est ainsi discrètement

---

1. NATHAN-MURAT (Mireille), *Poursuivi par la chance. De Marseille à Buchenwald. Mémoires partagées (1906-1996). Dialogue avec Roger et Lily Nathan-Murat*, *op. cit.*, p. 134.

2. BIRIN (frère), *Seize mois de bagne. Buchenwald. Dora. Par le numéro 43 652*, *op. cit.*, pp. 48-49, 95.

3. PINEAU (Christian), *La Simple Vérité*, *op. cit.*, p. 461.

interrogé par un détenu communiste français, en août 1944, sur son adhésion totale à la figure du général de Gaulle, aux principes posés par la charte de l'Atlantique et à la suppression des grands trusts. Répondant positivement, il ajoute « deux faits pour lesquels je dépenserais jusqu'à la dernière goutte de mon sang : ma religion et ma patrie. J'ai l'impression que cette conversation ne sera pas sans influer sur ma destinée dans le camp selon qu'elle satisfera ou non " ces messieurs "[1] ».

Il semble que l'ultime développement de l'appareil clandestin, fin 1944 et début 1945, soit marqué par la naissance de comités de blocks, investis d'un rôle dans la désignation des partants. Ces comités agissent, selon Lazare Gaillard, comme un relais du CIF à un échelon décentralisé[2]. Selon Pineau, le processus de formation a alors changé à cette époque, l'*Arbeitsstatistik* ne prenant globalement plus de décision d'ensemble sans consulter le Comité international. Les conséquences se traduisent également au niveau des blocks sur un plan collectif. « Il ne s'agit plus seulement de choix individuels, permettant de faire jouer des critères qui laissaient une place suffisante à l'équité, mais de fixer dans quelle catégorie plutôt que dans une autre doivent se faire les désignations. Je sens le poids des responsabilités que j'ai acceptées, qu'il s'agisse de la solidarité ou du "Front national", et auxquelles il n'est pas question de se soustraire. Je comprends mieux maintenant les difficultés des anciens du camp, que je taxais d'inhumanité[3]. » Leur première décision est de protéger en priorité les résistants, dont le recensement par mouvements a été entrepris. À l'inverse, ils estiment devoir « sacrifier ceux qui sont le plus

---

1. HARCOURT (Pierre d'), *Journal de Buchenwald*, *op. cit.*, p. 217.
2. Arch. du Rhône, mémorial de l'oppression, déposition de Gaillard (Lazare), *op. cit.*
3. PINEAU (Christian), *La Simple Vérité*, *op. cit.*, p. 490.

opposés à l'esprit de solidarité que nous avons essayé de créer[1] ». Les deux appréciations ne suffisent cependant pas, car il reste une masse d'individus ne pouvant être réellement jugés. « Peut-être est-ce, dans une certaine mesure, pour échapper à ce cas de conscience »[2] que Christian Pineau cherche à quitter le camp pour un kommando relativement clément, avant que sa tentative n'échoue, l'obligeant jusqu'au bout à assumer ses responsabilités.

Dans un entretien accordé à la journaliste Anne Nourry en 1994, il revient sur cette dernière période et confirme les propos tenus dans son ouvrage, en les détaillant plus encore : « Je faisais partie dans mon block de ceux qui étaient appelés à donner leur avis sur les départs en transports. C'était d'ailleurs une chose très difficile. Quand le chef de block nous réunissait, nous étions quatre ou cinq. Ce n'étaient pas comme les gens le pensent aujourd'hui. Ils nous disaient : "L'*Arbeitsstatistik* nous réclame trois mille hommes sur la place d'appel pour ce soir 18 heures." Vous, vous en désignez trente. Chiffre au hasard. C'était très dur. Pourquoi désigner l'un et pas l'autre[3]. »

Dans ce cadre, Claude Bourdet et Christian Pineau ne cachent pas l'existence d'abus manifestes ou de situations arbitraires. Il ne s'agit pas de les ignorer, ni d'en minimiser l'importance. Il semble ainsi de notoriété publique au camp qu'il faille mieux éviter les conflits avec les détenus occupant des fonctions dans l'administration détenue, au risque de se retrouver menacé. La situation vaut d'ailleurs également entre détenus « fonctionnaires », ce qui n'empêche pas des oppositions parfois très vives, même entre « politiques ». Albert Kirrmann l'affirme : « Un mot vous fait rayer d'un transport, une

---

1. *Ibid.*, pp. 490-491.
2. *Ibid.*, p. 491.
3. Entretien de Christian Pineau avec Anne Nourry, 31 janvier 1994. Nous remercions Anne Nourry de nous avoir confié ce document.

dénonciation vous y précipite[1]. » Le colonel Jean Ganeval, membre de « Combat » puis du réseau « Mithridate », arrivé dans le convoi parti de Compiègne le 29 janvier 1944, et futur chef de la mission militaire française à Berlin après la guerre, se montre encore plus tranché : les communistes « formèrent une véritable camarilla qui agissait souverainement, avait des espions, centralisait des renseignements sur les détenus, protégeait les amis, envoyait au contraire les ennemis politiques dans les commandos les plus durs ; un mot de trop sur un communiste, ou son parti, suffisait à faire envoyer un homme dans un convoi de mort[2]. » Si Christian Pineau parle de « cas scandaleux », il ajoute aussitôt : « Je crois néanmoins que ceux-ci ne constituent pas la règle[3] », une conclusion prudente partagée par Bourdet dans son rapport pour le Conseil national de la Résistance[4]. C'est également en définitive l'avis d'Eugen Kogon, dépassant lui le seul cas des Français : « Des centaines d'hommes de valeur ne purent être sauvés qu'à l'aide de la sta-

---

1. KIRRMANN (Albert), « Buchenwald », in *De l'université aux camps de concentration. Témoignages strasbourgeois, op. cit.*, p. 75. Dans le même esprit, Paul Hagenmuller, son collègue de l'université de Strasbourg synthétise le fonctionnement de l'*Arbeitsstatistik* ainsi : « Celle-ci, vaste bureau de placement, puisait dans les listes que lui avaient fournies les fonctionnaires du camp, listes d'indisciplinés, de rebelles à l'hygiène, de trafiquants, mais aussi de malheureux dont le seul tort était d'avoir blessé l'hypersensibilité maladive de ces hommes qui avaient souvent une dizaine d'années de bagne derrière eux. Un geste ou une parole mal interprétés pouvaient suffire à amener le départ. L'effectif du transport formé était complété au hasard jusqu'à concurrence du nombre exigé. » (HAGENMULLER [Paul], « Le Travail à Buchenwald », in *De l'université aux camps de concentration. Témoignages strasbourgeois, op. cit.*, pp. 93-94).
2. AN, 72 AJ 321, Comité d'histoire de la Deuxième Guerre mondiale, témoignage du général Ganeval, 17 janvier 1952.
3. PINEAU (Christian), *La Simple Vérité, op. cit.*, p. 524.
4. FNDIRP, boîte bio. Manhès, 1945-1946, rapport au Conseil national de la Résistance, *op. cit.*, pp. 6-7, 10-11 ; une position qu'il réaffirme publiquement dans son livre de souvenirs : BOURDET (Claude), *L'Aventure incertaine. De la Résistance à la restauration, op. cit., pp.* 369-371.

tistique du travail, soit qu'on les supprimât en cachette sur les listes des corvées d'extermination, soit, au contraire, qu'on les envoyât par fraude dans des kommandos extérieurs, si leur existence était menacée dans le camp principal. Mais il y eut aussi de nombreux camarades qui, à la suite de sombres machinations et d'intrigues, furent envoyés à des endroits, à l'intérieur ou à l'extérieur du camp, où ils tombèrent gravement malades, lorsqu'ils n'y périrent pas. La tâche que devait accomplir le bureau de statistique était lourde et ingrate. [...] De nombreux camarades qui travaillaient dans ce bureau ont rendu de remarquables services[1]. »

Malgré leur dévouement, malgré la volonté du CIF de tout mettre en œuvre pour préserver les résistants des destinations les plus dangereuses, cette démarche bute sur leurs réelles possibilités d'action, fortement conditionnées par la contrainte exercée par les SS et par les circonstances particulières régissant la formation de chacun des transports. De multiples exemples le démontrent, parmi lesquels l'impossibilité pour Daniel Anker, alerté par Julien Cain, de sauver le poète Robert Desnos d'un transport pour Flossenbürg, après son arrivée à Buchenwald avec le convoi des « tatoués » en mai 1944[2]. Jorge Semprun ne peut également rien pour son chef de réseau, l'architecte Henri Frager, arrivé au camp en août 1944 et exécuté par les SS[3].

---

1. KOGON (Eugen), *L'État SS. Le système des camps de concentration allemands*, *op. cit.*, p. 64.
2. Transféré de Flossenbürg à Flöha en Saxe, Robert Desnos est évacué en 1945 devant l'avancée des troupes alliées vers le camp-ghetto de Theresienstadt où il meurt du typhus et d'épuisement le 8 juin 1945, quelques jours après l'arrivée des troupes américaines.
3. Au cours de l'été 1944 plusieurs dizaines de résistants appartenant ou liés aux services secrets britanniques, dont Forrest Yeo-Thomas dit « Dodkin », Henri Frager ou Stéphane Hessel, sont déportés à Buchenwald. Devant leur exécution imminente, une tentative de sauvetage est opérée grâce à l'action d'Eugen Kogon,

Le convoi pour Ohrdruf du 9 janvier 1945

Au début du mois de janvier 1945 survient à Buchenwald un événement exceptionnel. Les SS procèdent eux-mêmes à la constitution d'un transport pour Ohrdruf, l'un de ses pires camps extérieurs, tant les résistances au sein de l'*Arbeitsstatistik* finissent par se faire sentir. À cette époque, les responsables détenus sont parvenus à empêcher l'affectation massive de déportés spécialistes au profit des kommandos travaillant pour l'industrie de guerre allemande, les plaçant à des postes sans rapport avec leurs compétences réelles. Pour répondre à ces carences, et pour mieux contrôler le travail du personnel de l'*Arbeitsstatistik*, la SS tente d'établir un fichier central basé sur des cartes à trou, les *Holleritkarten*, fournies initialement par la firme américaine IBM comme l'a révélé le journaliste Edwin Black suscitant à cette occasion une polémique[1]. Mais face à la mise en œuvre du fichier, le travail de sape effectué est tel que le projet est rapidement abandonné à Buchenwald[2].

Dans les jours qui précèdent le 9 janvier 1945, des rumeurs insistantes parmi les détenus font état de la préparation d'un transport avec les *Häftlinge* demeurant au camp en dehors des kommandos de travail, c'est-à-dire les titulaires de *Schonung*.

---

permettant de substituer l'identité de trois d'entre eux à celles de détenus décédés. Dans un premier temps sollicitée, l'organisation communiste avait indiqué ne pouvoir intervenir. Voir KOGON (Eugen), op. cit., pp. 269-279 ; HESSEL (Stéphane), *Danse avec le siècle,* Paris, Odile Jacob, 1997, pp. 85-89 ; DURAND (Pierre), *Les Français à Buchenwald et à Dora, op. cit.*, pp. 157-163.

1. BLACK (Edwin), *IBM et l'Holocauste*, Paris, Robert Laffont, 2001, 600 p. Voir les articles consacrés au livre dans *Le Monde*, 13 février 2001, pp. 16-17.

2. « Rapport sur l'action de "la statistique du travail" (avril-mai 1945) », in NIETHAMMER (Lutz, Hg.), *Der « gesäuberte » Antifaschismus. Die SED und die roten* kapos *von Buchenwald, op. cit.*, p. 217.

Finalement, la veille, les SS convoquent l'ensemble du camp sur la place d'appel et sélectionnent eux-mêmes les prisonniers en partance, mille au total. Selon le journal tenu par Pierre d'Harcourt, la liste est alors transmise à l'*Arbeitsstatistik*, qui parvient *in extremis* à la modifier[1]. Inscrit dans un premier temps, le nom d'Auguste Favier est par exemple rayé[2]. Pourtant, l'organisation française demeure globalement impuissante à sauver ses soixante-dix-sept compatriotes, raflés dans le camp sans visite médicale préalable et mentionnés sur la liste définitive, parmi lesquels Marcel Michelin.

Né le 12 avril 1886 à Paris, chef de service dans la compagnie Michelin fondée par son frère Édouard, il est arrêté le 2 juillet 1943 à Clermont-Ferrand et déporté le 22 janvier 1944. Il se voit notamment affecté à la carrière où il parvient à obtenir un poste relativement protégé, en charge du comptage des wagonnets. Appelé en transport à deux reprises en août et en décembre 1944, il est sauvé au moment de la visite médicale par les médecins détenus. Le 7 janvier 1945, deux jours avant le transport pour Ohrdruf, Marcel Michelin écrit dans le « cahier-souvenir » de son camarade Roger Foucher-Créteau : « À mon âge [cinquante-huit ans] l'impression de temps perdu est peut-être encore plus forte que chez les jeunes qui ont plus de jours devant eux pour se rattraper… Et c'est bien dur ! Malgré tout je "tiendrai". Je sais ce que c'est que de "boire l'obstacle". Celui-là est gros, mais on l'aura tout de même[3] ! » Il décèdera néanmoins à Ohrdruf le 22 janvier 1945, victime des conditions de vie inhumaines de ce kommando.

Le sort de Marcel Michelin devient pour les détracteurs de Marcel Paul et des communistes l'exemple manifeste de l'éli-

---
1. HARCOURT (Pierre d'), *Journal de Buchenwald*, *op. cit.*, pp. 280-282.
2. PINEAU (Christian), *La Simple Vérité*, *op. cit.*, p. 529.
3. FOUCHER-CRÉTEAU (Roger), *Écrit à Buchenwald (1944-1945)*, *op. cit.*, p. 86.

mination des capitalistes[1]. Le cas peut sembler mal choisi. Certes, Christian Pineau, se référant à sa propre inscription pour un transport, rappelle que « le jeu des influences, des sympathies ou des antipathies, est ici si complexe que l'on ne peut jamais rien expliquer complètement[2] ». Toutefois, il faut rappeler les deux précédentes interventions du docteur Brau pour sauver Michelin de transports en 1944, sans être désavoué par Marcel Paul et le colonel Manhès. De plus, Jacques Michelin, le fils de Marcel Michelin, lui-même déporté à Buchenwald et transféré à Flossenbürg en février 1944, tient à affirmer qu'il n'a pas connu Marcel Paul, ni entendu dire « quoi que ce soit contre lui », en pleine polémique sur le rôle des communistes au camp en 1946[3]. Certes, Marcel Paul n'était pas encore à Buchenwald à cette date. Mais enfin, comment peut-on concevoir qu'un homme qui pourrait reprocher à un autre d'être responsable de la mort de son père s'adresse à lui en ces termes ? Il faut enfin, et peut-être surtout, comprendre les conditions particulières dans lesquelles le convoi du 9 janvier 1945 est formé, faisant de lui un exemple singulier, non-représentatif des autres départs en transport.

Le témoignage en 1952 d'un ancien de Buchenwald, le capitaine de Montangon, illustre la part de malentendu soulevée par

---

1. Ces faits sont établis sur la base de sources concordantes : Entretien de Marcel Paul avec Jean-Pierre Vittori, *op. cit.* ; préface de Marcel PAUL à l'ouvrage de Pierre DURAND, *Les Français à Buchenwald et à Dora. Les armes de l'espoir*, *op. cit.*, pp. 14-15 ; témoignage de REY-GOLLIER dans *Le Patriote résistant*, mai 1946, p. 11 ; témoignage du docteur BRAU dans CARIAT (Lucien), *Ici, Chacun son dû*, *op. cit.*, pp. 164-165 ; LE GOUPIL (Paul), « L'Affaire Michelin et autres témoignages », in *Le Serment*, n° 261, septembre-octobre 1998, pp. 7-8 ; PINEAU (Christian), *La Simple Vérité*, *op. cit.*, pp. 517, 529-530 ; ROUSSET (David), *Les Jours de notre mort*, *op. cit.*, pp. 523, 657-659.

2. PINEAU (Christian), *La Simple Vérité*, *op. cit.*, p. 422.

3. Lettre de Jacques Michelin du 8 mai 1946, reproduite dans *Le Livre blanc sur Buchenwald*, *op. cit.*, p. 372.

le départ de Marcel Michelin : « Comme les communistes étaient les maîtres de la "statistique", tout le monde pensa que c'était une mesure volontaire des communistes contre le grand patron capitaliste[1]. » Or Jean de Montangon n'est plus à Buchenwald lors du départ de Marcel Michelin, puisqu'il a rejoint le kommando de Langenstein depuis septembre 1944. Comme beaucoup, il n'est pas un témoin direct des événements ; ses propos donnent toutefois la mesure des résonances importantes de cette disparition et le caractère fantasmatique qu'elle finit par revêtir.

C'est précisément sur la règle, sur la stratégie globale mise en œuvre par Marcel Paul et l'organisation clandestine française à Buchenwald, que les polémiques se sont toujours, et faussement, placées, focalisant qui plus est d'une manière par trop restrictive l'ensemble des responsabilités sur les seuls communistes et omettant la spécificité de la ligne suivie par les militants du PCF par rapport à celles de leurs camarades allemands. Christian Pineau suggère ainsi, avec délicatesse, « que des camarades, s'estimant victimes de discriminations injustes, en aient conçu de l'amertume, rien de plus normal, mais celle-ci n'aurait pas dû entraîner des généralisations abusives et une injuste condamnation collective[2] ».

C'est avec ce témoignage, si lucide et humain, que l'on peut espérer conclure sur cette tragique et éprouvante question des « transports », sans cesser d'être assailli par les lacunes et parfois les contradictions d'une réalité cruelle, imposée par le système concentrationnaire.

---

1. AN, 72 AJ 321, Comité d'histoire de la Deuxième Guerre mondiale, Buchenwald, témoignage du capitaine de Montangon.
2. PINEAU (Christian), *La Simple Vérité*, *op. cit.*, p. 462.

Chapitre V
RESTER DES HOMMES

En dehors de toute considération politique, la naissance et le développement de l'organisation clandestine française répond à deux objectifs principaux, clairement définis par le colonel Manhès : permettre au plus grand nombre de ses compatriotes de regagner la France dans le meilleur état possible et saboter la production de guerre allemande[1]. Le bien-fondé de cette démarche est unanimement accepté par le Comité des intérêts français, à commencer par les membres du parti communiste français dont l'engagement est indispensable pour sa mise en œuvre à Buchenwald. Elle va se traduire par de nombreuses actions concrètes qui vont progressivement modifier la perception et la place du Collectif français, et surtout tendre à adoucir les terribles conséquences de la vie concentrationnaire pour la plupart de ses membres.

Pour parvenir à ses fins, Manhès estime qu'« il fallait tout d'abord faire revenir nos codétenus des autres nationalités sur leurs préventions à l'égard des Français ; pour en arriver là, il fallait créer une ambiance qui nous soit favorable et qui soit

---

1. MANHÈS (Frédéric-Henri), *Buchenwald. L'organisation et l'action clandestines des déportés français (1944-1945)*, *op. cit.*, p. 19.

également favorable au maintien du "moral", souvent déficient, de certains de nos compatriotes [...]. Il fallait donc réaliser un étroit coude à coude et la complète solidarité, sur le plan national bien entendu – mais aussi sur le plan international dans la mesure du possible ; il fallait appliquer un nouveau proverbe : "Aide les autres, les autres t'aideront"[1] ». On le comprend à travers ces propos, les initiatives sont en permanence dirigées tant vers l'intérieur que l'extérieur du groupe, dans une démarche parfaitement complémentaire : dans un sens, l'action parmi les Français doit permettre de renforcer leur tenue et leur cohésion au regard des autres nationalités comme du Comité international clandestin ; dans l'autre, l'attitude « antifrançaise » doit être combattue, certes pour mieux vivre, mais aussi afin d'améliorer le regard porté par les Français sur l'organisation de résistance dirigée par les communistes allemands. Lucien Lagarde l'expose à Buchenwald devant les militants du PCF en avril 1945 : « Depuis cette époque le Français n'est plus bafoué, dans le camp il est vu sous son vrai visage. Les Français ont regagné la place que certains éléments troubles avaient voulu leur faire perdre. Notre campagne contre le courant antiallemand a porté ses fruits. Les camarades français du Collectif français ont compris que les camarades allemands internés dans les camps depuis dix ou onze ans avaient droit à des circonstances atténuantes, car ils avaient souffert des années dans les bagnes hitlériens, ils n'avaient rien de commun avec les Allemands représentant le fascisme[2]. »

De fait, les préjugés à l'encontre des Français s'expriment dans plusieurs domaines sur lesquels le CIF concentre son action clandestine.

---

1. *Ibid.*, pp. 19-20.
2. FNDIRP, Buchenwald, documents divers (3), procès-verbal de la 1ʳᵉ réunion d'information de la section communiste de Buchenwald, 18 avril 1945, p. 4.

Soutenir le moral

L'organisation de « loisirs » pour les détenus à Buchenwald est en soi une victoire sur la barbarie. Comme le souligne Christian Pineau, « de telles préoccupations paraîtraient futiles, compte tenu de la situation misérable du camp. Elles ont pourtant une importance majeure dans la mesure où elles nous détournent, si peu que ce soit, des contingences matérielles[1] », permettant de conserver une trace d'optimisme salutaire au-delà des angoisses quotidiennes. C'est ce que Boris Taslitzky appelle « éloigner l'homme du désespoir[2] ».

Pour lutter contre la déshumanisation voulue par les SS, de nombreuses initiatives sont prises, parfois par des individus isolés, mais souvent soutenues et reprises par le CIF, quand il n'en est pas lui-même à l'origine. Il instaure ainsi un « comité des loisirs » avec des antennes dans les blocks. Sa fonction est certes d'appuyer les projets, mais aussi de s'assurer que leurs contenus sont conformes avec l'esprit qu'il entend insuffler au collectif.

Sans s'inscrire formellement dans le cadre des loisirs, mais participant à soutenir le moral des hommes, la diffusion des nouvelles militaires revêt une grande importance. Elles « passionnaient tout le monde. Ce pouvait être la liberté et la vie », soutient avec bon sens David Rousset[3]. Synonyme d'espoir, chaque information relative aux batailles menées sur les fronts occidentaux et orientaux est diffusée de manière parfaitement clandestine, à travers un communiqué verbal transmis de

---

1. PINEAU (Christian), *La Simple Vérité*, *op. cit.*, p. 502.
2. *Le Serment*, n° 132, janvier-février 1980, p. 13.
3. ROUSSET (David), *L'Univers concentrationnaire*, *op. cit.*, p. 79.

bouche à oreille ou lu avec précaution dans le block, à l'image de Claude Vanbremeersch dans le block 34[1]. Roger Foucher-Créteau réalise par exemple une véritable revue de presse, dresse des cartes pour matérialiser l'avancée des troupes alliées et les communique dans son entourage, avant de se consacrer, entre novembre 1944 et mars 1945, à la réalisation d'un incroyable « cahier-souvenirs », rassemblant ses propres réflexions comme celles d'une soixantaine de ses camarades sur la vie concentrationnaire et les leçons qu'elle leur inspire[2]. Les nouvelles proviennent en général des rares titres de la presse allemande autorisés comme le *Völkischer Beobachter* soigneusement décryptés, des conversations à l'usine avec le personnel civil ou grâce à des postes de radio clandestins, réalisés avec des pièces subtilisées dans les ateliers.

Parmi les initiatives solitaires qui prennent une grande importance dans l'environnement des détenus figure celle des dessinateurs. Par leurs croquis, leurs dessins, voire plus rarement leurs peintures, ils établissent autant de représentations du camp et des détenus ; ils fixent des regards, des visages, des postures d'hommes qui, pour certains, vont mourir dans les jours, les semaines, les mois qui suivent. Ils montrent les vivants et les morts, dressant aussi des scènes du quotidien : l'appel, les blocks...

Plusieurs artistes français s'illustrent particulièrement : Boris Taslitzky, Auguste Favier, Paul Goyard, ou bien encore l'Abbé Jean Daligault et Jacques Lamy[3].

Boris Taslitzky, né le 30 septembre 1911, est l'un de ceux-ci. Militant communiste, secrétaire général de l'Association des

---

1. PINEAU (Christian), *La Simple Vérité*, *op. cit.*, p. 448.
2. FOUCHER-CRÉTEAU (Roger), *Écrit à Buchenwald (1944-1945)*, *op. cit.*, pp. 24-25.
3. On consultera sur la question de la création artistique dans les camps le catalogue réalisé par la FNDIRP, *Créer pour survivre*, Paris, 1995, 125 p.

peintres et sculpteurs de la Maison de la culture, prisonnier de guerre évadé, il participe à la constitution du « Front national » dans le Lot avant d'être arrêté le 13 novembre 1941. Transféré à Clermont-Ferrand puis à la centrale de Riom, il est jugé et condamné à deux ans de prison. D'abord interné à la prison militaire de Mauzac, il est maintenu en détention au-delà de sa peine au camp d'internement de Saint-Sulpice La Pointe puis déporté à Buchenwald où il arrive le 5 août 1944. Il y devient l'un des responsables du comité des loisirs du block 34 et l'une des grandes figures de la communauté française. Il réalise plus de deux cent cinquante dessins, dont seulement cent onze parviennent à être préservés[1].

Auguste Favier, arrêté à Lyon en décembre 1943 alors qu'il tient une imprimerie clandestine, puis déporté quelques jours plus tard, est également présent dans ce baraquement, tout comme Pierre Mania, lui aussi auteur de dessins[2].

Paul Goyard, peintre et décorateur de théâtre, arrive à Buchenwald le 14 mai 1944 à l'âge de cinquante-huit ans, comme Auguste Favier pour avoir dirigé une imprimerie clandestine[3].

Ces artistes parviennent à réaliser des œuvres grâce à la débrouillardise et au soutien de l'organisation clandestine. Les feuilles, souvent des circulaires recyclées, proviennent des

---

1. Voir TASLITZKY (Boris), *111 dessins faits à Buchenwald*, présentés par Julien CAIN, Paris, La Bibliothèque française, 1945, non paginé ; sur l'auteur, on consultera également « Un parcours. Entretien avec Boris Taslitzky », in BÉDARIDA (François) et GERVEREAU (Laurent), dir., *La Déportation. Le système concentrationnaire*, *op. cit.*, pp. 262-265.

2. Voir FAVIER (Auguste), MANIA (Pierre), BORIS, *Buchenwald. Scènes prises sur le vif des horreurs nazies*. 78 planches dessinées par Auguste Favier, Pierre Mania, Boris, préface de Christian PINEAU, textes de Pierre MANIA, Lyon, 1946, non paginé. Sur Pierre Mania, voir *infra* p. 241.

3. Voir GOYARD (Paul), *100 dessins du camp de concentration de Buchenwald*, Göttingen, Wallstein Verlag, 2002, 275 p.

bureaux du camp ; il peut s'agir aussi de cibles de la *Gustloff Werke* ou d'emballages de colis. Les crayons sont obtenus frauduleusement auprès de détenus affectés à des fonctions administratives, à moins qu'ils ne sortent des réserves de l'*Effektenkammer*. Boris Taslitzky récupère ainsi sa boîte d'aquarelle, lui permettant de réaliser cinq peintures au début de l'année 1945[1].

Le graveur Pierre Provost poursuit lui aussi son art. Né le 28 novembre 1895, ce militant communiste, par ailleurs technicien d'armement avant guerre, avait été arrêté en juillet 1929 pour avoir dirigé une imprimerie clandestine du Parti réalisant du matériel de propagande antimilitariste et fut condamné pour espionnage à deux ans de prison. Interné à la déclaration de guerre en raison de son appartenance politique, il s'évade et passe aussitôt dans la clandestinité. Finalement arrêté le 27 juillet 1943, il est déporté fin 1943. Au camp, Pierre Provost réalise de nombreuses médailles ou plaques sculptées, à partir de matériaux métalliques de récupération. Certaines sont destinées au CIF, qui les décerne comme signes de récompense pour les méritants. Pour exercer son art, il s'est installé dans une cachette située dans le sous-sol du *Revier*, avec comme éventuel alibi la réparation des instruments chirurgicaux. Il est finalement découvert par un SS qu'il parvient à convaincre de sa prétendue bonne foi[2].

Les « loisirs » à Buchenwald prennent une ampleur beaucoup plus large et structurée, bien que rare dans un environnement sordide, de violence et de mort. Ils se développent en particulier dans le cadre de « séances récréatives[3] », organisées

---

1. ORLOWSKI (Cyrille), *Buchenwald-Block 34*, maîtrise d'histoire sous la direction du professeur Philippe LEVILLAN, université Paris X Nanterre, 1994-1995 pp. 124-127.
2. MRN, fonds thématique, carton n° 129, Provost, témoignage de Pierre Provost recueilli par le Comité d'histoire de la Deuxième Guerre mondiale, sans date.
3. ROOS (Georges), *Buchenwald, op. cit.*, p. 76.

bien sûr dans le dos de la SS, le dimanche après-midi ou, plus rarement, le soir. Elles comprennent des concerts de musique de chambre donnés par le grand violoniste Maurice Hewitt. Né le 6 octobre 1884 à Asnières dans les Hauts-de-Seine, musicien de renommée internationale, Hewitt fait avant guerre une brillante carrière en France et aux États-Unis. Professeur au Conservatoire supérieur de musique de Paris, il dirige en outre un quatuor portant son nom. Résistant au sein du réseau « Jean-Marie », dont le siège se trouve dans son studio musical parisien, il est arrêté le 29 novembre 1943 puis déporté le 26 décembre à Buchenwald. Au camp, Hewitt est repéré par un détenu polonais, secrétaire du kapo de la pathologie, Gustav Wegerer, musicien lui aussi. Avec deux autres prisonniers, ils forment un quatuor et s'exercent désormais, le soir, dans le block sinistre de la pathologie, entourés des organes prélevés sur les déportés. Le quatuor joue également à de nombreuses occasions pour ses camarades, et donne même une représentation confidentielle pour les dirigeants de l'organisation communiste clandestine à l'occasion du 1er mai 1944[1].

On écoute également des compositions plus légères, dirigées par Yves Darriet, musicien de jazz professionnel, et interprétées notamment par Louis Marcovitch au saxophone, un ancien musicien du Lido à Paris, Joseph Seisdedos à l'accordéon ou Claude Mervy de Ricaut à l'accordéon.

La plupart des œuvres sont jouées sans partition, hormis quelques-unes récupérées là aussi grâce à la complicité de détenus. Les instruments proviennent de la même source ou de l'orchestre du camp institué par la direction SS. De véritables spectacles sont parfois donnés, en particulier dans le block 34 qui devient un haut lieu des activités culturelles de la communauté française.

---

1. AN, 72AJ321, Comité d'histoire de la Deuxième Guerre mondiale, témoignage de Maurice Hewitt, 5 mars 1952.

Une scène de spectacle y est même ponctuellement installée, à l'aide de tables et de couvertures. Le plus souvent, ce sont des numéros de music-hall et de chansonniers qui sont interprétés. Le paradoxe de cette situation est souligné par Yves Darriet. Selon lui, le spectacle dépasse à peine le niveau d'un bal-musette, mais il n'en réjouit pas moins l'assistance émue : « Dans cette atmosphère d'émigration, une marée de souvenirs déferle qui dépasse la médiocrité des artistes et des œuvres exécutées. Ce miracle des collectivités douloureuses se reproduit à chacune de nos manifestations de baladins septiques. Mais, il s'agit bien ici et seulement "d'art-souvenir"[1] ». Peu importe la qualité relative de la plupart des prestations, là n'est pas l'essentiel, mais bien le réconfort qu'elles procurent aux détenus l'espace de quelques minutes, loin du froid, de la boue et de la violence.

Quelques grandes soirées viennent aussi égayer la vie morne du camp. C'est notamment le cas à l'occasion de Noël 1944 où une revue est montée dans le block 34, à l'initiative de Christian Pineau et de Boris Taslitzky, le premier se chargeant d'écrire des textes, le second de la confection des décors. L'idée leur est venue alors que, tous deux affectés au *Lagerkommando*, le kommando intérieur, ils balayaient la place d'appel. Yves Darriet est chargé des arrangements musicaux[2]. Avant la représentation, Christian Pineau se souvient qu'il faut toutefois « passer à la censure du Comité des loisirs. Ce n'est pas une si petite affaire. Bétani, vexé parce que nous n'avons pas fait appel à son concours, épluche chaque phrase du texte, fait des objections : ce passage est trop nationaliste ; cette mise en boîte des Stubendienst pourrait donner lieu à des malentendus ; ce vers est boiteux, non il s'est trompé, il a mal compté,

---

1. Darriet (Yves) et Francis-Bœuf (Claude), *Intermède... Écrit à Buchenwald*, op. cit., p. 98.
2. Pineau (Christian), *La Simple Vérité*, op. cit., pp. 516-517.

mais cette rime-là manque de richesse ; dans l'ensemble ce n'est pas assez "éducatif", il faut se méfier du style bourgeois ; on voit trop que je suis un intellectuel. Sans l'aide de Boris, qui met Bétani en boîte, nous n'en serions jamais sortis[1]. »

La soirée, qui se tient le 24 au soir au *Flügel* A, est une véritable réussite, réunissant une assemblée nombreuse, constituée de Français de tous les blocks, mais aussi de détenus d'autres nationalités. Le programme, ouvert par une vibrante Marseillaise, mêle le quatuor Hewitt, la composition de Pineau et Darriet – *Noël au studio 34* – consacrée à l'évocation sur un mode satirique de la vie au camp, puis un orchestre musette dirigé par Darriet. C'est un succès qui donne lieu à une nouvelle représentation dans la matinée du 31 décembre au block 31, puis le 7 janvier au block 14, tous deux situés dans le Grand camp.

D'autres initiatives voient le jour, comme ce concours d'écriture entre les blocks français, à l'image de celui initié par Yves Boulongne dans son block, le 40, quelques semaines auparavant. Sous l'égide du Comité des loisirs, un jury réunissant Julien Cain, le poète André Verdet, le député de Seine-Maritime André Marie, Christian Pineau, Yves Boulongne et Boris Taslitzky, sélectionne, parmi une quinzaine de textes – poèmes ou récits divers – celui du journaliste Jean Gandrey-Rety. Ces textes serviront d'ailleurs de base en 1945 à l'édition d'une anthologie publiée par André Verdet aux éditions Robert Laffont[2]. Les loisirs comprennent également des conférences sur les sujets les plus divers, directement inspirées des universités populaires selon Yves Boulongne. Dans le block 40 par exemple, le ministre Soudan décrit à ses codétenus « le royaume de Belgique » ; le Français Jean Baillou, agrégé de

---

1. *Ibid.*, pp. 524-525.
2. L'ouvrage a été réédité : VERDET (André), *Anthologie des poèmes de Buchenwald*, 2ᵉ éd., Paris, Éd. Tirésias, 1995, 152 p.

lettres classiques et sous-directeur de l'École nationale supérieure de Paris, évoque le poète du XVIe siècle Pontus de Tyard[1].

La résistance intellectuelle ou culturelle est certes importante, mais l'action du Comité des intérêts français se développe à un autre niveau, plus politique, à la mesure de la situation particulière conquise de haute lutte à Buchenwald.

Lutter contre les coups

La lutte contre les coups vise à limiter dans la mesure du possible la brutalité des rapports entre les détenus, mais elle concerne en premier lieu celle exercée par les prisonniers disposant d'une charge administrative, notamment les chefs de blocks ou les kapos. Elle en est même emblématique, alors que l'encadrement n'est plus constitué majoritairement en 1944 de prisonniers de droit commun, mais de « politiques » allemands, essentiellement communistes. Selon Marcel Paul, l'attitude violente de certains de ces hommes obéit à la motivation suivante : « Nous sommes là depuis huit ans, douze ans, nous ne voulons pas être à la merci d'une imprudence, un acte d'indiscipline peut déterminer l'intervention massive des SS et nous ne voulons pas périr de cette façon. Il fallait évidemment tenir compte de ce fait dont la valeur n'est pas contestable mais en même temps c'était un problème politique fondamental pour la coopération, pour l'établissement de la fraternité internationale et il fallait mettre absolument fin à cette conception [...][2]. » Leur arme principale pour exercer la discipline, ce sont les coups

---

1. Ass. française Buchenwald-Dora et kommandos, Comité des intérêts français, fonds Boulongne, communication d'Yves BOULONGNE au colloque de Weimar le 10 avril 1999 sur : « De la Résistance culturelle des Français à Buchenwald, 1943-1945. Quelques pistes de recherche ».
2. FNDIRP, entretien de Marcel Paul avec Pierre Durand, *op. cit.*

qu'ils assènent sans guère de discernement, notamment à ces Français qui possèdent, à leurs yeux, une si mauvaise image, qu'ils soient communistes ou non. Déporté en mai 1944, Charles Roth exprime ainsi sa douleur d'être battu dans son block 39, par ses propres camarades de parti, d'origine étrangère[1]. Pourtant, dès 1939, le Collectif allemand avait tenté de policer les méthodes utilisées par les siens envers les ressortissants des autres nationalités. Otto Horn, l'un des responsables du parti communiste autrichien à Buchenwald se souvient du slogan alors employé : « Chaque coup donné à un étranger est un coup donné au peuple allemand[2]. » Sans guère de résultat en ce qui concerne les Français...

Dès son arrivée à Buchenwald, Marcel Paul prend conscience des menaces pesant sur ses compatriotes et des ravages, sur un plan non seulement humain mais aussi en terme d'image pour le Parti, suscités par l'attitude de détenus communistes allemands. Il souligne d'emblée la question relative « au respect dû à la personne humaine », et résume ainsi, en une formule, sa ligne de conduite : « On a posé le problème de la lutte contre les coups, on n'accepterait pas les coups[3] ! »

Marcel Paul va commencer ce combat par son propre block, le 57 dans le Petit camp, où il va être affecté et nommé *Stubendienst*. Selon le rapport de la commission d'enquête du CIF, Otto Schmit, un ancien *Lagerschutz* bavarois, exclu du KPD pour brutalité[4], « sans principes et sans moralité, insulte les Français venus d'Auschwitz, assomme ceux qui n'ont pas le

---

1. AN, 72AJ321, Comité d'histoire de la Deuxième Guerre mondiale, témoignage de Charles Roth, 17 septembre 1952.

2. Cité par LANGBEIN (Hermann), *La Résistance dans les camps de concentration nationaux-socialistes (1938-1945)*, *op. cit.*, pp. 123-124.

3. FNDIRP, entretien de Marcel Paul avec Henri Alleg, *op. cit.*

4. Ass. française Buchenwald-Dora et kommandos, arch. Marcel Paul, témoignages, retour, lettre de Marcel Paul au colonel Badin, 14 juin 1945.

don de lui plaire ; ses *Stubendienst* pratiquent les mêmes méthodes, se livrent à un pillage éhonté de la soupe, réalisent des bénéfices en majorant les prix de vente du tabac, de la bière, etc. La section française, après s'être convaincue de l'impossibilité d'aucun accord avec un personnage aussi taré, pose la question du départ du block dudit individu. Tollé dans le camp où les chefs de blocks sont personnages sacrés, enquêtes et contre-enquêtes menées par les autorités administratives se succèdent ; certaines personnalités officielles veulent absolument sauver le chef de block, empêcher que soit ainsi mise en question l'autorité dont jouissent les fonctionnaires du camp, autorité qui, d'après eux, conditionne le maintien de la discipline[1] ».

Les chefs de blocks font corps autour de leur homologue du 57 et refusent de se désolidariser de lui. Le rapport de force avec la direction « internée » du camp monte en pression. Des menaces de mort sont à plusieurs reprises proférées par Otto Schmit contre Marcel Paul qui, de ce fait, doit être gardé jour et nuit par des camarades français. Il dort également avec, à ses côtés, un lourd marteau de bois pour se défendre en cas d'attaque fortuite[2]. La possibilité d'excuses est proposée comme compromis par les protecteurs du tortionnaire, mais la gravité de la situation nécessite un exemple « qui fasse réfléchir les autres chefs de blocks, qui démontre à chacun que le temps est passé où le bon plaisir des gens en place était la seule véritable règle du camp[3] ».

---

1. Rapport de la commission d'enquête clandestine, cité dans DURAND (Pierre), *Les Français à Buchenwald et à Dora. Les armes de l'espoir*, *op. cit.*, p. 273.
2. MANHÈS (Frédéric-Henri), *Buchenwald. L'organisation et l'action clandestines des déportés français (1944-1945)*, *op. cit.*, p. 38.
3. Rapport de la commission d'enquête clandestine, cité dans DURAND (Pierre), *Les Français à Buchenwald et à Dora. Les armes de l'espoir*, *op. cit.*, p. 274.

Finalement, au bout d'un mois, la fermeté auprès de la direction clandestine du camp paye : le chef du block est destitué et envoyé en transport, certes vers un kommando correct. Les *Stubendienste* les plus compromis sont également renvoyés. C'est la première victoire, une victoire majeure qui doit tout à la détermination et au courage de Marcel Paul.

Manhès lui-même est une victime indirecte de la violence alors perpétrée, illustrant ainsi la réalité des dangers objectifs menaçant les responsables du Collectif français, engagés dans un conflit ouvert avec une partie de l'administration détenue. Cette situation témoigne également des limites de leur action. D'une manière assez étrange, l'épisode n'est pas mentionné dans le rapport de la commission d'enquête, même si le président du CIF en fait état dans ses souvenirs de déportation, tout comme Jean Puissant, également logé dans le block 56 destiné aux invalides.

Dans cette « cour des miracles sordides[1] », le chef, Jacob Kindinger, un Allemand de Rhénanie, présente une personnalité ambiguë comme le souligne Jean Puissant : « Ce n'était pas un mauvais diable. Il avait en lui des trésors d'humanité et de générosité qui lui venaient en partie de sa formation politique de communiste militant [...]. Il n'était pas sans courage : à plusieurs reprises, je l'ai vu tenir tête au SS de service et défendre ses invalides que l'autre voulait obliger à se tenir debout à l'appel dehors. Mais la brutalité foncière de sa race ressurgissait fréquemment en de terribles crises de colère qu'il ne pouvait absolument pas réprimer, et qui le rendaient redoutable, puisqu'il pouvait frapper et que nous ne pouvions pas nous défendre[2]. »

---

1. PUISSANT (Jean), *La Colline sans oiseaux. 14 mois à Buchenwald*, Paris, Éd. du Rond-Point, 1945, p. 68.
2. *Ibid.*, p. 71.

Jacob Kindinger est secondé par des *Stubendienste*, pour l'essentiel russes, qui maltraitent les Français et pillent littéralement leurs colis. Les plaintes se multiplient sans conséquences, avant qu'un matin d'août 1944, à l'aube, un événement ne vienne provoquer une crise inédite. Ce jour-là, les *Stubendienste* font sortir les occupants du block pour se rendre aux lavabos. Une poignée d'*Häftlinge* rentrent alors précipitamment trouver Manhès, expliquant qu'un Français vient d'être tué par les aides du chef de block. Manhès se rend aussitôt sur place. En fait, l'homme a été violemment frappé et se trouve au *Revier*. Là aussi, il faut faire un exemple. Manhès trouve Marcel Paul et les deux dirigeants du CIF décident de déposer une plainte auprès des doyens du camp. Une enquête est confiée au *Lagerältester* n° 3 Paul Schreck. Les Russes, dont une majorité d'Ukrainiens raflés par l'armée allemande selon Manhès, prennent la défense des *Stubendienste* contre les Français. Une commission composée de deux délégués français et de deux prisonniers de guerre soviétiques, présidée par un détenu allemand, est instituée. Dès le lendemain, ses conclusions sont rendues et mettent en cause directement Manhès : « Un mauvais élément, faisant au camp de la propagande antisoviétique, tenant de véritables meetings contre l'URSS, et annoncent qu'une très forte majorité des *Häftlings* du block 56 demande que cet élément débarrasse le camp et soit envoyé en "transport avec recommandation[1]" », ce qui « signifie la mort » ajoute Manhès. Les dirigeants clandestins français protestent alors avec vigueur contre la partialité de la procédure engagée, auprès des responsables du Collectif soviétique, et obtiennent que l'enquête soit reprise. Cette fois, la bonne foi de Manhès et l'attitude scandaleuse des *Stubendienste* sont établies, avec

---

1. MANHÈS (Frédéric-Henri), *Buchenwald. L'organisation et l'action clandestines des déportés français (1944-1945)*, *op. cit.*, pp. 39-40.

l'annonce de sanctions en cas de récidive. Malgré cette issue favorable dans son principe, le président du CIF subit des représailles. Il doit être lui aussi surveillé pendant plusieurs semaines en raison de menaces portées contre lui. Il se voit écarté des discussions avec les dirigeants du Collectif international et finalement reclassé pour le travail à l'issue d'une visite médicale, alors qu'il était reconnu invalide donc sans charge de travail[1]. Selon Jean Puissant, cet événement s'inscrit dans le contexte d'une action également engagée à la suite des vols répétés dont les Français sont victimes. Or les vifs espoirs se trouvent rapidement déçus : « Finalement, nos canailles de *Stubendienste*, nous riant ironiquement au nez, revinrent plus arrogants et plus brutaux que jamais[2]. »

La situation au block 51 confirme également la difficulté de modifier les comportements. Une action est engagée contre le chef du block 51. Officiellement renvoyé en novembre 1944, il ne quitte son poste qu'en mars 1945, « ceci donnant la pleine mesure du manque d'autorité réelle des autorités administratives et de l'indiscipline des détenus politiques allemands pourvus d'emplois responsables[3] », selon les termes de la commission d'enquête du CIF.

Au *Zeltlager*, le camp des tentes installé aux confins du Petit camp en juillet 1944 lors de l'arrivée de quelque deux mille Français venant de Fresnes et Compiègne, le détenu responsable des lieux est renvoyé suite aux plaintes des délégués clandestins, en raison de son attitude sectaire et nuisible. Le Collectif français avait par ailleurs joué un rôle important dans

---

1. *Id.*
2. PUISSANT (Jean), *La Colline sans oiseaux. 14 mois à Buchenwald, op. cit.*, pp. 138-139.
3. Rapport de la commission d'enquête clandestine, cité dans DURAND (Pierre), *Les Français à Buchenwald et à Dora. Les armes de l'espoir, op. cit.*, p. 274.

l'aménagement du campement, afin d'améliorer les conditions de vie de ses ressortissants[1].

La situation dans le Grand camp n'est guère meilleure, notamment dans les blocks 10, 14, 31 et 34, à majorité française. Le chef du block 10 quitte le camp, non sans avoir harcelé pendant des mois les compatriotes du colonel Manhès ; celui du 14 demeure en place après avoir prudemment adopté une attitude plus modérée[2]. En novembre 1944, un communiste allemand, Max Enker, qui selon Gilbert Schwartz se révèle un homme exceptionnel, succède à Mikael Lawrenz à la tête du block 31[3].

Le remplacement du chef de block 34 a déjà fait l'objet de nombreux commentaires dans la littérature concentrationnaire, en raison de son caractère symbolique et de l'importance du groupe des Français, avec une structure clandestine nationale bien établie dont l'un des premiers dirigeants est Pierre Mania, alors *Stubendienst*.

Né le 4 septembre 1911 à Clichy, cet instituteur s'est engagé dans le « Front national » puis les FTP dans la région de Gisors. Pierre Mania assure alors la liaison avec Albert Forcinal. Arrêté le 13 octobre 1943, il est déporté le 15 décembre suivant à Buchenwald.

Ces facteurs ont favorisé l'émergence d'une vie culturelle intense dans la baraque, dont rendent notamment compte les souvenirs de Christian Pineau ou encore le riche ouvrage col-

---

1. Voir MANHÈS (Frédéric-Henri), *Buchenwald. L'organisation et l'action clandestines des déportés français (1944-1945)*, op. cit., p. 27 ; KOGON (Eugen), *L'État SS. Le système des camps de concentration allemands*, op. cit., pp. 204-205 ; DARRIET (Yves) et FRANCIS-BŒUF (Claude), *Intermède... Écrit à Buchenwald*, op. cit., pp. 153 160.

2. Rapport de la commission d'enquête clandestine, cité dans DURAND (Pierre), *Les Français à Buchenwald et à Dora. Les armes de l'espoir*, op. cit., p. 274.

3. Ass. française Buchenwald-Dora et kommandos, block 31, SCHWARTZ (Gilbert), *Buchenwald Block 31*, p. 2.

lectif publié par les anciens de ce block en 1989[1]. Pourtant, le block 34 acquiert dans un premier temps une réputation exécrable.

Alfred Mulher, le chef de block, un communiste allemand souvent colérique et violent, obsédé par l'ordre et la propreté, entretient des rapports difficiles avec la majorité française qui compose progressivement son baraquement. Parmi d'autres, une anecdote l'illustre particulièrement. Un officier de Marine nationale, gravement torturé par la Gestapo après son arrestation en France, vient un jour à décéder après l'appel. À l'initiative du lieutenant Claude Vanbremeersch, il est ramené par ses camarades au block pour que les derniers hommages lui soient rendus. Le corps est installé sur un banc et une garde d'honneur est formée. Alfred Mulher, écumant de rage à la vue de la cérémonie, se précipite et renverse le banc, provoquant la chute du corps sur le sol. Les Français protestent énergiquement. Alfred Mulher menace d'avertir les SS ; le danger est réel. Le poids du nombre parvient cependant à ramener l'homme à la raison, jusqu'à la prochaine crise[2]. Puis, c'est au tour de Julien Cain, administrateur de la Bibliothèque nationale, de subir la colère et les coups de Mulher. Une plainte est déposée par le colonel Manhès auprès du *Lagerältester*, qui inflige un blâme au chef de block[3]. Toutefois, l'affaire n'en reste pas là. Le docteur Frank, un médecin d'origine hongroise naturalisé Français, est alors envoyé dans le block en qualité de *Stubendienst* afin de procéder à une enquête sur Mulher. Il est envoyé là à la demande de la direction internée, qui souhaite mieux apprécier le comportement de Mulher[4]. Les Français

---

1. *Buchenwald. Block 34: témoignages, op. cit.*, 253 p.
2. *Ibid.*, pp. 62-63.
3. MANHÈS (Frédéric-Henri), *Buchenwald. L'organisation et l'action clandestines des déportés français (1944-1945), op. cit.*, p. 38.
4. PINEAU (Christian), *La Simple Vérité, op. cit.*, p. 398.

continuent cependant d'en faire les frais. À la suite d'un conflit avec lui, Pierre Mania est transféré dans le Petit camp, puis envoyé en décembre 1944 en transport à Leipzig, au kommando de Taucha. Dans l'intervalle, en octobre, Alfred Mulher a fini par subir le même sort, transféré comme chef du kommando de Witten Annen. Selon le rapport de la commission d'enquête, son renvoi est consécutif à la plainte déposée après l'agression contre Julien Cain. Mais Christian Pineau donne une version différente, l'expliquant par une démarche entamée par les dirigeants clandestins français du block, Claude Vanbremeersch ainsi que Jules Frank, et par lui-même, auprès du *Lagerältester*[1].

Discipliner la communauté française

Ces victoires suscitent un grand retentissement dans tout le camp et montrent aux autres collectifs nationaux la détermination de la communauté française à se faire respecter. Il n'en demeure pas moins que, pour s'imposer, celle-ci doit également parvenir à épurer ses rangs et « améliorer la tenue d'un certain nombre d'éléments français [qui] pouvait encore prêter à critique[2] ». Sur ce point, il convient à nouveau de rappeler le cadre tout à fait singulier dans lequel s'inscrivent les comportements dont nous allons parler. S'interrogeant sur la fraternité parmi les déportés, l'abbé Hénocque estime qu'elle fut bien rare car « une seule loi était, en général, observée : celle des bêtes fauves. Pour un morceau de nourriture, des hommes se battaient, des hommes volaient, des hommes se

---

1. Cette contradiction est soulignée par Cyrille Orlowski, dans *Buchenwald-Block 34*, *op. cit.*, p. 117.

2. Rapport de la commission d'enquête clandestine, cité dans DURAND (Pierre), *Les Français à Buchenwald et à Dora. Les armes de l'espoir*, *op. cit.*, p. 275.

dénonçaient[1] ». Au sein de l'univers concentrationnaire, Marcel Conversy rappelle combien les caractères s'endurcissent et parviennent à s'habituer à l'insensibilité car « partout, c'est la lutte pour la vie[2] ». Le professeur Richet propose d'ailleurs une formule percutante, mais ô combien significative : « Notre milieu de bagnards n'avait rien de comparable avec l'association de Saint-Vincent-de-Paul, la YMCA ou une réunion de philanthropes[3]. » Il n'en demeure pas moins que dans cette « jungle », pour reprendre le mot de l'Abbé Hénocque, la communauté française édicte des règles visant à rendre irréprochable l'attitude de ses membres, pour impitoyables qu'elles peuvent sembler aux yeux de certains.

La première tâche porte sur l'élimination des traîtres. Il s'agit soit de collaborateurs des nazis s'étant compromis dans des trafics divers et déportés, soit de détenus de droit commun, arrêtés notamment pour marché noir, et cherchant à améliorer leur sort. Ces hommes s'étaient déjà manifestés à Compiègne et avaient reçu des responsabilités de la part des autorités allemandes dans l'administration intérieure de ce camp. Grâce à eux, la Gestapo disposent de « moutons », des détenus noyés dans la masse de leurs compatriotes recueillant secrètement des informations sur la résistance clandestine afin de permettre aux autorités d'identifier ses meneurs et de démanteler les réseaux[4]. À Buchenwald, tous reçoivent donc un triangle rouge, mais ils n'en poursuivent pas moins leur sinistre mission au service du IIIe Reich. Ils se démasquent souvent assez rapidement, prenant les *Lagerschutz* pour des agents de la SS et venant les trouver pour entrer en contact avec les autorités allemandes. Dès la nuit

---

1. HENOCQUE (abbé Georges), *Les Antres de la bête... Fresnes, Buchenwald, Dachau*, Paris, G. Durassié, 1947, pp. 121-122.
2. CONVERSY (Marcel), *Quinze mois à Buchenwald*, op. cit., p. 165.
3. RICHET (Charles), *Trois bagnes*, op. cit., p. 69.
4. PINEAU (Christian), *La Simple Vérité*, op. cit., pp. 307-308.

suivante, ils sont supprimés. En effet, l'élimination de ces détenus représente une nécessité absolue pour la propre sécurité de l'organisation clandestine comme pour la poursuite de son activité. L'organisation communiste dispose à cet effet d'une équipe spécialement constituée[1]. Christian Pineau rapporte l'exécution d'un groupe de soldats de la Légion des volontaires français contre le bolchevisme, liquidé quelques jours après son arrivée ; des « traîtres » comme les qualifie Pierre Mania[2]. Marcel Conversy décrit lui aussi un épisode de cette épuration jugée indispensable, d'abord sommairement dans *Quinze mois à Buchenwald*, puis tout au long d'un chapitre de *L'Enclos des hommes perdus*. La scène se déroule au cours de l'été 1944 lorsque arrive dans ce camp un convoi en provenance de Compiègne, comprenant un dénommé Carini, un pseudonyme, l'un de ces prisonniers auxiliaires de l'Allemagne. Un comité est institué parmi les « résistants » qui le condamne à mort. La sentence est appliquée, une nuit, par un ami de Conversy, et l'auteur d'ajouter : « Décidément, je ne m'habituerai jamais aux mœurs du camp[3]. »

À Buchenwald, les décès de détenus provoqués par d'autres prisonniers sont effectivement nombreux, mais en rien comparables avec ceux commis par les gardiens. Certains sont justifiés par des considérations défensives et provoqués par la résistance clandestine, à l'image du sort des « moutons ». Mais la plupart des décès ne relèvent pas de ce cas de figure et résultent des rapports empreints de la plus grande brutalité entre les individus au camp, qu'il s'agisse de règlement de comptes ou d'assassinat pur et simple pour les motifs les plus divers. Il ne saurait y avoir d'amalgame entre les deux situations.

---

1. Entretien de Marcel Paul avec Jean-Pierre Vittori, *op. cit.*
2. PINEAU (Christian), *La Simple Vérité*, *op. cit.*, p. 444.
3. CONVERSY (Marcel), *Quinze mois à Buchenwald*, *op. cit.*, pp. 106-107 ; voir également *L'Enclos des hommes perdus*, Thonon-Les-Bains, 1946, pp. 67-73.

Aussi, cette violence n'est-elle pas condamnée systématiquement, en particulier quand elle s'applique pour réprimer les vols, et singulièrement les vols de pain. Comme le signale Marcel Paul, « un voleur était considéré comme un assassin, il condamnait à mort un camarade dont il avait pris une part de sa ration et la punition c'était la peine de mort[1] ». Le Collectif français parvient à imposer la création de comités de blocks, déjà signalés, composés de ses propres représentants mais aussi de ceux des autres nationalités présentes, qui, en cas d'indiscipline ou de vol, décident de la sanction. Christian Pineau les évoque également. Désormais, ce ne sont plus les seuls chefs de blocks qui tranchent unilatéralement, et souvent d'une manière expéditive. Il n'en demeure pas moins que la plus grande intransigeance reste de mise. Le professeur Richet la revendique d'ailleurs pleinement : « Quand on prenait le voleur, parfois on le tuait. Plus souvent on le rouait de coups. La brutalité était nécessaire, sinon ces vols se seraient multipliés et les "terreurs" du bagne eussent été les maîtres du camp. Ou bien, après une solide raclée, on promenait le délinquant quelques heures ; sur son épaule une grosse pierre était posée et il portait, sur la poitrine, une pancarte, sur laquelle le mot « voleur » était écrit en plusieurs langues. J'eus moi-même, ayant une certaine influence, à juger de tels cas dans le block 57 (car nous faisions justice nous-mêmes) et je donnai le signal de passage à tabac du voleur en lui appliquant, en qualité de juge et d'exécuteur, le premier coup de poing sur la face. Ceci sans remords, j'ose le dire[2] ! »

La tournure prise par les événements peut toutefois être nettement plus dramatique. Le décès de Maurice Raymond, un Français interné au block 10, en fournit un exemple mani-

---

1. FNDIRP, entretien de Marcel Paul avec Pierre Durand, *op. cit.*
2. RICHET (Charles), *Trois bagnes*, *op. cit.*, p. 68.

feste[1]. L'homme est un ancien communiste, honnête et patriote selon ses camarades, mais poussé à des vols répétés du fait de la sous-alimentation régnant au camp, ce qui conduit à son exclusion du Parti à Buchenwald puis, sans rapport, à son exécution. Sa mort donne lieu à une enquête diligentée par l'organisation clandestine française, dont les éléments de procédure nous sont parvenus et nous renseignent sur les pratiques en vigueur.

Le 1er mars 1945, au retour de l'appel, le détenu est surpris par Just, l'un de ses compatriotes membre du comité de block, en train de voler de la nourriture dans la musette de l'un de ses codétenus. Il est remis entre les mains du volé. Les faits s'enchaînent, il se retrouve dans les toilettes où il est alors battu à mort devant une foule de trente à quarante personnes. Le 6 mars, le comité de block décide de réunir une commission d'enquête de quatorze membres pour éclaircir les circonstances du décès, « une tragédie aussi regrettable que rapide », de rechercher « les coupables de cet acte inqualifiable » et de « dissiper toute équivoque[2] ». En effet, selon certains détenus, comme le journaliste Maurice Nègre, des membres du parti communiste avaient déclaré quelques jours auparavant qu'il « fallait lyncher les voleurs ». Le Parti serait donc moralement responsable de la mort de Raymond. Le 29 mars, les conclusions sont remises au CIF. Elles font apparaître l'impossibilité d'identifier les porteurs de coups, faute d'autodénonciation et de témoignages à charge. En d'autres termes, l'ensemble des Fran-

---

1. Les documents du CIF mentionnent le nom de Maurice Raymond. Il s'appelle en fait Georges Reymond (1896-1945). Déjà inculpé en février 1940 pour des propos défaitistes, il est arrêté en février 1941 à son domicile de Saint-Bérain puis incarcéré. Il est déporté le 17 janvier 1944. Nous remercions son fils Jean de nous avoir communiqué ces renseignements.

2. Ass. française Buchenwald-Dora et kommandos, arch. Marcel Paul, Comité des intérêts français, commission d'enquête du 1er mars 1945. Les informations de ce paragraphe sont toutes issues du même dossier.

çais font corps et se couvrent mutuellement. La commission déplore toutefois l'attitude de Just qui aurait dû remettre Maurice Raymond au comité de block, « seul organisme qualifié pour juger le délinquant et prononcer l'une des peines prévues par le règlement et l'usage : corvées, quarantaine, exclusion du collectif, descente au Petit camp, départ en transport, etc. Just a paru ainsi oublier que le CIF s'était à maintes reprises formellement affirmé contre les châtiments corporels qui dégradent et avilissent ceux qui les emploient et sont en opposition absolue avec les sentiments bien connus du peuple français[1] ».

Au passage, cet extrait montre que le départ en transport figure bien parmi l'arsenal des mesures, certes extrêmes, dont disposent les comités de blocks pour imposer la discipline.

La commission reconnaît, sans l'excuser, l'exaspération qui a poussé les Français du block 10 à se conduire ainsi, alors que les vols contribuent à entretenir « une atmosphère absolument intolérable de contrainte et de suspicion qui ne demande qu'à favoriser le lynchage contre ceux qui se laissent aller au crime qui consiste à dérober à des camarades déjà sous-alimentés et affaiblis, tout ou partie de rations alimentaires absolument indispensables ». En revanche, aucune incitation à commettre de tels actes venant d'organismes ou de personnalités représentatifs de la communauté n'est attestée. Aussi, la commission appelle le CIF à renforcer l'autorité du comité de block pour lui permettre de mieux s'imposer auprès des Français, de condamner les réunions publiques « non-provoquées, contrôlées et dirigées par les organismes responsables du block (Comité de block, Comité de solidarité, Comité des loisirs) ou les personnalités ayant qualités administratives pour ce faire : chef de block ou ses représentants. Qu'enfin, et parallèlement à la campagne incessante menée par les organisations dépendant du CIF

---

1. *Ibid.*

contre les coups et les châtiments corporels, même appliqués aux misérables qui ne méritent plus de faire partie du Collectif français, il importe également de s'élever vigoureusement contre les vols qui se multiplient dans les blocks français, de rappeler à tous les Français que les larcins, indélicatesses, et vols dont ils pourraient se rendre coupables non seulement les feront mettre au ban de la collectivité mais risquent de faire oublier les services rendus à la patrie et de les faire considérer, de retour en France, comme des individus ayant perdu tout sens moral et s'étant rendus coupables de crimes en attentant ainsi à la vie de leurs compagnons de détention[1] ».

Les comités de blocks et les tribunaux parfois constitués suscitent chez une partie des détenus une crainte certaine, tout en contribuant à exacerber les tensions au sein de la communauté française ou chez ceux qui en sont proches, comme les Belges. Le père Léon Leloir dénonce ainsi à plusieurs reprises ce qu'il estime être une justice partiale et expéditive[2]. Même si sa finalité est de punir les fautifs, elle fait peser une menace latente, en particulier chez ceux qui lui dénient toute légitimité. Léon Mazeaud décrit, dans son témoignage recueilli en 1954 par Marie Granet pour le Comité d'histoire de la Deuxième Guerre mondiale, les exécutions décidées par le tribunal se déroulant dans les toilettes, que les condamnés soient battus à mort ou noyés par d'autres Français. Selon lui, il s'agissait « la plupart du temps de peccadilles », comme le vol de pain[3].

Décidément, l'exigence morale défendue par Marcel Paul et le professeur Richet ne semblent pas toucher tout le monde de la même manière.

---

1. *Ibid.*
2. LELOIR (Léon), *Je reviens de l'enfer*, *op. cit.*, pp. 244-256 ; AN, F95577, déposition de Léon Leloir, 24 avril 1945.
3. AN, 72AJ321, Comité d'histoire de la Deuxième Guerre mondiale, témoignage de Léon Mazeaud, 3 décembre 1954.

Le professeur Mazeaud avoue par ailleurs peu connaître l'organisation de résistance au camp. Or celle-ci l'a pourtant pris en charge à son arrivée au camp par l'intermédiaire de Marcel Paul. Il n'empêche qu'il finit lui-même par passer devant le tribunal de son block, le 26. Il est accusé par un détenu communiste d'avoir pratiqué le troc – interdit –, ce qui motive selon lui son inscription pour un départ en transport, dont il est finalement sauvé par Julien Cain. Léon Mazeaud reproche aussitôt au communiste en question de l'avoir fait nommé. Le soir même, il est à nouveau convoqué devant le tribunal de block au motif d'avoir faussement dénoncé son camarade. Toujours selon ses dires, il doit alors son salut au « Front national » dont il revendique faussement l'appartenance et ne fut plus inquiété.

Un autre épisode vient conforter le caractère sensible des séances du tribunal, évoqué cette fois par le professeur Richet[1]. Il met en cause l'un des médecins du *Revier* du Petit camp, Marcel Renet dit « Jacques Destrée », fondateur du journal clandestin *Résistance* et déporté en janvier 1944. Selon le témoignage de Maurice Jattefaux, nommé aide-infirmier à ses côtés, celui-ci ne s'occupe pas suffisamment bien des malades. Sa conduite devenant dangereuse pour les Français selon ses détracteurs, il est traduit devant le tribunal du block 55. Jattefaux porte l'accusation, Charles Richet assure sa défense. Afin de ne pas entacher le prestige de l'ensemble de la communauté, le docteur Renet est maintenu en fonction, tout en étant désormais surveillé[2]. Il ne semble pas qu'il en tienne rigueur aux communistes au retour de déportation. En janvier 1946, il écrit à Gaston Deslandes, l'une des personnalités importantes du PCF au camp :

---

1. WETZEL (Laurent), « Héroïsation d'un kapo », in *Le Quotidien de Paris*, 16 novembre 1992.

2. AN, 72 AJ 322, Comité d'histoire de la Deuxième Guerre mondiale, Buchenwald, témoignage de Maurice Jattefaux, *op. cit.*

« Mon cher ami,

Marcel Paul vient de me donner de tes nouvelles. Depuis très longtemps, je pensais à toi, mais si curieux que cela puisse paraître, je ne connaissais pas ton nom de famille. Je n'oublierai jamais tout ce que je te dois. Tu m'as fait rayer du transport pour Dora, et je te suis redevable de la vie. Je n'oublierai surtout pas la délicatesse exquise avec laquelle tu avais entrepris tes démarches[1]. »

La complexité des relations entre les détenus au camp de Buchenwald suggère donc d'éviter les jugements expéditifs sur les hommes et une grande prudence dans les conclusions à porter sur les événements survenus.

La solidarité

Le Collectif français à Buchenwald ne s'en tient pas qu'à des actions coercitives, il développe également des initiatives relatives à la solidarité, et singulièrement à la solidarité alimentaire même si, là encore, il est parfois contraint d'adopter une posture empreinte d'une grande sévérité, décriée par certains.

Dans les camps, la nourriture, comme les conditions de travail, revêt une importance vitale. Le rôle de la solidarité est donc fondamentale car, comme l'explique Marcel Paul « c'était le sauvetage d'un déporté rendu à bout et, par conséquent, une action de résistance, en même temps qu'un acte d'humanité où le cœur parlait avec une intensité particulière[2] ». Ce sujet est aussi la source d'antagonismes puissants, qui vont empoisonner

---

1. Ass. française Buchenwald-Dora et kommandos, lettres de Buchenwald, dossier Gaston Deslandes, lettre de Marcel Renet (Jacques Destrée) à Gaston Deslandes, 31 janvier 1946.
2. PAUL (Marcel), « Buchenwald : Du martyre à l'insurrection », in *Histoire de notre temps. Toute la vérité*, *op. cit.*, p. 29.

l'ambiance dans laquelle vivent les Français tout au long des derniers mois au camp.

Il faut toutefois dire que la solidarité alimentaire se trouve régie, en premier lieu, à une échelle beaucoup plus réduite que celle de la communauté : il s'agit de quelques individus qui décident, sur la base d'affinités ou de liens divers – géographiques, militants, etc. –, de mettre en commun leurs maigres ressources – légales ou pas –, pour s'entraider ; ce sont les « popotes », un phénomène quasi-spontané.

À un niveau supérieur, celui d'un groupe, la solidarité prend déjà une apparence plus organisée et plus conséquente. C'est le cas par exemple pour des communistes qui, dès les prisons et camps en France, ont établi de tels réseaux et les maintiennent à Buchenwald. Mais l'action du Comité des intérêts français se place à une échelle encore plus importante. Elle vise à institutionnaliser ces pratiques pour l'ensemble de la communauté française, s'inscrivant en outre dans le cadre établi par la « direction » clandestine du camp.

Cette organisation concerne en premier lieu les ressortissants du Collectif français, mais elle peut aussi s'exercer au bénéfice d'autres nationalités. Pour le CIF, la solidarité devient aussi un outil politique pour améliorer leur image auprès des autres collectifs et des autorités clandestines du camp, favorisant par là même leur intégration et affirmant l'autorité de leurs représentants. Le colonel Manhès s'illustre ainsi, dès son arrivée en janvier 1944, en participant à une collecte parmi ses compatriotes, en faveur de plusieurs centaines de prisonniers de guerre soviétiques qui avaient refusé de travailler et s'étaient vus privés de nourriture pendant six jours[1].

---

1. MANHÈS (Frédéric-Henri), *Buchenwald. L'organisation et l'action clandestines des déportés français (1944-1945)*, *op. cit.*, pp. 31-32.

La solidarité s'applique, dans une faible mesure, aux maigres rations officielles fournies par les autorités, à commencer par le pain, mais concerne essentiellement les colis reçus par les détenùs, qu'il s'agisse de ceux expédiés par les familles ou ceux adressés nominativement par la Croix-Rouge française. En théorie, ils peuvent en recevoir un par mois. Il faut souligner qu'une grande disparité entre les individus existe : certains en reçoivent ; d'autres jamais, notamment les plus pauvres, ceux dont les familles dispersées ou démunies ne peuvent rien envoyer. Bien qu'ils soient régulièrement pillés d'abord par les SS puis par les chefs de blocks ou certains *Stubendienste*, ils permettent néanmoins d'améliorer le quotidien. Claude Vanbremeersch parle cependant du « peu que voulaient bien nous laisser les SS et les Allemands internés de la direction du camp, aussi voleurs les uns que les autres[1] ». À moins qu'ils ne disparaissent complètement. Alfred Untereiner affirme ainsi que sur les deux cent dix-neuf colis expédiés par ses proches, seuls une vingtaine lui sont effectivement parvenus, ce qui constitue un cas extrême[2]. Selon le président du Comité des intérêts français, la collecte au profit de la solidarité ne revêt pas à cette époque de caractère réellement obligatoire, laissant chacun agir selon sa conscience[3]. Elle porte en particulier sur le sucre destiné à être distribué aux malades les plus faibles du *Revier*. Les autres denrées, enrichies de tout ce qui peut être volé aux services SS, sont directement distribuées. Elles servent à confectionner de nouveaux colis pour ceux qui n'en reçoivent pas, ou des soupes supplémentaires distribuées deux fois par semaine

---

1. VANBREMEERSCH (Claude), « La Résistance à Buchenwald », in *Aux armes, op. cit.*, p. 10.

2. BIRIN (frère), *Seize mois de bagne. Buchenwald. Dora. Par le numéro 43 652, op. cit.*, p. 68.

3. MANHÈS (Frédéric-Henri), *Buchenwald. L'organisation et l'action clandestines des déportés français (1944-1945), op. cit.*, p. 33.

pour les plus démunis et aussi pour les nouveaux arrivants du Petit camp, auxquels rien n'est accordé le premier jour[1].

Mais l'importance des colis ne se résume pas à leur contenu alimentaire. Pour les détenus, ils représentent bien plus, témoignant de l'attention et des sacrifices de leurs proches restés en France qui se refusent à les abandonner.

La solidarité se manifeste d'une manière particulièrement développée au sein du block 34 dans le Grand camp. À l'intérieur, les Français sont initialement dispersés mais finissent par être regroupés, à la demande de leurs représentants clandestins, au sein du *Flügel* A. Une initiative remarquable atteste de ce dynamisme et de cet esprit d'humanité préservé. Il s'agit de la constitution, à l'initiative de Claude Vanbremeersch, à partir d'avril 1944, de deux tables dites de « jeunes », pour une soixantaine de détenus âgés de moins de vingt-cinq ans. Au-delà de leurs différences sociales et politiques, ils vont former un ensemble fraternel inédit, partageant leurs maigres ressources. Le lieutenant Vanbremeersch le souligne : « L'esprit d'équipe naquit, ensemble nous devînmes plus forts pour nous aider dans les coups durs, dans les moments de détresse morale. La "table des jeunes" voulut être un exemple de tenue, de propreté, de solidarité, de gaieté, même à Buchenwald. Il y eut un "esprit de table" comme il y a un esprit de corps dans un bataillon de chasseurs. On chercha plus loin. Des cercles d'études furent formés ; on discutait sur les chantiers de travail, les loisirs n'existant pas ; on abordait les sujets les plus divers, cherchant à profiter des contacts sociaux et internationaux inappréciables qu'offraient le camp. On réagit contre le marché noir, contre le vol (car on vole facilement lorsqu'on meurt de

---

1. Ass. française Buchenwald-Dora et kommandos, témoignages, documents, SCHWARTZ (Gilbert), *Buchenwald 27 juin 1943-11 avril 1945*, *op. cit.*

faim), on sauva par l'amitié quelques âmes qui se perdaient, ne distinguant plus le bien du mal. [...] Une famille était reconstituée pour nous tous, qui avions perdu les nôtres, formée par l'amitié née dans la souffrance. Le soir, en rentrant du travail, il y avait le moment de joie où l'on retrouvait les camarades pour quelques courts instants, où l'on pouvait bavarder, réapprendre à sourire[1]. »

Le docteur Jean Rousset rend un vibrant hommage à ce modèle d'unité, de tolérance et d'abnégation, saluant l'exemple qu'il représentait pour les détenus plus âgés, davantage animés par des préoccupations plus terre à terre[2].

Les colis

Avec la libération progressive du territoire national à partir de la fin du printemps 1944, les correspondances avec la France, et singulièrement l'envoi de colis, deviennent quasiment impossibles. Le phénomène coïncide avec l'augmentation importante de la population concentrationnaire et la diminution des rations. Plus que jamais, la question des colis constitue un problème vital. Dès le début du second semestre 1944, seuls des colis collectifs expédiés par la Croix-Rouge parviennent au camp, avec comme destinataire « l'homme de confiance des Français », une fonction qui existe dans les camps de prisonniers de guerre, mais pas dans les camps de concentration. Leur distribution demeure donc des plus aléatoire. Les SS gardent dessus un contrôle étroit. Ils les confisquent même intégralement du 11 au 22 août 1944, soit cinq

---

1. VANBREMEERSCH (Claude), *loc. cit.*
2. Préface du docteur Jean ROUSSET à GARIN (Jean-Paul), *La Vie dure*, *op. cit.*, pp. VII-XII.

mille à six mille colis[1], justifiant cette mesure par la découverte de correspondances clandestines dans les accusés de réception renvoyés par les détenus dans leurs pays d'origine[2]. Finalement rétablis, ces envois se trouvent soumis à des conditions strictes de distribution édictées par le commandement SS et appliquées par l'administration détenue. Elles imposent que les colis soient distribués au sein des kommandos parmi les détenus les plus assidus au travail, à commencer par ceux affectés à la production de guerre, et sans tenir compte de la nationalité d'origine.

Le Collectif français juge intolérable ces critères. Par l'intermédiaire du colonel Manhès et de Marcel Paul, il porte l'affaire devant l'un des *Lagerältestere* pour obtenir une plus juste distribution et qu'elle soit opérée par les Français eux-mêmes. Dans un rapport clandestin non-daté, le CIF s'explique vis-à-vis des « familles » sur sa démarche[3]. Elle vise en premier lieu à obtenir que la distribution soit opérée au sein des blocks et non plus des kommandos, excluant par définition une grande partie des Français, environ la moitié selon un autre rapport – les détenus affectés au *Holzhof*, les invalides, les détenus du Petit camp, les malades du *Revier*, les détenus des services extérieurs... – et désavantageant les autres demeurant collectivement mal considérés. Elle entend également que les Français soient quelque peu favorisés dans la répartition par rapport aux autres nationalités. Malgré cette doctrine et le soutien, selon Manhès, du *Lagerältester*, la distribution demeure entravée en raison du refus de la SS, réaffirmé jusqu'à la libération, de permettre aux Français de répartir eux-mêmes les colis. Certes, le

---

1. KOGON (Eugen), *L'État SS. Le système des camps de concentration allemands, op. cit.*, p. 140.

2. Ass. française Buchenwald-Dora et kommandos, arch. Marcel Paul, Comité des intérêts français, rapport, sans date.

3. *Ibid.*

principe de la répartition par blocks a fini par être acquis comme l'abandon, dans les faits, de l'attribution au mérite. Dans ce contexte, le président du CIF revendique comme une victoire que les colis collectifs soient dès lors répartis à parts égales entre tous les détenus, Français comme étrangers, et que la possibilité soit offerte à ceux recevant encore quelques colis individuels de verser leur contenu à la solidarité organisée par le comité de block[1]. C'est en fait un compromis, a minima et tardif, qui suscite des réactions négatives parmi les Français.

Des critiques relativisent les efforts importants engagés par les dirigeants du CIF pour tenter de faire revenir la SS sur ses décisions et la portée des multiples démarches entamées par le comité pour atténuer « les conséquences les plus désastreuses[2] », humaines et matérielles, des modes de distribution retenus. Le CIF va en particulier demander en vain aux autres collectifs nationaux, dans la mesure de leurs moyens, de compenser les pertes occasionnées sur les rations françaises, en acceptant de mettre en commun leurs propres colis. Le 10 mars 1945, le comité français s'adresse ainsi au Collectif allemand :

> « Nous venons vous demander de bien vouloir faire un nouvel effort près des organismes des autres pays pour obtenir que l'intégralité des colis pénétrant dans le camp soit, sur la base des blocks, répartie équitablement entre tous les internés. Et que la même mesure soit décidée pour tous les produits alimentaires qui par les diverses voies et moyens sont mis en possession légale ou illégale des internés, c'est-

---

1. MANHÈS (Frédéric-Henri), *Buchenwald. L'organisation et l'action clandestines des déportés français (1944-1945)*, op. cit., p. 35.
2. Ass. française Buchenwald-Dora et kommandos, arch. Marcel Paul, Comité des intérêts français, rapport, s.d.

à-dire que ces produits alimentaires soient eux aussi équitablement répartis dans les blocks[1]. »

Les modalités de distribution suscitent en outre des critiques sévères chez une poignée de détenus. Dans la pratique, les *Häftlinge* de chaque block déterminent les conditions de la répartition.

Dans le Grand camp, il semble que le processus se passe de manière globalement satisfaisante dans les blocks composés majoritairement de Français ; la répartition internationale est acceptée[2]. Au block 26 par exemple, il en résulte un partage de colis, selon le poids, entre quatre à six détenus. Les rares colis individuels demeurent remis à leurs destinataires qui partagent alors leur contenu avec les camarades de leur table. Pour ceux qui continuent à en recevoir fréquemment, les prélèvements se font plus nombreux afin de préserver une certaine égalité alimentaire entre les Français. En théorie, la seule sanction pour ceux qui refusent de se soumettre à la solidarité est d'en être eux-mêmes privés[3].

Dans le Petit camp, il semble que l'accord soit moins manifeste, sans doute en raison de blocks moins homogènes sur le plan des nationalités. Comment des Français minoritaires parmi une masse de détenus étrangers, qui souvent les méprisent, pourraient accepter de partager leurs maigres suppléments alimentaires avec eux, alors que l'inverse est refusé ? Eugen Kogon porte à ce sujet un jugement plus que sévère sur le rôle de Marcel Paul et du Collectif français. Selon lui, la répartition s'avère « scandaleuse pendant des semaines », puisqu'un seul

---

1. Ass. française Buchenwald-Dora et kommandos, arch. Marcel Paul, affaire des colis Croix-Rouge, note du 10 mars 1945.
2. PINEAU (Christian), *La Simple Vérité*, *op. cit.*, p. 522.
3. MANHÈS (Frédéric-Henri), *Buchenwald. L'organisation et l'action clandestines des déportés français (1944-1945)*, *op. cit.*, pp. 35-36.

colis serait réparti entre dix détenus, « tandis que leurs compatriotes chargés de la distribution, ayant à leur tête le chef du groupe communiste français dans le camp, réservaient pour eux des monceaux de colis ou les utilisaient en faveur de leurs "amis de marque"[1] ». Cette affirmation semble pour le moins exagérée dans la mesure où c'est justement la direction internée qui entrave la distribution dans le Petit camp et non les responsables de la collectivité française.

La question de la solidarité, et singulièrement celle de la répartition des biens, entraîne des débats très vifs parmi les Français, dans le contexte tragique des départs massifs pour Ohrdruf. Pierre d'Harcourt note ainsi en date du 12 décembre 1944 : « Et puis, après toutes ces palabres concernant colis et solidarité, j'ai un sentiment vraiment dégradant à l'égard de l'humanité. Les uns sont poussés par l'égoïsme le plus sordide, les autres font une triste surenchère démagogique. D'autres encore restent muets même lorsqu'ils se sentent dans leur droit, parce qu'ils ont peur. C'est le chantage du mauvais transport qui règne. Le chantage de la peur[2]. »

Nommé responsable de la solidarité pour le block 34 au printemps 1944, Christian Pineau affronte à la fois la difficulté de s'imposer face à Alfred Mulher, le *Blockältester*, qui n'hésite pas à se servir quand il le souhaite, et les réactions hostiles d'une fraction de ses compatriotes qui refusent de partager leurs denrées, accusant également *Grimaux* de se faire le complice du chef de block, bien qu'il n'ait pas ménagé sa peine pour tenter de demeurer juste en toutes circonstances. Il affronte ainsi de cruels dilemmes moraux, corollaires de sa

---

[1]. KOGON (Eugen), *L'État SS. Le système des camps de concentration allemands*, op. cit., p. 141.

[2]. HARCOURT (Pierre d'), *Journal de Buchenwald*, op. cit., p. 257.

tâche : « Je me rappelle mes scrupules lorsqu'il me fallait répartir les produits de la "solidarité", le lait sec contenu dans les colis, les médicaments rarissimes, entre tous les malades qu'il n'était pas possible de secourir tous. [...] Mais ce que l'on donnait à l'un, on en privait un autre et c'était chaque jour un horrible choix qu'il fallait faire avec une sorte de brutalité, et sans tenir compte de ses sympathies ou de ses émotions[1]. » Sur le fond, Christian Pineau garde un souvenir teinté d'amertume devant les égoïsmes et les mesquineries rencontrés, qu'il ne cesse de pointer tout au long de son récit, sans acrimonie mais sans complaisance. Manhès ne dit pas autre chose.

La situation est effectivement très tendue au sein de la communauté française. Deux communiqués non-datés du CIF, sans doute rédigés fin 1944 ou début 1945 et destinés à être diffusés auprès de « familles », en rendent compte précisément, tout comme ils montrent la difficulté de défendre les intérêts français dans le système international clandestin. Le premier, signé pour le comité par Manhès, explique ainsi au sujet de la répartition des colis :

> « Malgré l'opposition de certains égoïstes et réactionnaires étrangers qui rejoignent, quoique dans le camp opposé, la position de quelques éléments français qui méritent, tout en s'en défendant, le même qualificatif, un certain nombre de pas dans ledit sens sont enregistrés dans les blocks internationaux.
>
> Le CF déclare que c'est seulement dans cette voie qu'il est possible de persister, car outre les sentiments de solidarité qui doivent (malgré les différences de conceptions, de mentalités, de mœurs, de formation culturelle et politique) permettre à des internés frappés la plupart pour les mêmes raisons générales, de s'isoler ou non dans le camp. C'est

---

1. PINEAU (Christian), préface de l'ouvrage : FAVIER (Auguste), MANIA (Pierre), BORIS, *Buchenwald. Scènes prises sur le vif des horreurs nazies*, *op. cit.*, p. 8.

dans le cadre d'une collaboration indispensable avec les autres nationalités que peuvent se régler par exemple : la question d'un certain nombre de retraits de mauvais transports, les questions de changements de kommandos, les soins, repos, et la sortie des blocks de quarantaine des meilleurs éléments français, etc.

D'une manière générale, c'est à cette collaboration, à la fois souple, ferme et digne, que le Collectif français doit d'avoir pu briser l'atmosphère d'hostilité, de mépris et d'injures, et même de coups, qui l'entourait il y a encore à peine une année, à l'époque des départs massifs et automatiques des Français pour Dora.

Les questions essentielles étant ainsi éclairées, il importe que les bavardages plus ou moins malveillants de certains éléments du Collectif français cessent, les critiqueurs en vase clos étant par cette communication invités : soit à prendre à leur tour l'initiative et la responsabilité des démarches dont ils parlent comme susceptibles d'apporter des résultats plus probants que ceux obtenus par le CF, soit attendre le moment où il nous sera possible d'ouvrir les instructions et procès utiles, donc d'opérer les vérifications et contrôles utiles sur l'attitude qu'eux et le CF auraient observée dans le camp.

Les réalisateurs de miracles, les manipulateurs de formules de droit dans un camp du genre de celui où nous vivons, n'ont donc que l'embarras du choix : ou agir utilement, ou pour le moment se taire, également utilement.

Reculer devant la responsabilité des démarches qu'ils indiquent à effectuer, ou continuer de tenter d'affaiblir l'action de ceux qui agissent, les classerait, dans un cas comme dans l'autre, comme des ennemis de fait du Collectif français. Et ils se trouveront ainsi avertis que le CF saura lui-même les déceler, les caractériser et les juger avec le seul souci (en les mettant dans l'impossibilité de continuer à nuire) de sauvegarder dans les terribles circonstances de guerre où nous sommes momentanément obligés de vivre, les intérêts de l'ensemble du Collectif français.

À chacun sa route, à chacun ses objectifs, à chacun ses responsabilités.

Pour le CF, une seule route, un seul but : tirer d'une situation complexe et dramatique tout ce qui peut en être tiré pour la masse des internés français, et cela en considérant que notre seule sauvegarde, notre seule garantie ici, ne peuvent résider malgré toutes les difficultés que dans des solutions pratiques indiquées par la raison, et dans la recherche de tout ce qui peut éviter les heurts et conflits négatifs entre nationalités, heurts et conflits dans lesquels le Collectif français n'aurait rien à gagner et tellement à perdre.

Que chacun réfléchisse à ces questions, et l'appel aux égoïsmes que certains n'hésitent pas à lancer sera vaincu[1]. »

Dans ce document important, Manhès soutient la légitimité du Collectif français, expose sa doctrine d'une « collaboration, à la fois souple, ferme et digne au sein du Collectif international » et revient avec fermeté sur les relations au sein de la communauté française. Mais sa portée demeure limitée. En effet, une autre déclaration publique lui succède. Elle est signée par l'ensemble des membres du bureau du CIF et réaffirme avec force la volonté de préserver les relations avec les autres collectifs nationaux. Même s'ils sont plus nombreux qu'autrefois, les Français demeurent minoritaires, représentant 13% de la population du camp. Le bureau dénonce également les critiques portées contre les communistes français qui mettent à disposition du comité « les possibilités dont ils disposent près des organismes intérieurs du camp et des autres collectifs ; liaisons qui sont devenues les moyens d'action du CF ». Enfin, il se montre résolu, voire menaçant, envers ceux qui maintiendrait leur attitude séditieuse :

---

1. Ass. française Buchenwald-Dora et kommandos, arch. Marcel Paul, Comité des intérêts français, rapport, s.d.

« Le CF demande maintenant, et pour conclure, à ses familles et par elles aux membres de ses organisations, de se mobiliser pour démasquer, en s'appuyant sur les faits rappelés par le présent document, les quelques mauvais Français qui se montreraient comme tels en persistant dans leur activité désagrégatrice du collectif national.

L'heure n'est plus éloignée où les dossiers pourront être ouverts et tous les faits, toutes les affirmations, contrôlées.

Mais d'ici là l'unité de notre collectif est absolument sacrée, y toucher, et en même temps tenter d'irriter les rapports entre les divers collectifs représente un véritable crime aux conséquences incalculables.

Contre ce crime, pour l'unité intérieure de notre collectif, pour les meilleures relations possibles avec les autres collectifs, toutes les forces du CF doivent se considérer mobilisées.

C'est de notre activité à tous et à chacun, contre les diviseurs et provocateurs, dont dépend la sécurité de chacun et de tous.

Les diviseurs ne sont qu'un tout petit paquet, mais dans les heures qui approchent, la moindre cause de faiblesse doit être liquidée.

Pas de passivité, pas d'attentisme, travailler encore et davantage au renforcement de l'unité, c'est travailler pour notre vie, c'est travailler pour la victoire[1]. »

Face aux difficultés rencontrées, le CIF n'élude pas ses responsabilités, ni la perspective d'un regard critique sur son rôle. Il tente néanmoins, à nouveau, de se justifier et de resserrer ses rangs, non sans mal.

---

[1]. Ass. française Buchenwald-Dora et kommandos, arch. Marcel Paul, Comité des intérêts français, rapport, s.d.

Le sabotage

Une des participations majeures des déportés à la lutte contre le régime hitlérien est sans conteste la pratique du sabotage, en particulier dans les usines d'armement. Ce sujet important a fait l'objet de longs développements dans les ouvrages de Pierre Durand, Hermann Langbein et Eugen Kogon, vers lesquels nous renvoyons le lecteur[1]. Il faut toutefois insister sur le caractère massif donné à ces pratiques par les mouvements clandestins de résistance, qui visent à encadrer les réactions spontanées des déportés et ce, malgré la surveillance constante des SS comme de leurs auxiliaires et les sévères représailles encourues. Par ce biais, dans un même mouvement patriotique, les hommes résistent avec force et simplicité. Là, il s'agit d'un écrou mal serré, ici, d'une pièce de précision réglée avec un léger décalage. À chaque fois, il s'agit de commettre une faute quasiment invisible, mais qui fera défaillir au final l'objet réalisé, associé à un rythme qui empêchera de tenir les objectifs définis par les SS. Le sabotage concerne l'ensemble des sites de fabrication d'armement présents à Buchenwald, à la *Gustloff*, la *Mibau* ou encore les ateliers de la DAW. Au total, neuf

---

1. DURAND (Pierre), *Les Français à Buchenwald et à Dora. Les armes de l'espoir*, op. cit., pp. 118-133 ; LANGBEIN (Hermann), *La Résistance dans les camps de concentration nationaux-socialistes (1938-1945)*, op. cit., pp. 367, 374-376 ; KOGON (Eugen), *L'État SS. Le système des camps de concentration allemands*, op. cit., pp. 363-364 ; voir également MANHÈS (Frédéric-Henri), *Buchenwald. L'organisation et l'action clandestines des déportés français (1944-1945)*, op. cit., pp. 28-30 ; ARNOULD (Roger), « Comment à Buchenwald nous avons aidé au sabotage de la machine de guerre hitlérienne », in *Le Patriote résistant*, 5 février 1953, p. 4, 4 mai 1953, p. 5 ; *The Buchenwald report*, Translated, edited and with an introduction by David A. HACKETT, foreword by Frederick A. PRAEGER, Boulder, San Francisco, Oxford, Westview Press, 1995, pp. 308-315.

mille détenus travaillent sur ses sites jusqu'à l'été 1944. Mais il touche finalement l'ensemble des kommandos. La plupart des prisonniers essayent de faire le plus mal et le plus lentement possible la tâche assignée par leurs bourreaux.

Au sein de l'*Arbeitsstatistik*, en liaison avec l'organisation clandestine, le sabotage passe également par l'affectation de détenus non-spécialistes à des postes qualifiés, afin de compromettre encore un peu plus l'efficacité de l'industrie allemande[1].

Pour tous, un seul mot d'ordre, selon les souvenirs de Marcel Paul :

> « Frère de combat :
> Mets toute ton intelligence à saboter la production de guerre hitlérienne, cela aux points les plus sensibles, par exemple, dans un montage, agis avec intelligence sur la pièce la plus délicate ; cela dans un silence absolu[2]. »

Marcel Paul explique ainsi que le sabotage est à Buchenwald la réalisation clandestine la plus élaborée, encadrée par des détenus spécialement attachés à cette mission, un ou deux par unité de travail comme Gilbert Schwartz, affecté dans un premier temps à la *Gustloff*. À Dora, le sabotage des V 2 « représenta un sommet dans le combat des déportés. Ils furent ainsi des défenseurs de Londres et participèrent à rendre impossible le bombardement par fusées de Paris, de Bruxelles ou d'Amsterdam lorsque ces trois capitales furent bombardées[3]. » Au-delà du style déclamatoire, la réalité est probante :

---

1. FNDIRP, Buchenwald, documents divers (3), procès-verbal de la 1re réunion d'information de la section communiste de Buchenwald, 18 avril 1945, p. 2.
2. PAUL (Marcel), « Buchenwald : Du martyre à l'insurrection », in *Histoire de notre temps. Toute la vérité*, *op. cit.*, p. 32.
3. Préface de Marcel Paul à l'ouvrage de Pierre DURAND, *Les Français à Buchenwald et à Dora. Les armes de l'espoir*, *op. cit.*, p. 19.

de nombreuses fusées ne purent atteindre leur objectif en raison de défauts de fabrication dus à l'action des déportés.

Le sabotage n'en demeure pas moins une initiative insuffisante pour Pierre Julitte, au regard des enjeux en présence[1]. En dehors du Collectif français, dont il se méfie, l'officier des Forces françaises libres accomplit un acte incroyable. Affecté au début de l'année 1944 dans l'un des ateliers de la *Mibau*, il cherche à connaître la finalité des appareils montés dans l'usine, gyroscopes et moteurs-programmes. Il finit par apprendre du professeur Serge Balachowsky la construction des V 2 à Dora et fait le lien avec les équipements électriques produits à Buchenwald. Dès lors, il échafaude un plan pour faire parvenir des informations aux Alliés sur le projet militaro-industriel en cours et susciter la destruction des lieux. Un travailleur libre qui doit retourner sous peu en France est approché par Charles Rey-Gollier, l'un de ses proches, déporté pour marché noir et affecté dans un kommando de terrassement travaillant parfois à l'extérieur du camp. Par son intermédiaire, Pierre Julitte parvient à transmettre courant juin un rapport à des membres de sa famille, eux-mêmes en relation avec Londres. C'est avec anxiété qu'il passe les semaines suivantes dans l'attente d'une réaction. Finalement, le jeudi 24 août 1944, Pierre Julitte assiste avec satisfaction au bombardement de la *Mibau*, alors qu'il a pratiquement perdu tout espoir. Ses remords n'en sont pas moins grands face au nombre de décès chez les déportés : l'attaque provoque en effet la mort de trois cent quinze détenus et fait parmi eux cinq cent vingt-cinq blessés graves. Les nazis profitent d'ailleurs de l'occasion pour exécuter le président du Parti communiste allemand, Ernst Thälmann, et l'incluent faussement parmi les victimes. Le raid occasionne également de

---

[1]. Toutes ces informations sont tirées de JULITTE (Pierre), *L'Arbre de Goethe*, *op. cit.*

nombreux dégâts sur l'ensemble du périmètre du camp, dont la destruction de « l'arbre de Goethe » enflammé par l'incendie tout proche. La prophétie sur la chute du régime nazi peut dès lors se réaliser. En fait, si les renseignements fournis par Pierre Julitte ont bien été transmis aux Alliés, ceux-ci se sont montrés d'emblée sceptiques. C'est seulement après l'étude d'une fusée A 4 expérimentale, tombée en Suède et remise aux Britanniques, que ces derniers prirent en considération le rapport venant de Buchenwald.

Si le CIF doit s'imposer face aux autres collectifs nationaux, il doit aussi faire comprendre la nature et les modalités de son action dans ses propres rangs. L'unité tant réclamée vise autant à affirmer son poids et sa représentativité, qu'à assurer l'efficacité de ses démarches. Le comité suggère, voire impose, discipline et entraide, tout en poursuivant dans le cadre concentrationnaire le combat contre le IIIe Reich. Les rapports rédigés par ses dirigeants attestent néanmoins des difficultés et des réticences qu'ils doivent affronter, notamment au cours de l'hiver 1944-1945. Aussi, la création du CIF en juin 1944 ne doit pas cacher le caractère finalement laborieux de sa mise en place et les limites de son action concrète.

Chapitre VI
LA LIBÉRATION DU CAMP

Les conditions de la libération de Buchenwald, le 11 avril 1945, et le rôle de l'organisation clandestine internationale dans son déroulement ne cessent de soulever, depuis soixante ans, d'âpres débats parmi les rescapés. Deux thèses semblent s'affronter, présentent les faits de manière plus ou moins opposée.

La première impute la libération du camp à une insurrection des déportés. Dans le prolongement de l'action de la Résistance au camp, la Brigade française d'action libératrice (BFAL), une émanation du CIF, aurait pris une part importante aux événements. Les descriptions qui en sont faites donnent parfois naissance à des tableaux saisissants. *France d'Abord*, l'organe de l'Association des anciens FFI et FTP, publie ainsi en mai 1945 un article fondé sur le témoignage anonyme d'un rescapé de Buchenwald, occultant entièrement le rôle des troupes américaines durant les événements. Selon lui, « la lutte fut dure et cruelle. Notre situation, à nous qui étions faibles et si mal armés, semblait désespérée. Mais nos bourreaux étaient déconcertés par cette rébellion qu'ils n'avaient pas prévue, et démoralisés par le sentiment que, déjà, tout était perdu en Allemagne. Après quarante-huit heures de combat acharné, nous avions fait trois cents prisonniers [...]. Nous savions que les Américains avançaient, mais il était difficile de savoir quand ils arriveraient. [...] Nous avions même envoyé, dans la direction des Américains, des groupes d'éclaireurs équipés avec les armes que nous avions conquises. Enfin, le 13 avril, l'un de ces groupes revint, nous apportant la nouvelle si longtemps attendue, de l'arrivée des Américains[1] ».

À l'inverse, d'autres rescapés opposent une délivrance nettement moins héroïque, conséquence directe de l'intervention des troupes américaines aux portes du camp et minimisant à outrance le rôle des détenus dans sa libération. Évoquant la disparition inéluctable des acteurs « sincères et désintéressés » de la Résistance et de la Déportation, le professeur Léon Mazeaud note en 1952 : « Resteront les matamores ; parés des plumes du paon, ils conteront leurs exploits sans la crainte des contradicteurs, accréditant de belles fables, comme la libération de Buchenwald où une poignée de "braves" attendirent, pour se montrer, que le dernier SS eut quitté le dernier mirador et leur troupe martiale ne se heurta qu'aux chars américains. » Il précise encore : « Témoin de la libération de Buchenwald, j'ai vu défiler la "Brigade d'action libératrice". Elle ne s'est pas battue. La raison en est simple : lorsqu'elle s'est montrée, les SS avaient filé devant les blindés américains[2]. »

Les effets de ces divergences d'opinion ne se cantonnent pas au domaine historique. Car le thème de la libération de Buchenwald par les déportés eux-mêmes acquiert dès le retour des rescapés une valeur mythique. L'article de *France d'Abord,* précédemment cité, se conclut ainsi : « Tel est le récit que me fit cet homme, libéré de Buchenwald par lui-même, symbole vivant d'un courage presque surhumain, et d'une tenace témé-

---

1. GYOMAI (Imre), « Pour éviter l'extermination. Le moyen, se battre ! », *France d'Abord*, 31 mai 1945, p. 6.
2. Lettre de Léon Mazeaud au colonel Manhès, 14 novembre 1952, reproduite dans *Le Patriote résistant*, n° 153, 1ᵉʳ janvier 1953, p. 6.

rité, symbole même de ce peuple français qui, lui aussi captif et apparemment impuissant, sut se libérer par son sacrifice[1]. » De la même manière, le journal de la Fédération d'anciens déportés présidée par le colonel Manhès estime en 1947 que « tout comme Paris, Buchenwald s'était libéré seul ! Mille détenus, mal armés, bien amoindris physiquement, avaient tenu en échec trois mille SS supérieurement équipés. Des "morts vivants" avaient eu raison de leurs bourreaux car ils savaient qu'il fallait "vaincre ou mourir" et que de leur victoire, dépendaient la vie de leurs vingt mille frères de captivité[2]. »

Ce phénomène s'explique par des mobiles d'ordre politique et culturel. Sur le plan politique, il offre aux déportés communistes l'occasion de réaffirmer leur engagement et leurs mérites dans la Résistance, dans la France de l'après-guerre où le PCF puise une large part de son influence dans son combat « antifasciste ». L'usage s'applique aussi probablement à des fins internes, vis-à-vis de la direction du Parti, pour valoriser l'engagement de ses militants dans les camps. Sur le plan culturel, dans une France subjuguée par l'action de la Résistance, les déportés font certes figure de martyrs mais, face à l'horreur du système concentrationnaire, l'opinion publique, quand elle veut bien les considérer, peine à les regarder autrement qu'avec pitié. La libération de Buchenwald permet donc de contrebalancer cette image de faiblesse, traditionnellement associée à la représentation du prisonnier, souvent réduit de manière simpliste à la posture de victime. Pour Roger Arnould, bien au contraire, « il s'agit d'un héritage légué, montrant comment dans la pire adversité il ne faut jamais désespérer, même quand tout semble perdu ou dépende uniquement d'un heureux

---

1. GYOMAI (Imre), « Pour éviter l'extermination. Le moyen, se battre ! », in *France d'Abord*, *op. cit.*

2. « Commémoration de la libération de Buchenwald », in *Le Patriote résistant*, n° 28, 16 avril 1947, p. 8.

hasard. Va-t-on l'oublier ou l'apprécier ? Les survivants, ceux qui y ont cru, ne souhaitent rien d'autre que la reconnaissance de leur capacité à résister, face aux SS et au nazisme en leur œuvre d'anéantissement de la dignité humaine[1]. » La libération de Buchenwald devient surtout une pièce majeure, en forme de prisme, dans le socle idéologique sur lequel s'édifie la mémoire de la déportation. Ainsi, selon Marcel Paul, « parler de la libération de Buchenwald, c'est parler de la déportation toute entière[2] », le CIF constituant quant à lui « un secteur de la Résistance française[3] ».

Une des conséquences directes de cette interprétation réside dans la volonté des dirigeants du CIF de faire homologuer, au titre d'unité combattante, la Brigade française d'action libératrice. Elle doit notamment permettre à ses membres d'obtenir le titre de combattant volontaire de la Résistance, reconnaissance officielle de leur engagement patriotique. Théoriquement, le titre de déporté résistant ne serait pas concerné. En effet, au regard de la législation, ce dernier ne peut être délivré qu'à ceux dont la déportation résulte directement d'un acte de résistance. Dans le cas de la BFAL, l'acte de résistance se déroule en déportation sans en être à l'origine. On ne peut toutefois exclure la volonté des anciens dirigeants de la brigade de faciliter par ce biais l'obtention par leurs troupes du titre de déporté résistant[4]. Les démarches pour cette reconnaissance sont entre-

---

1. ARNOULD (Roger), « Reconnaissance de la résistance à Buchenwald », in *Le Serment*, n° 181, avril-mai 1986, p. 6.
2. Allocution de Marcel Paul pour le deuxième anniversaire de la libération de Buchenwald, cité dans *Le Patriote résistant*, n° 29, 30 avril 1947, p. 3.
3. Il s'agit du sous-titre du *Livre blanc sur Buchenwald, op. cit.*
4. Jusqu'aux années soixante, au regard de la législation et de son application, les communistes arrêtés et condamnés en vertu des lois punissant l'appartenance à ce parti se voient systématiquement refuser ce dernier titre, quelle que soit par ailleurs la réalité attestée de leur combat contre l'ennemi, jusqu'à en devenir absurde.

prises en 1947 par le colonel Manhès et semblent devoir aboutir rapidement. Le 2 février 1948, le chef de l'état-major de l'armée signale qu'il ne voit pas d'objection à ce classement, tout comme la commission d'homologation des unités combattantes du ministère de la Défense, en date du 26 novembre 1948. Cependant, l'attribution d'un tel titre n'est plus de son ressort, mais de celui d'une commission spéciale créée entre-temps par un arrêté de mai 1948, siégeant à l'Office national des anciens combattants. Or, aucune trace d'une décision de cette commission, favorable ou non, n'est connue, alors qu'une forclusion clôt en 1966 les listes d'unités combattantes de la guerre 1939-1945, dont celles issues de la Résistance[1]. Face aux diverses relances dont ils font l'objet depuis 1948, les ministères successifs des Anciens combattants et de la Défense se retranchent derrière la législation pour éluder le sujet. Au début des années quatre-vingt pourtant, l'espoir renaît. Les enjeux tiennent désormais plus du domaine moral que matériel. Le gouvernement d'union de la gauche décide en 1984 de permettre un réexamen de la situation de certaines formations de la Résistance, en vue de leur éventuelle homologation[2]. Malgré une nouvelle demande, le sort de la Brigade française d'action libératrice ne change pas. En privé, le ministre de la Défense de l'époque, Charles Hernu, se montre d'ailleurs formellement hostile à une telle reconnaissance[3].

Face à ces clivages, qu'en est-il de l'histoire ?

---

1. Décret du 23 décembre 1966.
2. Décret du 1er mars 1984.
3. Arch. Wetzel, lettre de Pierre Julitte à Christian Pineau, 3 décembre 1984.

La Brigade française d'action libératrice

L'examen des conditions de la libération de Buchenwald ne peut être dissocié, d'une part, de celui de la situation générale du camp depuis la fin de l'année 1944 et, d'autre part, de l'existence d'une organisation militaire clandestine internationale dans laquelle prend place une structure française.

L'initiative de la constitution d'un groupe militaire à Buchenwald revient au parti communiste allemand qui le crée, précocement, en son sein. Avec l'internationalisation de la population concentrationnaire, il entend que chaque section nationale fasse de même. Chez les Français, cette consigne rejoint une préoccupation exprimée par Marcel Paul dès l'internement à Compiègne, comme nous l'avons vu. Aussi, il n'est pas surprenant que, dans le prolongement immédiat de la création du Comité des intérêts français en juin 1944, Marcel Paul et le colonel Manhès initient la formation d'une « Brigade française d'action libératrice ». Celle-ci poursuit un double objectif. La brigade doit soutenir le CIF dans ses différentes initiatives envers la communauté française et, avec un horizon à plus long terme, préparer une action offensive quand les circonstances le permettront.

Dans ce domaine également, Marcel Paul s'oppose aux responsables clandestins allemands. Se plaçant sur un plan structurel, il entend leur faire accepter l'idée d'une organisation militaire de masse, regroupant le plus grand nombre de résistants issus de toutes les formations présentes au camp, à l'image de ce qu'il avait obtenu pour la composition du Comité des intérêts français. Or, les dirigeants du KPD considèrent qu'il faut s'en tenir, pour des raisons de confiance et de sécurité, à un noyau réduit de militants issus du seul parti communiste. Par là même, ils « entendaient rester les seuls responsables de l'organisation militaire internationale tant pour l'organisation pratique des groupes militaires que pour l'élaboration et la mise en application des plans d'action[1] », explique le colonel Manhès.

Les objectifs divergent également entre Français et Allemands. Ces derniers entendent, sur le plan stratégique, restreindre le groupe militaire à un usage défensif, pour riposter à une éventuelle attaque des SS contre les détenus, en vue de la liquidation du camp. Pour Manhès, il s'agit d'une « grave erreur[2] ». La capacité de résistance des déportés face à des troupes en nombre supérieur, parfaitement entraînées et bien armées s'avère plus que réduite. Il faut au contraire développer un projet offensif reposant sur l'effet de surprise. Le Comité international finit par céder et envisage deux plans.

Le premier vise à provoquer le soulèvement des milliers de *Häftlinge* affectés aux usines proches de la *Gustloff*, c'est-à-dire en dehors de l'enceinte principale du camp et pouvant disposer des armes fabriquées sur place, afin de libérer l'ensemble de leurs camarades. De Buchenwald, la troupe ainsi constituée doit ensuite se diriger vers les villes industrielles de Thuringe, comme Weimar, Erfurt ou Gotha, pour susciter la formation « d'une armée internationale ouvrière », avec les prisonniers de guerre et les requis du STO présents. Prenant les devants, le CIF fait affecter courant 1944 au kommando de la *Gustloff* de Weimar deux de ses meilleurs éléments, le docteur Jules Frank et André Leroy. Le premier reçoit pour consigne de s'évader au plus vite et de se fondre dans la masse des Français travaillant dans la région, afin de recueillir le maximum d'informations ;

---

1. MANHÈS (Frédéric-Henri), *Buchenwald. L'organisation et l'action clandestines des déportés français (1944-1945)*, op. cit., p. 44.
2. *Ibid.*

le second, doit demeurer sur place et organiser un collectif clandestin préparant l'action offensive tant espérée. Si le docteur Frank réussit sa mission, André Leroy en revanche est blessé lors du bombardement américain de l'usine en février 1945 et doit être rapatrié à Buchenwald[1].

Le second plan repose sur une action offensive depuis le camp, avec une attaque simultanée de tous les miradors. Pour cela, il faudra se procurer des armes.

Dans les deux cas, le périmètre du camp et des alentours est divisé par le Comité international en plusieurs secteurs, repartis entre les différentes nationalités[2].

Patiemment, secrètement, le dispositif s'élabore. Il est de prime abord largement théorique. Il repose au niveau français sur la constitution d'un état-major coiffant la brigade, incluant un service de santé dirigé par le médecin-chef Maynadier et de l'intendance dirigée par Maurice Jattefaux, de trois bataillons, dont un de réserve, chacun divisé en deux compagnies, elles-mêmes composées de quatre à cinq sections. Parallèlement aux bataillons, une compagnie de choc est formée afin de remplir le rôle de pionnier[3]. L'objectif demeure de former à partir de ce noyau une véritable division, par l'amalgame de centaines de travailleurs forcés ou de prisonniers de guerre.

Roger Arnould affirme que le premier bataillon, dénommé « Marceau », fonctionne dès l'été 1944 et le second, baptisé

---

1. *Le Livre blanc sur Buchenwald*, op. cit., pp. 428-429.
2. MANHÈS (Frédéric-Henri), *Buchenwald. L'organisation et l'action clandestines des déportés français (1944-1945)*, op. cit., pp. 44-46.
3. MANHÈS (Frédéric-Henri), *Buchenwald. L'organisation et l'action clandestines des déportés français (1944-1945)*, op. cit., p. 42 ; « Composition de la Brigade française d'action libératrice », in *Le Livre blanc sur Buchenwald*, op. cit., pp. 425-427.

« Saint-Just », devient « valablement opérationnel[1] » en septembre. Le propos doit être nuancé.

En fait, seule l'ossature politique de la brigade est initialement formée[2]. Elle comprend uniquement des communistes. Le colonel Manhès évoque à ce sujet « les responsables et militants communistes créateurs de ces groupes de combat » ainsi qu'une brigade « presque exclusivement composée de communistes »[3]. Elle est dirigée par un triangle composé de Marcel Paul, responsable politique, Jean Lloubes et André Leroy. Le colonel Manhès en assume théoriquement le commandement militaire, mais n'intervient pas dans cette phase de gestation. Il sera mis au courant de l'ensemble du dispositif avant le déclenchement des opérations[4]. De plus, c'est Jean Lloubes qui représente la France au sein du Comité militaire international, institué aux côtés du Comité international clandestin. Les cadres intermédiaires ne sont approchés qu'ensuite et les hommes du rang « au dernier moment[5] ».

Pour Roger Arnould, qui consacre au sujet une étude fournie, plus de trois cents résistants français sont engagés à des degrés divers dans l'organisation militaire dès la mi-juin 1944 et cinq cents début juillet. En avril 1945, neuf cents personnes composent l'unité selon Marcel Paul[6]. Ces chiffres sont diffici-

---

1. Ass. française Buchenwald-Dora et kommandos, BFAL, ARNOULD (Roger), note sur l'histoire de la BFAL, 1984, p. 25.
2. Préface de Marcel PAUL à l'ouvrage de Pierre DURAND, *Les Français à Buchenwald et à Dora. Les armes de l'espoir, op. cit.*, p. 21.
3. MANHÈS (Frédéric-Henri), *loc. cit.* ; FNDIRP, boîte bio. Manhès, 1945-1946, note sur le rapport de Claude Bourdet, p. 2.
4. Préface de Marcel PAUL à l'ouvrage de Pierre DURAND, *loc. cit.*
5. *Ibid.* De plus, les attestations délivrées par le lieutenant Vanbremeersch à deux de ses camarades vont dans ce sens (*Buchenwald. Block 34, op. cit.*, pp. 76, 142).
6. Ass. française Buchenwald-Dora et kommandos, BFAL, ARNOULD (Roger), note sur l'histoire de la BFAL, 1984, pp. 2, 14 ; Entretien de Marcel Paul avec Pierre Durand, *op. cit.*

lement vérifiables, mais semblent trop importants. L'organisation clandestine internationale revendique en effet pour le mois de mars 1945 un effectif total de huit cent cinquante membres répartis dans cent soixante dix-huit groupes[1].

Il n'existe pas de listes écrites au camp des membres de la brigade. Là encore, la prudence et le cloisonnement sont sévères pour des raisons de sécurité évidentes. Chaque chef de section connaît le nom de ses hommes, qu'il a préalablement approchés pour tester leur patriotisme et leur capacité à intégrer les rangs le moment venu ; les commandants de compagnie connaissent leurs chefs de section ; les chefs de bataillon leurs deux commandants de compagnie. Au final, seuls Marcel Paul et le colonel Manhès disposent d'une vision d'ensemble de la brigade à l'aube de la libération de Buchenwald.

La présence de non-communistes dans l'encadrement et dans les troupes de la brigade représente toutefois un acquis décisif arraché aux politiques allemands. Elle est incarnée au sommet par des militaires de carrière comme les colonels Badel et Mollard, membre de son état-major, le lieutenant-colonel Ailleret à la tête du bataillon « Marceau », le commandant Artous à celle du bataillon « Saint-Just », ou le lieutenant Vanbremeersch au sein des groupes francs de la compagnie de choc.

La personnalité de Louis Artous mérite quelques informations supplémentaires, dans la mesure où il livre en 1948 un récit précis de la libération du camp, auquel nous ferons référence[2]. Commandant de la garde républicaine, Louis Artous est né le 26 septembre 1908 à Cransac dans l'Aveyron. Membre du réseau « Super-Nap » depuis novembre 1942, il est chargé du

---

1. *Buchenwald. Mahnung und Verpflichtung*, Kongress-Verlag, Berlin, 1960, p. 489.
2. ARTOUS (Louis), *Témoignage du matricule 81 491 sur le bagne de Buchenwald*, préface du Colonel MANHÈS, Tanger, Éd. de la Dépêche Marocaine, 1948, 61 p.

noyautage de la garde républicaine et de la gendarmerie. Arrêté le 2 juin 1944 à son bureau de l'état-major de la caserne des Célestins à Paris, il est déporté à Buchenwald le 17 août[1].

L'acceptation de ces hommes ne vaut pas pour tous. L'hostilité de certains envers les communistes trouvent là encore à s'exprimer. Le témoignage de Jean de Montangon est sur ce point exemplaire, en même temps qu'il illustre la difficulté pour les déportés de dépasser la misère extrême dans laquelle ils baignent. Alors qu'il se trouve au kommando extérieur de Langenstein, ce jeune saint-cyrien est appelé un soir chez l'un des chefs de blocks. On l'invite à se joindre à l'organisation militaire clandestine en voie de constitution. Le fait qu'il soit officier est connu ; sa tenue au camp est appréciée. La seule condition posée porte sur son acceptation du programme du Conseil national de la Résistance. S'il manifeste son accord, un surplus de nourriture lui sera accordé. Pourtant, il refuse n'acceptant pas de s'associer avec des communistes et craignant de voir entamer son espoir de survie : « Toute intrusion dans ma citadelle intime, celle du combat mené contre le temps, me perturbait si gravement que, même accompagnée de la tranche de pain supplémentaire, je la repoussais. Durer, c'était ma victoire, celle qui m'appartenait en propre. Chaque jour gagné – le soir il m'avait semblé durer une éternité – m'apportait sa joie profonde : je ne voulais pas risquer de la perdre par la moindre dérogation à mon principe d'économie, je croyais que j'aurais alors risqué de voir s'éteindre la petite flamme de mon âme[2]. »

---

1. Louis Artous devient à la Libération directeur de la police internationale de Tanger. Il achève sa carrière militaire comme général de division et inspecteur général de la gendarmerie. Il décède en juin 1983.

2. MONTANGON (Jean de), *Un saint-cyrien des années 40*, Paris, Éd. France-Empire, 1987, p. 194.

Le rôle de la Lagerschutz

La BFAL ne peut disposer que d'une expérience collective limitée et de ressources restreintes, même si son existence est extraordinaire en soi. Des essais de mise en place de l'encadrement des groupes de combat ont été effectués à trois ou quatre reprises dans la cohue du retour aux blocks après les appels, selon les souvenirs de Marcel Paul[1]. La formation militaire embryonnaire, française comme internationale, peut surtout s'appuyer sur certaines structures établies par la « direction » détenue dont les tâches vont être détournées. Il s'agit en premier lieu de la *Lagerschutz*, la police intérieure composée de prisonniers, dont la création a été proposée en juin 1942 par les *Lagerältestere* et acceptée par la SS. Le nombre limité d'agents, une vingtaine au départ, ne cesse d'augmenter au fil des années. Son objectif est officiellement d'assurer l'ordre et la discipline dans le camp, de surveiller la circulation des détenus et les différents dépôts, de réprimer les vols[2]. D'abord uniquement composés de ressortissants allemands, les *Lagerschutz* finissent par intégrer des étrangers. En février 1945, l'effectif total est de cent vingt hommes, dont quinze Français. Parmi ces derniers figurent Roger Arnould, Floréal Barrier, Jean Lastennet, Karl Madiot, ainsi que deux anciens volontaires des Brigades internationales en Espagne, Simon Lagunas[3] et le Slovaque

---

1. Entretien de Marcel Paul avec Henri Alleg, *op. cit.*
2. ROUSSET (David), *Les Jours de notre mort*, *op. cit.*, p. 655.
3. Militant communiste originaire de Marseille, Simon Lagunas est né en 1912. Quand il part combattre aux côtés des Républicains espagnols en novembre 1936, il est alors secrétaire-adjoint du syndicat CGT de l'ameublement pour les Bouches-du-Rhône. Il retrouve la France en 1938. Interné pour appartenance au PCF en septembre 1940, il s'échappe à la mi-1943 d'un chantier de construction du

Ladislav Holdos dit « Pedro Kaliaric », déporté de Compiègne le 12 mai 1944. Henri Guilbert dirige le groupe des Français appartenant à la *Lagerschutz*[1].

Cette formation, propre à Buchenwald, est ensuite reprise dans d'autres camps, avec des conséquences plus ou moins bénéfiques pour les *Häftlinge* selon les cas[2]. En fait, leurs prérogatives sont dans ce camp mises à profit par l'organisation clandestine. Selon David Rousset, l'existence de ces forces marque « véritablement l'émancipation de l'administration détenue » qui, en s'emparant de la sécurité intérieure, acquiert « une liberté de manœuvres exceptionnelle pour l'action clandestine[3] ».

Le développement de la *Lagerschutz* est concédé par les autorités nazies après le bombardement de la *Gustloff*, qui témoigne à leurs yeux de la nécessité d'un plus grand contrôle dans le camp en cas de nouvelle attaque aérienne. Cet événement entraîne également le renforcement d'un groupe de pompiers, la *Brandwache,* et la formation d'une unité de défense passive, auxquels des Français sont également intégrés, tel Pierre Durand affecté au second. La plupart de ceux-ci sont des cadres de la Brigade française d'action libératrice qui disposent alors de plus grandes facilités de déplacement dans le camp, d'une couverture aisée et d'une disponibilité renforcée pour leurs activités clandestines.

Quelques dizaines d'armes sont en outre sorties secrètement des usines de la *Gustloff*, en particulier lors du bombardement

---

mur de l'Atlantique où il se trouve travailleur forcé. Maquisard, il est arrêté et déporté en septembre à Buchenwald.

1. Voir CARIAT (Lucien), *Ici, Chacun son dû, op. cit.*, pp. 174-178.

2. LANGBEIN (Hermann), *La Résistance dans les camps de concentration nationaux-socialistes (1938-1945)*, *op. cit.*, pp. 397-400 ; voir également *The Buchenwald Report, op. cit.*, pp. 257-259

3. ROUSSET (David), *Les Jours de notre mort, op. cit.*, p. 485.

d'août 1944. À cette occasion, profitant de la panique, les brancardiers appartenant à l'organisation clandestine ramènent les blessés sous lesquels sont placés les précieux engins et leurs munitions, lorsqu'ils ne les cachent pas dans des charrettes avec les morts. Les armes sont ensuite dispersées dans plusieurs endroits, dont le plus important est une réserve de charbon près du block 50[1]. Pour illustrer la discrétion absolue entourant ces armes, le cas de Christian Pineau est significatif. Il découvre leur existence seulement au lendemain de Pâques 1945, lors d'une conversation confidentielle avec l'un de ses camarades de l'organisation clandestine[2].

La BFAL dispose également de son fanion, dessiné par le colonel Manhès en novembre 1944. Sur le verso une inscription en arrondi : « Buchenwald-Brigade française d'action libératrice », enserrant un soleil flamboyant, avec de part et d'autre les couleurs nationales et, en dessous, deux mains se rejoignant semblant former une chaîne d'union selon le rituel maçonnique. Sur le recto, les noms des trois bataillons sont brodés dans un cercle constitué de maillons, avec pour fond les couleurs du drapeau tricolore. Deux détenus, René Mammonat et Jean-Baptiste Lemberteche, affectés au kommando des tailleurs le confectionnent à l'aide de tissus récupérés à l'*Effektenkammer*[3]. Le colonel Manhès conserve alors par-devers lui le précieux objet, si chargé de symboles.

---

1. Ass. française Buchenwald-Dora et kommandos, BFAL, ARNOULD (Roger), note sur l'histoire de la BFAL, *op. cit.*, pp. 18-19.
2. PINEAU (Christian), *La Simple Vérité*, *op. cit.*, p. 551.
3. Ass. française Buchenwald-Dora et kommando, BFAL, ARNOULD (Roger), note sur l'histoire de la BFAL, *op. cit.*, p. 26 et TRIEBEL (Agnès), *Les Français à Buchenwald, 1940-1945*, Paris, Ass. Française Buchenwald-Dora et kommandos, 2004, 3ᵉ de couverture. Selon cette dernière, le dessin est réalisé par Paul Goyard et non par Manhès.

La BFAL n'appartient pas à la catégorie des mythes même si, faute de sources suffisantes, il demeure difficile de vérifier les étapes de son élaboration et le détail de son fonctionnement. En raison des règles de sécurité adoptées, l'ignorance de la grande majorité des rescapés quant à son existence ne doit donc pas surprendre.

Les derniers mois de Buchenwald

La description de la libération du camp pâtit, elle aussi, du manque de sources, souvent lacunaires et parfois contradictoires, reposant quasiment toutes sur des témoignages. Seule une vue d'ensemble permet de dépasser les regards individuels qu'ils transcrivent. Leurs divergences s'expliquent largement par la situation particulière des prisonniers au moment des faits. Une minorité figure au cœur des événements, la masse demeurant éloignée de l'action. Toutefois, des informations se recoupent suffisamment pour permettre de préciser les circonstances de cet événement majeur et singulier. Mais avant d'en venir à cette journée, il est impossible d'ignorer les mois et les semaines qui la précèdent. Si le 11 avril est une date illustre, elle s'inscrit dans un contexte pour le moins chaotique.

Après une période de stabilité relative et d'amélioration des conditions d'existence, l'hiver 1944 et le printemps 1945 marquent une forte dégradation de la situation des détenus. Tous les témoignages en rendent compte de manière frappante, à l'image de celui d'Albert Kirrmann : « Alors on mourait de nouveau à Buchenwald. C'est l'époque des horreurs du Petit camp, où parmi ces pauvres êtres, déjà débilités par leurs séjours en d'autres camps, exténués par les inimaginables évacuations, treize mille achevaient de mourir en trois mois. Il s'y passait des scènes effrayantes, rappelant les pires récits des autres camps. » Dans le même temps, la vie au Grand camp évolue également, sans atteindre le caractère dramatique de celle rencontrée au Petit camp : « Si, vers la fin, la situation matérielle nous inquiétait de plus en plus, une autre menace commençait pour nous à prendre de l'ampleur. Nous avons vu arriver, mourants, les évacués d'Auschwitz. Nous avons entendu les récits de ceux qui avaient vu abattre autour d'eux des camarades à bout de forces. Nous savions de quoi les dirigeants allemands étaient capables. [...] À mesure que nous voyions avancer les troupes libératrices, grandissait aussi en nous la hantise du dénouement[1]. »

Dans ce climat nourri à la fois de l'espérance d'une délivrance tant attendue et de la crainte d'une issue fatale, l'arrivée massive de *Häftlinge*, principalement évacués d'Auschwitz et de Gross-Rosen, modifie la physionomie de la population concentrationnaire de Buchenwald. Les nouveaux arrivants en deviennent même la principale composante. Ces hommes sont pour beaucoup des détenus juifs, rares rescapés de l'entreprise d'extermination accomplie par le régime nazi[2]. Si plus de dix mille demeurent sur l'Ettersberg, d'autres, parmi lesquels des femmes, sont directement transférés vers une trentaine de

---

1. KIRRMANN (Albert), « Buchenwald », in *De l'université aux camps de concentration. Témoignages strasbourgeois*, *op. cit.*, pp. 68-69.
2. Sur le récit de ces évacuations, on se reportera à KLEIN (Marc), « D'Auschwitz à Gross-Rosen et à Buchenwald », in *De l'université aux camps de concentration. Témoignages strasbourgeois*, *op. cit.*, pp. 501-510 ; MICHLIN (Gilbert), *Aucun intérêt au point de vue national. La Grande illusion d'une famille juive en France*, commenté par Zeev STERNHELL, Paris, Albin Michel, 2001, pp. 109-111 ; WELLERS (Georges), *L'Étoile jaune à l'heure de Vichy. De Drancy à Auschwitz*, préface de Jacques DELARUE, postface du R.P. RIQUET, Paris, Fayard, 1973, pp. 308-319.

camps annexes comme Bochum ou Magdeburg, comptabilisant au total plus de vingt-six mille détenus[1].

À partir de cette période, l'effectif du Petit camp où ils sont placés à Buchenwald ne tombe plus en dessous de vingt mille personnes, avec de neuf cents à plus de mille trois cents personnes par baraque. Le surpeuplement, les conditions d'hygiène et sanitaires déplorables et une alimentation nettement insuffisante provoquent une mortalité importante, avec près de cent cinquante décès quotidiens contre dix au Grand camp[2]. Plus de treize mille détenus décèdent en cent jours[3]. Seule une faible minorité des déportés juifs intègre ce dernier, notamment au sein du block 22 qui leur est réservé, dirigé en 1945 par le communiste allemand Emil Carlebach, interné à Dachau en 1937 puis à Buchenwald l'année suivante[4]. Les jeunes âgés de moins de dix-huit ans sont eux regroupés depuis 1943 dans le block 8, à l'initiative de la direction internée, les sauvant ainsi d'une mort quasi certaine en prenant en charge leur destin. Depuis la création de Buchenwald, des enfants et adolescents y furent régulièrement envoyés, essentiellement juifs, tziganes et polonais[5]. À la libération du camp, neuf cent quatre d'entre eux avaient survécu[6]. Le plus jeune, Stefan-Jerzy Zweig dit « Juschu », originaire d'une famille juive de Cracovie en Pologne, a alors quatre ans. Il est

---

1. *Konzentrationslager Buchenwald, 1937-1945*, op. cit., pp. 166-167, 224.

2. MANHÈS (Frédéric-Henri), *Buchenwald. L'organisation et l'action clandestines des déportés français (1944-1945)*, op. cit., p. 28.

3. STEIN (Harry), « Buchenwald », in BÉDARIDA (François) et GERVEREAU (Laurent), dir., *La Déportation. Le système concentrationnaire*, op. cit., p. 117.

4. Voir sa contribution « History of the Jews in Buchenwald », in *The Buchenwald Report*, op. cit., pp. 161-168.

5. ROUVEYRE (Miriam), *Enfants de Buchenwald*, Paris, Julliard, 1995, pp. 61-79, pp. 117-122.

6. Parmi les 904 enfants sauvés de Buchenwald, plus de 420 furent accueillis par la France dans un centre de l'Œuvre de secours aux enfants (OSE) à Écouis en Normandie (*Ibid.*, pp. 154-169.) ; HAZAN (Katy), GHOZLAN (Éric), *À la vie ! Les enfants de Buchenwald, du shtetl à l'OSE*, Paris, Le Manuscrit, 2005, 302 p.

arrivé en août 1944 avec son père et fut d'emblée pris en charge par l'organisation clandestine[1].

Plus que tout autre détenu de Buchenwald, ils connaissent la famine et l'extrême misère, alors qu'ils sont traumatisés par la cruauté de leur vie dans les ghettos et les camps d'extermination de Pologne, souvent par la mort de leur famille, par les conditions de leur évacuation vers la Thuringe au cours de « marches de la mort ».

Dans ces circonstances dramatiques, la réaction des prisonniers de Buchenwald plus anciens est contrastée, entre antisémitisme plus ou moins larvé, sévérité et empathie. La violence des propos et des comportements apparaissent ainsi parfois difficilement soutenables[2]. Une fois encore, Christian Pineau se penche sans fard sur une réalité complexe : « J'hésite à l'écrire : l'atroce misère des Juifs d'Auschwitz ne suscite pas, dans le camp, que des sentiments de pitié. » Puis, il en vient à décrire « une extraordinaire vague d'antisémitisme. Je n'en suis pas tellement surpris ; des hommes humiliés et maltraités ont besoin, compensation ignoble mais naturelle, d'en humilier et d'en maltraiter d'autres. […] Au block 34, les discussions sont très vives. La passivité des détenus d'Auschwitz s'explique d'elle-même par les années de misère, d'abrutissement passées au camp ; ce ne sont pas des hommes, maîtres de leurs moyens physiques et moraux, qui ont fait le voyage, mais des individus

---

1. *Ibid.*, pp. 83-93.
2. Sur l'arrivée des évacués d'Auschwitz à Buchenwald et la diversité des réactions, voir notamment : CONVERSY (Marcel), *Quinze mois à Buchenwald, op. cit.*, pp. 156-157, 159-161 ; DARRIET (Yves) et FRANCIS-BŒUF (Claude), *Intermède... Écrit à Buchenwald, op. cit.*, pp. 161-164, 167-170 ; FOUCHER-CRÉTEAU (Roger), *Écrit à Buchenwald (1944-1945), op. cit.*, pp. 29-30 ; HAGENMULLER (Paul), « Le Travail à Buchenwald », in *De l'université aux camps de concentration. Témoignages strasbourgeois, op. cit.*, p. 101 ; LELOIR (Léon), *Je reviens de l'enfer, op. cit.*, pp. 223-230 et p. 244 ; RICHET (Charles), *Trois bagnes, op. cit.*, pp. 44-45.

déjà parvenus au stade de l'abandon. Il n'y a aucun rapport entre le convoi d'Auschwitz, en janvier 1945, et celui de Compiègne, en décembre 1943. Les deux catégories de prisonniers n'en étaient pas au même stade de la désagrégation. Si bon que soit l'argument, il ne convainc pas tout le monde, certains voulant continuer à se sentir plus forts, plus courageux, plus résistants que d'autres[1]. »

Malgré l'état d'esprit de certains, une frange de détenus, dont Christian Pineau, décide de leur porter secours[2]. Le Comité des intérêts français tente d'emblée de faire passer le maximum de ses ressortissants, présents parmi les détenus nouvellement arrivés, du Petit vers le Grand camp[3]. Marcel Paul, affecté depuis son arrivée au block 57, ne ménage pas sa peine pour leur venir en aide, notamment à la cinquantaine de jeunes Français de moins de vingt ans identifiés, en leur apportant nourriture, vêtements ainsi qu'un encadrement particulier pour les soutenir. C'est le cas par exemple de Guy Ducoloné, un jeune militant communiste de vingt-quatre ans qui, au sein du block 45, se dévoue en faveur de Léon Zyguel, âgé de dix-sept ans, arrivé d'Auschwitz au début de février 1945[4]. Plusieurs décennies après, Marcel Paul raconte avec un attendrissement intact à Lucien Cariat une anecdote survenue en mars 1945 : « Ce fut un des plus beaux jours de ma vie, me dit-il, de sa voix basse et un peu rauque. Il y avait bien longtemps que je n'avais vécu un moment aussi émouvant. Mes jeunes gens s'étaient mis

---

1. PINEAU (Christian), *La Simple Vérité*, op. cit., pp. 537-538.
2. *Ibid.*, p. 498.
3. MANHÈS (Frédéric-Henri), *Buchenwald. L'organisation et l'action clandestines des déportés français (1944-1945)*, op. cit., p. 28.
4. Guy Ducoloné deviendra après guerre secrétaire de l'Union de la jeunesse républicaine de France, puis député et vice-président de l'Assemblée nationale. Il occupera en outre la présidence de l'Association française Buchenwald-Dora et kommandos.

à chanter en chœur une vieille chanson de chez nous. Leurs voix jeunes qui montaient, claires, de leur block empuanti me bouleversa. J'étais heureux[1]. »

Par ailleurs, Marcel Paul évoquera à de nombreuses reprises le sort tragique des Juifs d'Europe exterminés, lui qui fut particulièrement marqué par son passage à Auschwitz-Birkenau.

Le block 61

La dégradation des conditions de vie influence certainement le délitement du climat au sein de la communauté française au fil des derniers mois d'existence du camp. L'affaire des colis de la Croix-Rouge ou le décès de Maurice Raymond au block 10 contribuent aussi fortement à cette situation difficile. Il en va de même pour les événements survenus au block 61 du Petit camp. À partir de janvier 1945, ce baraquement devient une infirmerie pour les malades jugés les plus faibles, et singulièrement ceux souffrant de dysenterie. Selon le docteur Vic-Dupont, appelé à témoigner au procès de Nuremberg sur le sujet, la création de ce lieu repose sur une proposition des détenus Ernst Busse et Alfred Knieper, visant à contrer la volonté des SS d'installer une chambre à gaz afin de répondre au problème de la surpopulation croissante et d'enrayer les risques d'épidémies[2]. En effet, la baraque cache également un lieu d'exécution, pour ceux dont l'état est jugé sans espoir de rétablissement, par injections intracardiaques administrées par l'adjudant SS Wilhelm. Le choix des victimes est fait par les chefs de blocks du Petit camp et par les SS.

---

1. CARIAT (Lucien), *Ici, Chacun son dû*, *op. cit.*, pp. 190-191.
2. AN, 72 AJ 321, Comité d'histoire de la Deuxième Guerre mondiale, Buchenwald, témoignage du docteur Vic-Dupont, *op. cit.*

Outre la mise à mort des malades, Eugen Kogon dénonce dans son livre le meurtre de quelques détenus, dont des Français, sur la simple base de conflits avec des communistes[1].

Bien conscient du danger provoqué par une telle institution criminelle, reposant en partie sur une intervention de l'administration détenue, le CIF interpelle à plusieurs reprises la direction allemande du KPD. Le 10 mars 1945, elle lui adresse la note suivante :

> « Nous vous répétons avec la plus grande insistance qu'une grande inquiétude règne dans le camp du fait des mesures qui seraient appliquées au Revier et au Block 61 en particulier.
>
> Nous vous répétons que le problème des malades dont l'état est tel qu'ils sont condamnés à mourir représentant pour la collectivité du camp par leur nombre et leur caractère contagieux un réel danger doit être tranché, comme nous l'avons déjà demandé à deux reprises, par un Comité international sanitaire composé de docteurs en médecine désignés respectivement par les organismes des différents pays.
>
> Nous vous répétons que l'organisme français se déclare à nouveau prêt à assumer la responsabilité de la mise en application des avis que le Comité international sanitaire émettrait sur cette question.
>
> Mais l'organisme français décline à nouveau toute responsabilité à raison [sic] des mesures qui seraient prises et continueraient d'être prises en dehors de l'avis démocratiquement émis par l'organisme sanitaire international ci-dessus prévu[2]. »

Les Français ne sont pas suivis. Ils s'acharnent néanmoins à apporter des suppléments de nourriture à ceux de leurs ressor-

---

1. KOGON (Eugen), *L'État SS. Le système des camps de concentration allemands*, op. cit., pp. 288-289.
2. Ass. française Buchenwald-Dora et kommandos, archives Marcel Paul, affaire du *Revier* et des piqûres, note de l'organisme français à l'organisme allemand, 10 mars 1945.

tissants placés au block 61, afin d'améliorer leur santé et ainsi éloigner la menace de mort. Ils font en outre affecter un infirmier, Robert Viguier, pour agir directement en leur faveur[1].

Le malaise, latent chez les Français depuis la fin de 1944, se renforce encore un peu plus. Certains n'ont jamais accepté l'autorité du CIF, particulièrement en raison du rôle majeur des communistes, et ne manquent guère d'occasions d'entretenir un sentiment de défiance à son égard. Courant mars 1945, une nouvelle étape est franchie. Le 15, le Comité directeur clandestin du parti socialiste à Buchenwald, conduit par Eugène Thomas, s'adresse par écrit à Marcel Paul. Il fait état « du malaise régnant actuellement dans le camp » et de « la création d'une atmosphère anticommuniste ». Selon lui, « la grande cause des malentendus réside dans les conditions mêmes de la vie dans le camp : des raisons de sécurité placent l'organisme dirigeant français : le comité français, dans l'impossibilité de mettre le Collectif français au courant des questions d'actualité ; cette ignorance de la masse laisse le champ libre à la circulation de mensonges, d'erreurs, de bobards ». En présentant ainsi le fonctionnement interne du CIF, le parti socialiste atteste des limites de celui-ci, malgré le principe des « familles ». Pour Eugène Thomas et ses camarades, la résolution des problèmes passe par la participation des socialistes aux relations avec la direction clandestine allemande et aux organismes qu'elle contrôle, comme nous l'avons dit précédemment. Dans l'attente du moment où les communistes français pourront s'expliquer sur leur action, « le PS condamne les Français inconscients qui croiraient devoir susciter ici des luttes politiques. Il demande à tous ses militants d'œuvrer pour renforcer ici l'idée d'Unité française. À Buchenwald, dans les conditions présentes, tous nos compatriotes doivent compren-

---

1. AN, F9 5577, déposition de Marcel Paul devant le lieutenant-colonel Badin, 3 mai 1945.

dre que leur intérêt et leur devoir est d'approuver et d'appuyer les dirigeants de leurs organisations apportant leur concours et leur soutien aux dirigeants du PC français[1] ».

La note ne reste pas sans réponse. Marcel Paul riposte par un document de seize pages, aujourd'hui disparu, les accusant de « laisser tomber le Parti ». Surtout, pour répondre « de manière définitive aux insinuations et propos malveillants que quelques mauvais et très rares éléments du collectif essaient de répandre sur le parti communiste et le Comité des intérêt français[2] », et aussi en prévision d'attaques ultérieures une fois la patrie regagnée selon Pierre Durand[3], le CIF initie une commission d'enquête clandestine, composée de cinq membres de sensibilités politiques diverses[4].

La commission rend son rapport le 31 mars 1945 aux dirigeants du comité, qui le valident le 2 avril[5]. Ils ne le désavoue-

---

1. Musée de la Résistance et de la déportation de Toulouse, fonds Sylvain Dauriac, lettre du comité de direction du parti socialiste à Buchenwald, *op. cit.*

2. Cité par DURAND (Pierre), *Les Français à Buchenwald et à Dora. Les armes de l'espoir*, *op. cit.*, p. 278, qui reproduit l'intégralité du rapport, tout comme *Le Patriote résistant*, mai 1946, pp. 8-10. Des extraits de ce texte sont publiés dès juin 1945 dans un numéro spécial du *Magazine de France* consacré aux crimes nazis. Ils gomment alors toute référence au rôle des communistes.

3. Entretien avec Pierre Durand, *op. cit.*

4. La commission est présidée par l'ancien journaliste à *Paris-Soir* René Simonin, dirigeant de « Franche-Comté » et du sous-réseau « Éric » dépendant de « Vélite-Thermopyle ». Arrêté le 17 avril 1944 à Poligny (Jura), il arrive le 14 mai suivant à Buchenwald. Elle se compose en outre de Bernard de Chalvron, fonctionnaire du ministère des Affaires étrangères à Vichy, futur consul de France, alors responsable national du mouvement « Noyautage des administrations publiques », arrêté en juin 1944, de François Fleuret, pilote du port de Bordeaux, chef régional de « CND-Castille », arrêté en mars 1943 et arrivé au camp le 29 janvier 1944, de Marius Jacquemard, instituteur arrêté en 1940 pour activité communiste, déporté le 17 janvier 1944 et représentant ici le « Front national », et de Jean Lloubes, siégeant au nom du parti communiste.

5. DURAND (Pierre), *Les Français à Buchenwald et à Dora. Les armes de l'espoir*, *op. cit.*, pp. 279, 281.

ront jamais. Publié dès 1945, c'est un texte historique important, tant par la teneur des informations qu'il contient que par ses conclusions. Néanmoins, nous pouvons affirmer que la reproduction de la délibération du CIF sur les travaux et conclusions de la commission d'enquête dans le camp, adoptée le 2 avril 1945, a été jusqu'à aujourd'hui tronquée, amputée des références à l'affaire Maurice Raymond et d'une deuxième partie au contenu nettement plus politique, réaffirmant le projet idéologique porté par les responsables du CIF[1]. Au retour, il est probable que la volonté d'atténuer la complexité des relations au sein de la communauté française explique cette omission volontaire. Les conditions troubles du décès de Maurice Raymond, ancien communiste exclu pour avoir volé de la nourriture à ses camarades de déportation, et dont la mort pourrait être imputable à d'autres communistes ayant incité les détenus à réagir avec violence aux vols, n'est guère valorisante. Les réflexions politiques des dirigeants du CIF symbolisent un projet de société porté au camp par des hommes désormais désunis, voire opposés sur la scène publique.

Le rapport est néanmoins largement cité car il décrit chronologiquement les conditions de vie des Français, la construction et l'activité de leur organisation, saluant en définitive et de façon explicite le rôle des communistes. De plus, « la commission d'enquête constate que le Comité des intérêts français et la section française communiste ont soigneusement préservé et entretenu l'unité morale de tout le collectif, qu'ils continuent l'un et l'autre à être vigilants et impitoyables envers ceux qui, imprégnés d'un esprit partisan et pour la poursuite d'intérêts particuliers et égoïstes n'ayant rien à voir avec ceux du collec-

---

[1]. Le texte est reproduit intégralement en annexe sur la base d'un document inédit retrouvé dans les archives de Marcel Paul conservées par l'Association française Buchenwald-Dora.

tif et de la France, tentent de poursuivre leurs manœuvres de division et de désunion[1]. »

En quelques mots, les auteurs confirment cependant donc bien l'existence de puissants antagonismes qui fragilisent l'image d'unité tant recherchée pour la communauté française.

C'est dans ce contexte tendu qu'il faut inscrire la libération du camp de Buchenwald : délivrance pour tous, moment de la revanche pour certains.

La fin : avril 1945

Dans les jours précédant le 11 avril, la situation pour les détenus apparaît des plus nébuleuses. « Des nouvelles arrivent de partout, confuses, contradictoires[2] », note Christian Pineau. Les déportés savent néanmoins que les troupes américaines sont désormais proches ; des avions survolent le camp, le bruit de la canonnade se renforce. Les postes de radio clandestins le confirment : les Alliés arrivent par l'ouest, le front se situe dans la région d'Eisenach, à une quarantaine de kilomètres seulement. Une fébrilité palpable règne également chez les SS. Tous appréhendent leur réaction, craignant une extermination massive de la population du camp.

Dans une atmosphère pesante, deux lignes s'affrontent dès le 2 avril au sein du Comité international. Marcel Paul, appuyé par les délégués espagnols, yougoslaves et russes, soutient la nécessité d'engager au plus tôt la bataille alors que les dirigeants allemands jugent préférable d'attendre un mouvement de repli des SS et de les surprendre alors. Les dirigeants clandestins français

---

1. DURAND (Pierre), *Les Français à Buchenwald et à Dora. Les armes de l'espoir, op. cit.*, p. 279
2. PINEAU (Christian), *La Simple Vérité, op. cit.*, pp. 550-551.

maintiennent en fait le volontarisme qu'ils avaient affiché dès 1944 lors de la conception de la Brigade française d'action libératrice, dont le nom est en soi un programme. Pierre Durand se souvient : « Nous étions partisans d'une action offensive, pensant qu'en restant dans le camp on avait de fortes chances de se faire tous liquider, et les Allemands eux pensaient qu'il fallait attendre que le danger devienne vraiment imminent pour qu'on se défende en surprenant les SS. Finalement, les choses se sont passées dans des conditions un peu différentes parce que les troupes américaines ont avancé rapidement, mais il est apparu, étant donné ce que les choses étaient devenues que c'était les Allemands qui avaient eu raison car si l'on s'était lancé dans une aventure militaire... Marcel Paul était un peu romantique. Il espérait qu'on réussirait à vaincre les SS et à marcher sur Weimar [...][1]. » Effectivement, l'attentisme des Allemands l'emporte, réaffirmé au cours de nouvelles réunions du comité les 4 et 9 avril[2].

Au même moment, les intentions des SS demeurent troubles. Le 3 avril, le commandant de Buchenwald, Hermann Pister, évoque devant des détenus du *Bergungstrupps*, un groupe actif en cas d'alerte aérienne, son intention de remettre le camp aux Alliés sans combattre[3].

Progressivement, les détenus des camps annexes des environs sont regroupés à Buchenwald. Ainsi, le lendemain et le surlendemain du 3 avril, neuf mille détenus d'Ohrdruf arrivent. Ils laissent derrière eux des dizaines de camarades abattus par les nazis. Aussi, les propos de Pister sont interprétés comme dilatoires. D'autant que le 6, à 8 heures du matin, la Gestapo fait appeler à la porte du camp quarante-six détenus, principalement alle-

---

1. Entretien avec Pierre Durand, *op. cit.*
2. Manhès (Frédéric-Henri), *Buchenwald. L'organisation et l'action clandestines des déportés français (1944-1945)*, *op. cit.*, pp. 47-48 ; Durand (Pierre), *Les Français à Buchenwald et à Dora. Les armes de l'espoir*, *op. cit.*, pp. 299-300.
3. *Konzentrationslager Buchenwald, 1937-1945*, *op. cit.*, p. 227.

mands. Il semble que Marcel Bloch figure par eux, bien que son nom n'apparaisse pas dans la liste recueillie en avril 1945 par les services américains[1]. Il s'agit des détenus que les autorités allemandes estiment être à la tête de l'organisation clandestine, non sans erreur parfois. Aucun ne se dévoile et tous se cachent pour éviter une mort certaine, prêts à se défendre par la force.

Alors que depuis le 3 avril les appels sont supprimés et les kommandos ne fonctionnent plus, les SS procèdent à partir du 5, sur l'ordre direct d'Himmler, aux premières évacuations de détenus, principalement vers Dachau et Flossenbürg. Les SS prennent en main la formation des convois, appuyés par les *Lagerschutz*. Dans la plus grande panique, les prisonniers juifs sont les premiers à être convoqués au cours de la soirée sur la place d'appel, malgré la volonté des autorités clandestines d'enrayer, dans la mesure du possible, le processus, non sans débats sur les risques encourus et discussions concernant les groupes qui doivent partir, selon David Rousset[2]. La plupart cherchent alors se cacher dans le Grand camp, pourchassés par les SS. Au block 34, Christian Pineau témoigne : « Cette fois-ci, plus d'antisémitisme. La solidarité joue à plein ; nous cachons des fuyards sous les tables, sous les châlits, entre deux paillasses. Nous passons sur leurs dos les chandails encore propres dont nous disposons afin qu'ils ne soient pas reconnus à leurs guenilles. Finalement, les SS découragés, abandonnent la chasse. Les Juifs sont sauvés, au moins pour un soir[3]. »

---

1. CARLIER (Claude), *Marcel Dassault. La légende d'un siècle*, op. cit., p. 150. La liste est reproduite dans *The Buchenwald Report*, op. cit., pp. 323-324.
2. ROUSSET (David), *Les Jours de notre mort*, op. cit., pp. 734-735.
3. PINEAU (Christian), *La Simple Vérité*, op. cit., p. 554.

Les évacuations vont se poursuivre jusqu'au 10 avril[1]. Le 7, les SS réclament le départ d'un nombre important de prisonniers mais laissent à l'administration détenue la possibilité de les choisir. *Grimaux* constate avec amertume : « Une fois de plus, les faibles sont sacrifiés. Presque tous les détenus choisis par l'*Arbeitsstatistik* sont pris dans le Petit camp[2]. » Pourtant, le lendemain à 11 heures, c'est au tour des détenus du Grand camp d'être appelés sur la place d'appel. Cette fois, l'organisation clandestine se lance dans une opposition frontale en donnant comme consigne aux chefs de blocks de refuser d'emmener leurs hommes. Les SS doivent eux-mêmes descendre dans le camp pour organiser le rassemblement[3].

Le CIF a fait passer le mot d'ordre de se regrouper entre compatriotes en cas de départ. Avec les responsables de la BFAL, ils devront profiter de la première occasion pour désarmer les gardes et accomplir une évasion collective. Le scénario ne vaut qu'en cas d'évacuation par la route, or quelques instants avant de franchir la porte du camp, les dirigeants français apprennent que l'évacuation se fera par chemin de fer. Grâce au sang-froid et au courage des *Lagerschutz* français qui les encadrent, une périlleuse manœuvre est alors accomplie, visant à regagner les blocks, sous les yeux des gardiens. Ils y parviennent dans la confusion provoquée par le passage à basse altitude d'avions américains[4]. Ce jour-là, plusieurs centaines de Français quittent néanmoins Buchenwald dans une colonne de plus de quatre mille personnes. Parmi eux, Robert Darsonville,

---

1. Pour une description des différentes évacuations depuis Buchenwald, on consultera : BERTRAND (François), *Notre devoir de mémoire. Convoi de Buchenwald à Dachau du 7 au 28 avril 1945*, Pau, Héraclès, 1997, 260 p.

2. PINEAU (Christian), *La Simple Vérité, op. cit.*, p. 556.

3. *Ibid.*, pp. 557-558.

4. LLOUBES (Jean), « À la barbe des SS », in *Le Serment*, n° 104, mai-juin 1975, p. 4.

Yves Kermarec et Charles Rey-Gollier[1]. Le 10 avril, plusieurs milliers de détenus sont également contraints de partir, dont ceux du block 26 comptant de nombreux Français. Si certains cherchent par tous les moyens à échapper à l'évacuation, d'autres préfèrent tenter leur chance[2].

Au terme de ces journées, la tactique suivie par la direction clandestine permet de maintenir à Buchenwald environ la moitié des effectifs initiaux, soit près de vingt et un mille détenus, toujours sous bonne garde[3]. C'est certes une victoire qui profite à la majorité des *Häftlinge* du Grand camp, leur permettant d'y demeurer grâce à d'habiles manœuvres de la résistance clandestine. Cette situation tranche avec celle d'autres camps vidés sur les routes, dans des évacuations aux conséquences toujours dramatiques, de nombreux détenus étant alors impitoyablement exécutés. Néanmoins, c'est un enthousiasme que ne peut partager la masse des prisonniers du Petit camp, sacrifiés devant les exigences et les menaces des SS.

Dans le même temps, le 8 avril, les Américains sont directement appelés au secours par le Comité international, grâce à un poste émetteur clandestin :

> *« Aux Alliés,*
> *À l'armée du général Patton !*
> *S.O.S. !*

---

1. Voir son témoignage : DARSONVILLE (Robert), « De Buchenwald à Salzburg », in *Le Serment*, n° 90, 4ᵉ trimestre 1972, pp. 8-10.

2. VANBREMEERSCH (Claude), « La Résistance à Buchenwald », in *Aux armes*, *op. cit.*

3. DURAND (Pierre), *Les Français à Buchenwald et à Dora. Les armes de l'espoir*, *op. cit.*, p. 300 ; KOGON (Eugen), *L'État SS. Le système des camps de concentration allemands*, *op. cit.*, pp. 373-379 ; *The Buchenwald Report*, *op. cit.*, pp. 327-329.

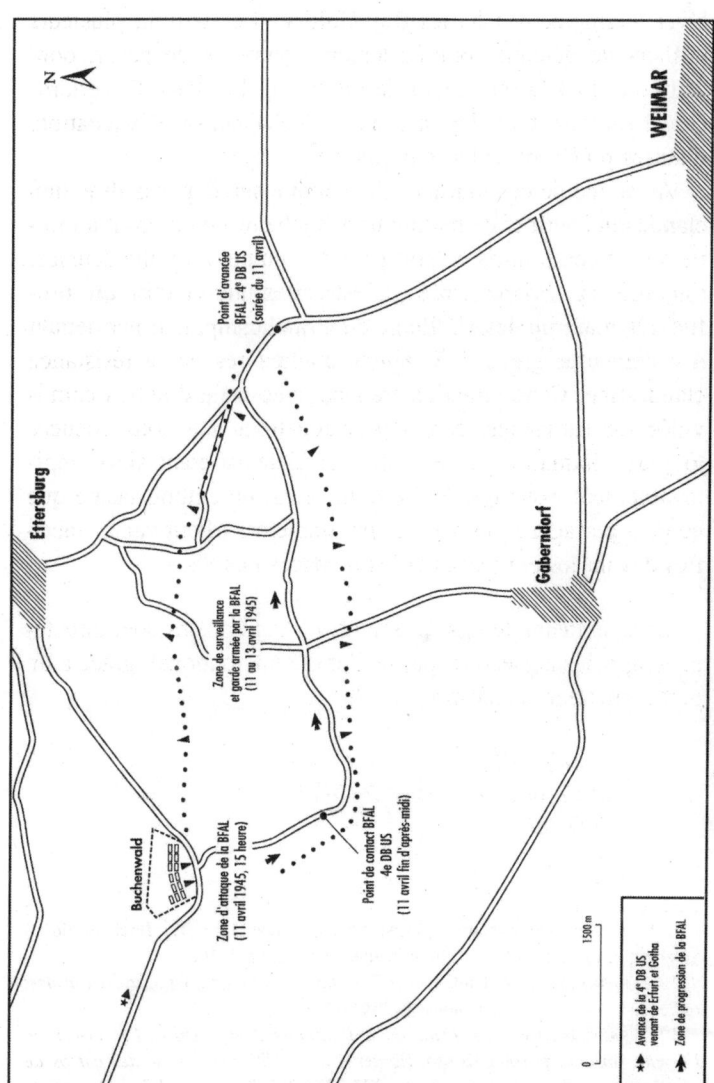

Nous demandons de l'aide. Ils veulent nous évacuer. Les SS veulent nous exterminer[1]. »

Une réponse en anglais parvient, confirmant l'arrivée prochaine des troupes libératrices[2]. Le même jour, Eugen Kogon est transféré secrètement hors du camp, caché grâce à la complicité du docteur Ding-Schuler dans un camion transportant du matériel médical. Sachant la défaite imminente, celui-ci tente sans doute de se racheter une conduite. Kogon doit poster une lettre adressée au commandant Pister, prétendument rédigée par un militaire britannique le menaçant en cas de poursuite des évacuations[3]. Il faut alors éviter à tout prix le massacre des survivants et gagner du temps pour permettre aux Américains d'arriver.

Le 11 avril 1945

Le mercredi 11 avril, l'évacuation est enfin stoppée. Les événements vont dès lors aller très vite.

À 10 h 15, l'alarme d'attaque aérienne retentit ; à 11 h 15, c'est au tour de l'alarme d'attaque terrestre ; puis, à 12 h 10, une annonce des autorités allemandes ordonne par haut-parleur aux SS de quitter l'enceinte du camp[4]. Les gardiens commencent à abandonner leurs cantonnements et se replient. Seules des sentinelles demeurent aux miradors[5]. Le comité international se trouve alors en pleine discussion, sans avoir encore tran-

---

1. *Konzentrationslager Buchenwald, 1937-1945, op. cit.*, p. 227.
2. Selon *Buchenwald. Mahnung und Verpflichtung, op. cit.*, pp. 543-544.
3. *Konzentrationslager Buchenwald, 1937-1945, op. cit.*, pp. 227-228.
4. *The Buchenwald Report, op. cit.*, p. 332.
5. KOGON (Eugen), *L'État SS. Le système des camps de concentration allemands, op. cit.*, p. 379.

ché sur l'opportunité de lancer le mouvement insurrectionnel que les Français appellent tant de leurs vœux. L'état-major de la Brigade française d'action libératrice s'est quant à lui regroupé au block 31.

Désormais, les hommes ne sortent plus des baraques.

Les données horaires deviennent alors relatives. Dans ses mémoires, le colonel Manhès s'en remet pour la description des épisodes qui suivent à Simon Lagunas, un *Lagerschutz* commandant la compagnie de choc de la BFAL. Selon ce dernier, à 13 heures, les cadres de la brigade française récupèrent les armes cachées depuis plusieurs mois et les gardent dans l'attente d'un ordre du Comité international. Il s'agit au total de cent vingt-sept fusils, deux fusils mitrailleurs et des caisses de grenades. Les Français reçoivent vingt-huit fusils, un fusil mitrailleur, et deux caisses de grenades[1].

À 14 heures, la décision de lancer l'insurrection est finalement prise, mais elle tarde à être transmise. En fait, la distribution des armes à l'ensemble des membres des formations de combat débute à 15 heures. L'assaut commence[2], bien que d'autres sources le situent davantage vers 14 h 30 ou 14 h 45[3]. Pineau parle lui de 15 h 30, probablement à tort, concernant le début du mouvement.

Les divergences sur l'horaire tiennent sans doute à la position de chacun au moment du déclenchement de l'insurrection.

---

1. MANHÈS (Frédéric-Henri), *Buchenwald. L'organisation et l'action clandestines des déportés français (1944-1945)*, op. cit., pp. 52-53. Eugen Kogon signale également l'existence de ces armes dans *L'État SS. Le système des camps de concentration allemands*, op. cit., p. 370.

2. MANHÈS (Frédéric-Henri), *Buchenwald. L'organisation et l'action clandestines des déportés français (1944-1945)*, op. cit., p. 53.

3. *Konzentrationslager Buchenwald, 1937-1945*, op. cit., p. 232. ; TRIEBEL (Agnès), *Les Français à Buchenwald, 1940-1945*, op. cit., p. 75.

Certains prennent part à la première vague et d'autres la rejoignent ensuite.

« Ce fut une minute émouvante et pathétique », se souvient le commandant Artous[1]. Afin de gagner le secteur confié par le Comité international aux « latins », regroupant Français, Italiens, Espagnols et Belges – une zone comprenant les usines de la *Gustloff* et les garages de la SS –, la BFAL franchit en plusieurs points l'enceinte barbelée, dont le courant vient d'être coupé[2].

Le commandant Artous poursuit : « L'effet de surprise fut complet. Devant cette révolte organisée, armée et inattendue, nos gardiens, qui, de leurs postes élevés, non seulement entendaient mais apercevaient les chars américains qui commençaient à gravir la colline n'insistèrent pas ; ils s'enfuirent individuellement[3]. »

Eugen Kogon lui situe l'assaut après le départ des gardes des miradors, mais il n'en est pas un témoin direct puisqu'il n'est plus au camp à ce moment-là. Il est d'ailleurs sur ce point contredit par le chapitre relatif à la journée du 11 avril 1945 dans le *Buchenwald Report*, décrivant la prise de la tour centrale et des miradors encore occupés par des SS[4].

À 15 h 15, le drapeau blanc est hissé par un groupe de détenus sur la tour de la porte d'entrée[5].

Au regard de ces différents éléments, il semble qu'aucun engagement significatif ne se soit produit. D'ailleurs, aucun

---

1. ARTOUS (Louis), *Témoignage du matricule 81 491 sur le bagne de Buchenwald*, op. cit., p. 53.
2. Le plan original de la répartition des secteurs est reproduit dans : *Konzentrationslager Buchenwald, 1937-1945*, op. cit., p. 214.
3. ARTOUS (Louis), *loc. cit.*
4. KOGON (Eugen), *L'État SS. Le système des camps de concentration allemands*, op. cit., p. 379 ; *The Buchenwald Report*, op. cit., p. 333.
5. *The Buchenwald Report, loc. cit.*

mort n'est à déplorer parmi les insurgés. Si la référence à des coups de feu est présente dans les souvenirs, ils sont sans doute bien davantage à imputer à des affrontements entre Américains et Allemands. La décision du Comité international de lancer l'insurrection est en effet volontairement prise alors qu'il est devenu évident que l'offensive place les troupes alliées aux abords du camp[1]. La prudence des dirigeants clandestins allemands sera demeurée de mise jusqu'à la fin. À 13 heures, deux chars venant du nord étaient apparus aux environs de la carrière. Une heure plus tard, une dizaine de blindés étaient engagés dans un combat avec les SS vers les écuries dans la partie nord du camp, réduisant leurs positions une demi-heure plus tard[2].

En fait, les SS ont commencé à évacuer le camp, ne laissant derrière eux qu'une garde légère, dont les membres se rendent ou fuient très majoritairement face à l'assaut des détenus. Marcel Paul évoque ainsi ces gardiens « visiblement accablés par cette attaque inattendue, quelques-uns se battent, beaucoup se rendent et laissent prendre leurs armes[3]. » Il le redit à Henri Alleg des années plus tard : « Le dispositif s'est mis en route et les Allemands ont été pris de panique, ont quitté les miradors, ç'a été chez eux la déroute absolue[4]. »

---

1. *Ibid.*
2. *Ibid.*
3. Allocution de Marcel Paul pour le deuxième anniversaire de la libération de Buchenwald, cité dans *Le Patriote résistant*, n° 29, 30 avril 1947, p. 3. ; Voir également la description de DURAND (Pierre), « Les insurgés de Buchenwald », in *L'Humanité*, 12 avril 1985 ; Simon LAGUNAS cité par DURAND (Pierre), *Les Français à Buchenwald et à Dora. Les armes de l'espoir*, *op. cit.*, pp. 229-230 ; VAN-BREMEERSCH (Claude), « La Résistance à Buchenwald », in *Aux armes*, *op. cit.* ; PINEAU (Christian), *La Simple Vérité*, *op. cit.*, pp. 562-564 ; AN, fonds Christian Pineau, non classé, lettre de Christian Pineau à Paul Quilès, 3 décembre 1985.
4. Entretien de Marcel Paul avec Henri Alleg, *op.cit.*

Cet enchaînement des faits est confirmé par le récit du lieutenant Vanbremeersch dès 1945 : « Et c'est cette journée du 11 avril où l'on entend soudain la fusillade à proximité immédiate du camp ; les premiers éléments de la VIe division blindée américaine arrivent. Alors, les unités françaises sortent des blocks, se rassemblent et l'on se précipite aux barbelés et, de là, aux casernes, alors que les SS s'enfuient lâchement[1]. »

Des formations de détenus armés se lancent en effet à la poursuite des SS à travers les casernements et les forêts des environs, tout en établissant un périmètre de sécurité de deux kilomètres autour du camp. Ils parviennent à en capturer plus d'une centaine avant la nuit et une centaine supplémentaire dans les deux jours suivants[2]. Les consignes du Comité international sont formelles. Les gardes doivent être faits prisonniers, aucune exécution sommaire ne saurait être tolérée[3].

En fin d'après-midi, les premiers éléments américains avancés atteignent l'entrée principale de « Buchenwald libéré[4] », poursuivant leur route vers Weimar et ne laissant qu'une faible escouade sur le périmètre extérieur du camp. Le colonel Artous le souligne : « Vers 16 heures, nous eûmes l'honneur de recevoir nous-mêmes, à la porte du camp, les premiers blindés américains. Ces magnifiques soldats de l'armée Patton avaient réalisé ce jour-là une avancée formidable qui, indiscutablement, sauva la vie à plus de vingt mille détenus[5]. »

---

1. VANBREMEERSCH (Claude), « La Résistance à Buchenwald », in *Aux armes*, *op. cit*. Il s'agit en fait de la IVe division, appartenant à la IIIe armée.
2. DURAND (Pierre), « Les insurgés de Buchenwald », in *L'Humanité*, *op. cit.* ; VANBREMEERSCH (Claude), « La Résistance à Buchenwald », in *Aux armes*, *op. cit.*
3. Entretien de Marcel Paul avec Henri Alleg, *op. cit.*
4. KOGON (Eugen), *loc. cit.*.
5. ARTOUS (Louis), *loc. cit.*

La libération de Buchenwald apparaît donc fondamentalement comme la conjonction de deux phénomènes indissociables. La proximité américaine pousse les SS à abandonner progressivement le camp, rendant possible aux yeux des communistes allemands une action offensive, une insurrection, prévue et voulue ardemment par les Français, conduisant effectivement les détenus à prendre possession du camp quelques heures avant l'entrée des Alliés dans son enceinte. Le journal de marche de la IVe division blindée américaine mentionne ainsi en date du 11 avril : « Des groupes spéciaux d'assaut avaient été organisés pour vaincre les gardiens. Avant notre arrivée, les postes de garde ont été pris et cent vingt-cinq SS ont été capturés et sont toujours prisonniers du camp. La direction du camp est entre les mains d'un comité bien organisé composé de toutes les nationalités représentées[1]. »

Sans être « un exploit militaire[2] », selon la formule de Jorge Semprun, au sens strict du terme, la puissance symbolique de cette action n'en demeure pas moins grande. En effet, Jorge Semprun le revendique : « L'important c'était de briser, ne fût-ce que pour quelques heures, la fatalité de l'esclavage et de la soumission. Le pouvoir n'était pas au bout de vos fusils, ce jour-là à Buchenwald, tu le sais bien : c'était la dignité qui était au bout de vos fusils. C'est pour cette dignité-là, pour cette idée-là de l'espèce humaine que vous aviez survécu[3]. »

---

1. Reproduit par DURAND (Pierre), « Notre libération vue par l'armée américaine », in *Le Serment*, n° 173, mars 1983, p. 4.
2. SEMPRUN (Jorge), *Quel beau dimanche !*, *op. cit.*, p. 373.
3. *Ibid.*, pp. 373-374.

Chapitre VII

UN SYMBOLE CONTROVERSÉ

« Très probablement il y aura une "affaire Buchenwald"[1] », suggère en date du 28 avril 1945 le chef de la mission française de rapatriement pour le 12e groupe d'armées dans une phrase aux accents prophétiques. Une dizaine de jours auparavant, le 16, un autre militaire français présent sur place, le lieutenant-colonel Rotival constate qu'il règne à Buchenwald « une atmosphère effroyable de suspicion entre tous les prisonniers. Aucun ne semble avoir confiance dans son camarade. Cela tient à la "terreur" qui a régné dans l'ensemble du camp. Des listes sont faites fréquemment pour des départs vers d'autres camps et l'on a remarqué que ces listes en général préparées par le Comité international avaient un caractère politique. Les communistes restaient au camp, d'autres, en général officiers supérieurs, étaient envoyés dans d'autres centres d'où l'on ne revient pas. L'atmosphère est telle que les Français dans le camp n'osent parler à un officier français de la mission qu'en secret, loin des autres prisonniers, ce qui est difficile[2]. »

---

1. AN, F9 5570, ministère des Prisonniers, déportés et réfugiés, documents et témoignages réunis sur les camps de déportés, Weimar-Buchenwald.
2. AN, 72 AJ 321, Comité d'histoire de la Deuxième Guerre mondiale, Buchenwald.

Depuis le 11 avril, l'ambiance à Buchenwald oscille en effet entre euphorie et animosité. Au milieu des cadavres que le crématoire n'a plus traités depuis plusieurs jours, après des mois de souffrance et d'angoisse, les détenus goûtent enfin à la liberté. Des événements tenant presque du miracle se produisent. Robert Marcault, un jeune Français de seize ans évacué d'Auschwitz en janvier, alors qu'il est hospitalisé dans le *Revier* du Petit camp dans un état d'extrême faiblesse, retrouve par le plus grand des hasards son frère engagé dans les troupes alliées. Au cours des jours précédant la libération, il est parvenu à demeurer sur place en se cachant dans le plafond de son block. Son frère va réussir à le faire transférer vers une unité médicale, le sauvant de la mort[1].

Dès le 11 avril, les Américains ont reconnu l'autorité du Comité international et confié au *Lagerältester* n° 1, Hans Eiden, la responsabilité du camp. Le 13, ils occupent enfin les lieux, organisent les distributions de nourriture, prennent en charge les blessés et consignent les détenus dans le périmètre de la première enceinte ou dans les casernements anciennement occupés par la SS afin de procurer un meilleur confort aux malades. Ils récupèrent également les armes jusque-là restées entre les mains des insurgés. Les détenus sont certes affaiblis, mais la situation est tout particulièrement dramatique dans le Petit camp.

Dans le même temps, le Comité des intérêts français se réunit pour la dernière fois. Le 15 avril se déroule, selon les souvenirs de Christian Pineau, « une séance assez pénible au cours de laquelle se trouve remué, bien à tort, beaucoup de linge sale. Personne sans doute n'a été parfait au cours de nos épreuves, mais qui aurait pu l'être ? À quoi serviront les polémiques qui

---

1. Entretien avec Robert Marcault, 22 novembre 2004, Toulouse.

s'amorcent[1] ? » Elles n'empêchent cependant pas, deux jours plus tard, les vingt-cinq délégués des « familles » encore présents d'approuver à l'unanimité la gestion du CIF et de réélire son bureau comme représentant officiel de la communauté française, selon le procès-verbal établi alors[2].

Parallèlement, les dirigeants du parti communiste français développent, au camp et au grand jour, leur activité. Ils éditent *L'Humanité de Buchenwald*, sur quelques feuilles ronéotypées, dans lequel ils affirment leur volonté de participer activement à la reconstruction de la France, sur la base du programme du Conseil national de la Résistance. Ils ouvrent en outre les adhésions au Parti pour constituer « la promotion Buchenwald », destinées « aux adhérents du Front national, aux sympathisants du Parti, à tous les patriotes honnêtes ». Jusqu'alors, les impératifs de la clandestinité avaient empêché une telle initiative. Dans un tract diffusé le 20, les responsables de la section communiste française de Buchenwald expliquent les raisons d'un tel engagement, après des mois de vie commune au camp, puis reviennent sur leur attitude en déportation, qu'il revendique comme exemplaire. Si le rapatriement se profile :

> « Cela ne veut pas dire qu'il n'y aura plus rien de commun entre nous, que disparaîtront l'unité étroite, la solidarité émouvante, l'affection et l'estime qui, ici, nous unissaient. Vous comprenez combien il est nécessaire que nous restions unis par un lien indissoluble [illisible] et combien il est impossible que se termine si tôt notre belle amitié.
>
> C'est cette confiance réciproque, cette fraternité profonde qui nous ont permis de supporter les misères du camp, qui nous ont rendu assez forts pour lutter contre les nazis – nous

---

1. PINEAU (Christian), *La Simple Vérité*, *op. cit.*, p. 569.
2. Reproduit dans *Le Livre blanc sur Buchenwald*, *op. cit.*, pp. 52-53.

les enchaînés – et nous ont fait garder intactes notre dignité et notre foi en une avenir meilleur.

Ici nous sommes restés forts parce qu'unis. En France pour aider le peuple français a très vite bâtir le monde merveilleux dont nous avons rêvé dans nos nuits d'insomnie, soyons encore davantage soudés, davantage décidés à la lutte.

Vous savez combien a été efficace à Buchenwald, l'action constante et courageuse du parti communiste, défenseur de tous les internés français. Vous avez pu, dans vos contacts quotidiens avec les communistes, apprécier leur force et leur honnêteté, leur soif de justice, leur désintéressement, leur patriotisme.

Aujourd'hui, à la veille de la libération, les communistes vous demandent de les rejoindre, de venir vous mettre plus entièrement au service de la France en adhérant à leur grand parti[1]. »

Selon Marcel Paul, huit cent quatre-vingts personnes sollicitent leur participation à la « promotion Buchenwald[2] » ; parmi eux, Charles Palant, âgé alors de vingt-trois ans, évacué d'Auschwitz en janvier 1945 et futur dirigeant du Mouvement contre le racisme et pour l'amitié entre les peuples. Certains demeurent fidèles au Parti de retour en France, d'autres se désistent rapidement, sans qu'il soit possible d'indiquer de chiffres précis.

Alors qu'a déjà commencé l'évacuation des détenus les plus valides, une cérémonie en hommage aux morts de Buchenwald est organisée par le Comité international le 19, au cours de laquelle un serment est prêté par les milliers de rescapés encore présents. Il s'inscrit parfaitement dans la ligne politique suivie jusqu'alors par l'organisation clandestine, comme le montre

---

1. MRN, boîte (28), n° 53, tract de la promotion Buchenwald
2. Entretien de Marcel Paul avec Jean-Pierre Vittori.

l'extrait suivant : « Nous, qui sommes restés en vie et qui sommes des témoins de la brutalité nazie avons regardé avec une rage impuissante la mort de nos camarades. Si quelque chose nous a aidé à survivre, c'était l'idée que le jour de la justice arriverait. Aujourd'hui nous sommes libres. […] Une pensée nous anime : notre cause est juste, la victoire sera nôtre. Nous avons mené en beaucoup de langues, la même lutte dure et impitoyable. Cette lutte a exigé beaucoup de victimes et elle n'est pas encore terminée. Les drapeaux flottent encore et les assassins de nos camarades sont encore en vie. Nos tortionnaires sadiques sont encore en liberté. C'est pour ça que nous jurons, sur ces lieux de crimes fascistes, devant le monde entier, que nous abandonnerons seulement la lutte quand le dernier des responsables sera condamné devant le tribunal de toutes les nations. L'écrasement définitif du nazisme est notre tâche. Notre idéal est la construction d'un monde nouveau dans la paix et la liberté. Nous le devons à nos camarades tués et à leurs familles. Levez vos mains et jurez pour démontrer que vous êtes prêts à la lutte[1]. »

Le colonel Manhès et Marcel Paul sont rentrés avec d'autres personnalités, par le premier vol en partance pour l'Hexagone le 18 avril. Ils alertent dès leur arrivée les autorités françaises sur les conditions de vie de leurs compatriotes restés outre-Rhin et cherchent à les retrouver au plus vite pour encadrer les opérations de secours. Le 20 au soir, un dîner est organisé pour permettre à Manhès de rencontrer Roger Kaeppelin, chef de la mission française de rapatriement en Allemagne, et Rémy Lebon, responsable de la section « déportés » au sein de la mission. Forts de leur soutien, Manhès et Marcel Paul parviennent le

---

1. Cité par TRIEBEL (Agnès), *Les Français à Buchenwald, 1940-1945*, *op. cit.*, p. 84.

22 à se rendre par avion à Buchenwald et sillonnent ses environs durant une dizaine de jours à la recherche de Français isolés[1].

Les premiers témoignages

Libres, les rescapés peuvent désormais s'exprimer sans retenue sur les éventuels crimes commis ou couverts par le CIF. Les autorités sollicitent justement leur aide pour châtier les crimes de guerre et les crimes contre l'humanité, dont ressortent aussi les mauvais traitements subis par les détenus et commis par d'autres prisonniers. Le Service de recherche des crimes de guerre ennemis, adossé au ministère de la Justice, entend ainsi plusieurs dizaines de témoins au cours du printemps et de l'été 1945 dans la France entière. Il s'agit de dépositions officielles devant des officiers, donnant lieu à l'établissement de procès-verbaux. Le service recueille ainsi plusieurs témoignages formels décrivant, selon leurs auteurs, l'influence des communistes au camp, le mécanisme de formation des transports et dénonçant l'envoi préférentiel dans des kommandos très durs, comme Dora ou Ohrdruf, des individus leur étant opposés[2]. Parmi ceux-là, le professeur Georges Straka, Josef Tyl, le professeur Léon Mazeaud ou le père Léon Leloir. Le service entend en outre le colonel Manhès et Marcel Paul. Tous les deux assument entièrement leur rôle à la tête de l'organisation clandestine française et revendiquent, parmi les

---

[1]. FNDIRP, boîte bio. Manhès (51), lettre de Rémy Lebon à Manhès, 27 mai 1946, pp. 1-2.

[2]. AN, F9 5577, ministère des Prisonniers, déportés et réfugiés, copie des procès-verbaux d'audition de déportés provenant du Service de recherche des crimes de guerre ennemis, à Paris. (Arch. Wetzel, rapport du sous-lieutenant Chavane de Dalmassy au général Revers, adjoint au gouverneur militaire de Paris, Orléans, 27 mai 1945).

avantages obtenus pour le collectif, « le retrait de mauvais transports » ou « l'affectation à de bons kommandos[1] ». Au cours des mois de juin et de juillet 1945, Marcel Paul précise ses propos à travers plusieurs courriers, visant en particulier le chef du block 57 et joignant le rapport de la commission d'enquête de mars 1945.

Parallèlement, d'autres rapports sont rédigés par des militaires déportés à l'intention de leur hiérarchie, comme celui du sous-lieutenant Chavane de Dalmassy, proche au camp de Jean de Montangon, adressé au général Revers, alors adjoint au gouverneur militaire de Paris. En date du 27 mai 1945, il écrit : « Il importe que l'on sache à ce sujet que cette prédilection toute particulière que l'on marquait aux officiers français pour leur choisir leurs kommandos ne provenait pas toujours des SS, mais aussi et souvent de l'administration intérieure du camp assumée par des détenus, soi-disant nos camarades. Il arrivait aussi souvent que des imprudents qui avaient fait preuve d'opinions politiques mal en cours dans le milieu étrange où nous vivions fussent envoyés dans des kommandos dont ils avaient toutes chances de ne revenir que morts pour passer au crématoire[2]. »

Ces matériaux s'ajoutent à ceux collectés durant l'enquête effectuée en Thuringe par les autorités américaines, dans le cadre de la préparation des procès punissant les auteurs des crimes commis à Buchenwald. Daniel Anker, affecté à l'*Arbeitsstatistik*, a par exemple été entendu comme témoin.

Or les accusations portées ne semblent déboucher sur aucune investigation complémentaire. Certes, comme l'a montré Annette Wieviorka en s'appuyant sur le journal *La Chaîne*,

---

1. AN, F9 5577, *Ibid.*, audition de Marcel Paul, 3 mai 1945.
2. Arch. Wetzel, Rapport du sous-lieutenant Chavane de Dalmassy au général Revers, adjoint au gouverneur militaire de Paris, *op. cit.*, p. 4.

« le procès de la maîtrise des camps » n'a pas réellement eu lieu en France[1]. Pourtant, il faut relever que, malgré la sévérité des témoignages, pas un cadre du CIF et du parti communiste n'est inquiété pour son comportement au camp alors que, dans le même temps, un nombre restreint de Français ayant occupé des fonctions dans l'administration détenue dans d'autres camps sont poursuivis.

Dans le même temps, le général de Gaulle appelle Marcel Paul au gouvernement, dès le 21 novembre 1945, au ministère de la Production industrielle. Il fait également Frédéric-Henri Manhès compagnon de l'ordre de la Libération et commandeur de la Légion d'honneur. Marcel Paul et le colonel Manhès deviennent par ailleurs les dirigeants de la Fédération nationale des déportés et internés, résistants et patriotes (FNDIRP). De leurs côtés, Albert Forcinal et Eugène Thomas fondent une autre association, la Fédération nationale des déportés et internés de la Résistance (FNDIR), dont les statuts furent rédigés au camp avant même sa libération, en préparation du retour. La scission couvait en fait déjà au sein du CIF, comme l'intervention en mars 1945 du comité directeur du parti socialiste à Buchenwald le laissait supposer. Dans l'une de ses rares déclarations relatives à son rôle dans l'organisation clandestine, Eugène Thomas indique en 1949 quelle fut sa volonté de lutter contre l'influence du parti communiste par le truchement du « Front national ». « Le but était simple : décerner au parti communiste français le titre de "parti des déportés" comme on avait déjà voulu lui donner de "parti résistant"[2]. »

---

1. WIEVIORKA (Annette), *Déportation et génocide. Entre la mémoire et l'oubli*, *op. cit.*, pp. 219-223.
2. Cité dans *Le Déporté*, n° 25, décembre 1949, p. 2.

Une fois libre, Manhès ne renie rien de ses engagements. « J'aime trop la lutte pour renoncer à celle qui s'est ouverte le jour de la Libération et qui va se poursuivre durement, âprement. Les dés sont jetés, il ne faut pas reculer, le jeu vaut d'être joué[1] », écrit-il en février 1946 alors qu'il est devenu directeur adjoint du cabinet de Marcel Paul. Il démissionne du parti radical-socialiste en 1945 « parce que M. Daladier y était rentré et que l'orientation de ce parti ne répondait plus à ses idées républicaines[2]. » Officiellement, Frédéric Manhès n'adhère plus à aucun parti politique. Il suit en fait un parcours idéologiquement proche de Pierre Meunier, devenu directeur de cabinet de Maurice Thorez. Au sein de la fédération ou au ministère, les militants communistes qui le côtoient ne l'identifient pas comme l'un des leurs[3]. Manhès n'est pas communiste, il est devenu une « personnalité progressiste[4] », un « compagnon de route » du Parti. En 1946, voyant ses titres dans la Résistance contestés, Manhès alerte en ces termes Marcel Paul : « Je devrais m'en moquer, bien sûr, mais je ne puis pas y parvenir et je crois même que VOUS ne pouvez le tolérer car cela ME gêne et cela peut VOUS nuire[5]. » Or, le colonel Manhès tutoie Marcel Paul depuis leur retour de Buchenwald. Il en appelle donc ici aux communistes dans leur ensemble.

---

1. FNDIRP, boîte bio. Manhès, lettre de Manhès à M. Rouvier, 16 février 1946. Le destinataire est un militant communiste, ancien résistant.
2. FNDIRP, boîte bio. Manhès, renseignements sur le président de la FNDIRP, s.d., p. 2.
3. Entretien avec Charles Joineau, 29 juin 1995 ; entretien avec Edgar MORIN, 12 juin 1995, Paris ; entretien avec Pierre DURAND, *op. cit.* ; entretien téléphonique avec Georges Poinçon, 4 février 1998. Ce dernier était chargé de mission au cabinet de Marcel Paul.
4. Lettre de Claude Bourdet à l'auteur, 15 juin 1995.
5. FNDIRP, boîte bio. Manhès, 1945-1946, lettre de Manhès à Marcel Paul, 2 août 1946, p. 2.

Si le grand public ignore ces premières mises en cause, il dispose néanmoins très rapidement de renseignements précis révélant les différentes appréciations portées sur l'activité du CIF et l'action des communistes à Buchenwald. *L'Humanité* dresse un portrait héroïque de Marcel Paul et s'appuie sur les déclarations de personnalités non-communistes pour rendre hommage à l'œuvre de ses militants. Le général Audibert, ancien chef d'état-major du corps d'occupation de la Ruhr[1], déclare ainsi : « Je suis loin d'être communiste, mais je puis affirmer que les communistes se sont montrés admirables. Ce sont des hommes d'un courage exemplaire, toujours prêts à se sacrifier pour leur idéal. Un Comité des intérêts français a pu être créé dans le camp. J'y ai adhéré. Il rassemblait les patriotes de toutes opinions. Votre camarade Marcel Paul en était l'animateur avec le colonel Manhès[2]. »

Ce jugement flatteur est cependant contredit, avec plus ou moins de vigueur, par les témoignages, publiés dans l'immédiat après-guerre, d'une minorité de déportés. Ainsi, le père Léon Leloir fustige les règlements de comptes à caractère politique au camp[3]. Jean Geoffroy dénonce quant à lui « le pouvoir occulte », coupable « de se substituer à la Providence pour désigner ceux qui devaient mourir », et conteste plus globalement son influence bénéfique[4]. D'autres récits sont plus nuancés, comme ceux du professeur Charles Richet ou de Léon

---

1. Chef des FFI de l'ouest de la France, le général Louis Audibert est élu à son retour de déportation député de Loire-Inférieure sur la liste d'Union nationale républicaine. Il adhère cette même année au PRL, avant de rejoindre en 1946 l'Union gaulliste. Son épouse meurt en déportation au camp de Ravensbrück.

2. *L'Humanité*, 23 avril 1945. Voir aussi les propos de Julien Cain, directeur de la Bibliothèque nationale, dans *L'Humanité* du 21 avril 1945.

3. LELOIR (Léon), *Je reviens de l'enfer, op. cit.*, pp. 213-215, 244-256.

4. GEOFFROY (Jean), *Au temps des crématoires*, Cavaillon, Imp. Mistral, 1948, p. 59.

Mazeaud, stigmatisant le rôle de l'administration détenue tout en lui reconnaissant certains mérites. En fait, les deux auteurs de référence sur le sujet, David Rousset et Eugen Kogon, expriment des points de vue nettement plus prudents. Bien plus que de simples témoignages, ils dressent un portrait critique mais néanmoins positif du pouvoir exercé par les détenus communistes. Pour contradictoires qu'ils paraissent parfois, la majorité des récits s'accordent dans l'ensemble à reconnaître les bienfaits de la solidarité au camp, au-delà des graves querelles internes qu'a connues la communauté française.

La campagne de Paroles françaises

Au printemps 1946, le scandale public naît donc ailleurs, sur la scène politique, à l'instigation du parti républicain de la liberté (PRL). Officiellement créé en décembre 1945, le PRL se définit en premier lieu comme un grand rassemblement antimarxiste[1] et se place à l'extrême droite sur l'échiquier politique de l'époque[2]. Le PRL et son organe, *Paroles françaises*, sont dirigés par André Mutter. Né le 11 novembre 1901 à Troyes dans l'Aube, André Mutter devient avocat en 1929 et milite au parti social français du colonel de la Roque, avant de s'engager en politique en 1933 au sein de partis issus du mouvement paysan. Arrêté le 9 octobre 1941, déporté en décembre à la prison de Nuremberg en Allemagne, puis en juin 1942 au camp d'Hinzert, il est finalement libéré en août faute de preuves. André Mutter représente d'août 1944 à juin 1946 « Ceux de la Libération » au Conseil national de la Résistance. Membre de

---

1. *Le Populaire*, 11 mai 1946.
2. ALGAZY (Joseph), *La Tentation néo-fasciste en France (1944-1965)*, Paris, Fayard, 1984, pp. 67-71 ; MILZA (Pierre), *Fascisme français. Passé et présent*, Paris, Flammarion, 1991, p. 293.

l'Assemblée provisoire, des deux assemblées constituantes, il demeure député de l'Aube jusqu'en 1958. Les motifs de son arrestation et les circonstances de sa libération sont contestés et ont donné lieu à différents procès pour diffamation qu'il a tous gagnés.

André Mutter est en 1946 le conseiller intime de l'ambassadeur américain en France[1]. Son parti s'appuie en outre sur les milieux industriels. Le socialiste Daniel Mayer le qualifie ainsi de « défenseur des trusts » et signale la présence de nombreux administrateurs de sociétés parmi ses adhérents[2]. C'est la raison pour laquelle Marcel Paul offre une cible de choix, dans une période marquée par les élections législatives de juin 1946, et alors que la presse se fait l'écho d'affaires liées à la gestion de son ministère[3].

Le 27 avril, *Paroles françaises* publie à la une, sous le titre « Quand les communistes régnaient sur Buchenwald », des extraits du livre de Christopher Burney, un rescapé britannique du camp, arrêté en France pour résistance[4]. Dès mai 1945, Burney avait accusé publiquement, depuis Londres, les communistes allemands « d'avoir été pires que les SS[5] ». Dans son ouvrage, il dépeint avec virulence la veulerie des Français. Il dénonce surtout le comportement criminel des communistes qui « avaient, de notoriété publique, pratiqué en France même, avec le plus grand sang-froid, la liquidation de membres des autres groupes de résistance » et qui, au camp, « s'arrogeaient le droit de disposer de la vie des compatriotes non-adhérents au Parti ». À leur tête,

---

1. AN, F7 15501, Archives du ministère de l'Intérieur, direction des Renseignements généraux, section de la documentation, dossier n° 4313 André Mutter.
2. *Le Populaire*, 22 mai 1946.
3. DURAND (Pierre), *Marcel Paul ou la vie d'un « pitau »*, *op. cit.*, pp. 228-229.
4. *Paroles françaises*, n° 4, 27 avril 1946, pp. 1-2 ; BURNEY (Christopher), *The Dungeon Democracy*, New-York, Duell, Sloanand Pearce, 1946, 164 p.
5. Repris par *Franc-Tireur*, 17 mai 1945.

Burney place « un petit homme gras, au regard incertain et à la voix visqueuse d'hypocrisie et de mensonge ». Selon lui, le CIF constitue une façade pour leurs agissements, dirigé par « un colonel sans énergie, et dont l'insuffisance avait été à l'origine d'une forte baisse dans le mouvement de la Résistance en France ».

Marie Granet signale, avec une retenue toute académique, dans la recension de l'ouvrage pour la *Revue du Comité d'histoire de la Deuxième Guerre mondiale :* « Il convient donc de se méfier des jugements de M. Burney qui ne sont ni impartiaux, ni perspicaces[1]. »

C'est pourtant sur la base de ces commentaires à caractère injurieux, derrière lesquels l'hebdomadaire se retranche perfidement, que *Paroles françaises* lance une enquête auprès de ses lecteurs. Elle s'élabore autour d'un questionnaire :

« 1°) Que pensez-vous des affirmations de C.H. Burney ?

2°) Croyez-vous qu'il soit bien dans la psychologie et le mécanisme du parti communiste d'avoir opéré la liquidation des éléments résistants bourgeois et non-communistes ?

3°) Quel est, à votre avis, ce mystérieux chef du comité communiste, ancien conseiller municipal, dont C.H. Burney donne une si horrible description ?

4°) Pensez-vous qu'un homme contre lequel une aussi redoutable accusation a pu être portée dans un ouvrage publié chez nos alliés puisse détenir une autorité gouvernementale sans s'être préalablement justifié ?

6°) Quelle importance accordez-vous dans la description du monde moderne à ces phénomènes de la liquidation par groupes où la communauté de destin de prisonniers ne vient apporter aucune atténuation[2] ? »

---

1. GRANET (Marie), « Comptes rendus », in *Revue du Comité d'histoire de la Deuxième Guerre mondiale*, nos 15-16, juillet-septembre 1954, Paris, PUF, pp. 165-166.

2. *Paroles françaises*, n° 4, 27 avril 1946, pp. 1-2.

Le journal entend démasquer le responsable communiste, « occupant aujourd'hui une très haute fonction dans le gouvernement[1] ». La polémique se poursuit dans ses colonnes jusqu'à la fin du mois de juin.

Les témoignages recueillis, anonymes, semblent accréditer les propos de Burney. Ils désignent tous Marcel Paul, responsable de « la liquidation des éléments bourgeois[2] », et le colonel Manhès. Le ministre est sommé de s'expliquer ou la justice sera saisie[3]. Une menace gratuite. À deux reprises, Marcel Paul fait insérer des droits de réponse. Il rejette les accusations de meurtre portées contre lui, en s'appuyant notamment sur le rapport de la commission d'enquête du CIF. Il dénonce en outre les contrevérités présentes dans les lettres des lecteurs, notamment le fait d'avoir occupé un poste à l'*Arbeitsstatistik*[4].

La riposte à cette campagne ne tarde pas. Dès les premiers jours de mai, le ministre Marcel Paul tient une conférence de presse et se défend[5]. La FNDIRP vilipende les initiateurs de la campagne de presse dans son organe, *Le Patriote résistant*, du 15 mai et sort un numéro spécial consacré entièrement à Buchenwald. Entre autres documents, il fait état des nombreux courriers de soutien reçus par les dirigeants de la fédération[6]. Ces divers matériaux sont repris dans une brochure éditée par

---

1. *Ibid.*
2. *Paroles françaises*, n° 6, 11 mai 1946.
3. *Ibid.*
4. *Paroles française*, n° 27, 18 mai 1946 et n° 29, 1ᵉʳ juin 1946. Marcel Paul adresse pour la même raison un exploit d'huissier à *L'Époque*, publié le 18 mai 1946.
5. *Voix de Paris*, 9 mai 1946.
6. Au-delà des appartenances politiques, des dizaines de camarades de résistance et de déportation prennent ainsi la défense de Manhès et Paul : l'Abbé Aloïsi, Laure Moulin, les généraux Heurtaux, Audibert et Dejussieu, Rémy Roure, Julien Cain pour n'en citer que quelques-uns (FNDIRP, boîte bio. Manhès, 1945-1946).

Ce soir, le quotidien proche du parti communiste français[1] et dans plusieurs articles parus dans *L'Humanité*. Un meeting public est organisé le 28 mai Salle Japy à Paris, réunissant une assemblée fournie.

L'autre grande fédération de déportés, la FNDIR se tient officiellement en retrait. « Nous tenons à préciser, d'une façon formelle, que nous ne saurions prendre en aucun cas parti dans cette querelle, fidèles en cela à l'idéologie de notre mouvement, que d'une volonté unanime nous avons voulu apolitique[2]. »

Cet attentisme s'explique probablement par la présence de membres du PRL parmi ses adhérents, à commencer par celle d'André Mutter lui-même et du professeur Richet, ainsi que par un accord, au moins tacite, avec une partie des accusations portées. Ceci n'empêche pas Gaston Weil, ancien délégué du mouvement « Liberté Égalité Fraternité » au Comité des intérêts français à Buchenwald et président du comité parisien de la FNDIR d'intervenir publiquement en faveur des responsables du CIF[3]. Ni Albert Forcinal, ni Eugène Thomas ne paraissent réellement réagir. Forcinal rejoindra cependant au début des années cinquante la FNDIRP, montrant par là un soutien, certes tardif, à Marcel Paul et au colonel Manhès.

Les grands journaux ne suivent guère *Paroles françaises*. Seuls *L'Époque*, quotidien proche du PRL, et *Vérités* développent ces informations.

L'Amicale de Buchenwald, présidée par Manhès, réclame le 9 mai 1946 que « toutes mesures soient prises pour répondre

---

1. *La Vérité sur Buchenwald. La conscience française se dresse contre une campagne infâme. Les survivants témoignent...*, Éd. *Ce soir*, s.d., 22 p.
2. *18 juin*, n° 13, 26 mai 1946.
3. FNDIRP, boîte bio. Manhès, 1945-1946, lettre de Gaston Weil au colonel Manhès, 21 mai 1946.

énergiquement et réduire à néant ces attaques calomnieuses[1] ». Sitôt passées les élections, elle saisit Louis Saillant, le président du Conseil national de la Résistance[2]. Cet organisme officiel décide l'ouverture d'une enquête qu'il confie à l'un de ses membres, Claude Bourdet, résistant déporté à Buchenwald[3]. Homme de gauche, Bourdet ne peut être suspecté de partialité envers les communistes alors qu'il s'est opposé par ailleurs à eux en défendant son ami, Henri Frenay, fondateur de « Combat » puis ministre des Prisonniers, Déportés et Réfugiés, soumis à une virulente campagne de dénigrement en 1945. Le rapport demeure confidentiel et constitue à ce jour une source unique[4]. Son auteur l'a conçu comme « un appareil enregistreur capable de réflexion, et absolument véridique, mais dépourvu de toute réaction sentimentale. Je crois que tel quel, dans sa froideur, il peut faire comprendre ce qui s'est passé mieux qu'une série de points d'exclamation[5] ». Il est élaboré en dehors des milieux associatifs, Claude Bourdet ayant initialement décidé de s'entourer de « quelques déportés de la Résistance, aux qualités morales incontestées et constituer une véritable commission d'enquête. » Pris par le temps, il ne peut mener ce projet à son terme, mais sollicite l'Amicale de

---

1. FNDIRP, boîte bio. Manhès, 1945-1946, motion votée par le conseil d'administration de l'Amicale de Buchenwald dans sa séance extraordinaire du 9 mai 1946.

2. FNDIRP, boîte bio. Manhès, 1945-1946, lettre de l'Amicale de Buchenwald à Louis Saillant, 6 juin 1946.

3. FNDIRP, boîte bio. Manhès, 1945-1946, lettre de Louis Saillant à l'Amicale de Buchenwald, 13 juin 1946.

4. L'Amicale de Buchenwald demande en vain à recevoir Bourdet (FNDIRP, boîte bio. Manhès, 1945-1946, lettre de l'Amicale de Buchenwald à Claude BOURDET, 8 juin 1946 ; lettre du docteur Elmelik à Louis Saillant, 8 août 1946). FNDIRP, boîte bio. Manhès, 1945-1946, rapport au Conseil national de la Résistance, Claude Bourdet, s.d., 11 p.

5. Ass. française Buchenwald-Dora et kommandos, arch. Marcel Paul, calomnies contre le CIF, lettre de Claude Bourdet à Marcel Paul, 2 août 1946.

Buchenwald, comme André Mutter, pour recueillir le maximum d'informations, sans obtenir de réponse de ce dernier[1]. Le 4 novembre 1946, Saillant publie un rapport provisoire en s'appuyant sur les conclusions de Bourdet. Il récuse en bloc l'enquête de *Paroles françaises* et préconise la formation d'un jury d'honneur[2]. Mais à cette date, la polémique initiée par le PRL s'est déjà éteinte. Aucune suite n'est donnée aux propositions du CNR.

« *L'amnésique de Brive* »

L'année 1946 s'achève sur une nouvelle affaire, plus modeste cette fois. Son contexte est à nouveau électoral. Le 25 octobre, Robert Bouteille, un ancien de Buchenwald, est retrouvé assommé et, semble-t-il, amnésique devant l'hôpital de Brive en Corrèze.

Robert Bouteille est un personnage bien singulier. Selon Jean Puissant, l'un de ses camarades de déportation, Bouteille « trouvait le moyen de se fâcher avec tout le monde, il accumulait les ennemis ; dès son entrée au bagne, il avait mis la morale en vacances : le mensonge et le vol étaient de ses armes […]. Les uns le prenaient pour un fou, d'autres pour un fumiste, d'autres pour un dangereux provocateur. Quelques-uns, contre vents et marée, l'estimèrent et l'admirèrent. J'étais de ceux-là[3] ». Pierre d'Harcourt le décrit quant à lui comme un ancien communiste, un « garçon sûrement intelligent, énergique et

---

1. Ass. française Buchenwald-Dora et kommandos, arch. Marcel Paul, calomnies contre le CIF, lettre de Claude Bourdet à Louis Saillant, s.d.

2. FNDIRP, boîte bio. Manhès, 1945-1946, rapport provisoire, Louis Saillant, 4 novembre 1946.

3. Puissant (Jean), *La Colline sans oiseaux. 14 mois à Buchenwald*, *op. cit.*, pp. 90-92

loyal. C'est un beau tableau. Il manque, malheureusement, peut-être d'équilibre[1] ».

Robert Bouteille est né le 28 mai 1904 à Auchy-la-Montagne dans l'Oise. Fils du directeur du journal *La Démocratie de l'Oise*, par ailleurs député entre 1929 et 1932, Bouteille travaille comme secrétaire auprès de son père puis comme instituteur dans diverses institutions privées. Amputé d'une jambe à la suite d'un accident en 1938, il est interné en hôpital psychiatrique à plusieurs reprises avant d'être arrêté pour trafic de faux papiers le 13 novembre 1943 à Toulouse et déporté le 6 janvier 1944 vers Buchenwald. Après la libération du camp, il regagne Toulouse. Selon une note de la Direction générale de la sûreté nationale d'octobre 1955, il se met alors « en vedette et fit figure de héros auprès du grand public. Il se disait mutilé de guerre, professeur agrégé ». Pour A. Ressigeac, correspondant du Comité départemental de la Deuxième Guerre mondiale à Montauban, Bouteille est « une victime de son impulsivité et de sa mythomanie ». Le titre de déporté résistant lui est d'ailleurs refusé[2].

Le 25 octobre 1946, Robert Bouteille se prépare à interpeller Marcel Paul, candidat à la députation en Haute-Vienne lors du scrutin de novembre, au cours d'une réunion publique à Limoges. Bouteille lui reproche sa partialité et ses conditions de vie confortables au camp. Il se dit menacé depuis plusieurs mois en raison des révélations qu'il s'apprête à faire. Des documents accablants lui auraient même été dérobés. La démarche est étrange de la part d'un homme qui adressait ses félicitations à Marcel Paul après son élection à l'Assemblée constituante en novembre 1945, le saluait à l'occasion du premier anniver-

---

1. HARCOURT (Pierre d'), *Journal de Buchenwald*, *op. cit.*, pp. 210-211.

2. Ces renseignements proviennent du dossier de Robert Bouteille conservé par le ministère de la Défense, secrétariat d'État aux Anciens combattants à Caen.

saire de la libération du camp et obtenait même un rendez-vous avec lui le 12 juillet 1946[1]. Si la presse nationale consacre quelques articles à « l'amnésique de Brive », les quotidiens régionaux s'emparent du sujet et s'affrontent en fonction de leurs étiquettes politiques respectives. L'histoire tient du feuilleton et tourne à la mystification savamment entretenue : mystère autour de l'identité réelle de la victime, circonstances troublantes de l'agression – une femme en noir aurait attiré Bouteille dans un piège –, crime politique...

Brive-Informations prend la tête de la campagne en faveur de Robert Bouteille. Le journal est dirigé par Gontran Royer, une figure locale de la Résistance, lui-même rescapé de Buchenwald[2]. Les premières informations tendent à accréditer la véracité et l'importance de la position de Bouteille. Selon le journal, « il est probablement titulaire de la croix de la Libération, la médaille et le ruban de celle-ci ayant été trouvés à l'intérieur du couvre-livre en cuir qui était en sa possession. [...] Il aurait appartenu au réseau Buckmaster et serait adhérent à la Fédération nationale des déportés et internés de la Résistance (FNDIR) de la rue Boulainvilliers. Il a assisté avec une délégation de cette fédération aux rassemblements de Compiègne et de

---

1. Ass. française Buchenwald-Dora et kommandos, arch. Marcel Paul, Bouteille, lettre de Marcel Paul à Robert Bouteille, 14 novembre 1945 ; lettre de Marcel Paul à Robert Bouteille, 16 avril 1946 ; lettre de Marcel Paul à Robert Bouteille, 8 juillet 1946.

2. Gontran Royer est né en 1898 à Brive, en Corrèze ; il est issu d'une famille de notables. Mobilisé en 1939 avec le grade de capitaine dans l'artillerie, il est fait prisonnier puis libéré en août 1941. Il devient en 1943 le responsable pour la Corrèze de l'Armée secrète et prend le commandement des maquis Armée secrète – Mouvements unis de la Résistance de la R5, comprenant notamment la Corrèze et la Haute-Vienne. Arrêté en décembre 1943, il est déporté à Buchenwald où il appartient dans un premier temps au CIF, représentant les maquis. En septembre 1945, Gontran Royer obtient l'investiture du parti socialiste et de l'UDSR en vue des élections cantonales. Il partage alors la direction de *Brive-Informations* avec Edmond Michelet. De 1947 à sa mort en 1956, il préside la Fédération nationale des anciens de la Résistance.

Lourdes et se serait trouvé récemment à un mariage auquel assistait également la nièce du général de Gaulle [...][1] ».

Gontran Royer corrobore les accusations portées par Bouteille et déplace le centre du débat. Pour lui, la libération du camp le 11 avril 1945 par les déportés eux-mêmes tient de la plaisanterie. Elle est uniquement le fait des troupes américaines[2]. La controverse se poursuit de façon épisodique jusqu'au printemps 1947 avec un meeting à Brive, le 28 février, réunissant à l'invitation de la section corrézienne de la FNDIRP, Marcel Paul, Frédéric-Henri Manhès et Gontran Royer, laissant en définitive chacun sur ses positions[3].

Des polémiques récurrentes

Quand Paul Rassinier lance ses premières critiques contre les communistes de Buchenwald, avec la sortie en 1949 de *Passage de la ligne*, il a donc été largement précédé. Pour ce militant, passé du parti communiste au parti socialiste avant la guerre, déporté à Buchenwald puis à Dora, le CIF comme l'existence d'une organisation de résistance au camp sont pures inventions[4]. Ces affirmations catégoriques, reposant sur des arguments de seconde main, ne sont que les premières d'une longue série entraînant Rassinier à nier l'existence des chambres à gaz[5].

---

1. *Brive-Informations*, 26 octobre 1946.
2. *Brive-Informations*, 1-2 novembre ; 8 novembre 1946.
3. « À Brive, 3 000 personnes acclament Marcel Paul, le colonel Manhès et le RP Bonaventure », *Le Patriote résistant*, n° 25, 22 mars 1947, p. 7.
4. RASSINIER (Paul), *Passage de la ligne. Du vrai à l'humain*, Bourg, Éd. Bressanes, 1949, pp. 74-75.
5. On consultera BRAYARD (Florent), *Comment vint l'idée à M. Rassinier. Naissance du révisionnisme*, préface de Pierre VIDAL-NAQUET, Paris, Fayard, 1996, 464 p. (coll. « Pour une histoire du XXe siècle ») ; FRESCO (Nadine), *Fabrication d'un antisémite*, Paris, Seuil, 1999, 792 p.

L'année suivante, il récidive dans *Le Mensonge d'Ulysse*, dénonçant les contrevérités qu'il croit déceler dans la littérature concentrationnaire et minimisant surtout, de fait, les sévices commis par les SS. Après avoir couvert la position de Rassinier, dont l'anticommunisme rencontre alors l'adhésion d'une partie de ses adhérents, la SFIO l'exclut de ses rangs en 1951, après l'intervention d'Edmond Debeaumarché, membre du Parti et secrétaire général de la FNDIR, lui-même ancien de Buchenwald et de Dora[1]. La SFIO reproche moins à Rassinier ses propos, que ceux tenus par Albert Paraz dans la préface de *Mensonge d'Ulysse*. La FNDIR, scandalisée par la vision déformée de la déportation que véhicule l'ouvrage, a parallèlement porté plainte contre l'auteur pour diffamation. En appel, le tribunal admet le caractère diffamatoire de ses propos envers les déportés de la Résistance. Mais l'arrêt est finalement annulé par la cour de cassation qui estime, du fait de la législation de l'époque, qu'une association n'est pas qualifiée pour se constituer partie civile.

La FNDIR ne tait pourtant pas ses critiques envers l'action des communistes à Buchenwald. Elle s'oppose ouvertement, et à de nombreuses reprises, à la FNDIRP en dénonçant notamment en 1949 le rôle néfaste de certains kapos[2] et, en 1952, la position privilégiée des communistes comme la « duperie » entourant la libération du camp[3].

---

1. IGOUNET (Valérie), *Histoire du négationnisme en France*, Paris, Seuil, 2000, pp. 64-65. (coll. « XXᵉ siècle »).

2. « Communiqué du BN de la FNDIR », in *Le Déporté*, n° 15, février 1949, pp. 1-2 ; MAZEAUD (Léon), « M. Manhès défend les kapos de Buchenwald », in *Le Déporté*, n° 16, mai 1949, p. 1. Voir la réponse du colonel Manhès lors du congrès national de la FNDIRP les 22, 23 et 24 avril 1949, reproduit sous la forme d'une brochure, pp. 4-5 ; *Le Patriote résistant*, n° 73, 29 mars 1949, p. 1.

3. *Le Déporté*, n° 55, janvier 1953, pp. 1-2. En mars 1953, le colonel Manhès est condamné pour avoir refusé, dans un premier temps, de publier dans *Le Patriote résistant* une lettre du professeur Léon Mazeaud, président de la FNDIR, au titre du droit de réponse (*Le Déporté*, n° 58, avril 1953, pp. 1-2.)

Au début des années cinquante, les polémiques s'espacent et abandonnent la une de l'actualité. Elles ressuscitent épisodiquement, à l'occasion d'un article, d'une conférence ou d'un livre s'inspirant souvent des matériaux publiés dans les premières années suivant le retour des déportés. En 1954 par exemple, *Le Crapouillot* affirme de manière péremptoire et mensongère que Marcel Paul « dirigeait le camp français de Buchenwald sous les ordres et en liaison avec les SS et dressait lui-même les listes de déportés à envoyer dans les commandos de mort[1] ». L'ancien ministre poursuit pour diffamation et injures publiques le journal, avant de se désister en décembre 1955, après l'insertion d'un droit de réponse. La période est alors difficile pour Marcel Paul qui voit ses titres dans la Résistance contestés par l'administration, cette dernière lui refusant le titre de déporté résistant. La présence d'André Mutter comme ministre des Anciens combattants ne facilite sans doute pas les choses. Les témoignages en sa faveur, recueillis à cette occasion comme en 1946 au moment de l'affaire *Paroles françaises*, sont alors rassemblés dans une volumineuse compilation intitulée : *Le Livre blanc sur Buchenwald*.

Ces critiques entraînent implacablement la riposte de l'Amicale de Buchenwald et de la FNDIRP, légataires de la mémoire du colonel Manhès et de Marcel Paul.

Un procès historique

En octobre 1983, une affaire renoue néanmoins avec l'intensité des débats d'après guerre. Marcel Paul est décédé moins d'un an auparavant, le 11 novembre 1982. Laurent

---

1. *Le Crapouillot*, 1ᵉʳ août 1954, p. 74.

Wetzel[1], chef de file CDS de l'opposition municipale à Sartrouville et professeur agrégé d'histoire, refuse de participer à l'inauguration d'une rue Marcel Paul dans sa commune, fief communiste depuis 1959. Il s'en explique dans un journal départemental, *Le Courrier des Yvelines,* en critiquant notamment le comportement de Marcel Paul en Allemagne : « Déporté à Buchenwald, Marcel Paul entra dans la direction interne du camp. Il disposa alors du sort – c'est-à-dire de la vie ou de la mort – de nombreux camarades de déportation. Dans ses fonctions, il tint compte essentiellement de l'intérêt de son parti. À la Libération, plusieurs déportés survivants, Français, Polonais, Yougoslaves lui reprochèrent vivement la particularité de ses choix[2]. » Dans un numéro suivant du journal, il réitère ses propos, évoquant cette fois « la partialité de ses choix[3] ». *Le Serment,* organe de l'Association française

---

1. Laurent Wetzel est né en 1950. Ancien élève de l'École normale supérieure de la rue d'Ulm, agrégé d'histoire, il appartient à différents cabinets ministériels entre 1978 et 1988. Parallèlement, il conduit la liste commune de l'opposition aux élections municipales à Sartrouville en 1983 et devient maire en 1989. Il ne se représente pas en 1995. Laurent Wetzel est élu conseiller général en 1985 puis en 1992. En juillet 1997, il adhère au Front national de Jean-Marie Le Pen, avant d'en démissionner quatre mois plus tard. Il a publié *Un internement politique sous la Ve République*, Paris, Odilon média, 1997, 253 p.

2. *Le Courrier des Yvelines*, 27 octobre 1983. Les ressemblances entre certains propos de Laurent Wetzel dans cet entretien et un article publié quelques mois plus tôt dans la revue *Est-Ouest* comme avec la notice biographique consacrée à Marcel Paul dans le dictionnaire de Henry Coston sont troublantes. Voir HARMEL (Claude), « Rappels utiles sur Marcel Paul », in *Est-Ouest*, n° 673, 1er-30 avril 1983, pp. 8-11 ; COSTON (Henry), dir., *Dictionnaire politique*, 1re série, Paris, Pub. H. Coston, 1967, pp. 828-829. Ces deux documents s'inspirent probablement d'une fiche publiée en 1951 par le Centre d'archives et de documentation politiques et sociales, une structure anticommuniste fondée en 1949 par l'ancien secrétaire général du *Rassemblement national populaire* entre 1942 et 1944, Georges Albertini, avec le concours d'anciens collaborateurs. (Voir LÉVY [Joseph], *Le Dossier Georges Albertini. Une intelligence avec l'ennemi*, Paris, L'Harmattan/ Les Éd. du Pavillon, 1992, 279 p.)

3. *Le Courrier des Yvelines*, 10 novembre 1983.

Buchenwald-Dora et kommandos, présidée par Jean Lloubes, répond aussitôt brutalement à ces « calomnies », les premières depuis la disparition de Marcel Paul, douloureusement ressenties par beaucoup : « M. Wetzel (c'est son nom) nous ne vous dirons jamais assez le mépris que nous inspire votre sale, votre détestable action. Wetzel, l'avocat de Barbie... les prémices d'une falsification en règle de la Résistance[1]. »

L'affaire, au départ locale, prend une dimension nationale après la plainte pour diffamation déposée par l'association en janvier 1984. Selon Pierre Durand, membre de la présidence de l'amicale, « cette décision a donné lieu à des discussions pour savoir s'il était opportun de faire un procès de ce genre où de toutes façons, étant donné la nature juridique du procès possible, il était vraisemblable pour un grand nombre d'entre nous qu'on courait à l'échec. Et puis, quand même ce qui l'a emporté, c'est la volonté de défendre la mémoire de Marcel Paul et de ne pas se laisser injurier dans ces conditions-là[2] ». En juin, c'est au tour de Laurent Wetzel de porter plainte pour diffamation, après que *Le Serment* l'eut accusé de « sentiments prohitlériens ». Le journal replace les déclarations du conseiller municipal dans un contexte marqué par la multiplication des actes à caractères racistes et néonazis, « autant de manifestations de ceux qui estiment, qu'avec le recul du temps, ils peuvent impunément donner libre cours à leurs sentiments prohitlériens, à tout le moins xénophobes, antisémites...[3] ».

Cette dernière affaire est la première jugée, devant la 17e chambre correctionnelle de Paris, le 22 novembre 1984. Le 6 décembre, Louis Héracle, directeur de publication du *Serment*, est condamné pour injure publique. Le procès principal

---

1. *Le Serment*, n° 163, décembre 1983, p. 4.
2. Entretien avec Pierre Durand, *op. cit.*
3. « Face au fascisme », in *Le Serment*, n° 166, avril-mai 1984, p. 3.

débute alors, du 18 au 20 décembre 1984, devant la 5ᵉ chambre correctionnelle de Versailles qui se penche sur la plainte déposée contre Laurent Wetzel. Les débats houleux prennent un caractère passionnel. Citant Jorge Semprun ou David Rousset, Laurent Wetzel n'a guère de difficulté à faire état des responsabilités clandestines exercées par Marcel Paul à Buchenwald comme de l'existence d'interventions dans la composition des transports. Les témoins de la défense, parmi lesquels Pierre Julitte, attestent, sur la base de leur expérience personnelle, du caractère partisan selon eux de ces désignations. Le cas de Philippe Lamoureux en résume la teneur : « Marcel Paul m'a dit : êtes-vous communiste ? Non. Sympathisant ? Non. Alors, je ne peux rien faire pour vous. Je peux seulement vous donner un morceau de pain blanc[1]. » Quelques jours plus tard, il part pour Dora. Il ressort néanmoins de ces témoignages présentés par la défense, une vision manichéenne des rapports entre détenus de Buchenwald, qui ignorent largement le fonctionnement global du camp et de l'organisation clandestine française, la complexité des rapports avec les communistes allemands, comme les limites des possibilités d'action du CIF et de sa composante communiste. Face à ces accusations, les parties civiles louent les qualités morales de Marcel Paul et tentent, à travers les voix de Christian Pineau et de Claude Bourdet, de faire comprendre l'ampleur et la difficulté de sa tâche.

La presse se scinde en deux camps, suivant une ligne de fracture aux contours largement politiques. Si les publications d'extrême droite, mais aussi de droite telles que *Le Quotidien de Paris*, *Magazin Hebdo* et *Le Figaro* soutiennent Laurent Wetzel, *Libération* et *Le Monde* se montrent en revanche plus nuancés dans leur portrait du responsable communiste. *L'Humanité* et le PCF lancent une vaste campagne de protesta-

---

1. Cité par *Le Figaro*, 19 décembre 1984.

tion contre ce que les communistes perçoivent comme un outrage.

Le 17 janvier 1985, le tribunal rend son verdict. Il relaxe Laurent Wetzel, condamne l'Association française Buchenwald-Dora aux dépens et la FNDIRP, également partie civile, à un franc de dommages et intérêts pour procédure abusive. Le jugement précise que l'auteur n'a pas été « malhonnête ». Pour autant, le tribunal constate que « les attaques portées par Laurent Wetzel [...] n'ont rien ajouté » aux critiques formulées précédemment contre Marcel Paul[1]. S'appuyant sur des notions issues des procès engagés contre Robert Faurisson au cours des années quatre-vingt, le tribunal prend acte des deux versions des faits qui s'affrontent et se refuse à trancher en faveur de l'une ou de l'autre, au nom de l'inexistence en France « d'une thèse "officielle" de l'histoire ». Il entend ainsi préserver « la liberté critique de l'historien. »

Laurent Wetzel a en effet toujours affirmé faire œuvre d'historien. Devant la cour de Versailles, il indique « qu'il entendait pleinement "assumer" ses dires et les maintenir car cet article était le résultat de travaux, de recherches, d'analyse de témoignages très nombreux qu'il versait au dossier[2]. » Les audiences n'ont pas entamé ses convictions. Elles le poussent, élu maire de Sartrouville, à débaptiser en 1989 la rue Marcel Paul et à protester en 1992 contre la sortie d'un timbre à l'effigie de l'ancien ministre communiste. Les propos de Laurent Wetzel ne sont alors guère mesurés et illustrent le parti pris avec

---

1. Ministère de la Défense, secrétariat d'État aux Anciens combattants, délégation à la mémoire et à l'information historique, dossier Buchenwald – Procès Marcel Paul 1984, extrait des minutes du secrétariat-greffe du tribunal de grande instance de Versailles – 5e Chambre. Jugement du 17 janvier 1985, p. 15.

2. Ministère de la Défense, secrétariat d'État aux Anciens combattants, délégation à la mémoire et à l'information historique, dossier Buchenwald – Procès Marcel Paul 1984, extrait des minutes du secrétariat-greffe du tribunal de grande instance de Versailles – 5e chambre. Jugement du 17 janvier 1985, p. 5

lequel il a pu aborder la question de Buchenwald : « Au moment où l'on intensifie, à juste titre, la lutte contre le "révisionnisme historique" concernant la Seconde Guerre mondiale, il est déplorable que le gouvernement socialiste participe à l'héroïsation d'un communiste qui ne fut pas un résistant mais, on est bien obligé d'employer le seul mot qui convient, un kapo[1]. »

La mémoire de Buchenwald en France n'est toujours pas apaisée. Le 3 octobre 1996, dans un documentaire intitulé « Matricule 186140 » de l'émission « Envoyé spécial » sur France 2, Pierre Nivromont, rescapé de Buchenwald, prête à Marcel Paul les propos suivants : « T'es pas de chez nous, tu peux crever et ton fils avec… », et il affirme : « les communistes ont fait la loi, tous les bons postes étaient pour eux ». La polémique reprend alors et suscite la publication d'un ouvrage fouillé du journaliste Didier Epelbaum, qui avait réalisé le reportage[2].

Si l'émotion est grande, son intensité n'a toutefois plus rien à voir avec celle des polémiques d'après guerre ou même lors du procès contre Laurent Wetzel. Le sujet n'en reste pas moins toujours sensible. Il est en effet frappant de constater le caractère récurrent des arguments portés et la passion soulevée. La politisation des débats explique sans doute ces caractères, comme ses profondes résonances humaines, empêchant sans doute le sujet d'entrer sereinement dans l'histoire.

---

1. Tribune publiée par *Le Quotidien de Paris*, 16 novembre 1992.
2. EPELBAUM (Didier), *Matricule 186140. Histoire d'un combat*, Paris, Éd. Michel Hagège, 1997, 269 p.

CONCLUSION

L'organisation française de résistance à Buchenwald ne se confond pas avec ce que Primo Levi définit comme relevant de la « zone grise ». La position de ses officiants, entre victimes et bourreaux, n'est pas, d'un point de vue collectif et en tant que telle, incertaine, malgré les arguments avancés par les pourfendeurs de l'action des déportés communistes. En effet, l'affectation de détenus français à des charges administratives – *Stubendienst, Lagerschutz,* etc. – s'opère dans le cadre de la poursuite de la lutte clandestine, les excluant de la « zone grise » selon les critères suggérés par Primo Levi. Ces postes sont subalternes et en définitive peu nombreux. Sur ce plan, la situation du Collectif français n'est aucunement assimilable à celle d'autres collectifs nationaux, comme les Allemands, les Tchèques ou les Polonais, qui disposent d'un poids significatif, susceptible d'entraîner une certaine autonomie et un pouvoir manifeste, et donc les pousser davantage vers la « zone grise ».

Au-delà de toute reconstitution quasi mythologique, la naissance et le développement du Comité des intérêts français à partir de juin 1944 demeure, par l'ampleur de son action, un phénomène tout à fait exceptionnel dans les annales des camps pour les détenus issus de l'Hexagone. On ne peut considérer cette démarche comme allant de soi, anodine et banale. Les archives du CIF conservées à l'Association française Buchenwald-Dora et kommandos attestent de la réalité de ses initiatives, de ses orientations marquées et aussi de la dureté des épreuves engagées. Les Français ont dû se battre contre les autres déportés, pour revenir sur les forts préjugés, culturels et politiques, qui les entouraient à leur arrivée et justifier le bien-fondé de leur doctrine, souvent différente, voire opposée, à celle des autres nations, y compris parmi les communistes. Ils ont dû construire un collectif dont tous, dans ses rangs, et jusqu'au bout, ne voulaient pas. Dans les conditions si particulières de Buchenwald, le collectif s'est appuyé d'une manière déterminante sur sa composante communiste. Il n'avait pas d'autre choix pour être efficace.

Le colonel Manhès a d'abord construit le collectif au début de 1944 sur les seuls éléments dits gaullistes. Ce fut un échec, compte tenu de la structure même de l'organisation internationale dominée par les communistes. Si Eugen Kogon dispose d'un poids au camp, il le doit avant tout à sa nationalité autrichienne et à ses fonctions de secrétaire du médecin SS Ding-Schuler au block 50. Personnalité influente, il reste relativement isolé par rapport à l'appareil clandestin. Seule l'arrivée de Marcel Paul en mai 1944, appuyée par un contingent important de militants communistes, permet à la communauté française d'acquérir une stature significative et de sortir de l'impasse dans laquelle elle se trouve, désunie et sans réelle reconnaissance.

La construction du collectif national connaît alors une accélération formidable avec la naissance du CIF, sorte de Conseil national de la Résistance mâtiné de Front populaire. Fruit de son expérience syndicale, l'intelligence de Marcel Paul – personnalité charismatique mais aussi pragmatique et rigide dans ses principes –, réside dans sa capacité à adapter de manière réaliste la ligne combattive et unitaire portée par le PCF aux particularités de Buchenwald. Tout en préservant l'autonomie de chaque mouvement de résistance, il réalise l'amalgame de leurs forces, parvenant à y associer sans guère de heurts le groupe initialement constitué autour du colonel Manhès.

Leur rencontre et leur rapprochement scellent le destin des Français de Buchenwald.

Il n'en demeure pas moins qu'il existe, dans les polémiques initiées au camp et poursuivies après guerre, une grande hypocrisie à focaliser uniquement sur Manhès la volonté de synergie opérée avec les communistes, en ignorant volontairement qu'il n'est pas le seul à avoir accepté de s'en remettre à l'appareil communiste français pour la défense des intérêts du collectif au camp. Jamais les autres membres du bureau, Eugène Thomas, Albert Forcinal ou Maurice Jattefaux, ni les délégués au sein des « familles », ne sont visés par ces critiques, alors qu'ils assument solidairement la responsabilité morale et pratique de l'œuvre poursuivie au camp. De plus, c'est une erreur que de faire porter aux seuls communistes la décision de participer à l'administration intérieure car, que réclame en mars 1945 le comité directeur du parti socialiste de Buchenwald, sinon de pouvoir y être également associé ? Pourquoi ignorer également l'action importante du père Georges Stenger en faveur de ses compatriotes arrivés à partir de la fin de l'année 1943, s'échinant à les tirer des mauvais transports ?

L'industriel Jean-Philippe Salmson, sauvé à Buchenwald d'un transport alors que rien ne laisse penser qu'il devienne « une recrue pour le Parti » – ce qu'il ne sera jamais –, revient en 1946 dans un courrier au colonel Manhès sur le fond des polémiques, en se défendant de vouloir porter un jugement sur la vie politique au camp, « beaucoup trop complexe », dit-il.

> « Je me bornerai à rappeler que tous les Français restant à Buchenwald ont été trop heureux de se mettre sous la pro-

tection de ce même comité alors que l'évacuation battait son plein. Il faut réellement avoir la mémoire courte pour oublier le 8 avril, journée où le CIF récoltait les fruits de plusieurs mois d'efforts. Mois au cours desquels certains excès furent sans doute commis mais qui permirent à la communauté française de se faire une place dans la vie du KZ. Il faut se souvenir de la position des Français de Buchenwald, fin 1943, pour admettre qu'une discipline était indispensable. Il se trouve que seuls les communistes furent capables de s'organiser ; ils menèrent alors une politique communiste, ce qui me paraît normal : mais votre effort d'unité, à vous et à Marcel Paul, permit d'utiliser leurs possibilités dans l'intérêt général. Pour ceux qui le regrettent, peut-être avec raison, je crois qu'ils doivent surtout déplorer le fait qu'aucune autre équipe n'ait montré le dynamisme et surtout la cohésion nécessaire pour prendre les commandes. Elle en aurait eu largement le temps. Voici mon cher ami, je vous signifie franchement mon opinion sur un débat tardif et auquel l'ensemble des déportés n'a certainement rien à gagner. Enfin, s'il plaît à un groupe quelconque de tenter par ce moyen de se pousser en avant, laissez-les faire. Ils ont mis un an à démarrer : ils n'iront pas très loin[1]. »

Sur ce dernier point, malheureusement, Jean-Philippe Salmson sous-estime la portée des polémiques engagées. Elles débutent au camp et vont se poursuivre tout au long des décennies suivantes. Comme une rumeur, elles se nourrissent d'éléments récurrents, souvent trop flous ou trop fragmentaires – quand ils ne sont pas erronés – pour acquérir réellement une signification globale, à laquelle leur interprétation prétend pourtant.

---

1. FNDIRP, boîte bio. Manhès (53) (1945-1946), affaire PRL, lettre de J.-P. Salmson à F.-H. Manhès, 22 mai 1946.

La figure de Marcel Paul agit ainsi chez certains comme une catharsis. On projette sur lui toutes les images négatives produites par les détenus occupant des charges dans l'administration intérieure. Il devient par exemple le kapo de l'*Arbeitsstatistik* ; on le voit aussi tout de blanc vêtu avec des galons dorés inspectant le camp[1]. D'autres encore mettent en cause sa moralité en des termes diffamatoires, voire calomnieux. Or le général de Gaulle l'accepte sans sourciller au sein du gouvernement en 1945 et le reconduit par la suite, alors qu'il a déjà connaissance des critiques formulées contre le CIF. De plus, on le traite en criminel de guerre, comme si l'affaire était entendue. Il n'en est rien. La justice en France ne s'est jamais prononcée sur des faits mettant en cause les dirigeants de l'organisation clandestine à Buchenwald. Quelles sentences opposer alors aux prétendus crimes ? En fait, on a le sentiment que l'argument moral ou le caractère soi-disant exemplaire d'événements choisis sert trop souvent à nourrir une bataille politique qui n'a rien à voir avec la connaissance historique. Finalement, les polémiques soulevées par l'organisation clandestine ne sont peut-être que la contrepartie de son existence, et l'intensité des débats, à la hauteur de son influence ?

Le camp de Buchenwald est devenu un symbole, à travers les récits des déportés mais également érigé comme tel par les autorités de la République démocratique allemande, sur le territoire de laquelle se trouve le site. La « démocratie populaire » est-allemande fait du camp un lieu central de la mémoire « antifasciste », constitutive du nouveau régime. Elle utilise à la fin des années quarante la pente sud de l'Ettersberg, où se trouvent des fosses communes comportant trois mille corps de détenus enfouis entre mars et avril

---

[1]. Ces commentaires sont cités par LE GOUPIL (Paul), *Un Normand dans... Itinéraire d'une guerre, op. cit.*, p. 171.

1945[1]. Le camp est inaccessible depuis août 1945, en raison de l'installation par les services de sécurité soviétiques du « camp spécial n° 2 » dans les bâtiments concentrationnaires. Parmi les vingt-huit mille cinq cents personnes internées sur place jusqu'à sa fermeture en février 1950, figure un nombre important d'anciens membres du parti nazi ou de fonctionnaires du régime déchu d'échelons divers, mais aussi d'individus arrêtés en raison de leur opposition – réelle ou supposée – au pouvoir en place. Sept mille cent devaient décéder du fait des conditions de vie difficiles imposées. Après la création d'une commission de réflexion en 1951, qui peut intégrer désormais l'ensemble des bâtiments pour le transformer en musée, et du lancement des travaux en 1954, le mémorial est inauguré le 14 septembre 1958. Il comprend plusieurs monuments, dont « une route des nations » en hommage aux pays ayant perdu des ressortissants au camp, plusieurs stèles à l'emplacement des fosses communes, et un clocher, à l'intérieur duquel est placée de la terre provenant des autres camps de concentration, surmonté d'une cloche en bronze. Cet « Olympe rouge », pour reprendre l'expression de Peter Reichel[2], est ainsi défini par ses promoteurs :

> « Les monuments et lieux commémoratifs refléteront pleinement la grandeur et la dignité de nos morts et de la lutte pour laquelle ils ont sacrifié leur vie. Ces lieux de commémoration devront être l'expression de tout ce que signifie Buchenwald : ils refléteront les souffrances et l'horreur, la terreur et la mort, mais aussi l'aide fraternelle, la solidarité, le courage, la vaillance, la fidélité et la lutte. Car c'est à

---

[1]. Les informations citées dans ce paragraphe proviennent de : STEIN (Sabine et Harry), *Buchenwald. Le tour du mémorial*, *op. cit.*, pp. 68-77.

[2]. REICHEL (Peter), *L'Allemagne et sa mémoire*, traduit de l'allemand par Olivier MANNONI, Paris, Odile Jacob, 1998, pp. 117-122.

Buchenwald que s'est manifesté tout ce que l'humanité est capable, toute sa vertu et toute sa bassesse[1]. »

Il est vrai que la complexité des enjeux et des situations vécues au camp a sans doute contribué à empêcher l'examen approfondi et impartial de l'œuvre du CIF et de l'organisation clandestine dans son ensemble, comme semblaient le souhaiter au camp ses propres responsables. La guerre froide aidant, l'union sacrée s'est largement dissoute dans le silence. Seuls mis en cause, les communistes ont eu à affronter presque seuls les attaques, Marcel Paul en tête. Tout n'a sans doute pas été dit, car il n'est pas dans les mœurs du Parti de fournir le détail de son action clandestine, surtout pour expliquer des divergences d'ordre stratégique avec le KPD. Par fidélité, Marcel Paul – en premier lieu –, n'irait pas nourrir publiquement une polémique mettant en cause des militants communistes allemands ou français, au nom de la solidarité politique qui les unit car, résume-t-il en quelques mots à la fin de sa vie, « moi, je n'ai pas jeté le passé aux égouts[2] ». Pour autant, il a souvent agi avec détermination et discrétion dans le sens de ses convictions, quitte à s'opposer dans les faits avec certains de ses camarades. L'historien Philippe Robrieux conclut ainsi la notice biographique qu'il consacre à Marcel Paul : « […] Marcel Paul fut un militant respecté. De ceux qui se sont efforcés d'atténuer, dans la pratique, la politique du PC dans ce qu'elle a pu avoir, à certains moments, de plus odieux[3]. »

---

1. *Buchenwald. Lieu de martyre et de souvenir*, Berlin, Comité des résistants antifascistes de la République démocratique allemande, 1954, p. 4.

2. Entretien de Marcel Paul avec Jean-Pierre Vittori, *op. cit.*

3. ROBRIEUX (Philippe), *Histoire intérieure du parti communiste,* t. IV, Paris, Fayard, 1984, p. 445.

L'essentiel a cependant été connu sur Buchenwald, et très rapidement. Dans ce combat pour la vérité, les communistes ont reçu néanmoins le soutien de plusieurs personnalités emblématiques et d'une masse d'anonymes, même si une partie des dirigeants du CIF demeurent en retrait. De plus, face à l'incompréhension, sinon le désintérêt dans l'après-guerre, de la grande majorité de la population française à l'égard de la déportation, la plupart des rescapés, toutes opinions politiques confondues, ne souhaitent guère ouvrir un pénible débat public. Comment porter aux yeux du monde ces épisodes éminemment douloureux et délicats ?

Sous une apparence d'unanimité, il est vrai que les déportés français se sont souvent déchirés, comme le montrent les divers rapports rédigés au camp et comme en témoigne la violence même des critiques, nées à Buchenwald et largement amplifiées par la suite. À ceux qui dénoncent la chape de plomb pesant sur les Français, on peut objecter qu'il devait tout de même exister une certaine liberté d'expression parmi eux au vu des attaques contre lesquelles le CIF eut à s'élever régulièrement. Au retour, souvent, les points de vue individuels vont diverger un peu plus encore, à l'image de ce « dialogue pour initiés », saisi par Olga Wormser-Migot à l'hôtel Lutétia lors du rapatriement des déportés :

« Un rapatrié raconte :

– Quand les Américains nous ont libérés…

– Ta g… ! Nous nous sommes libérés nous-mêmes !

– Mais si les Américains n'avaient pas été dans le secteur…

– Cause toujours, tu n'étais pas dans le coup. Tu n'étais pas si faraud il y a deux mois.

– Et toi ? Si la "solidarité" ne t'avait pas refilé des suppléments de soupe…[1] »

---

1. WORMSER-MIGOT (Olga), *Le Retour des déportés. Quand les Alliés ouvrirent les portes…*, 2ᵉ éd., Bruxelles, Complexe, 1985, p. 198.

La « lutte des classes » ne s'arrête pas aux portes de Buchenwald, et ceci vaut pour les communistes comme pour leurs opposants. Moins de dix ans après la naissance du Front populaire, ceux des détenus qui se reconnaissaient dans le slogan « plutôt Hitler que Blum » pouvaient sans doute difficilement accepter de voir leur sort influencé au camp, même positivement pour la plupart, par les adhérents du parti de Maurice Thorez. Cependant, c'est avant tout en raison de la nature même de la ligne politique appliquée par Marcel Paul au camp qu'il est possible de dire que les communistes français n'ont pas profité de leur influence pour « liquider la bourgeoisie », selon les termes de leurs détracteurs. Le 17 avril 1945, quelques jours après la libération de Buchenwald, Marcel Paul évoque devant les cadres du Parti la nécessité de poursuivre la tactique du « front unique », appliquée dans la Résistance et en déportation :

> « Donnez-vous cette figure camarade, car à chaque époque correspond une tactique, lorsqu'on ne peut battre tous ses ennemis à la fois, on écrase d'abord le plus dangereux et on essaye ensuite de continuer vers une nouvelle étape, et cela nous permet d'utiliser un certain nombre de forces du capitalisme sur notre secteur pour la destruction du fascisme. […]
> Le prolétariat seul ne peut vaincre, il ne le peut que dans la mesure où il a réalisé son alliance, non seulement avec les forces de la paysannerie, mais avec les couches de la petite et moyenne bourgeoisie.
> Nous vivons encore ici avec une série de petites gens qui vont échapper à notre contact et à notre influence et si ces gens rentraient en France avec un souvenir du contact avec des gens quelque peu irrités, peut-être pendant quelque temps il pourrait en résulter une rupture momentanée avec les forces du Parti.

Dans ce camp, ils n'ont pas la possibilité d'échapper à notre argumentation. Lorsqu'ils auront retrouvé leurs occupations, leurs conditions de vie du passé, ils seront dans une certaine mesure coupés de nous. Il faut donc qu'ils gardent d'ici la conviction de notre volonté absolue d'unité d'action, que nous sommes les serviteurs réels de l'unité. Ne perdez pas de vue que s'ils partent d'ici irrités contre les communistes ils pourraient échapper à notre influence[1]. »

Pourquoi les communistes français chercheraient-ils à présenter la meilleure image d'eux-mêmes au camp, comme en témoigne ce document, si c'est pour agir par ailleurs avec la violence absolue que leur prêtent leurs accusateurs ? Cela n'est pas cohérent.

L'histoire de la Résistance française à Buchenwald fait bien souvent apparaître une réalité si incroyable et singulière qu'elle en devient difficile à saisir et à assimiler, mais ce n'est pas une raison pour la réduire à une caricature qui l'a trop souvent déformée en un symbole diabolique ou, à l'inverse, en une icône. En effet, il ne s'agit pas non plus d'adopter une quelconque démarche de sanctification, aussi grossière qu'inutile : « Nous étions tous des martyrs, mais non tous des hommes moralement au-dessus de la normale », rappelle le professeur Richet, lui qui signale par ailleurs que « même parmi les résistants il y eut des jalousies et des bassesses[2] ».

« L'univers concentrationnaire se referme sur lui-même. Il continue maintenant à vivre dans le monde comme un astre mort chargé de cadavres. Les hommes normaux ne savent pas que tout est possible. [...] Les concentrationnaires savent[3] »,

---

1. FNDIRP, Buchenwald, documents divers (3), procès-verbal de la réunion d'information réservée aux cadres du Parti, 17 avril 1945, p. 4.

2. RICHET (Charles), *Trois bagnes*, *op. cit.*, pp. 39, 74.

3. ROUSSET (David), *L'Univers concentrationnaire*, *op. cit.*, p. 182.

nous dit David Rousset. Ils ne savent peut-être pas tout, pourrait-on ajouter au sujet de la résistance clandestine au camp, tant ses ressorts et son action furent bâtis avec la plus extrême prudence. Alors que la survie représente l'horizon obligé de chacun, force est de constater qu'une poignée, réunissant communistes et non-communistes, le dépassent pourtant pour prendre en compte la défense de l'intérêt collectif.

Dans une intervention radiodiffusée en 1965, Claude Bourdet revient avec une grande justesse sur la situation à Buchenwald et sur les enjeux portés par l'action clandestine :

> « Dans un camp comme celui-là, où on a la possibilité d'agir, où on est bien organisé, la tentation est immédiate pour tout le monde, moi j'y ai succombé comme tellement d'autres, d'essayer de sauver des gens.
> On se dit : "tiens, un tel…, par exemple, un savant ou un bonhomme, un ingénieur, un type particulièrement remarquable moralement, un prêtre, je ne sais pas, ce sont des gens qu'il faut essayer de sauver."
> Les sauver, mais comment ? Ça veut dire les signaler au représentant français, à Marcel Paul à l'occasion, qui les signale à d'autres, aux représentants allemands, aux dirigeants du camp qui lui-même essaie d'éviter qu'ils soient envoyés dans un transport de destruction […]. Alors que dans un camp vert, on n'a absolument pas la tentation de faire ça, puisqu'on ne peut pas agir, alors on reste… on est comme du bétail… même pas comme du bétail, on est comme des cailloux, mais là on se dit : tiens, on peut sauver Untel, alors on essaie de le sauver, et comme ça, moi j'ai signalé des tas de gens et j'ai réussi à les sauver, mais ceux qui à la place de ceux-là sont partis, je ne les connais pas, et c'est ça, évidemment, la grande, grande question qu'on se pose.
> Faut-il agir ? Faut-il ne pas agir ? Faut-il laisser faire comme on fait dans les camps verts ? Faut-il ne pas laisser

faire ? Faut-il essayer d'intervenir comme ça se passait dans les camps rouges ? [...]

En réalité, il est inévitable d'intervenir dans ce cas-là, alors on ne peut ni accuser, je crois, les gens qui l'ont fait, ni accuser les premiers arrivants qui se sont intégrés dans le Collectif international, ni accuser les communistes qui se sont trouvés dans bien des cas être les seuls qui pouvaient intervenir auprès des vieux communistes allemands qui tenaient en main le camp.

Il y a à partir de cela une sorte de loi d'airain dont on subit les inconvénients, mais qui a aussi des avantages.

Alors, quand on regarde le bilan du doit et de l'avoir, je crois qu'il est assez facile à faire, c'est ce qui était différent, en tout cas, c'était l'esprit. C'est-à-dire que dans un camp comme celui-là, on vivait, nous nous sentions tous comme des êtres vivants, comme des hommes et, d'une certaine manière, comme des combattants.

N'exagérons pas la part qui a été prise par les concentrationnaires à la libération des camps, mais, enfin, on avait envie de le faire, on se disait qu'on était dans le coup, qu'on était dans la guerre, on était encore de véritables hommes, tandis que dans un camp vert, et bien on était du bétail, un point c'est tout, du bétail entouré d'espions, si cette image peut passer.

Alors, je crois que cette organisation des camps rouges a été quelque chose de tout à fait positif, malgré les nombreux inconvénients inévitables à une structuration pareille, dans le monde de la pénurie, non seulement la pénurie de la nourriture, mais la pénurie des possibilités de salut[1]. »

Il nous semble effectivement que la ligne suivie par Marcel Paul à Buchenwald apparaît salutaire pour la communauté résistante française, quelles qu'aient pu en être les limites ou, parfois, les dérives, lucidement pointées par Claude Bourdet et

---

1. INA, Bobine 6 28 R 391 A, intervention de Claude Bourdet, 25 mars 1965.

Christian Pineau notamment. Marcel Paul s'est effectivement appliqué à faire bénéficier le plus grand nombre de ses concitoyens des rares et fragiles possibilités d'accommodement au régime concentrationnaire dont il pouvait disposer en tant que responsable du PCF, obtenues de haute lutte auprès des détenus allemands de la direction internée du camp. Pour cela, il a dû en effet s'opposer à ses camarades étrangers de manière ferme et répétée, sous la menace permanente des SS. Il a dû aussi tempérer ses propres troupes, certains manifestant une sourde rage contre leur adversaires de classe, comme en témoigne cet extrait d'un courrier adressé le 20 avril 1945 par un rescapé de Buchenwald à sa famille, saisi par la censure postale : « Qu'ils fassent donc attention les bons bourgeois de France, nous les pendrons et les fusillerons aussi comme eux ont fait des prolétaires. Notre vengeance sera terrible. [...] Nous, communistes de Buchenwald avons fait le vœu sacré que nous ne retournerons pas chez nous pour nous reposer mais pour continuer la lutte plus que jamais sans répit, jusqu'à ce que plus un seul bourgeois ne court dans la rue, nous mettrons le prix qu'il faudra[1]. »

Aussi délicate que soit cette question de la résistance à Buchenwald, la lumière portée sur l'organisation clandestine française, comme sur sa composante communiste, n'entame pas le vernis qui les rend aujourd'hui encore si remarquables, sans pour autant ignorer les motivations idéologiques et politiques qui sous-tendent également leur démarche, ni les zones d'ombres qui peuvent demeurer.

En définitive, comme l'écrit Hermann Langbein à propos de l'univers concentrationnaire, « il est bon de savoir que dans ce monde fermé, régi par un esprit inhumain, tous les freins natu-

---

[1]. Ministère de la défense, BU1-2, lettre de S. Si., 20 avril 1945.

rels des instincts mauvais n'avaient pas été emportés par le torrent de l'avilissement. Même là, des hommes livrés sans défense à une puissance apparemment invincible ont trouvé la force de lui résister. Cela, il faut le savoir, et pas seulement parce que sinon, la connaissance de la mort et de la vie dans les camps nationaux-socialistes serait incomplète, mais avant tout pour en tirer une leçon d'espérer : même dans une situation limite, l'humanité est plus forte que l'inhumanité[1]. »

---

[1]. LANGBEIN (Hermann), *La Résistance dans les camps de concentration nationaux-socialistes (1938-1945)*, op. cit., p. 471.

ANNEXES

I

COMPOSITION DU COMITÉ DES INTÉRÊTS FRANÇAIS
(1944-1945)

Bureau
Président : Frédéric-Henri MANHÈS
Vice-Président : Albert FORCINAL
Secrétaire : Marcel PAUL
Membres : Robert DARSONVILLE, Maurice JATTEFAUX, Eugène THOMAS, Louis VAUTIER

Organisations affiliées
Alsace-Lorraine : Hermann HERING
BCRA : Pierre PERY
Ceux de la Libération : Maurice VANNIER puis Auguste MAIRE
Ceux de la Résistance : Jean-Paul CHAULIAT puis ROHMER
Cohors : Pierre THIÉBAUT puis Marcel FERRIÈRES
Combat : Maurice JATTEFAUX
Confrérie Notre-Dame : François FLEURET
Confédération générale du travail : Louis BLONDET
Défense de la France : LUSSEYRAN puis GIRARD
Fédération des unions de jeunes : Vincent PLANQUE
France combattante : MARTIN puis Pierre SUDREAU
Franche-Comté : René SIMONIN
Francs-Tireurs : GAILLARD
FTPF : Robert DARSONVILLE puis HOUSSAYE

Front national : Louis VAUTIER puis André LEROY
Groupes francs : THIEBAULT
Libération-Nord : GRIMAUD (Christian PINEAU)
Libération-Sud : René BARDY
Liberté-Égalité-Fraternité : Pierre BORDERIE puis Gaston WEIL
Lorraine : VALTON
Les Maquis : Gontran ROYER puis BLANC
MNPGD : Jean BERTIN puis AUDOUX puis HAROUX
Noyautage des administrations publiques : Bernard DE CHALVRON
Organisation civile et militaire : LACROIX puis ROBERT
Organisation de résistance de l'armée : Lieutenant-colonel Charles AILLERET
Parti communiste français : Marcel PAUL puis Jean LLOUBES
Parti socialiste : Eugène THOMAS
Réseaux Buckmaster : BARDE (Maurice BRAUN)
Résistance : Marcel RENET puis FAYARD puis FRICHET
Services de renseignements britanniques : Alfred BALACHOWSKY puis BASSET
Super-NAP : Maurice NÈGRE
Vengeance : Georges MRAZOVICH puis Jacques RANCY
Volontaires pour la Liberté : Charles GRILLE
Volontaires de la France combattante : RICHET

N.B. : La plupart des successions sont opérées après la libération du camp au gré des rapatriements.

II
LISTE DES PERSONNALITÉS RAPATRIÉES DE BUCHENWALD LE 18 AVRIL 1945

– Général de division AUDIBERT ;
– Général de division André CHALLE ;
– Lieutenant Albert CHALLE ;
– Docteur CRUTEL, député ;
– André MARIE, député ;
– Colonel BADEL, ex-chef d'état-major de la 13ᵉ division militaire ;
– Lieutenant-colonel MOLLARD de l'état-major de l'armée ;
– Colonel HEURTAUX, 3ᵉ as aviateur de la Première Guerre mondiale ;
– Marcel FERRIÈRES, directeur des tabacs ;
– Léon MAZEAUD professeur à la faculté de droit de Paris ;
– Charles RICHET, professeur la faculté de médecine ;
– Julien CAIN, administrateur général de la Bibliothèque nationale ;
– Colonel DOUCET, chef du groupe de résistance « Ceux de la Libération » ;
– Maurice SUHARD, professeur à l'école de médecine d'Angers ;
– Maurice HEWITT, professeur au Conservatoire national de musique de Paris ;
– Michel KINBERG, médecin des hôpitaux de Paris ;
– René MUSSET, doyen de la faculté des lettres de Caen ;
– Robert WAITZ, professeur à la faculté des sciences de Strasbourg ;

– Colonel Mancel, chef militaire du groupe de résistance « Ceux de la Résistance » ;
– Frédéric-Henri Manhès ;
– Marcel Paul, membre de la commission administrative de la CGT ;
– Albert Forcinal, député de l'Eure membre du groupe de résistance « Libération » ;
– Eugène Thomas, député du Nord membre du comité directeur du parti socialiste, chef-adjoint du groupe de résistance « France au combat ».

III

RÉSOLUTION DU COMITÉ DIRECTEUR
DU PARTI SOCIALISTE À BUCHENWALD
ADRESSÉE À MARCEL PAUL
(15 MARS 1945)[1]

Le 15 mars 1945

Le comité directeur du PS [parti socialiste] à Buchenwald a dû percevoir le malaise régnant actuellement dans le camp. Un certain nombre de questions (colis CR [Croix-Rouge], assassinat du block 10, envois de Français dans des kommandos de mort) semblent servir d'aliment à la création d'une atmosphère anticommuniste. Le PS a recherché les raisons d'une telle situation.

Il pense que la grande cause des malentendus réside dans les conditions mêmes de la vie dans le camp : des raisons de sécurité placent l'organisme dirigeant français : le comité français, dans l'impossibilité de mettre le Collectif français au courant des questions d'actualité ; cette ignorance de la masse laisse le champ libre à la circulation de mensonges, d'erreurs, de bobards.

En effet le comité français réunit en son sein, les représentants des partis C. [communiste] et S. [socialiste] et des organisations de résistance représentées dans le camp. Or si des partis politiques ont

---

1. Musée départemental de la Résistance et de la déportation, Toulouse (fonds Dauriac).

un contrôle sérieux de leurs adhérents, par contre les chefs des organisations de résistance, n'ont pu, à part de rares exceptions, rétablir les liaisons avec les internés ayant autrefois milité dans leurs organisations.

Par ailleurs le Collectif français compte actuellement une fraction importante de droit-commun, travailleurs volontaires, travailleurs libres, prisonniers transformés qui échappent au contrôle et aux directives des partis et organisations représentés dans le comité français.

Pour ces différentes raisons la masse du collectif est ignorante de la situation et a tendance à croire les propagateurs de contrevérités.

Le PS s'est demandé pourquoi le PC servant tout particulièrement de cible voyait converger vers lui les plaintes, les récriminations et même les menaces pour plus tard.

Le PS pense que cette situation est due au fait que seul le PC est en liaison avec la direction Häftling du camp. En effet il n'y a pas, il n'y a jamais eu collaboration entre la direction du camp et le comité français ; il n'y a eu qu'une collaboration : direction du camp et PC français, celui-ci acceptant de mettre tout son appareil de liaison au service des membres du comité français non-communistes.

Le PC français apparaît aussi, aux yeux de tous les Français, comme le seul responsable des résultats – hélas souvent décevants – obtenus dans les différents domaines.

Le PS en tant qu'élément du CF ne peut que signaler les inconvénients et les dangers d'une telle formule dont la conséquence logique est de faire peser toutes les responsabilités sur le seul PC puisqu'il est, seul, appelé à jouer un rôle actif dans le cadre de l'administration du camp.

Le PS en tant que parti de la classe ouvrière regrette qu'une véritable unité d'action n'ait pu s'établir entre le PC et le PS français avec partage intégral des responsabilités. Le PS eut très volontiers délégué de ses membres aux différentes fonctions administratives du camp : kommandos importants, Lagerschutz, [deux mots illisibles] et Arbeitsdienst. Ses membres ayant été systématiquement tenus à l'écart de ces fonctions, le PS ne peut que juger en quelque sorte du dehors, en spectateur, l'œuvre administrative du PC français.

Mais il estime que son devoir est de souligner aux yeux de tout le Collectif français les immenses difficultés rencontrées par nos camarades communistes dans l'accomplissement de leur tâche de tous les jours. Dans l'importante question des colis, tous les efforts ont vraiment été faits. Comme nous nos camarades communistes ont toujours défendu le principe que les colis français devaient être distribués à leurs seuls destinataires français, ceux-ci, ayant assez de cœur et de solidarité pour aider autour d'eux, les indigents des autres nationalités. Ce n'est pas de leur faute si cette formule, la seule juste, la seule honnête, n'a pu être admise.

Pour toutes les autres questions, transports, administration du camp, le PS demande instamment à tous les français d'attendre le moment où nos camarades communistes ayant ici supporté toutes les responsabilités pourront exposer librement leur gestion et la justifier.

Aussi le PS condamne les Français inconscients qui croiraient devoir susciter ici des luttes politiques. Il demande à tous ses militants d'œuvrer pour renforcer ici l'idée d'unité française.

À Buchenwald, dans les conditions présentes, tous nos compatriotes doivent comprendre que leur intérêt et leur devoir est d'approuver et d'appuyer les dirigeants de leurs organisations apportant leur concours et leur soutien aux dirigeants du PC français.

Adopté le 15/3/45
Le comité directeur du PS : Thomas ; Brutelle ; Pesquier ; Despierre ; Dupuy ; Grezes ; Dauriac.

Lettre adressée à Marcel Paul du PC le 16 mars 1945.

Réponse de 16 pages nous accusant de laisser tomber le PC.

IV

RAPPORT DE LA COMMISSION CLANDESTINE DU CIF SUR LA SITUATION DES FRANÇAIS À BUCHENWALD (31 MARS 1945)

La commission d'enquête a été amenée à scinder son travail en deux parties :

1. Elle s'est efforcée de caractériser l'atmosphère des blocks français en se plaçant plus particulièrement sur l'irritant terrain des vols et des châtiments qu'ils prétendent faire disparaître des pratiques criminelles ;

2. Puis elle s'est penchée sur ce problème d'ordre plus général qu'est la situation du Collectif français. Elle a naturellement été amenée à faire l'historique des conditions dans lesquelles se trouvèrent placés les premiers Français arrivant à Buchenwald, des difficultés qu'ils eurent à surmonter, des erreurs qu'ils commirent, des premiers résultats obtenus et à succinctement rappeler l'évolution des conditions matérielles et morales qui conditionnent la tenue de notre collectif.

A. La situation dans les blocks français
Les blocks à majorité française sont au nombre de cinq : 10, 14, 26, 31 et 34.

Block 10 : Le block 10 a fait l'objet d'un rapport spécial. Rappelons que la commission a trouvé au 10 un climat vicié par les nombreux vols qui s'y commettent et qui entraînèrent nos camarades à de regrettables scènes de violence. La CE a indiqué à quel point il était nécessaire de réagir contre cet affaiblissement des bases morales les plus essentielles et combien il importait de renforcer l'autorité du comité de block et de l'engager à réviser ses méthodes de travail.

Block 14 : Actuellement, le seul dirigé par un chef de block foncièrement antifrançais et dont les méthodes motivèrent à diverses reprises les protestations indignées des représentants des Français dans le camp. Il règne cependant au 14 une bonne atmosphère ; le comité de block international jouit cependant d'une autorité suffisante. Il y a d'ailleurs très peu de vols et les voleurs jugés par le comité de block n'ont jamais été frappés.

Block 26 : À la suite des propos tenus par un membre du Comité des intérêts français, la CE a désiré faire toute la lumière sur un incident survenu quelque cinq mois auparavant et qui aurait provoqué mort d'homme. L'audition des membres du comité de block et de divers témoins (Thomas, membre du CIF, Kermadec [Kermarec], chef de block adjoint du 26, Darsonville, Stubendienst), a permis d'établir d'une manière absolument formelle que le camarade mort en octobre 1944, Garcia, était décédé d'une façon normale, sans qu'aucun coup, sévices ou mauvais traitement de quelque genre que ce soit lui ait été appliqué et qu'aucun Français ou interné d'une autre nationalité ne pouvait, en aucune façon, être tenu pour responsable, même partiellement de sa mort.

La situation du block est bonne malgré les vols trop nombreux qui avaient, durant un temps, provoqué un énervement tel que quelques voleurs furent, à l'insu du comité de block, sévèrement frappés. Mais l'autorité incontestée d'éclaircissement et d'explication touchant ce problème des châtiments corporels, les sanctions décidées contre ceux qui se laisseraient aller à frapper, ont abouti à calmer les esprits surexcités par les vols et à faire disparaître du block les corrections un moment en honneur contre les voleurs.

Block 31 : Depuis longtemps règne dans ce block une bonne entente entre les Français qui y résident. C'est d'ailleurs le premier block du « Grand camp » où les Français en lutte pour de meilleures conditions d'existence réussirent à imposer au chef de block d'alors une collaboration effective avec leurs délégués.

Il n'y a pas ou très peu de vols au 31 et pas d'incidents à déplorer.

Block 34 : Comité de block international où les délégués de chaque nationalité statuent souverainement quant aux incidents mettant en cause leurs nationaux. Les Français sont d'ailleurs groupés au Flügel A où existe une atmosphère parfaite d'entente et de camaraderie entretenue et développée par le comité de block, qui examine fréquemment avec l'ensemble des Français toutes les affaires intéressant la vie du block et fait de très gros efforts pour distraire et éduquer les camarades présents : matinées artistiques et littéraires, lectures en commun, organisations des jeunes, etc.

Conclusion : Cette rapide visite dans les blocks français laisse une bonne impression d'ensemble malgré la diversité des éléments représentés et malgré un trop certain affaiblissement physique dû à l'insuffisance des rations alimentaires. Ce problème de la « faim » explique les vols qui ont lieu.

Il est bien entendu qu'en sus des peines très sévères qui frappent les auteurs des larcins, les comités de blocks, appliquant les directives du CIF, aient fait appel aux sentiments patriotiques des membres de la Résistance et à leur esprit de camaraderie et d'unité pour combattre tout ce qui, en diminuant notre figure morale, risque de donner des arguments aux détracteurs de la France. Il est d'ailleurs intéressant de constater, comme a pu le faire la commission d'enquête, que, bien que les conditions matérielles conditionnent et déterminent toujours les conditions morales, l'augmentation des difficultés existant dans le camp n'ont pas eu, jusqu'à ce jour, de trop fâcheuses répercussions sur la tenue d'ensemble du collectif ni abaissé en rien l'idéal hautement élevé de la grande majorité des Français.

B. Historique des conditions de vie faites aux Français du camp.
La lutte contre le courant antifrançais et les résultats obtenus

La commission d'enquête a donc constaté, lors de son enquête dans les blocks, la bonne tenue d'ensemble du Collectif français et a pu se rendre compte des positions morales qu'occupaient actuellement les Français.

La CE a cru nécessaire d'examiner après quels efforts et quelles batailles, parfois très rudes, un résultat aussi satisfaisant avait été obtenu. Elle a donc provoqué et entendu les témoignages de camarades qui, par leur ancienneté à Buchenwald ou les responsabilités qui leur sont confiées, étaient à même d'éclairer la commission et d'apporter aux faits déjà connus de la commission les précisions et compléments nécessaires pour l'établissement d'un rapport aussi complet que possible.

Les auditions les plus intéressantes ont été celles des camarades Déjouquière, Schwartz, Sudreau, Manhès, Marcel Paul.

I. LA DISCIPLINE DANS LE CAMP AU DÉBUT DE L'ANNÉE 1943

La discipline régnant à l'époque dans le camp était très rude. Il était établi qu'il était impossible de rien obtenir des détenus sans menace de la trique. Les détenus politiques allemands, qui occupaient dans le camp les postes de direction, avaient l'esprit déformé par une longue et particulièrement pénible détention. Les souffrances difficilement imaginables qu'ils avaient supportées durant des années les avaient endurcis à un tel point qu'ils considéraient les coups comme chose normale.

Ils étaient d'ailleurs parfois dépassés par les responsabilités qu'ils avaient à assumer et un certain nombre d'entre eux étaient moralement corrompus et n'avaient plus de détenu politique que le nom. Il était alors reconnu qu'un chef de block avait une autorité sans autre limite que celle de son bon plaisir et droit de vie ou de mort sur les détenus de son bâtiment.

II. LA SITUATION DES PREMIERS FRANÇAIS ARRIVÉS À BUCHENWALD

a) Conséquences de la propagande hitlérienne

Depuis des années, la presse et la radio nazies, qui ont un très large succès dans le camp, ont mené contre la France une campagne systématique de dénigrements et de calomnies. Depuis 1939, cette propagande a redoublé de violence et de partialité. Notre défaite est bien la preuve de notre abâtardissement, la débâcle survenue en trois semaines, l'indication que nous sommes une race inférieure qu'il est juste de tenir en esclavage. Ces arguments sans cesse répétés ont fini par influencer une bonne partie des détenus politiques allemands coupés depuis sept, dix et treize ans de tout autre contact extérieur et ignorant toute parcelle de vérité sur ce qui se passait dans notre pays. D'ailleurs, les Tchèques et les Polonais présents dans le camp et occupant un certain nombre de postes administratifs essentiels n'ont pas oublié, les premiers, Munich, et les seconds, la lutte qu'ils durent supporter seuls contre l'Allemagne après les assurances formelles qu'ils avaient reçues des gouvernements français et anglais.

Confondant les gouvernements avec les peuples représentés, ignorant ou ayant oublié les sentiments de ces peuples à leur égard, ils n'ont pour nous que haine et mépris. Ils confirment les détenus allemands dans la pensée que nous sommes vraiment des gens peu intéressants, sans moralité et sans parole.

b) Le premier convoi de Français

Cependant les politiques allemands et plus particulièrement les communistes qui accueillent les Français ne sont pas animés de sentiments particulièrement hostiles à l'égard de ce premier convoi ; malheureusement, ce convoi comprend plus de la moitié de

« droit-commun » et « noir » ; il y a peu, très peu de véritables détenus politiques (à peine soixante-quinze communistes).

Les agissements des éléments français douteux, les vols et trafics dont ils se rendront coupables, le manque d'unité et de discipline du convoi, les sentiments allemands et non-antihitlériens, dont sont animés les neuf dixièmes des arrivants français et qui détermineront des incidents sans nombre, vont donner un semblant de raison aux arguments de la propagande hitlérienne, donner force et consistance au courant antifrançais.

Les Français de bonne volonté, qui voudront démontrer et expliquer ce que nous sommes réellement et ce que nous valons, seront obligés à une action longue et difficile qui ne portera ses fruits que longtemps après le déclenchement de la contre-offensive destinée à « revaloriser » les Français et à améliorer leurs conditions d'existence.

c) La situation des Français, quelques semaines après l'arrivée du convoi de juin 1943

Des blocks du « Petit camp » sont montés très rapidement dans le « Grand camp » et, parmi eux, un certain nombre de Français. Ce sont tous, ou à peu près, des « droit-commun ». Ils volent dans les blocks, ils trafiquent avec leurs cigarettes dès qu'ils reçoivent leurs premiers colis, éprouvent une grande répugnance pour se laver torse nu, chaque matin, comme il est de coutume dans le camp.

La preuve est donc faite que tous les Français sont voleurs, sales, trafiquants.

Dans les deux blocks du « Petit camp » (51 et 59) où sont répartis les Français, la situation n'est guère meilleure. Nos compatriotes n'arrivent pas à se plier à la discipline du camp et le moindre geste de menace entraîne des réactions souvent violentes. Les coups pleuvent sous le moindre prétexte, généreusement distribués par les Stubendienst polonais ; le réveil est annoncé le matin à coups de schlague et les revues de propreté effectuées en pleine nuit s'accompagnant de force coups de poing et de trique.

Injuriés, menacés, frappés, les Français accumulent haine et désir de vengeance à l'encontre des Polonais et des Allemands qui les dirigent. Ceux-ci d'ailleurs sont bien persuadés d'avoir adopté là ces individus indésirables que sont les Français. De part et d'autres, les malentendus augmentent et il semble que la situation soit sans issue.

d) Réaction et mesures défensives

Mais, dès les premiers jours, le petit groupe communiste s'organise et intervient avec vigueur, tant pour exiger des Français présents plus de tenue et de dignité, que pour protester avec beaucoup de fermeté contre les coups et sévices dont sont victimes les Français.

Inlassablement, ils expliquent à leurs compatriotes qu'ils représentent la France et qu'ils se doivent de ne pas donner une image inexacte de leur patrie en étant sales et désordonnés ou en ne se pliant pas de bonne grâce à l'indispensable discipline du camp.

Ils expliquent le mal que les voleurs et les trafiquants causent à la France entière ; ils essaient déjà de grouper les internés de la Résistance en faisant appel à l'esprit d'union et de camaraderie. Ils commencent à organiser, avec des moyens réduits, la solidarité qui, par la suite, contribuera puissamment à forger l'unité du collectif.

Les quarts de louche de soupe qu'ils collectent au bénéfice des jeunes et des malades sont à la base de l'organisme actuel de solidarité dont l'autorité a débordé sur les collectifs étrangers.

Parallèlement à cette action menée auprès des Français, les communistes n'hésitent pas à discuter avec les chefs de blocks, critiquant et blâmant les méthodes de violence, protestant à chaque incident, proposant de collaborer à l'organisation d'une discipline plus souple et plus intelligente – toutes choses qui, à l'époque, apparaissaient comme autant d'énormités nécessitant un certain courage, les mécontents étant très facilement envoyés en « transport ».

e) Premiers résultats

À force de ténacité, quelques satisfactions partielles sont enregistrées : au block 59, un coiffeur polonais qui se distinguait par sa brutalité fut renvoyé. Victoire, en ce temps où frapper un détenu était chose absolument courante et normale.

Au block 57, après des heures de discussion, le chef de block accepte de prendre à l'essai un Stubendienst français ; au block 59, un nouveau chef de block accepte la collaboration qui lui est proposée et qui fera participer les détenus à l'organisation de leurs conditions matérielles de vie. Ce chef de block affirme son accord avec le principe d'une discipline qui ne sera pas basée sur la violence. Sans doute, les coups ne disparaîtront pas entièrement, les esprits étant trop entièrement acquis à cette méthode et les antagonismes entre Français et détenus des autres nationalités subsistant encore dans leur presque totalité. Mais, enfin, et pour la première fois, une personnalité officielle du camp vient de condamner la discipline de la trique. Encore un an et demi d'efforts presque quotidiens, de batailles incessantes, et les coups seront condamnés par tous.

Au block 31, ce block qui devait devenir un grand block français, mêmes explications, même action pour forcer le chef de block à accepter un minimum de collaboration avec les détenus français, pour l'obliger à prendre position contre les violences des Stubendienst, pour l'empêcher lui-même de frapper, pour faire désigner un Stubendienst français. Péniblement, on aboutit à des résultats partiels ; on fait reculer la vague de méfiance qui entoure les Français ; on arrive à démontrer ce que nous valons ; on rend moins pénible le sort des Français.

D'ailleurs, les 19, 24 et 29 janvier arrivent d'importants convois de Français comprenant nombre de détenus politiques. Parmi eux se trouvent des dirigeants de groupements de résistance d'une certaine importance : Résistance, Liberté-Égalité-Fraternité, Pour la République, Lorraine, OCM, CND, Libération, etc., et des parlementaires, conseillers généraux et municipaux des partis socialistes et radicaux.

Ces hommes éprouvent rapidement le désir de se rapprocher. Le rassemblement se fait autour du colonel M. [Manhès] qui avait eu, en France, de très importantes responsabilités dans le mouvement gaulliste et qui multiplia les efforts pour unir les patriotes, et cela dans un double but :

1. De défendre les intérêts immédiats des internés français ;

2. De continuer l'action, lors du retour dans la patrie libérée, et ce, dans un sens nettement progressiste, en luttant contre l'exploitation de l'homme par l'homme.

Dans l'esprit du colonel M., il s'agissait de jeter les bases d'une organisation qui veillerait aux intérêts des internés français et serait aussi capable d'effectuer l'union des Français de la Résistance pour la reconstruction d'une France propre sur des bases nouvelles.

Sur le plan du camp, le colonel M. s'efforça de prendre contact avec les camarades des autres nationalités susceptibles d'améliorer les conditions matérielles faites aux Français ; après de multiples démarches et efforts personnels, il réussit à avoir l'audience d'un Kapo autrichien favorable à la France, par l'intermédiaire duquel il put obtenir quelques radiations de « transport » et quelques Schonung.

À l'instigation de ce Kapo et pour essayer d'établir des relations entre le Collectif français et les autorités du camp, le colonel M. constitua un Comité des intérêts français à l'image de l'ancien Front populaire.

Sous la présidence du colonel M., le comité comprenait : un député SFIO : Thomas, un député radical-socialiste : Crutel, et un député républicain-socialiste : Forcinal.

Par la suite, le Front national, la CGT et le parti communiste, qui avaient marqué des réserves du fait du plan politique restreint où se plaçait ce comité, le rejoignent par esprit d'unité, avec l'objectif de proposer, dès que possible, les modifications de structure du CIF, modifications utiles pour aboutir à faire une organisation de tous les Français du camp ayant participé à l'action libératrice.

III. LA SITUATION EN MAI 1944

Un an après l'arrivée du premier convoi de Français, de grands progrès ont été réalisés dans tous les domaines et sur tous les plans. Les coups sont moins fréquents ; ils ne sont, en tout cas, plus officiellement recommandés comme méthode éducative.

a) Le Comité des intérêts français ne saurait se prévaloir d'une autorité réelle sur l'ensemble des internés français, puisqu'il est formé, en sa majeure partie, d'organisations politiques dont certaines n'ont pris qu'une part très secondaire dans l'action libératrice du peuple français, alors que quelque trente groupements de résistance n'ont pas de délégués à ce comité. C'est dire que dans la voie de l'unité du collectif, beaucoup reste à réaliser.

b) Il n'y a pas de relations officielles entre le Collectif français et les autorités administratives du camp, d'où impossibilité de présenter une défense d'ensemble des intérêts du collectif. En effet, les divers efforts accomplis l'ont été seulement sur le plan des blocks, et les divers pourparlers uniquement engagés avec les chefs de blocks, ainsi appelés à juger les faits dont ils étaient directement ou moralement responsables. D'ailleurs, ces chefs de blocks se considèrent toujours comme souverainement maîtres dans les blocks. En général, ils ne tolèrent que très difficilement l'existence des comités de block, qui leur apparaissent surtout comme un frein à une autorité jusqu'alors sans borne. Certains, surtout dans le « Petit camp », ne se privent pas de cogner chaque fois qu'ils jugent la chose indispensable…, c'est-à-dire très souvent.

c) Le courant antifrançais et son évident corollaire, le courant antiallemand, bien que fortement atténués, subsistent toujours.

IV. L'ACTION CONDUITE DANS LE CAMP

Le 14 mai 1944, arrivent deux convois français, l'un venant d'Auschwitz, l'autre de Compiègne. Le Collectif français et, plus particulièrement, la section communiste vont se trouver notablement renforcés. Après quelques jours employés à son organisation intérieure, la section communiste va mener avec une grande vigueur la bataille contre les coups et le courant antifrançais, pour de meilleures conditions de vie du collectif, et cela en se plaçant sur un nouveau terrain : le plan offensif.

Les détenus politiques allemands, dont un certain nombre ont, dans le passé, appartenu au parti communiste allemand, dirigeaient pratiquement la vie administrative du camp. De par cette ancienne appartenance, il était possible pour la section communiste de faire sur eux une pression plus efficace que les autres organisations ne le pouvaient. C'est ce que comprit la section communiste française qui s'empara aussitôt de ces possibilités pour les mettre à disposition du CIF et les faire servir à l'ensemble du Collectif français, pour l'amélioration du niveau moral du camp.

a) *L'action contre les coups et pour le respect des Français*

Le chef du block 57, individu sans principes et sans moralité, insulte les Français venus d'Auschwitz, assomme ceux qui n'ont pas le don de lui plaire ; ses Stubendienst pratiquent les mêmes méthodes, se livrent à un pillage éhonté de la soupe, réalisent des bénéfices en majorant les prix de vente du tabac, de la bière, etc. La section française, après s'être convaincue de l'impossibilité d'aucun accord avec un personnage aussi taré, pose la question du départ du block dudit individu.

Tollé dans le camp où les chefs de blocks sont personnages sacrés, enquêtes et contre-enquêtes menées par les autorités administratives se succèdent ; certaines personnalités officielles veulent absolument sauver le chef de block, empêcher que soit ainsi mise en question l'autorité dont jouissent les fonctionnaires du camp, autorité qui, d'après eux, conditionne le maintien de la discipline.

Les chefs de blocks affirment leur solidarité à leur collègue du 57. Des menaces de mort sont proférées contre ceux qui apparaissent être à la base de l'action. Rien ne faisant fléchir les responsables de la section communiste (menaces, lenteurs administratives, mauvaise volonté évidente des autorités du camp, etc.) on essaie un compromis : le chef du block 57 fera des excuses, prendra des engagements... Cette solution bâtarde est repoussée ; il faut un exemple qui fasse réfléchir les autres chefs de blocks, qui démontre à chacun que le temps est passé où le bon plaisir des gens en place était la seule véritable règle du camp.

Et, effectivement, le chef du block 57 fut destitué de son poste et les plus compromis de ses Stubendienst relevés de leur emploi, grâce à la fermeté dont firent preuve les responsables de la section communiste.

Dans cette affaire, la section allemande, finalement convaincue du mal que les agissements du chef de block 57 causaient au peuple allemand, prit position pour soutenir le point de vue français. Cet appui hâta la solution qui donnait entièrement satisfaction aux Français victimes de la folie et de l'immoralité de leur chef de block.

Peu de temps après, l'action fut engagée contre le chef de block 51. Elle fut longue et particulièrement difficile, le personnage disposant d'appuis puissants. Officiellement destitué en novembre 1944, le chef de block 51 ne quitta son poste qu'en mars 1945, ceci donnant la pleine mesure du manque d'autorité réelle des autorités administratives et de l'indiscipline des détenus politiques allemands pourvus d'emplois responsables.

Dans le « Grand camp », une situation identique régnait dans les blocks 34, 10 et 14, avec cette aggravation, pour les deux derniers blocks cités, que les chefs de blocks, directement liés aux SS, semblaient être à l'abri des sanctions édictées par l'autorité administrative internée.

L'incident qui permit à la section communiste de faire renvoyer le chef de block 34, brutal et voleur, fut l'agression que ce chef de block commit contre l'administrateur de la Bibliothèque nationale de Paris et qui souleva l'indignation générale. Mais alors que certaines personnalités du Collectif français étaient prêtes à accepter des excuses, la section communiste exigea une sanction maximum, de multiples faits antérieurs ayant démontré que les engagements de ne plus frapper, pris dans de telles conditions, n'étaient jamais tenus.

Le chef du block 34 partit en « transport ».

Malgré les appuis qu'il possédait jusque chez les autorités militaires, le chef du block 10 était sur le point d'être remplacé (il s'était rendu odieux aux Français par sa violence de langage et ses brutalités) lorsqu'il fut libéré.

Au block 14, il n'a pas été possible, jusqu'ici, d'obtenir la solution demandée. Il faut d'ailleurs reconnaître que ce chef de block, rendu prudent par la démonstration de force effectuée par les Français, a modifié son attitude et, s'il n'arrive pas à cacher ses sentiments antifrançais, du moins se garde-t-il de se livrer aux anciens écarts de langage et aux brutalités dont il était coutumier dans le passé.

Enfin, le chef du Zeltlager (camp des tentes), qui avait eu une attitude absolument honteuse envers les Français des convois de Fresnes et Compiègne, arrivés en août 1944, fut renvoyé.

Ce chef de camp s'était ingénié à rendre plus difficiles les conditions matérielles déjà très pénibles dans lesquelles ces Français étaient placés, et il avait, à plusieurs reprises, insulté ces patriotes et, au travers d'eux, le peuple français tout entier, alors que, dans le même temps, les partisans français donnaient la pleine mesure de leur valeur et de leur courage. Plusieurs plaintes de la section communiste aboutirent finalement au renvoi exigé.

Ces actions poursuivies durant plusieurs mois, les succès qui les couronnèrent, eurent un grand retentissement dans tout le camp et firent voir les Français sous un aspect nouveau. Les collectifs des autres nationalités s'aperçurent qu'ils avaient en face d'eux des lutteurs au dynamisme certain, que rien ne pouvait rebuter, lutteurs non facilement intimidables, lutteurs décidés à faire respecter leurs personnes et leur pays.

Toutes ces victoires avaient été d'autant plus difficiles à remporter, qu'au début de l'action offensive de la section communiste, le Collectif français n'était pas encore parfaitement uni et que la tenue d'un certain nombre d'éléments français pouvait encore prêter à critique.

b) L'action contre les mauvais « transports »

Durant longtemps, les Français partirent automatiquement et systématiquement dans les plus mauvais « transports », par exemple, des milliers allèrent à Dora (le kommando de la mort), et ce jusqu'en août 1944.

Depuis cette date, les réclamations et l'action incessante de la section communiste préservèrent l'ensemble du collectif des mauvais « transports ». Les « transports » Rupo et S 3, justement réputés comme de nouveaux et plus terribles Dora, ne virent partir qu'un nombre absolument infime de nos compatriotes, alors qu'à l'origine une assez forte proportion de Français avaient été inscrits sur les listes de départ pour ces kommandos. En agissant ainsi utilement pour tous les Français, la section française sauva la vie à des centaines de Français, qui n'auraient pas résisté au très dur travail effectué dans les plus mauvaises conditions et sous les coups à Rupo et à S 3.

c) L'action contre les mauvais kommandos du camp

La carrière, les kommandos de terrasse et ceux de chemin de fer, les travaux de déchargement et de transport et de matériaux lourds constituent pour Buchenwald autant de kommandos particulièrement durs ; surtout ceux situés à plusieurs kilomètres du camp et où les internés se rendent à pied, talonnés par les chiens et menés à coups de crosse de mousqueton. Très nombreux furent les Français qui y travaillèrent, jusqu'au milieu de l'année 1944.

Compte tenu de sa position fondamentale par rapport au problème de la production de guerre hitlérienne, la section communiste mit au service du collectif ses liaisons et son autorité grandissante pour obtenir de meilleurs kommandos, ceux où le travail n'était pas au-dessus des forces des internés, où les coups étaient inconnus et où ils étaient à l'abri, durant l'hiver, du climat très rude sévissant dans la Thuringe.

d) L'action pour les « Schonung », les soins, les hospitalisations

De nombreux Français fatigués ou affaiblis par le séjour prolongé effectué dans les camps et prisons, ou même gravement malades, ne parvenaient pas souvent à obtenir le repos ou les soins indispensables à leur état et encore plus rarement leur hospitalisation au Revier. Le Comité des intérêts français et la section communiste obtinrent beaucoup.

Bien que certains des postes essentiels du Revier fussent détenus par les internés politiques tchèques et allemands peu favorables aux Français et que l'encombrement toujours plus grand des divers services du Revier (augmentation du nombre des détenus dans le camp et de la proportion des malades) rende plus difficile l'obtention des choses les plus élémentaires, les plus nécessaires à la préservation de la santé des Français, il fut arraché un plus grand nombre de Schonung et l'on obtint l'examen sérieux de nombreux malades ou déficients, qui furent aussi bien soignés que le permettait le peu de médicaments mis à la disposition du camp, et un pourcentage plus considérable de nos compatriotes admis dans les services du Revier.

Enfin, plusieurs docteurs français, choisis sans aucune considération d'opinion politique et seulement d'après leurs compétences médicales, opèrent maintenant au grand et au petit Revier ou dans les blocks du camp, et cela parce que l'action utile a été menée pour que soient utilisés les services d'un plus grand nombre de médecins et d'infirmiers français.

e) L'action pour les vêtements

Pendant longtemps, les Français furent les plus mal habillés et les plus mal chaussés de tous les internés. De grandes améliorations ont été apportées à ce déplorable état de choses et s'il est toujours difficile d'obtenir l'indispensable à l'Effektenkammer, du moins ne voit-on plus de Français en haillons et pieds nus comme c'était trop souvent le cas auparavant.

f) L'action contre le trafic et le pillage des colis Croix-Rouge française

Le Collectif français s'est fait le champion de la lutte contre les scandales de l'« organisiert » et plus particulièrement contre le pillage des colis Croix-Rouge française. Les autorités militaires avaient décidé que la distribution de ces colis devait avoir lieu sur la base des kommandos, sans distinction de nationalité, pour récompenser les meilleurs travailleurs.

Cette mesure écartait systématiquement des distributions les invalides français, les Français du « Petit camp » et ceux employés à des travaux légers (Holzoff, Lagerkommandos, etc.) Dans les kommandos favorisés par les distributions de colis, les kapos oubliaient souvent de servir les Français qui y travaillaient.

Dans le camp, à part les Français, tout le monde mangeait donc des produits français, provenant de colis français.

Avec l'appui des autorités administratives, la section communiste française, agissant au nom du Comité des intérêts français, obtint que les colis soient distribués dans les blocks, ce qui aboutissait à une répartition plus favorable aux Français. Dans l'impossibilité de faire remettre au CIF les colis français Croix-Rouge, la solution était la meilleure possible.

V. LES MOYENS EMPLOYÉS POUR ABOUTIR À CES RÉSULTATS

Il fallut du temps, de la patience, beaucoup de fermeté au Comité des intérêts français et à sa partie la plus agissante, la section communiste, pour que les Français cessent d'être tenus pour des gens méprisables, dont le sort importait peu et que l'on pouvait, à son gré, frapper, voler, injurier ; convaincus de la justesse de la cause qu'ils défendaient, persuadés qu'ils devaient aboutir à un résultat, tant pour sauvegarder la vie des Français que pour créer des liens d'entente entre les Français et les détenus des autres nationalités, les responsables du Collectif français ne se laissèrent arrêter ou décourager par aucune difficulté, par aucun obstacle, par aucune menace, par aucun danger.

Inlassablement, le CIF et la section communiste s'employèrent à détruire chez les responsables du camp et de la section allemande les préventions ou les méfiances qui pouvaient exister chez eux à notre égard. Ils expliquèrent que notre défaite si rapide n'était pas preuve d'un prétendu avilissement, que la France était toujours une grande nation, d'ailleurs, ces arguments étaient de source hitlérienne et qu'il fallait cesser de voir les politiques allemands les reprendre à leur compte.

Parallèlement, il était redoublé d'efforts pour que la tenue d'ensemble du Collectif français ne puisse plus prêter prise à la critique, pour que l'affirmation ainsi rapportée et concernant nos valeurs morales ne puisse pas être taxée d'affirmation gratuite, mais qu'elle soit, au contraire, confirmée par les faits.

Les militants communistes, qui exigeaient de leurs adhérents une tenue impeccable, expliquaient inlassablement à l'ensemble du collectif que chaque Français représentait la patrie, que c'est au travers de nos paroles comme de nos actions que serait jugé notre pays et que cela nous faisait obligation de sévèrement condamner le trafic et les petites combinaisons personnelles et égoïstes, d'être disciplinés, attentifs à faciliter le travail de nos camarades de l'administration internée, soucieux d'entretenir de bons rapports avec les camarades des autres nationalités et évidemment unis entre nous.

Cette question primordiale de l'unité entre Français devait obligatoirement conduire les communistes à poser la question de la réorganisation sur des bases nouvelles du Comité des intérêts français. Il fallait absolument arriver à ce que le CIF représente d'une façon formelle et indiscutable l'ensemble des Français internés à Buchenwald, ce qui lui donnerait une autorité morale certaine, non seulement auprès des Français, pour régler souverainement toutes les questions intérieures du collectif, mais renforcerait encore les positions du CIF et de la section communiste pour une meilleure prise en considération des revendications concernant la défense des intérêts français.

La section communiste trouva chez le président du CIF, le colonel M., la plus large compréhension, ce qui facilita et hâta les transformations demandées.

Le CIF fut donc remanié sur les bases suivantes : tous les mouvements de résistance représentés dans le camp devaient avoir accès au comité français. Les nécessités du travail illégal imposant certaines mesures de sécurité faisaient obligation de la création d'un organisme à sommet restreint.

Cinq familles furent donc constituées dans lesquelles furent groupés les quelque trente-cinq organisations présentes dans le camp, car tout le monde répondait présent à cet appel à l'unité pour la défense des intérêts français et pour la préservation morale et physique du Collectif français tout entier.

Personne, parmi les Français de la Résistance ne pensait pouvoir se désintéresser de l'organisation méthodique de l'appareil chargé de prendre en main la défense du collectif. Le Comité des intérêts français cessait d'être la représentation politique d'une partie du collectif, pour devenir l'expression de l'unanimité des combattants de la Résistance.

Ainsi prenaient automatiquement fin les tentatives de division amorcées dans le camp et cessaient les dissensions trop nombreuses qui avaient jusqu'alors existé dans les rangs français.

Très rapidement s'élevait le niveau politique et moral du collectif ; les Français se préoccupaient davantage des questions concernant l'avenir et la reconstruction de leur pays et comprenaient mieux que, de retour en France, et dans une France nouvelle, ils devaient se remettre au service de leur pays, ne plus cesser d'être les combattants qu'ils avaient été durant des mois, ou des années, la lutte à soutenir devant sans doute être moins sanglante mais non moins indispensable que celle menée contre le fascisme hitlérien, afin d'assurer à la France son indépendance politique et économique.

CONCLUSION

La commission d'enquête a jugé nécessaire de mettre en relief la réalité des services rendus par le CIF et la section française du parti communiste aux patriotes français de toutes tendances, afin de répondre d'une manière définitive aux insinuations et propos malveillants que quelques mauvais et très rares éléments du collectif essaient de répandre sur le parti communiste et le Comité des intérêts français.

La commission dénonce le but évident de désunion ainsi poursuivi et qui ne manquerait pas, s'il était atteint, d'avoir les plus mauvaises répercussions quant aux conditions de vie que connaissent maintenant les Français.

La commission signale combien ces conditions sont infiniment supérieures à tout ce qui existe dans les autres camps et ceci établi de par les témoignages formels de tous ceux qui ont passé dans les camps de Dachau, Auschwitz, Dora, Sachsenhausen, etc.

La commission d'enquête se plaît à reconnaître que les détenus politiques allemands, responsables de l'administration de Buchenwald ont grandement facilité la tâche des communistes français et que, du jour où les malentendus existant entre Français et Allemands furent aplanis, ils firent l'impossible pour accorder la plus large audience aux revendications françaises présentées et défendues par la section communiste.

La commission d'enquête constate que le Comité des intérêts français et la section française communiste ont soigneusement préservé et entretenu l'unité morale de tout le collectif, qu'ils continuent l'un et l'autre à être vigilants et impitoyables envers ceux qui, imprégnés d'un esprit partisan et pour la poursuite d'intérêts particuliers et égoïstes n'ayant rien à voir avec ceux du collectif et de la France, tentent de poursuivre leurs manœuvres de division et de désunion.

La commission d'enquête constate que le CIF et le PC, imprégnés du sentiment que la libération est proche, mais qu'elle peut nécessiter encore un terrible effort de volonté de la part de tous les Français, donc exiger une unité et une discipline absolues, ont justement intensifié leurs efforts et leur propagande pour faire du Collectif français un ensemble mieux groupé, plus uni, plus fort, aux préoccupations hautement élevées, à l'idéal patriotique plus élevé ; un collectif décidé à mettre au service de la France et de la démocratie, dès sa rentrée dans la patrie, ses forces physiques, morales et spirituelles pour l'œuvre de reconstruction à entreprendre dans le cadre de l'action définie par le Conseil national de la Résistance, véritable expression des désirs et des volontés du peuple français.

Buchenwald le 31 mars 1945

René Simonin, président de la commission d'enquête, journaliste, président du groupement de résistance « Franche-Comté » ; Jean Lloubes, commis des PTT, délégué du PCF ; François Fleuret, chef pilote du port de Bordeaux, président pour la zone sud de CND ; Bernard De Chalvron, consul de France, président du mouvement de résistance NAP ; Marius Jacquemard, instituteur, représentant du « Front national ».

V

DÉLIBÉRATION DU CIF SUR LES TRAVAUX ET CONCLUSIONS DE LA COMMISSION D'ENQUÊTE DANS LE CAMP
(2 AVRIL 1945)[1]

Le CIF prend acte du rapport et des conclusions d'ensemble de la commission d'enquête qu'il avait chargée, à la suite de l'affaire RAYMOND (cette dernière ayant déjà fait l'objet d'un rapport particulier), de toutes les investigations possibles relativement au climat moral régnant dans le camp et, le cas échéant, de fixer les responsabilités qui pourraient en incomber à l'organisation communiste du fait de l'influence qu'elle possède dans le camp.

Le CIF remercie ladite commission d'enquête, composée d'hommes de la Résistance, les uns et les autres dirigeants ou membres influents de grandes organisations combattantes françaises, combattants dont l'autorité morale est unanimement reconnue dans le camp, des efforts qu'ils ont fournis pour remplir leur mission.

Le CIF marque, en outre, sa satisfaction de voir réduites à néant les calomnies imbéciles et dépourvues de toute possibilité d'excuse lancées dans le camp par quelques individualités en mal de préoc-

---

[1]. Ass. française Buchenwald-Dora et kommandos, arch. Marcel Paul, Comité des intérêts français, délibération du CIF sur les travaux et conclusions de la commission d'enquête dans le camp, 2 avril 1945.

cupations politiques d'avenir, contre l'une de ses principales organisations chargées de sa représentation et constituant son principal moyen d'action.

Le représentant du PCF au CIF tient à souligner à nouveau que les résultats appréciables, que l'organisation dont il est le délégué a pu enregistrer, sont dus au magnifique esprit d'unité qui a animé les représentants de toutes les grandes organisations constitutives du comité français.

C'est cette grande puissance d'unité qui a donné à la représentation française l'autorité utile pour résoudre de mieux en mieux toutes les questions touchant aux intérêts particuliers ou d'ensemble des membres du collectif.

Au seuil de la libération, le CIF tient à remercier de leurs sentiments d'union, de leur dévouement, tous ces délégués qui, au mépris du risque de pendaison, ont voulu, ici, regrouper les éléments appartenant à leurs organisations en France, afin de leur conserver l'esprit d'organisation, l'esprit d'abnégation et de sacrifice, en un mot, l'esprit français qui les avait animés sur le sol de la patrie.

Ils ont, ici, en se faisant les associés des défenseurs du Collectif français, continué à servir la cause d'une France courageuse et fière qui veut, à tout prix, se relever dans les moindres délais et mériter la grande place de nation d'avant-garde qui sera la sienne dans un demain immédiat.

Le CIF tient à remercier chaleureusement son président, le colonel Manhès qui, dès son arrivée dans le camp, sans moyen et au milieu des plus grandes difficultés, s'est, avec quelques camarades de la Résistance, multiplié pour défendre les Français personnellement maltraités ou agressés et pour donner aux membres des différentes organisations françaises le désir de se grouper ; colonel Manhès qui, ayant par la suite pris les contacts utiles, s'est associé et a participé de toutes ses forces à l'action menée par l'organisation communiste contre les coups et pour le respect du Collectif français, par les autres nationalités et par les autorités du camp.

Et qui, plus tard, ayant approuvé l'intérêt unitaire des propositions de l'organisation communiste pour la modification indispensable de structure du CIF, s'est, aux côtés du PC et des autres camarades de l'organisme central, employé de toutes ses forces à réunir et à maintenir ensuite absolument coordonnées toutes les organisations de la Résistance du camp.

À l'instant précis où les circonstances posent d'autres problèmes, le CIF réaffirme, en même temps que son unité absolue, la solidarité de tous ses membres à l'égard de l'organisation communiste qui, comme moyen d'action du CIF, a été appelée à assumer les principales responsabilités de la lutte conduite dans le camp par mandat du CIF en faveur de tous les internés.

En ce début d'avril 1945, l'heure a sonné où des tâches nouvelles attendent les membres du CIF de Buchenwald.

Ils font le serment solennel de rester fraternellement unis dans l'action nouvelle qui les attend.

Combattants ils étaient, combattants ils sont restés, et ils attendent avec impatience l'instant précis où ils pourront reprendre leur place dans la lutte active antifasciste, dans la lutte pour un monde nouveau.

Ils savent et déclarent que ces objectifs (extermination du fascisme et construction du monde nouveau) ne pourront être atteints sans une lutte profonde et sans merci du peuple français uni, mobilisé et dirigé par les grandes organisations combattantes qui ont conquis la confiance du peuple de France dans l'action pour la libération du sol de la patrie du joug de l'envahisseur et de l'appareil hitlérien.

Ils savent et déclarent que l'extermination du fascisme exige la mise hors d'état de nuire de toutes les forces qui, préoccupées d'un esprit de classes, ont participé à la préparation des conditions morales et matérielles de l'introduction du fascisme dans notre pays.

Ils savent et déclarent qu'il n'est possible d'instituer une véritable démocratie, donc un monde nouveau, que si la nation s'est rendue elle-même maîtresse, d'une part, de ses relations extérieures, d'autre part, de ses moyens économiques, industriels et d'échange.

C'est pourquoi le CIF de Buchenwald s'affirme pour une plate-forme politique d'action unique immédiate ainsi formulée :

a) Pour le renforcement de la politique d'amitié, d'alliance et d'assistance mutuelle avec l'URSS.
Pour le maintien des alliances avec l'Angleterre et l'Amérique antifascistes[1].
Pour l'établissement de bonnes relations avec tous les pays démocratiques et antifascistes dans le cadre d'un organisme international basé sur le principe de la sécurité collective et de l'assistance mutuelle et ayant les moyens effectifs d'anéantir préventivement toutes les velléités d'agression.
Pour la condamnation de la politique des blocs impérialistes qui conduit fatalement à la lutte économique et à la guerre.
Politique étrangère voulue par le peuple français qui permettra à notre pays de retrouver sa puissance, son indépendance et sa grandeur.

b) Pour le châtiment implacable des traîtres et des collaborateurs des bourreaux hitlériens qui, dans leurs kommandos de travail et camps d'extermination, ont fait périr dans les plus indicibles souffrances des centaines de milliers de Français pour ne parler que de nos nationaux.

c) Pour l'élimination des agents vichyssois encore camouflés à tous les postes décisifs de la vie administrative et politique du pays.

d) Pour le châtiment de tous ceux qui, sur le plan politique, militaire, économico-militaire, ont préparé les conditions de la livraison de notre pays au bourreau hitlérien.

e) Pour la destruction absolue des trusts et la remise à la collectivité nationale des grandes entreprises industrielles et commerciales accaparées et monopolisées par les trusts.

---

1. « Je demande « "renforcement" ». (Thomas)

f) Pour l'institution d'une véritable démocratie remettant dans les mains du peuple français les moyens de conduire en pleine souveraineté ses propres destinées.

Unis sur ce programme immédiat comme à Buchenwald.

Unis pour une France indépendante fixant elle-même sa politique étrangère.

Unis pour une France débarrassée des traîtres, des saboteurs.

Unis pour le châtiment et la mise définitive hors d'état de nuire de tous ceux qui ont conduit notre pays à la défaite et à la catastrophe.

Unis pour la destruction radicale des trusts et le retour à la nation des grandes richesses naturelles, industrielles et d'échange.

Pour une réelle constitution démocratique, dans une France politiquement, économiquement et socialement libre.

Comme à Buchenwald dans l'action illégale conduite sous la menace de la potence.

Unité pour agir avec courage, volonté et résolution.

Unité contre le passé de honte que nous venons de connaître.

Pour un avenir meilleur, pour un avenir d'honneur et de dignité, pour une humanité réconciliée avec elle-même.

2 avril 1945

Colonel Manhès, Marcel Paul, Eugène Thomas, Louis Vautier, Robert Darsonville, Maurice Jattefaux.

VI

PROCÈS-VERBAL DE LA 1ʳᵉ RÉUNION D'INFORMATION RÉSERVÉE AUX CADRES DU PARTI À BUCHENWALD (17 AVRIL 1945)[1]

Le camarade Jean propose de placer cette réunion d'information sous la présidence effective de notre vieux camarade Dubois, conseiller général de la Seine, assisté de nos camarades Lucien Lagarde, Jean.

Après une brève allocution du camarade Dubois celui-ci passe la parole à notre camarade Marcel Paul responsable du Parti :

Marcel Paul

Je pense, et la direction du Parti pense interpréter vos sentiments en adressant tout de suite au début de ce rapport notre salut le plus fraternel et le plus ardent à la direction générale de notre parti, à notre camarade Thorez responsable central de notre parti dans la vie illégale dirigeant politique de notre parti dans la grande bataille d'ores et déjà engagée en France entre les forces persistantes de la bourgeoisie et les forces d'avant-garde, à notre camarade Jacques Duclos à notre camarade Benoît Frachon à tous nos camarades du bureau politique et le comité central.

Ce salut n'est pas seulement l'expression de je ne sais quel protocole c'est la manifestation de la confiance totale des cadres du

---

1. FNDIRP, déportation, Buchenwald, n° 1, documents divers.

Parti de Buchenwald à l'égard de ceux qui ont la responsabilité de conduire dans la voie du marxisme-léninisme notre parti à la conquête du pouvoir.

Nous voulons dire en quelques mots quelle est notre administration à l'égard des camarades qui ont assumé la tâche de diriger le grand parti russe, au camarade Staline, aux camarades du parti russe, aux membres du comité central du parti Bolchevik à tous les camarades placés aux postes responsables dans la conduite de la guerre, à ces camarades qui ont dirigé le secteur économico-militaire dans la Russie, à ceux qui ont construit ce matériel formidable qui a tant surpris la bourgeoisie internationale. Vous vous souvenez quelle était l'appréciation de la bourgeoisie à l'égard de l'armée Rouge, et de l'Union soviétique. Elle savait évidemment que l'URSS était un grand pays, que l'armée Rouge disposerait de milliers et de milliers d'hommes, mais elle avait l'espoir que ces hommes ne seraient ni suffisamment encadrés et armés, et elle pensait cette bourgeoisie liquider avec son matériel et ses forces politiques une puissance dont elle ne connaissait pas l'étendue ainsi que ces moyens formidables.

Notre pensée va aussi vers cet état-major de l'armée Rouge que la bourgeoisie méprisait... (quelques mots sautés)... méprisant ses généraux soviétiques et essayant de trouver un aliment contre les cadres de l'armée Rouge dans le fait que quelques mois avant le déclenchement des événements que vous connaissez, le pouvoir soviétique avait dû liquider des officiers traîtres et félons. Il faut le répéter avec une compréhension et une traduction exactes et le répéter sans élever le ton que si le camp de Buchenwald a été libéré, si notre pays a retrouvé sa liberté relative c'est grâce aux efforts que l'armée Rouge a fait et aux coups qu'elle a assénés au monstre hitlérien. Nos camarades de l'armée Rouge ont rempli une tâche, une mission historiques, ils ont détruit l'ennemi le plus sauvage de l'arsenal capitaliste en le détruisant militairement. L'armée Rouge a privé ainsi la bourgeoisie internationale de son moyen principal qui lui permettait de faire face aux forces populaires. Ce n'est pas seulement le problème de la liquidation de l'impérialisme qu'elle a ainsi posé, mais aussi celui de la destruction de l'un des moyens les plus efficaces dont la bourgeoisie internationale pouvait disposer contre nous. Cela va nous permettre maintenant avec notre parti et les forces révolutionnaires dans le monde d'anéantir politiquement le fascisme et de porter les coups décisifs au [...] de la bourgeoisie. Une variété du fascisme a vécu, mais malgré cela tous les problèmes ne sont pas résolus il nous reste encore une étape à parcourir. La bourgeoisie va essayer de maintenir son oppression de classe sur les forces populaires. La bourgeoisie est acculée dans cette impasse et devant la nécessité de faire et cela même pour sa partie la plus rétrograde un pas avec nous pour la destruction de son outil principal de dictature sur le peuple.

Vous comprenez ce que représente cet outil décisif du front unique. Il nous faut aller vers nos buts, vers ces buts auxquels nous n'avons jamais renoncé et auxquels nous sommes toujours restés fidèles, il nous faut aller vers ces buts avec à nos côtés et le plus loin possible les couches les plus larges du peuple français. Il ne faut pas penser que ce front unique que notre parti a su réaliser, que cette tactique est périmée, au contraire, il doit se manifester avec plus de puissance au moment où la bourgeoisie essaye de se dégager du cadre patriotique dans lequel nous l'avons engagé. Vous avez interprété ce que représentait notre tactique à l'étape du Front populaire et du Front national. Comme pour le Front populaire dans la tactique du Front national nous sommes les interprètes du sentiment national de la collectivité française. Évidemment la bourgeoisie va essayer de nous arracher nos mots d'ordre des mains et de se redonner une face nationale pour faire admettre aux masses nationales sa tactique de dictature de classe, c'est pourquoi nous voulons appeler toute votre attention sur la nécessité qu'il y a d'avoir toute votre attention portée sur les problèmes du front unique. La réalisation de ces problèmes du front unique exige la construction d'un parti solide car il s'agit de savoir comment nous allons au Front Unique avec nos perspectives avec notre organisation. Le front unique ce n'est pas un galimatias ayant seulement pour tâche d'aboutir à la mobilisation du peuple français pour sa libération.

Nous sommes allés dans le front unique, nous allons rester dans le front unique, nous allons développer notre activité front unique en fortifiant encore idéologiquement notre parti en établissant pour chacun des membres du Parti que nous devons plus que jamais être nous-mêmes, être la force d'avant-garde, décidés à remplacer la dictature de la bourgeoisie par la dictature du prolétariat. Nous sommes restés toujours ce que nous étions, nous sommes plus que jamais ce que nous étions, ce sont seulement nos moyens tactiques qui ont changé et nos possibilités d'action qui ont changé également. Je voudrais dire sur la possibilité pour notre parti d'appliquer et d'interpréter la ligne fixée par notre Internationale communiste que les vieux camarades du Parti se rappellent quels débats ont animé l'ensemble des partis du monde par rapport à ce problème du front unique. Vous vous rappelez l'insistance avec laquelle l'IC avait posé ce problème du front unique devant nos camarades allemands. Ce n'est certes pas le moment d'examiner ce qu'a coûté au prolétariat le fait que nos camarades allemands n'ont pas su comprendre et appliquer la tactique définie par l'IC.

C'est déjà en 1927 que l'IC posait avec tant de force ce problème et en 1932 au cours du 7e plénum de l'IC nos camarades reprenaient avec insistance cette question qui prenait à ce moment un intérêt dramatique. Il fallait à ce moment réaliser à tout prix cette tactique, si nos camarades avaient à ce moment traduit cette tactique le peuple allemand se serait présenté autrement sur le front de la bataille antifasciste. L'expérience malheureuse de nos camarades allemands a servi la cause du prolétariat international. Nous avons su en France en profiter pour convaincre nos camarades du Parti sur la nécessité des accords de base, mais également sur la nécessité et la valeur des accords de sommet indispensables pour accéder à des masses que par nos propres moyens nous n'avons pas la possibilité de toucher. Bientôt notre parti, sa direction reprendront cette question à votre attention. Mais il nous a semblé indispensable pendant les derniers jours que nous avons à vivre ici d'appeler une dernière fois votre attention sur ce fait que notre tactique est toujours celle du front unique.

Dans vos conversations avec les petits et moyens bourgeois du camp très impressionnables par les événements et ballottés entre la bourgeoisie et le prolétariat ne soyez pas trop susceptibles et trop nerveux. Surtout dans votre argumentation lorsque vous saisissez dans les discussions avec les petits bourgeois, et lorsqu'ils expriment leurs sentiments d'admiration à l'égard de l'armée libératrice…

Nous ne posons pas n'importe quelle question, à n'importe quel moment, ce ne durera pas si longtemps que cela ces sentiments d'admiration pour la grande armée libératrice qui s'est présentée à la porte du camp. Ne soyez pas trop réactifs camarades, dans la discussion il vous est facile de dire que les forces essentielles de combat de l'armée allemande ont été bloquées à l'est.

Dans votre argumentation vous devez marquer que ce qui compte c'est que le fascisme va être quand même et dans les moindres délais battu. Ce qui compte pour tous les peuples c'est l'écrasement du fascisme.

Donnez-vous cette figure camarades, car à chaque époque correspond une tactique, lorsqu'on ne peut battre tous ses ennemis à la fois, on écrase d'abord le plus dangereux et on essaye ensuite de continuer vers une nouvelle étape, et cela nous permet d'utiliser un certain nombre de forces du capitalisme sur notre [illisible, « secteur » ?] pour la destruction du fascisme. Car la destruction du fascisme ce n'a pas seulement été notre œuvre, nous avons entraîné sur ce front de lutte l'autre fraction du capitalisme, et c'est là, la démonstration de la justesse de notre tactique.

Il faut traduire autour de nous toute la satisfaction que nous éprouvons devant ce fait que l'alliance des forces démocratiques et révolutionnaires est sur le point d'être atteinte.

Il ne faut pas dans tous les cas être nerveux si la petite bourgeoisie a les yeux tournés sur l'armée qui s'est présentée à la porte du camp. Ayons le souci de répéter ainsi que l'on déclaré CHURCHILL et ROOSEVELT que le débarquement à l'ouest n'a été rendu possible que grâce aux coups portés contre l'armée hitlérienne, et que cela va encore faciliter la rencontre historique si prochaine de l'armée Rouge avec les armées anglo-américaines. En un mot, il faut saisir entre nos mains tout ce qui peut resserrer et renforcer ces rapports de front unique.

Le prolétariat seul ne peut vaincre, il ne le peut que dans la mesure où il a réalisé son alliance, non seulement avec les forces de la paysannerie, mais avec les couches de la petite et moyenne bourgeoisie.

Nous vivons encore ici avec une série de petites gens qui vont échapper à notre contact et à notre influence et si ces gens rentraient en France avec un souvenir du contact avec des gens quelque peu irrités, peut-être pendant quelque temps il pourrait en résulter une rupture momentanée avec les forces du Parti.

Dans ce camp, ils n'ont pas la possibilité d'échapper à notre argumentation. Lorsqu'ils auront leurs occupations, leurs conditions de vie du passé ils seront dans une certaine mesure coupés de nous. Il faut donc qu'ils gardent d'ici la conviction de notre volonté absolue d'unité d'action, que nous sommes des serviteurs réels de l'unité. Ne perdez pas de vue que s'ils partaient d'ici irrités contre les communistes ils pourraient échapper à notre influence.

La bourgeoisie ne va pas hisser elle-même Maurice THOREZ au pouvoir. C'est de notre travail, de notre capacité à rassembler les masses que dépend la prise du pouvoir par notre parti.

Nous ne pourrons le prendre que dans la mesure où nous aurons collé à nous cette petite bourgeoisie assez importante, et si elle repartait d'ici avec un sentiment mauvais à l'égard du Parti, nous n'aurions pas aidé notre parti, nous aurions gêné notre parti.

Nous n'avons qu'un souci aider notre parti à vaincre, cela signifie quelquefois dominer ses nerfs et ne pas se laisser entraîner comme les petits bourgeois à l'explosion de sentiments.

Nous sommes nous aussi des sentimentaux, mais nous avons la volonté de conduire le peuple à la liquidation de ses misères, de toutes ses misères, et nous avons eu ici sous les yeux, dans ce domaine des misères ce que représente la mise en application de la tactique et des moyens de la bourgeoisie.

Nous pourrions sourire de l'indignation des capitalistes devant ces méthodes. Et lorsque nous voyons un grand général venir au camp visiter le block 61, il nous serait facile de lui dire : HITLER n'a pu monter au pouvoir que grâce à l'appui du capitalisme international.

Nous ne dirons évidemment pas cela !

Il faut d'abord que le bloc des Alliés persiste, nous verrons plus tard comment les problèmes vont se poser, et c'est pour cela qu'il faut rester collé à la petite bourgeoisie.

Le fascisme est virtuellement battu sur l'aspect militaire, mais nous avons le souci d'aller maintenant vers l'autre étape, et de rassembler autour de nous toutes les forces qui peuvent être entraînées, vous comprendrez donc l'intérêt qu'il y avait pour nous à ce que pendant ces dernières heures soit démontré que notre souci d'unité n'était pas émoussé et que nous resserrer entre la petite bourgeoisie et nous […].

Nous sommes devant une nouvelle étape pour notre organisation. La vie illégale, tout au moins dans la forme où nous l'avons connue a cessé, et nous voulons avant de traiter tels problèmes politiques et attirer votre attention sur ces problèmes, remercier l'ensemble de nos cadres et l'ensemble de l'organisation du Parti à Buchenwald pour sa bonne conduite et pour sa bonne tenue dans ce camp.

Nous avons eu ici une organisation réellement illégale dans l'esprit organique. Dans les blocks personne parmi les éléments de la petite bourgeoisie, n'a connu l'existence de l'organisation militaire de combat. Cela représente la vérification de la maturité politique de nos cadres.

Avoir pu réaliser dans ce camp, au milieu de tous ces bavards, de tous ces écouteurs aux portes, une telle organisation sans attirer l'attention des SS cela représente un résultat magnifique pour notre organisation. Si personne ne connaissait l'existence de notre organisation ce n'est pas dû à nos valeurs personnelles, c'est dû au sens politique que développe en nous la science marxiste-léniniste. Nous avons mis sur pied une organisation militaire qui, au mois d'août groupait plus de mille membres. Si on a parlé d'une organisation M dans le camp, c'est seulement parce que quelques éléments avaient cru devoir ameuter le Parti sur le danger que représentait la constitution d'une organisation de ce genre dans le camp. Si nous rappelons ce fait ce n'est pas pour reprendre un problème qui sera réglé devant la direction du Parti. C'est ce groupe de saboteurs qui a fait courir le danger de dévoiler l'organisation de notre parti.

Notre camarade DUBOIS qu'il ne faut pas appeler vieux si on veut lui faire plaisir, car les communistes ne sont pas vieux, ils sont la jeunesse du monde, notre camarade DUBOIS l'a rappelé tout à l'heure avoir pu réaliser la mise en place, l'encadrement d'une telle organisation sans que la moindre fuite ait pu avoir lieu cela est un succès pour le Parti. Nous dirons cela au Parti, et que ces cadres que vous êtes représentent des soldats qui ont appris à poser et à réaliser les tâches du Parti, même dans les conditions très dures du camp de concentration. Nous pouvons dès maintenant adresser nos remerciements à nos camarades de l'organisation M, nous citerons les noms devant la 1re conférence des membres du Parti. Ces camarades ont rendu des services considérables au Parti, et cela doit déterminer en notre parti une confiance illimitée, et à avoir confiance dans les méthodes et la science du Parti. […]

Notre activité devient maintenant semi-légale. Par comparaison avec ce que nous avons connu elle devient légale. Quand on a vécu le travail du Parti sous la menace de l'appareil répressif hitlérien on n'est pas très impressionné par la menace de l'appareil capitaliste. […]

Notre activité est légale, et si nous sommes appelés à prendre des précautions ce n'est pas par rapport à la répression, c'est par rapport à notre tactique du camp, c'est seulement avec le souci tactique que nous devons considérer les précautions à prendre, mais nous ne pouvons pas être impressionnés par une interdiction quelconque des compagnons de route du moment. Il ne faut pas permettre à nos ennemis de se manifester ils restent impressionnés par la force du Parti, et ne pas oublier que ce ne sont pas les officiers soviétiques qui sont à la porte du camp, ce ne sont pas même des officiers FTP qui rendent visite au camp, ce sont des officiers petits bourgeois.

Nous devons renforcer dans ces derniers jours les positions considérables du Parti au camp. Si de notre côté nous n'avions pas eu ce souci, nous aurions été dévorés dans ces derniers jours par cette bourgeoisie qui jusqu'ici n'avait pas eu le courage de se manifester. Je dois dire que sans ce travail qui a été fait même les liens de camaraderie qui existaient entre les médecins et les membres du Parti n'auraient pas subsisté alors qu'ils sont restés les mêmes.

C'est dans le but de renforcer ces contacts que nous vous demandons d'améliorer encore votre travail de front unique.

Nous n'avons pas la possibilité de refaire une analyse générale de la situation, tous les matériaux qui ont été donnés à l'ensemble du Parti dans cette dernière période sont toujours d'actualité. Nous sommes à quelques jours de la liquidation militaire du monstre hitlérien. Si nous discutons nous devons apporter tout tranquillement la discussion sur le problème du CNR, et sur le terrain du front français. Le CNR veut le châtiment des traîtres, de toux ceux qui servaient l'ennemi. Comprenez ce que cela signifie comme magnifique plate-forme anticapitaliste en France. Quand on sait que parmi ces gens il y a un certain nombre qui détenaient et détiennent les ficelles économico-bancaires. Ça camarades ça nous mène sur la bonne route, ça, ça nous mène dans la bonne direction, et là nous avons l'accord de la représentation de tous les mouvements de résistance en France et notre parti s'est déclaré absolument solidaire du programme de la Résistance, ce qui nous permet d'agir avec la masse, nous ne lâchons pas ainsi le sentiment patriotique avec lequel nous avons pu propulser de larges masses dans l'action. Lorsque nous disons qu'il faut rendre à la collectivité nationale les principaux secteurs de l'économie, nous sommes prêts à nous allier pour la réalisation de cet objectif avec le diable... Et c'est ce problème qu'il faut développer dans vos discussions. La situation est difficile en France, le pain vaut environ huit francs le kilo, il n'y a plus de chaussures à semelles de cuir, et le salaire moyen d'un ouvrier à Paris est de vingt-trois francs de l'heure et avec ce salaire il peut à peine vivre, la bourgeoisie gaullisante n'a comme préoccupation que de maintenir les privilèges de la classe dont elle est l'expression. Notre parti doit devenir l'élément propulseur de mouvement de la Résistance. Il faut dire qu'il n'y a qu'un moyen d'en sortir lorsque vous discutez et dire que c'est en appliquant le programme du CNR. Il faut dire que notre parti a marqué son accord absolu avec ce programme. Le CNR est l'expression la plus autorisée de la France c'est le parlement réel de la France, et sa direction n'est pas si mauvaise que ça. Nous pouvons donc je le pense sans la moindre réserve de pensée et avec le plus grand enthousiasme demander aux petits bourgeois d'être d'accord avec nous pour la réalisation du programme du CNR, il faut dire aussi que c'est notre parti qui est le plus grand et le plus fort et dont l'organe au plus fort tirage est entièrement d'accord avec ce programme et cela suffit sans qu'il soit utile de s'embarquer dans de longues discussions comme j'en ai entendu sur l'organisation ou la réorganisation de l'Europe de demain.

[...]

Nous ne voulons pas dans ces derniers jours vous charger de nouveaux matériaux politiques, soyez tous mobilisés sur le programme du CNR.

Nous sommes dans un autre cadre, utilisons nos possibilités nouvelles.

Quelques mots maintenant sur un problème d'ordre pratique et politique. Vous savez que notre organisation n'acceptait qu'exceptionnellement les adhésions au Parti dans les périodes illégales, nous voulons lancer la promotion Buchenwald. Il y a à la porte du Parti des éléments qui ont mérité l'adhésion au Parti, nous avons besoin de renforcer notre parti. Si nous avons gagné à nos conceptions un certain nombre d'éléments ils doivent maintenant rentrer dans notre parti, nous sommes le parti du peuple, le parti de la dictature du prolétariat et avons la possibilité de faire avancer les éléments étrangers à nous. Ce n'est pas par hasard qu'en août 43 notre parti avait revu un certain nombre de conditions pour l'adhésion au parti. Un ouvrier catholique qui croit encore profondément en dieu, s'il est un lutteur honnête a place dans le parti, un francmaçon qui n'a pas encore rompu avec ses vieilles conceptions de classe a place dans notre parti s'il est honnête.

Le Parti, c'est un tout, de tous les aspects car l'action pour la formation politique c'est très important et très utile mais le Parti dans sa vie journalière c'est une école et c'est dans chacune des cellules que le travail politique doit être fait. Là on aide à la formation des membres nouveaux du Parti, il faudra donner à ces camarades les éléments qui feront d'eux des lutteurs, des hommes du Parti.

Un dernier point le CIF est présidé par une personnalité que vous connaissez. Le CIF a pour base l'ensemble des représentants des organisations de résistance dans le camp. Il s'agit là d'un outil extrêmement large. Les éléments les plus conscients de la bourgeoisie n'ont pas été sans se rendre compte du danger que représentait du point de vue de la bourgeoisie le CIF. Des attaques ont été déclenchées contre lui et contre son président.

Il est pour nous la possibilité d'accéder à des couches que nous n'aurions pas la possibilité d'atteindre et avec lesquelles il nous est possible d'aller de l'avant. Nous devons sauvegarder cet outil considérable et efficace, il faut pour cela expliquer ce qu'il a réalisé. Comme au temps du Front populaire nous devons faire passer une partie importante de notre activité publique par le canal du CIF. Nous allons dans les jours prochains faire paraître l'organe du Parti nous aurons la possibilité de donner notre position sur les problèmes essentiels, mais cela ne signifiera pas que nous avons rompu avec le CIF, au contraire, cela signifiera que nous devons renforcer l'autorité de ce comité. Nous devons déterminer un immense mouvement d'unité à l'intérieur du camp, nous devons nous solidariser avec le CIF avec lequel nous avons la possibilité de mener notre activité dans le sens de nos intérêts. Nous voulons vous demander de vous mobiliser absolument pour que notre activité soit décuplée, non seulement à l'intérieur du camp, mais à l'extérieur. Il y a dans cette région des prisonniers de guerre, des éléments qui sont venus travailler en Allemagne certains ne représentent pas un très grand intérêt, mais ces gens des ouvriers ont été liés, ou coupés, ou impressionnés par l'ennemi. Tout être humain dans la mesure où il n'est pas un ennemi doit être gagné ou au moins neutralisé, il faut approcher ces éléments, leur expliquer, les aborder avec le souci de les gagner, il faut absolument être mobilisé pour faire le maximum pendant les heures que nous avons à passer dans ce camp et dans ce pays et cela est un travail immense pour le Parti. Le repos relatif est terminé. [...] Travail pour le Parti, pour donner le maximum de moyens politiques au Parti pour vaincre.

Tonnerre d'applaudissements. [...]

VII

RAPPORT AU CONSEIL NATIONAL DE LA RÉSISTANCE, CLAUDE BOURDET (1946)[1]

Confidentiel

La campagne de *Paroles françaises* contre l'attitude de Marcel Paul à Buchenwald a commencé le 27 avril par un extrait du livre de Christopher Burney, accompagné d'un questionnaire aux lecteurs dont voici le texte :

1°) Que pensez-vous des affirmations de C.H. Burney ? 2°) Croyez-vous qu'il soit bien dans la psychologie et le mécanisme du parti communiste d'avoir opéré la liquidation des éléments résistants bourgeois et non-communistes ? 3°) Quel est, à votre avis, ce mystérieux chef du comité communiste, ancien conseiller municipal, dont C.H. Burney donne une aussi horrible description ? 4°) Pensez-vous qu'un homme contre lequel une aussi redoutable accusation a pu être portée dans un ouvrage publié chez nos alliés puisse détenir une autorité gouvernementale sans s'être préalablement justifié[2] ?

Cette campagne a continué dans le numéro suivant (4 mai) et dans les numéros des 11 mai, 18 mai, 25 mai. À partir du 1er juin,

---

1. FNDIRP, boîte bio. Manhès, 1946.
2. 6°) Quelle importance accordez-vous dans la description du monde moderne de ces phénomènes de la liquidation par groupes où la communauté du destin de prisonniers ne vient apporter aucune atténuation ?

le journal a encore publié quelques rectifications, ou échos, dans les numéros des 1er, 15 et 22 juin.

On peut examiner cette campagne de deux points de vue : sur la méthode et sur le fond.

En admettant que l'objectif de cette campagne ait été de faire la lumière sur ce qui s'est passé à Buchenwald, on peut se demander si une campagne de presse, sur un sujet aussi complexe, peut faire autre chose qu'envenimer le débat sans l'éclairer. Il est vrai que le journal a proposé la constitution d'un jury d'honneur. Mais, ni la période électorale pendant laquelle cette campagne a été faite, ni la façon dont elle a été menée, ne pouvaient disposer la personne attaquée à employer une telle solution et à exclure, par conséquent, le recours à la justice.

En réalité, une telle campagne n'aurait pu se justifier comme moyen que si des déportés ou familles de déportés, avaient pris l'initiative d'une action en justice ou devant un tribunal arbitral, et avaient été dans l'impossibilité d'obtenir satisfaction. Or, à ma connaissance, aucune action de ce genre n'a été entreprise avant la campagne de presse, ni même depuis.

Ajoutons qu'une telle campagne, sur une question contestée, et les controverses publiques qui s'ensuivent, du fait qu'elles tendent à jeter le discrédit sur l'attitude, sous la domination allemande, de chefs de la Résistance, qui les uns et les autres ont lutté contre l'ennemi, minent, plus gravement, le crédit de la Résistance dans le pays, que n'importe quelle controverse politique actuelle entre anciens résistants. Il ne s'agit plus en effet, ici, de diviser la Résistance, ce qui est fatal, mais de mettre en question son honneur. Le fait que de tels procédés aient déjà été utilisés, notamment contre notre camarade Frenay, ne les rend pas plus louables, au contraire.

Ce n'est que si tous les aspects du problème étaient clairs pour tous et les faits incriminés certains, que l'on pourrait admettre de mettre en question l'honneur de la Résistance devant l'opinion publique.

Ceci nous conduit à examiner maintenant, le fond des attaques.

Ici, une remarque préliminaire s'impose.

Si les faits de résistance ont déjà un caractère très particulier, et souvent incompréhensible pour celui qui n'a pas été « dans le bain », cela est encore plus vrai pour les faits de déportation ; l'atmosphère des camps et leur organisation matérielle étant de prime abord, parfaitement inconcevables pour ceux qui ne les ont pas connus. En pareille matière, il est facile de se tromper. Facile aussi, en amalgamant des faits en apparence voisins, mais cependant étrangers les uns aux autres, de créer de pseudo-évidences radicalement contraires à la vérité. C'est pourquoi encore, de pareilles questions ne devraient pas être étalées sur la place publique, avant d'avoir été discutées par des hommes sérieux et compétents. Il faut même ajouter que, si tous les déportés savent ce qu'était l'atmosphère des camps, rares sont, parmi les Français, du fait de leur absence de connaissances linguistiques et de leur isolement au milieu des groupes nationaux, ceux qui ont compris l'origine et le fonctionnement exact de l'organisation des camps et de la bureaucratie concentrationnaire. L'horizon politique de la plupart des habitants des « blocks » était limité par la maigre pitance, les quelques médiocres objets personnels, la place et les outils de travail au commando, les contremaîtres, les chefs de blocks et ses aides chargées du service de chambrée ou Stubendienst, les voisins de lit et de travail et quelques amis d'autres blocks rencontrés parfois le soir ou le dimanche. Les changements de l'organisation SS, les modifications du rapport de force entre bureaucrates « verts » ou « rouges », les dangers menaçant la vie de tous, leur sont restés, souvent, complètement étrangers, se traduisant seulement pour eux, par des changements de vie inexpliqués et dramatiques, qu'il n'y avait, hélas, qu'à subir.

Mais, naturellement, dans ce milieu vivant en vase clos et sans informations, les bruits les plus fantaisistes prenaient corps avec une facilité déconcertante, sur la foi d'un ragot, d'une impression collective, ou d'une interprétation lancée au hasard par quelqu'un.

C'est ce qui explique certaines de fait, même dans les témoignages de déportés, par exemple, celle de ce correspondant de *Paroles françaises*, qui pense que les SS « préféraient » confier les pouvoirs bureaucratiques aux politiques allemands, alors que la prise du pouvoir, par ceux-ci, a été, dans tous les camps où elle s'est produite, l'aboutissement d'une lutte longue et tragique contre les droit-commun et la victoire d'une discipline planifiée sur des appétits anarchiques. En fait, il serait indispensable qu'avant de prononcer un jugement quelconque sur la concentration, les hommes appelés à juger, qu'ils aient été déportés ou non, lisent un ouvrage d'ensemble sérieux comme, par exemple, *L'Univers concentrationnaire* de David Rousset.

L'enchaînement des faits relatés et des accusations portées contre les militants communistes, MARCEL PAUL, et, accessoirement, le colonel MANHÈS, et le Comité français, peut se résumer de la manière suivante :

1. Les camps étaient dirigés en fait, sous le contrôle général et assez lointain des SS, par une bureaucratie choisie parmi les prisonniers.

2. Les communistes allemands étaient les dirigeants de la bureaucratie concentrationnaire de Buchenwald.

3. Les communistes français jouissaient, de ce fait, d'une position privilégiée.

4. Les communistes français ont utilisé cette position pour :
   a) acquérir des places
   b) sauver leurs camarades de parti d'une manière préférentielle
   c) éliminer physiquement leurs adversaires politiques ou de classe
   d) attirer à eux des sympathisants.

5. Marcel Paul, en tant que chef de la fraction communiste, est responsable de ces actes, dont un certain nombre ont été commis directement sous son contrôle ou même, à son instigation.

6. Le comité français, et notamment le colonel MANHÈS, ont accepté de servir de paravent à ces actes sur lesquels ils ne pouvaient rien.

Avant de discuter ces points, il est essentiel de rappeler qu'il ne s'agit pas de les discuter à la lumière du « n'y avait qu'à » d'une conception angéliste de l'humanité et en général du fatalisme intellectuel si cher aux Français et si commode dans la polémique. Les hommes ne sont pas foncièrement bons, et l'atroce jungle concentrationnaire, en arrachant une parcelle de sécurité, voire de nourriture, donc de vie, ne développait pas spécialement les meilleurs instincts, mais, plutôt, les pires. Chacun devrait donc faire son examen de conscience, se demander ce qu'il a fait ou ce qu'il aurait fait dans des circonstances semblables, ce que la situation serait devenue effectivement si tel ou tel fait ou telle personne avaient été changés, plutôt que de reprocher aux concentrationnaires de n'avoir pas été des saints ou des anges. Il est déjà bien que la plupart de nos compatriotes n'y soient pas devenus des bêtes.

Les trois premiers points : bureaucratie de prisonniers, direction des communistes allemands à Buchenwald et position privilégiée des communistes français, ne sont contestés par personne. Mais il faut les situer à leur place et à leur niveau véritable, sous peine d'influencer faussement le reste du débat.

Le fait fondamental est l'existence de la bureaucratie de prisonniers, application du Führer Prinzip et moyen pour les SS d'économiser énormément de personnel.

En second lieu, la participation des politiques allemands à cette bureaucratie ne prouve pas leur collusion avec les SS, bien que cela ait été malheureusement souvent le cas. En fait, en vue d'organiser dans la mesure du possible leur longue vie dans les camps, d'en réduire l'atrocité pour eux-mêmes et leurs camarades, les politiques allemands ont mené une longue lutte contre le pouvoir absolument bestial des « droit-commun » et « asociaux », « souteneurs » etc., qui furent partout les premiers bureaucrates choisis par les SS. Ils réussirent, dans certains cas et au prix d'années de sauvages luttes souterraines et de nombreuses morts, à conquérir ce pouvoir bureaucratique grâce à la sottise, la malhonnêteté, aux appétits de tout ordre et à l'indiscipline des « droit-commun », qui, habilement exploités par les politiques, eux-mêmes solidaires et disciplinés, finirent par créer aux SS des difficultés de tout ordre et les amener à passer le pouvoir aux politiques.

Pendant ces années, les SS ne se firent naturellement pas faute de chercher à compromettre les politiques, à les démoraliser, les avilir par toutes sortes de marchandages honteux. Beaucoup s'usèrent à ce jeu et cédèrent, beaucoup des meilleurs moururent. Il n'en reste pas moins, que, d'une manière générale et dans tous les camps, le règne des politiques amenait une diminution des coups, des prélèvements abusifs, du mouchardage au profit des SS et en somme une amélioration de l'ensemble des conditions de vie. Il n'est pas un détenu dans un camp quelconque qui n'ait préféré *a priori* avoir affaire à un contremaître, à un chef de block, à un Studendienst rouge qu'à un vert, encore que certains verts aient été humains, beaucoup de rouges brutaux, et certains ignobles.

À Buchenwald comme dans la plupart des camps, les politiques allemands les plus nombreux, et surtout les plus anciens donc les plus influents, étaient les communistes. Ce sont donc les communistes allemands qui avaient réussi en 1944 à expulser les « verts » des postes principaux et tenaient en mains les leviers de commande du camp. La conséquence de cette prise de pouvoir, remarquable pour qui était passé par des camps entièrement « verts », c'est que dans l'ensemble, on ne frappait pas, que la nourriture était distribuée à peu près honnêtement et que l'on n'avait pas à surveiller chaque parole de peur d'être entendu par un espion des SS.

À cela se limitait nécessairement l'action uniformément utile de la bureaucratie « rouge ». Car les politiques ne pouvaient évidemment pas empêcher que les SS ne réclament, semaine après semaine, leur tribut d'esclaves pour les machines à tuer qu'étaient Dora, S 3, et les autres commandos « de destruction ». Et c'est ici qu'apparaît l'engrenage. Étant largement responsables de l'établissement des listes de transports, les bureaucrates auraient-ils dû s'efforcer de laisser jouer entièrement le hasard ? En fait, c'est bien *en gros* le hasard qui a joué. Mais, comme il ne pouvait y avoir de tirage au sort, il est bien évident que les influences et les relations ne pouvaient pas ne pas jouer désespérément. En fait, il n'y a pas un concentrationnaire qui n'ait cherché à tirer ses amis des transports présumés mortels, sans qu'il ait été possible d'éluder la terrible question repêcher Jacques, Werner ou Wladimir, c'était envoyer à sa place : Franz ou Ivan. Il est donc vain de se demander si l'on aurait dû « influencer le destin », tout le monde cherchant à le faire, ne pas défendre soi-même et ses amis contre cette pression agissant de toutes parts, c'est abandonner soi-même et ses amis, à une destruction quasi certaine : telle est la loi de la jungle concentrationnaire.

La première solidarité qui jouait auprès de la bureaucratie dirigeante, était celle des relations personnelles : elle ne protégeait évidemment pas beaucoup d'hommes, mais un petit nombre d'individus dans chaque camp devaient leur sauvegarde à la sympathie d'un dirigeant d'échelon quelconque.

Ensuite jouaient la solidarité nationale et la solidarité politique : et avant tout, la solidarité entre allemands. On peut dire qu'aucun politique allemand ne risquait le commando de destruction, étant toujours repêché par ses compatriotes, à moins d'être impliqué dans une intrigue intérieure de la bureaucratie. La situation matérielle et morale de chaque collectif national dans le camp, ses relations avec la bureaucratie allemande, étaient donc des questions vitales pour chacun de ses membres. Or, il faut dire ici que la situation des Français était, en général, exceptionnellement mauvaise, et ceci pour des causes multiples et diverses : absence de connaissances linguistiques, manque d'adaptation à la mentalité Europe centrale, manque de servilité, manque d'esprit de prestige et de douceur de mœurs considérée comme de la faiblesse, antipathie traditionnelle des allemands contre nous, rancune de toute l'Europe en raison de « Munich », de la « drôle de guerre » de l'écrasement de 1940 et du succès apparent de Pétain, etc. À peu près partout, les Français étaient à un des derniers échelons du prolétariat concentrationnaire.

Cette situation se trouvait partiellement, mais seulement partiellement compensée pour les communistes français, par leur appartenance à une section nationale du Parti qui était celui de la plupart des bureaucrates politiques. Il est certain que les seuls Français considérés par la majorité des communistes allemands comme autre chose que des sous-hommes, étaient les Français communistes ; ils y étaient portés à la fois par sectarisme politique et social prévalant à l'époque de leur vie publique, et par leur ignorance absolue et leur incompréhension de la Résistance française.

Encore, faudrait-il ajouter par exemple, que, de jeunes communistes français ont été obligés chaque jour, d'attendre debout derrière une table, harassés après leur travail, qu'un groupe de politiques allemands ait fini de dîner confortablement attablé ; ou, encore, que le Stubendienst communiste français servant d'agent de liaison et de protecteur éventuel pour les Français arrivant de transport dans le bloc de triage n° 56, avait une situation très inférieure à celle du moindre dévoyé ukrainien, aux brimades desquels il était lui aussi continuellement exposé.

Ceci dit, et la position préférentielle relative des communistes français étant ainsi marquée, venons-en à l'examen de la quatrième question, c'est-à-dire, l'utilisation faite par eux de cette position.

Le premier reproche, la ruée vers les places, ressort à la mentalité « angéliste » et apparaît vain à qui a vécu dans un camp. Les places, en très petit nombre et d'échelon modeste, étaient accessibles, du fait des allemands, à peu près aux seuls communistes. D'autre part, en les occupant, les nouveaux fonctionnaires pouvaient rendre un service réel à leurs camarades. Imaginer que dans l'état de détresse physique et morale où se trouvaient les déportés, un nombre appréciable d'entre eux, *quelles que fussent leurs opinions politiques*, auraient refusé des postes matériellement avantageux qu'ils pouvaient occuper sans mauvaise conscience, est une naïveté.

Nous en venons donc au deuxième reproche :

Les positions ainsi occupées et les relations organiques ou amicales nouées avec la bureaucratie allemande, ont-elles réussi à sauver des transports d'une manière préférentielle d'autres communistes français ? Je le dis tout net, cela me paraît probable. Et ceci sans qu'il soit besoin d'imaginer chez ces militants une machiavélique volonté de détruire la bourgeoisie .

Par le fait très simple que le contactage et l'identification des Français à sauver (*puisqu'on ne pouvait les sauver tous*) se faisait forcément d'abord par relations personnelles, relations de prison, de résistance ou anciennes relations politiques « Tu es Untel – tu étais à tel endroit – tu connais donc Untel – as-tu travaillé avec tel autre, etc.) Dans la foule anonyme et haillonneuse des arrivées de transports, menacée d'autres transports plus terribles, parmi les fausses allégations, les silences et les vantardises, un individu non-identifié et sans amis, était perdu. J'ai moi-même signalé à Marcel Paul, parmi d'autres, des communistes de la Résistance arrivés en transport avec moi et qui sans cela n'auraient peut-être pas été identifiés.

Mais il faut ajouter aussi que les individus sauvés de transport ne l'étaient pas fatalement, ni même souvent, aux dépens d'autres Français, l'élimination d'un Français d'un transport provoquant son remplacement automatique par un homme pris sur les disponibles de toutes nationalités.

Et il faut ajouter surtout que cette action que les communistes français pouvaient à peu près seuls exercer d'une façon notable, n'a pas profité à leurs seuls camarades de parti, mais aussi, et cela notamment depuis l'arrivée de Marcel Paul, à beaucoup d'autres résistants : de nombreux témoignages en font foi. J'ai pu moi-même obtenir ainsi, qu'au moins une vingtaine de résistants, faisant partie de mon convoi d'Oranienbourg, restent à Buchenwald.

Les chiffres : pour huit mille communistes passés par Buchenwald, moins d'un millier de communistes sur six mille français rapatriés de Buchenwald et des commandos, prouvent qu'il n'y a pas eu de trust de sauvetage (six cent soixante sur trois mille cinq cents pour le camp proprement dit).

Nous en venons au reproche le plus grave :

L'inscription volontaire d'adversaires politiques sur les listes de départ en transport, ou leur élimination physique, par tout autre moyen.

Ici, il faut bien dire, et ceci au risque de choquer ceux qui nimbent les déportés d'une auréole, que cela était extrêmement possible, et, hélas, facile. Et non seulement entre Français, et pour cause politique. Les déportés étaient de véritables malades, en proie à une tension nerveuse continuelle, affligés ou furieux d'un rien. Les moindres contrariétés faisaient naître des haines terribles. Chez les peuples plus brutaux, les meurtres n'étaient pas rares. De toute façon, la vie d'un homme tenait à peu de choses, et il était si facile, en donnant un nom à un camarade bien placé de se « débarrasser » d'un « salaud », sans même s'avouer qu'on risquait de l'envoyer à la mort.

Les haines politiques peuvent donc bien, comme les haines individuelles, avoir provoqué de tels actes. Mais avant d'accuser avec précision dans la presse, tel ou tel militant communiste, il faudrait avoir des preuves que seuls une enquête et un jugement pourraient éventuellement, fournir.

On trouve dans la campagne de *Paroles françaises*, deux cas où l'envoi en transport d'un déporté est imputé avec précision à l'action d'un communiste français. Il est à souhaiter qu'un tribunal puisse faire rapidement la lumière sur de telles accusations. En attendant, deux faits peuvent montrer avec quelle circonspection il faut procéder en pareil cas. L'un est le témoignage d'un militant catholique connu, le professeur Suard, dont le départ pour un des pires transports avait été considéré par ses camarades comme dû à l'hostilité des communistes français, jusqu'à ce qu'il obtienne lui-même la preuve que ce départ avait été organisé uniquement par son ennemi le kapo allemand, communiste aussi, mais surtout brute dégénérée.

L'autre est celui de mes propres camarades, l'inspecteur des Finances Schweizer, mon successeur à la direction du NAP, dont le départ de Buchenwald fut longtemps attribué, par certains camarades, à l'hostilité des communistes français, jusqu'à ce que lui-même me déclare, avec énergie, que cette interprétation était inadmissible.

Enfin, la position privilégiée des communistes français, leur a-t-elle servi à recruter des sympathisants. Il est certain que nombre d'individus ont cru utile de se mettre en bons termes avec les puissances locales en adhérant au Front national de Buchenwald. Il est également certain que ce n'était pas une condition sine qua non pour rester à Buchenwald, puisque la plus grande partie des résistants, communistes ou non, ne l'ont jamais fait. Il est également douteux que des communistes sérieux aient attaché beaucoup d'importance à ces conversions du bout des lèvres, dont la plupart se sont d'ailleurs rapidement dénouées après leur retour en France. Une certaine humilité des prudents et des habiles est un résultat fatal de l'existence d'une caste puissante, et, celle-ci était on le répète, l'aboutissement nécessaire d'un processus vieux de dix ans.

Ce qui est vrai, c'est que le quasi-monopole des positions clés et de l'influence créait un malaise dans le camp, un manque de franchise dans les rapports entre communistes et non-communistes, et que ce malaise était propre à faciliter l'expansion des bruits les plus hasardeux. Mais ce qui est également clair, c'est que, en l'absence des communistes français, la situation globale des Français n'aurait certainement pas été meilleure, et aurait vraisemblablement, été pire.

Passons maintenant à l'examen de la cinquième question :

Quelles ont été, dans tout cela, l'influence et la responsabilité de Marcel Paul ?

Posons en premier lieu que, Marcel Paul absent, le camp aurait tout de même été [sic], les politiques et principalement par les communistes allemands, et que les communistes français auraient continué, même sans aucune initiative de leur part, une position relativement préférentielle par rapport au reste de nos compatriotes. Toutefois, la présence d'une personnalité assez forte et toujours prête à revendiquer avec énergie vis-à-vis des bureaucrates allemands, améliora, certainement, la position de la fraction communiste française dans le camp. Mais elle améliora, du même coup, celle de l'ensemble de nos compatriotes, d'abord, par la présence même d'une personne en position de les défendre et d'être écoutée ensuite, parce que Marcel Paul, qui avait été un dirigeant des organisations de résistance communiste et en contact avec les autres organisations non-communistes, avait une conception beaucoup plus large que celle de nombreux communistes arrêtés avant la Résistance, et a priori, que les bureaucrates allemands.

De cette lutte, et de cette influence croissante de Marcel Paul, on peut donner trois exemples caractéristiques :

L'élimination du chef du bloc 57, brute consommée, haïssant et battant les Français, en mai 1944 ; plus tard, au moment des menaces de typhus, l'opposition victorieuse, d'accord avec les médecins français, contre l'attitude de l'à peu près totalité des dirigeants du Collectif international, qui voulaient piquer et achever les mourants pour diminuer l'effroyable danger que courait l'ensemble du camp, par suite de l'extension des foyers d'infection. Enfin, le 11 avril 1945, au moment de l'évacuation partielle, l'opération remarquable de discipline qui escamota de la place d'appel près de la moitié des Français et les sauva des graves périls de l'évacuation, qui coûtèrent la vie à tant de déportés. On doute que, qui que ce soit d'autre, communiste ou non, eut été de taille à mener à bien ces trois opérations.

C'est enfin l'influence croissante de Marcel Paul auprès de la bureaucratie allemande et des dirigeants du Collectif international qui permit d'arracher aux mauvais transports un nombre de plus en plus grand de Français. J'ai déjà dit ce qu'il fallait en penser : que les communistes français en bénéficièrent certainement et sans doute souvent en premier, dans la mesure où les fonctionnaires communistes français pouvaient agir directement, mais que de nombreux autres Français en bénéficièrent aussi, et si, hélas, ce fut au détriment d'autres déportés, l'accusation portée par *Paroles françaises* d'avoir « influencé le destin », doit paraître peu compréhensible à ceux qui ont vécu dans les camps : car si Marcel Paul s'était croisé les bras, se bornant à bénéficier pour lui-même de la protection de quelques politiques allemands, les bureaucrates allemands et les dirigeants des autres collectifs nationaux ne se seraient pas gênés pour continuer à « influencer le destin » au détriment du Français. Alors, sans doute, aucune critique ne se serait élevée...

On peut même ajouter que, Marcel Paul absent, les seuls qui avaient en général, la chance de se débrouiller individuellement, en dehors de quelques « personnalités » pouvant faire jouer exceptionnellement leur crédit international auprès d'autres « personnalités » étrangères du camp, étaient les communistes français. Il semble donc bien que ce sont, relativement plus encore les non-communistes qui ont bénéficié de la présence de Marcel Paul.

En ce qui concerne les accusations d'élimination active d'adversaires politiques, il semble que l'on ne cherche pas à imputer directement de telles actions à Marcel Paul, mais qu'on lui attribue la responsabilité de tout ce qui se passait chez les Français. Encore faudrait-il que les accusations fussent prouvées : ce qui est du ressort d'un tribunal. Et même alors, il paraîtrait un peu vain de rendre Marcel Paul, quelque fut son pouvoir et son activité, responsable de tout ce qui se passait dans un collectif de trois à cinq mille Français.

Nous en venons enfin à la question du comité français.

Ici, il faut distinguer deux aspects. Il est clair que, placé dans les conditions précédemment décrites, un comité, fût-il composé de toutes les notabilités françaises du camp, ne pouvait agir utilement en dehors du canal obligé que constituaient pour lui les militants communistes et notamment Marcel Paul. C'est pourquoi, sur le plan des décisions, le rôle délibératif d'un tel comité ne pouvait être que fort réduit. C'était plutôt un organe consultatif, dont l'efficacité délibérative était encore affaiblie par le fait qu'il ne pouvait évidemment jamais se réunir au complet ; d'ailleurs personne jusqu'à la libération du camp n'imaginait un instant que le comité ou son président dirigeait effectivement les affaires des Français.

Mais il serait profondément inexact de limiter ainsi l'action du comité, pendant la période clandestine, à une simple façade de « personnalités ». Aussi bien, ces détenus plus ou moins en loques ne constituaient-ils pas à cette époque des « personnalités » bien brillantes.

Mais ce qui existait, et rendait de nombreux services, c'était la fédération clandestine de délégués des diverses organisations ou services qui s'étaient retrouvés à Buchenwald. Grâce à cette fédération, groupée en pyramide par « familles » de mouvements, il y avait en principe un responsable pour chaque formation, connaissant dans le camp ses camarades de résistance, pouvant défendre leurs intérêts, exposer leurs doléances, et susceptibles de repérer les nouveaux arrivants. Cette simple mesure d'ordre et d'organisation, répartissant les tâches et « innervant » le magma confus du Collectif français, était précieuse. C'est grâce à elle que bien des déportés ont pu être signalés et sauvés : et ici il faut bien voir que c'est essentiellement aux non-communistes qu'elle était utile, car elle mettait à leur disposition un réseau de regroupement, et d'action auprès de Marcel Paul et par son intermédiaire auprès de la bureaucratie communiste allemande, *indépendant* du réseau constitué par les fonctionnaires communistes français. Or cette organisation était due largement à l'initiative de Marcel Paul.

Ceci dit, personne ne pouvait faire que cette organisation fut plus qu'un organe de renseignement et de transmission de demandes. Et il serait absurde de refuser toute utilité au comité français, sous prétexte qu'il n'a pas joué de rôle plus ambitieux. On pourrait toutefois regretter que ceci n'ait pas été posé plus clairement dès Buchenwald, que Marcel Paul n'ait pas effectivement présidé le comité, et que le colonel Manhès, en le présidant, ait donné l'impression d'être seulement un prête-nom. Mais pour être juste, il faut se demander si beaucoup de nos camarades non-communistes étaient assez avertis de la situation réelle pour accepter d'être présidés par un communiste. Et, en ce qui concerne personnellement le colonel Manhès, il faut rappeler que cette qualité de président l'exposait surtout à tomber le premier victime des raz de marée que provoquaient de temps en temps les changements de politique chez les SS : il n'était pas bon d'être une notabilité, témoin l'exécution du général Delestraint, chef des Français à Dachau. Et il faut rappeler aussi que son rôle de liaison, le colonel Manhès l'a rempli comme les autres membres du comité, notamment en parcourant les blocs du Petit camp au moment des transports.

En ce qui concerne les accusations précises de M. Sander, qui loue Marcel Paul pour accabler Manhès, seule une enquête pourrait peut-être faire la lumière. Mais personnellement, je serais étonné d'apprendre que Manhès avait la possibilité, en dehors de Marcel Paul, de faire changer des noms sur les listes de départs.

En résumé.

1. Il est certain que les communistes français avaient, du fait des communistes allemands, une position prééminente dans le Collectif français à Buchenwald.

2. Il est certain que, du fait de cette prééminence et de l'atmosphère des camps, un malaise général planait sur la population non-communiste.

3. Il est possible que, dans la jungle concentrationnaire, des règlements de comptes aient eu lieu entre Français, pour cause politique comme pour cause personnelle, encore qu'à l'heure actuelle aucun fait de ce genre n'ait été prouvé.

4. Au regard de ces faits, de ce malaise et de ces possibilités, conséquences d'une situation de fait, de l'histoire et de l'organisation des camps, il faut mettre l'action positive et victorieuse entreprise pendant près d'un an par Marcel Paul et ses collaborateurs, au profit de tous les Français, dans une atmosphère contraire, et au prix de mille difficultés. Cette action appelle naturellement des critiques et des réserves, et il n'est aucun des déportés ayant vécu activement le jeu de la politique intérieure du camp qui n'ait été prêt à faire part de ces critiques et de ces réserves au cours d'une discussion ouverte et loyale. Il est d'ailleurs regrettable qu'un tel débat n'ait pas eu lieu plus tôt : il aurait clarifié bien des choses.

5. Mais faire de ces critiques et de ces réserves le principal, les dénaturer et en étendre le sens, déplacer l'importance relative des faits, négliger les conditions réelles du milieu, amalgamer des faits patents et admis des hypothèses, et négliger toute l'œuvre positive entreprise et ses résultats utiles pour tant de Français de toute opinion, appuyer une telle campagne par des témoignages non-suspects de mauvaise foi, mais manquant souvent d'objectivité, fondés eux-mêmes en partie sur des impressions et des bruits, infirmés par beaucoup d'autres témoignages contraires et dignes de foi, c'est dénaturer singulièrement la vérité. C'est aussi faire juger sommairement les dramatiques et invraisemblables conditions de la concentration par des gens qui n'ont jamais quitté leur fauteuil, c'est donner à un certain public, qui ne demande qu'à le croire,

l'occasion de se persuader que les résistants ne valaient pas grand-chose : c'est peu à peu, par le jeu des polémiques, des attaques et des contre-attaques, créer un préjugé défavorable contre tous ceux des résistants et des déportés qui ont survécu à la catastrophe.

6. C'est pourquoi, en réponse à la question posée par l'Amicale de Buchenwald, j'estime que, puisqu'un arbitrage par un tribunal d'honneur n'a pas pu avoir lieu étant donné le caractère de la campagne, il est désirable, dans l'intérêt de tous que les attaques de *Paroles françaises* soient portées devant les tribunaux, afin qu'une enquête sérieuse permette de déterminer la valeur de toutes les accusations et de faire la lumière sur les points obscurs, et ainsi de régler une bonne fois une question qui empoisonne les rapports des déportés.

Claude Bourdet

VIII

NOTE SUR LE RAPPORT DE CLAUDE BOURDET, FRÉDÉRIC-HENRI MANHÈS (1946)[1]

Ce rapport est très développé, fort bien conçu, mais il comporte quelques lacunes qui proviennent de ce fait que le rapporteur n'a vécu que peu de temps à Buchenwald.

Son exposé initial n'est pas tout à fait exact, la campagne de *Paroles françaises* si elle vise plus particulièrement MARCEL PAUL, responsable de la section communiste française à Buchenwald visait également le Comité des intérêts français et son président le colonel Manhès.

Trois autres points de ce rapport demandent un complément d'explications. Je me permets de les indiquer ci-dessous :

a) PAGE 2 (1) – Le rapporteur dit encore : « L'enchaînement des faits relatés et des accusations portées contre les militants communistes, Marcel Paul, et, accessoirement, le colonel Manhès et le comité français... »

Ceci est peut-être exact dans le fond, mais nous ne devons pas laisser séparer ces trois éléments : Marcel Paul et le PC, le colonel Manhès, le Comité des intérêts français, car cela tend à mettre hors de cause les membres du CIF autres que Marcel Paul et Manhès, en acceptant même de réduire les attaques cependant fort violentes qui furent dirigées contre Manhès.

---

1. FNDIRP, boîte bio. Manhès, 1946.

J'en arrive aux trois points du rapport :

b) PAGE 5 (2) – Ce qu'il faudrait expliquer là c'est comment les communistes français sont parvenus à faire accepter des Stubendienst de leur nationalité et même, par la suite, des sous-chefs de blocks.

La section communiste, avant l'arrivée de Marcel Paul, avait obtenu quelques avantages, mais c'est Marcel Paul qui porta le grand coup et obtint, à force de démarches, de conférences, au prix d'un combat de chaque jour, le résultat dont parle Claude Bourdet qui ne connut pas le lent travail accompli, dans l'intérêt général par certains Français arrivés au camp en 1943 (les docteurs Brault, Elmelik par exemple) et, par la suite, par les Français arrivés en janvier 1944 qui firent confiance au petit comité créé par Manhès, lequel lutta (sans aucun appui au départ) pour acquérir l'aide des vieux Allemands et accomplit de louables efforts pour gagner la confiance de la section française du PC seule susceptible de donner l'indispensable appui.

Cela, Claude Bourdet ne le dit pas, parce qu'il ne le sait pas et, cependant, il faut que ce soit dit, en citant notamment certains médecins français comme les Drs Dupont, Bouchet, Poupault et des individualités plus obscures agissant en indépendants pour leurs petits groupes amis.

c) PAGE 6 (3) – Il n'y avait pas que de mauvais transports et certains valaient mieux que Buchenwald, Schönebeck par exemple et comme les transports étaient désignés par des lettres ou des chiffres, les responsables ne savaient pas toujours la valeur d'un transport, de là, souvent, des hésitations ; je citerai S 3 par exemple.

d) PAGE 9 (4) – Ce que Claude Bourdet ne dit pas et ne peut pas dire car il l'ignore, c'est précisément le rôle de groupement et d'unification que joua Manhès ; c'est dans le but de poursuivre dans cette voie et pour atteindre l'objectif envisagé que Marcel Paul, comprenant l'effort déjà accompli en vue de réaliser un rassemblement à double objectif : le premier DÉFENSIF, le Comité des intérêts français, le second OFFENSIF : les groupes d'action qui devinrent la Brigade française d'action libératrice, accepta l'alliance complète avec Manhès qui, accepté par la grande majorité des résistants non-communistes avait donné suffisamment de preuves (dans le passé et dans le présent) pour être accepté par le PC et Marcel Paul tint à ce que Manhès fut président du CIF et chef militaire de la BFAL (celle-ci étant composée presque exclusivement de communistes).

On oublie peut-être un peu trop ces détails, on oublie un peu trop également que jamais Marcel Paul n'aurait été homme à accepter que disparaisse celui qui avait commencé, envers et contre tous, contre les prétentieux et les jaloux, à réaliser cette unité indispensable, réclamée par les vieux Allemands qui se refusaient à aider cette cohue de bavards sans unité qu'était le clan français au début de 1944.

Aujourd'hui les égoïstes oublient leur attitude mais nous ne l'oublions pas si nous savons nous taire et beaucoup de Français – qui ne sont pas les moins connus – font preuve de sagesse en gardant un silence prudent.

Pour en finir, parlons de la PAGE 10 sous forme de quelques commentaires :

Paragraphe 1 : le rapporteur dit, après avoir reconnu les risques courus par Manhès : « ... son rôle de liaison, le colonel Manhès l'a rempli comme les autres membre du comité, notamment en parcourant les blocks du Petit camp au moment des transports ». Nous ajouterons seulement : ... peut-être un peu plus que beaucoup d'autres !!!

Paragraphe 2 : Nous regrettons que le rapporteur ne se soit pas penché davantage sur ce point, ainsi il laisse subsister un doute sur un camarade car Sander a injurié grossièrement Manhès et Claude Bourdet sait que Manhès n'a pas été lâche et n'a pas fui, il aurait pu le dire, c'était le minimum qu'il pouvait lui reconnaître.

Enfin, dans le paragraphe « en résumé », le rapporteur a écrit : « 2°. Il est certain que, du fait de cette prééminence et de l'atmosphère des camps, un malaise général planait sur la population non-communiste. »

Je m'inscris en faux et je dois, en réponse faire ce commentaire : au camp de Buchenwald, il y avait des fascistes, ex-membres de groupements qui avaient brimé les communistes et réclamé la condamnation à mort de leurs chefs ; parmi ceux-là il y avait ceux qui, à Compiègne, avait adressé une pétition aux SS pour se débarrasser des communistes en les faisant déporter ; je pense que ceux-là, non par remords mais par crainte, étaient de cette population sur laquelle planait un malaise général et, pourtant, Marcel Paul et la section du PC les ont laissé revenir et, même, les ont parfois aidé à revenir.

Le 14 août 1946

Frédéric-Henri Manhès

IX
NOTE DE FRÉDÉRIC-HENRI MANHÈS DESTINÉE À MARCEL PAUL (1946)[1]

Je comprends bien pourquoi il faut minimiser le travail de Manhès, c'est la manœuvre réactionnaire. Je suis pour eux l'ennemi n° 1 plus que toi. C'est, en plus petit, la manœuvre Sander ; d'ailleurs tu verras plus loin, il ne se prononce pas sur les attaques de Sander contre moi.

Tous ces gens qui n'ont rien fait dans les camps ne veulent pas reconnaître que MOI – ami des communistes – j'y ai fait du travail, car EUX, dans ce cas, que resterait-il de leur passage ? En me minimisant ils établissent que personne, autre que les communistes, ne pouvait agir.

Dans notre intérêt même, nous ne pouvons laisser faire.

Frédéric

---

1. FNDIRP, boîte bio. Manhès, 1946.

X
RÉPARTITION PAR BLOCKS DES PERSONNALITÉS FRANÇAISES

GRAND CAMP

Block 50	Professeur Alfred BALACHOWSKY ; professeur Maurice SUARD
Block 48	Marcel MICHELIN
Block 44	André VERDET
Block 40	Floréal BARRIER ; Lucien CHAPELAIN ; Yves BOULONGNE ; Yves DARRIET ; Claude FRANCIS-BŒUF ; Léon FIX ; Paul GOYARD ; Paul LE GOUPIL ; Paul MAURY ; Jorge SEMPRUN
Block 39	Alfred CAILLIAU DE GAULLE ; Simon LAGUNAS ; Karl MADIOT ; Charles ROTH
Block 38	Maurice BRAUN ; Eugène TOUCHARD
Block 34	Henri BASSOMPIERRE ; Pierre DURAND ; Auguste FAVIER ; docteur Jules FRANK ; docteur Paul-Louis FRESNEL ; général Jean GANEVAL ; père Léon LELOIR ; André LEROY ; Pierre MANIA ; Louis MARCOVITZ ; Jacques MOALIC ; Christian PINEAU ; Boris TASLITZKY ; lieutenant Claude VANBREMEERSCH

Block 31	Lieutenant-colonel Charles AILLERET ; commandant Louis ARTOUS ; colonel BADEL ; Julien CAIN ; Pierre PERY ; Pierre PROVOST ; Gontran ROYER ; Charles SANDER ; Gilbert SCHWARTZ
Block 26	Marcel BLOCH ; général André CHALLE ; Robert DARSONVILLE ; Sylvain DAURIAC ; Roger FOUCHER-CRÉTEAU ; GOYAUX ; Charles et Pierre D'HARCOURT ; Maurice HEWITT ; ISELIN ; Pierre JULITTE ; Yves KERMAREC ; Léon MAZEAUD ; Roger NATHAN-MURAT ; Vincent PLANQUE ; Charles REY-GOLLIER ; Eugène THOMAS
Block 14	Armand PESQUIÉ
Block 10	Maurice NÈGRE

PETIT CAMP

Block 61	Général AUDIBERT ; Émile FOURNIER ; abbé HÉNOCQUE ; général LUGAND
Block 60	Albin TIXADOR
Block 58	Colonel HERTAUX ; Gaston WEIL
Block 57	Georges MRAZOVICH ; Marcel PAUL ; professeur Charles RICHET
Block 56	Marcel CONVERSY ; Octave CRUTEL ; Marcel FERRIÈRES ; Albert FORCINAL ; Marius JACQUEMARD ; colonel Frédéric-Henri MANHÈS ; André MARIE ; Eugène MARNOT ; docteur René MORAT ; Jean PUISSANT
Block 55	Maurice JATTEFAUX

N.B. : Les déportés reçoivent plusieurs affectations au cours de leur déportation. Ce tableau mentionne celle étant apparue comme la plus marquante.

SOURCES

I. ARCHIVES

Archives départementales du Rhône (Lyon)

Mémorial de l'oppression

3808 W 21 : Camp de Buchenwald.
3808 W 38 : Dépositions de déportés.
3808 W 40 : Témoignages sur les camps.
3808 W 41 : Déposition de Lazare Gaillard ; reportages de Jean Gandrey-Rety ; conférence du docteur Jean Rousset.

Archives nationales (Paris)

Archives du ministère de l'Intérieur. Direction des Renseignements généraux. Section de la documentation

F7 15274 : Partis politiques (1939-1945).
F7 15277 : Parti communiste. Militants.
F7 15284 : Partis politiques (1939-1945). Après l'Occupation.
F7 15312 : Rapports avec l'occupant (1940-1954). Opposants.
F7 15313 : Rapports avec l'occupant (1940-1954). Opposants.
F7 15501 : Dossier 4313. André Mutter.
F7 15507 : Dossier 4596. Eugène Thomas.

SOURCES

F7 15521 : Dossier 83000. Rémy Roure.
F7 15522 : Dossier 9369. Edmond Debeaumarché.
F7 15525a : Dossier 10503. Paul Rassinier.
F7 15535 : Dossier 6840. Julien Cain.

Ministère des Prisonniers, déportés et réfugiés

F9 3153 : Correspondance avec préfets. État-major de la Défense nationale. Sécurité militaire. Fédération des centres d'entraide.
F9 3197 : 2e Bureau.
F9 3215 : Bureau des déportés.
F9 5570 : Documentation et témoignages réunis sur les camps de déportés. Weimar-Buchenwald.
F9 5577 : Copie de procès-verbaux d'audition de déportés provenant du Service de recherches des crimes de guerre ennemis à Paris.
F9 5590 : Rapatriement : documentation sur l'état sanitaire dans les camps, listes de détenus rapatriés, ou demeurant encore dans les camps, listes de malades ou de décédés, recherches de disparus, renseignements sur la libération des détenus et leur rapatriement. Buchenwald.

Comité d'histoire de la Deuxième Guerre mondiale

72 AJ 3 : Parti communiste.
72 AJ 43 : Confédération générale du travail.
72 AJ 57 : Franc-maçonnerie. Front national.
72 AJ 59 : Libertés. Libération-Nord.
72 AJ 68 : Parti communiste.
72 AJ 69 : Parti communiste. Parti radical.
72 AJ 70 : Parti socialiste. Comité d'action socialiste.
72 AJ 71 : Patriam recuperare.
72 AJ 81 : Réseau Vélites-Thermopyles. Mouvement Vengeance. Mouvement La Voix du Nord.
72 AJ 126 : Haute-Garonne.
72 AJ 127 : Haute-Garonne.
72 AJ 321 : Camp de Buchenwald : témoignages, lettres, rapports, etc. Dossiers AI à AIV.
72 AJ 322 : Camp de Buchenwald, dossiers BI à BIV.
72 AJ 323 : Camp de Buchenwald, dossiers CI à CIV.
72 AJ 324 : Camp de Buchenwald, dossier D.
72 AJ 357 : Documentation sur la déportation provenant du Service international de recherches (SIR) d'Arolsen. Buchenwald. Témoignages (dossiers B à E).

72 AJ 361 : Documentation sur la déportation provenant du Service international de recherches (SIR) d'Arolsen. Buchenwald. Organisation des services américains des crimes de guerre, liste de témoignages, liste de SS ayant appartenu à la garde du camp (dossier F).
72 AJ 362 : Documentation sur la déportation provenant du Service international de recherches (SIR) d'Arolsen. Buchenwald. Administration du camp (dossier G).

Direction de la Documentation française

72 AJ 1892 : Camps de déportation (1944-1950).

Association française Buchenwald-Dora et kommandos (Paris)

Archives Marcel Paul.
Blocks.
Brigade française d'action libératrice.
Lettres.
Témoignages.

Centre d'études Edmond Michelet (Brive)

Archives d'Edmond Michelet

Correspondance, s.d. (René Nicot. Marcel Paul. David Rousset).

Fédération nationale des déportés et internés résistants et patriotes (Paris)

Procès-verbaux des réunions du bureau national, 1945-1970.

Dossiers biographiques

Boîte bio. Manhès (51). 1889-1959.
Boîte bio. Manhès (52). Manhès, 1941-1943.
Boîte bio. Manhès (53). 1945-1946.
Boîte bio. Manhès (54). 1945-1946.
Boîte bio. Manhès (55). Réseau Frédéric. Liquidation.
Boîte bio. Manhès (56). Réseau Frédéric. Liquidation.
Boîte bio. Manhès (57). Discours. Notes. 1947-1948.
Boîte bio. Manhès (58). Années 1950.
Boîte bio. Manhès (60). Hommages posthumes.
Retour. FNCEAIDP. Fonds Lamaudière.

FNDIRP. Administration.
FNDIRP. Administration. Services. Secrétariat.
Archives Marcel Paul.

Institut d'histoire sociale (Nanterre)

Dépositaire des archives du *Bulletin de l'Association d'études et d'informations politiques internationales*, devenu *Est-Ouest*, revues anticommunistes fondées par Georges Albertini, l'Institut conserve des dossiers non-cotés relatifs à Marcel Paul et à la FNDIRP.

Institut national de l'Audiovisuel (Paris)

Reportage de Jean Quittard, 18 avril 1945. *Le Monde concentrationnaire*, série de quinze émissions diffusée sur France culture, avril 1965.

Ministère de la Défense. Secrétariat d'État chargé des anciens combattants et des victimes de guerre (Paris et Caen)

Archives relatives aux camps

Buchenwald

BU1 : Documentation générale ; 1. Histoire du camp de Buchenwald ; 2. Témoignages de déportés ; 3. Conditions de vie ; 5. Évacuation de Buchenwald.

BU3 : Documents nominatifs et statistiques ; 3. Listes de déportés par catégories.

BU4 : Mouvements d'effectifs.

BU8 : Transferts. Transferts de Buchenwald vers les kommandos extérieurs, du 1er janvier 1943 au 25 mars 1945.

BU9 : Entrées au camp ; 1. Liste d'arrivées à Buchenwald (de novembre 1940 au 21 mars 1945).

BU10 : Fiches d'entrées originales.

BU11 : Fiches questionnaires.

BU21 : Listes matriculaires.

BU22 : *Id.*

Kommandos

BU39 : Généralités.
BU40 : Effectifs des déportés français.

BU65 : Dora.
BU95 : Ohrdruf.

Dossiers statuts

Dossiers individuels des déportés évoqués dans le livre.
La consultation du dossier de Marcel Paul nous a été refusée.

Bureau Résistance

Dossiers individuels des déportés évoqués dans le livre.

Service historique de l'armée de l'air (Vincennes)

Dossier personnel de Frédéric-Henri Manhès.

Service historique de l'armée de terre (Vincennes)

10R 1209 : BCRA. Courrier, documentation et diffusion sur le Parti communiste, 1942-1944.
10R 1214 : BCRA. Déportés et travailleurs de forces pour les Allemands, rapports sur les conditions de vie dans les camps de concentration et les prisons.

Musée de la Résistance et de la déportation (Toulouse)

Archives de Sylvain Dauriac.

Musée de la Résistance Nationale (Champigny-sur-Marne)

28 : Tracts.
75 et 75bis : Internement. Camps. Prisons, Buchenwald.
85 AJ/1/1 : Presse clandestine.
37 C : Brochures légales.

Parti communiste français, Paris

Relevé de décisions du secrétariat du bureau politique du PCF, 1944-1969

Relevé de décisions du bureau politique du PCF, 1944-1969
Comités centraux, 1945-1969

Préfecture de police de Paris

Dossiers personnels de Frédéric-Henri Manhès et Marcel Paul.

Archives privées

Roger Foucher-Créteau (Neuilly-sur-Seine).
Laurent Wetzel (Versailles).

II. SOURCES IMPRIMÉES

Presse (dépouillement partiel)

Brive-Informations ; Ce Soir ; L'Humanité ; Le Figaro ; Le Figaro littéraire ; Le Monde ; Le Populaire ; Le Quotidien de Paris ; Paroles françaises.

Presse associative

Le Déporté ; Le Patriote résistant ; Le Serment ; Résistance unie.

Témoignages et ouvrages

Études sur Buchenwald et ses kommandos

Destination Auschwitz, des déportés tatoués, Paris, mémorial Leclerc/ musée Jean Moulin, Paris, 2002, 143 p.

Konzentrationslager Buchenwald, 1937-1945. Begleitband zur ständigen historischen Ausstellung, Herausgegeben von der Gedenkstätte Buchenwald, Erstellt von Harry STEIN, Göttingen, Wallstein Verlag, 1999, 320 p.

Le convoi des tatoués. Auschwitz, Buchenwald, Flossenbürg et kommandos, Viry-Châtillon, Amicale des déportés tatoués du 27 avril 1944, 1999, 178 p.

Le mémorial. Buchenwald, Dora, kommandos, Paris, Association française Buchenwald-Dora et kommandos, 1999, 2 tomes, 946 p.

Résister à Buchenwald. Les Français et la Résistance à Buchenwald, 1943-1945, Présenté par l'Association Buchenwald Dora et ses Kommandos, Paris, Tirésias, 2006, 144 p.

The Buchenwald Report, Translated, edited and with an introduction by David A. HACKETT, foreword by Frederick A. PRAEGER, Boulder, San Francisco, Oxford, Westview Press, 1995, 397 p.

BERTRAND (François), *Notre devoir de mémoire. Convoi de Buchenwald à Dachau du 7 au 28 avril 1945*, Pau, Héraclès, 1997, 260 p.

BRIÈRE (Vanina), *Les Déportés français du KL Buchenwald*, mémoire de DEA sous la direction de Jean QUELLIEN, université de Caen, 2001-2002, 207 p.

CARIAT (Lucien), *Ici, Chacun son dû*, préface de RÉMY, introduction de Marcel PAUL, Paris, La pensée universelle, 1973, 270 p.

DURAND (Pierre), *Les Français à Buchenwald et à Dora. Les armes de l'espoir*, préface de Marcel PAUL, Paris, Messidor, 1977, 315 p.

– *La chienne de Buchenwald*, préface d'Alain DECAUX, Paris, Éd. Temps Actuels, 1982, 203 p. (coll. « La vérité vraie »).

– *La Résistance des Français à Buchenwald et à Dora*, Paris, Messidor, 1991, 243 p.

EPELBAUM (Didier), *Matricule 186 140, histoire d'un combat*, Paris, Éd. Michel Hagège, 1997, 269 p.

HAZAN (Katy), GHOZLAN (Éric), *À la vie ! Les enfants de Buchenwald, du shtetl à l'OSE*, Paris, Le Manuscrit, 2005, 302 p.

KOGON (Eugen), *L'État SS. Le système des camps de concentration allemands*, 3e éd., Paris, Seuil, 1993, 445 p. (coll. « Points »).

LE GOUPIL (Paul), TEXIER (Gigi et Pierre), *Bad Gandersheim. Autopsie d'un kommando de Buchenwald*, chez l'auteur, 2003, 174 p.

LE MANER (Yves) et SELLIER (André), *Images de Dora (1943-1945). Voyages au cœur du IIIe Reich*, Saint-Omer, La Coupole/Centre d'histoire de la guerre et des fusées, 1999, 88 p.

NIETHAMMER (Lutz, Hg.), *Der « gesäuberte » Antifaschismus. Die SED und die roten kapos von Buchenwald*, Berlin, Akademie Verlag, 1994, 566 p.

ORLOWSKI (Cyrille), *Buchenwald-Block 34*, maîtrise d'histoire sous la direction du professeur Philippe LEVILLAN, université Paris X Nanterre, 1994-1995, 161 p.

ROUVEYRE (Miriam), *Enfants de Buchenwald*, Paris, Julliard, 1995, 184 p.

SELLIER (André), *Histoire du camp de Dora*, Paris, Éd. La Découverte, 1998, 537 p. (coll. « Textes à l'appui »).

STEIN (Sabine et Harry), *Buchenwald. Le tour du mémorial*, Weimar, Gedenkstätte Buchenwald, 1993, 87 p.

TRIEBEL (Agnès), *Les Français à Buchenwald, 1940-1945*, Paris, Association française Buchenwald-Dora et kommandos, 2004, 122 p.

Témoignages

Divers camps

De l'université aux camps de concentration. Témoignages strasbourgeois, Paris, Les Belles Lettres, 1954, 560 p.

Tragédie de la déportation (1940-1945). Témoignages de survivants des camps de concentration allemands, choisis et présentés par Olga WORMSER et Henri MICHEL, Paris, Hachette, 1954, 509 p.

FNDIR-UNADIF, FILLAIRE (Bernard), *Jusqu'au bout la Résistance*, Paris, Stock, 1997, 514 p.

FNDIRP, *Le grand livre des témoins*, Paris, Ramsay/FNDIRP, 1995, 350 p.

Buchenwald et ses kommandos

Buchenwald. Block 34 : témoignages, Luçon, Éd. Hécate, 1989, 253 p.

La Guerre derrière les barbelés. Souvenirs d'anciens prisonniers du camp de concentration hitlérien de Buchenwald, traduit du russe par V. JOUKOV, Moscou, Éd. en langues étrangères, 1959, 178 p.

Le Livre blanc sur Buchenwald, Paris, Éd. de la déportation et de la Résistance, 1954, 447 p.

Mémorial des camps de Dora-Ellrich, Paris, 1949, 142 p.

ALDEBERT (Bernard), *Chemin de croix en 50 stations. De Compiègne à Gusen II par Buchenwald et Mauthausen*, Paris, Fayard, 1946, 113 p.

ANTELME (Robert), *L'Espèce humaine*, 3ᵉ éd. Paris, Gallimard, 1978, 306 p. (coll. « Tel »).

ARTOUS (Louis), *Témoignage du matricule 81 491 sur le bagne de Buchenwald*, préface du colonel MANHÈS, Tanger, Éd. de la Dépêche marocaine, 1948, 61 p.

ARVET (Henri) et BOISSARD (F.), *Des geôles de la Gestapo de Dijon à l'enfer de Buchenwald et Dora. Souvenirs et impressions d'un rescapé dijonnais*, Dijon, Imp. Darantière, 1948, 164 p.

BAILLY (Jacques-Christian), *Un lycéen à Buchenwald*, Paris, Ramsay, 1979, 248 p. (coll. « Image »).

BERLER (Willy), *Itinéraire dans les ténèbres. Monowitz, Auschwitz, Gross-Rosen, Buchenwald*, récit présenté et annoté par Ruth Fivaz-Silbermann, Paris, L'Harmattan, 1999, 293 p. (coll. « Mémoires du XXᵉ siècle »).

BIRIN (frère), *Seize mois de bagne. Buchenwald. Dora. Par le numéro 43 652*, présentation de Paul CHANDON-MOËT, préface d'Émile BOLLAERT, Épernay, Éd. R. Dautelle, 1947, 140 p.

BLÉCOURT (André), *De la Résistance au bagne. Fresnes, Buchenwald via Auschwitz*, Paris, Fernand Nathan, 31 p. (coll. « Révélations. Petite encyclopédie de la Résistance »).

BLUM (Léon), *Le Dernier Mois*, Paris, Éd. Diderot, 1945, 90 p.

– *Lettres de Buchenwald*, Paris, Gallimard, 2003, 189 p. (coll. « Témoins »).

BONIFAS (Aimé), *Détenu 20 801 dans les bagnes nazis*, Paris, Neuchâtel, Delachaux et Niestlé, 1946, 169 p.

CHAMBON (Albert), *81 490. Fresnes-Compiègne-Buchenwald*, Paris, Flammarion, 1961, 248 p.

CHAPLET (Pierre), *Häftling 43 485*, Paris, Charlot, 477 p.

CHAUVENET (docteur André), *Une expérience de l'esclavage. Souvenirs de déportation. Prisons et camps (21 janvier 1942-23 avril 1945)*, Paris, Off. général du livre, 1950, 237 p.

CHETANEAU (abbé Roger), *Le Christ chez les rayés par le n° 31 947*, préface de Monseigneur PIGUET, Fontenay-le-Comte, Imp. P. et H. Lussaud frères, 1947, 206 p.

CONVERSY (Marcel), *Quinze mois à Buchenwald*, Genève, Éd. du Milieu du monde, 1945, 213 p. (coll. « Documents d'aujourd'hui »).

– *L'Enclos des hommes perdus*, Thonon-Les-Bains, 1946, 157 p.

DARRIET (Yves) et FRANCIS-BŒUF (Claude), *Intermède... Écrit à Buchenwald*, préface de René LALOU, Paris, J. Susse, 1946, 191 p.

DELARBRE (Léon), *Croquis clandestins (Auschwitz, Buchenwald, Dora, Bergen-Belsen)*, Besançon, Cêtre/musée de la Résistance et de la déportation de Besançon, 1995, 118 p.

DELBOS (docteur Gaston), *Souvenirs d'un déporté politique. De Rouen à Buchenwald par Auschwitz*, avant-propos de Philippe RUC, Déville-Lès-Rouen, P. Ruc, 1999, 72 p.

DREYFUS (Jean-Claude), *Souvenirs lointains de Buchenwald et Dora*, préface d'Axel KAHN, Paris, La cause des livres/Catherine et Martine Dreyfus, 1995, 94 p. (coll. « Mémoire en liberté »).

F. DU FRESNE (Madeleine), *De l'enfer des hommes à la Cité de Dieu (La Gestapo, Pithiviers, Beaune-le-Rolande, Buchenwald)*, Paris, Éd. Spes, 1947, 315 p.

FAVIER (Auguste), MANIA (Pierre), BORIS, *Buchenwald. Scènes prises sur le vif des horreurs nazies*. 78 planches dessinées par Auguste FAVIER, Pierre MANIA, BORIS, préface de Christian PINEAU, textes de Pierre MANIA, Lyon, 1946, non-paginé.

FONTEYNE (Jean), *Buchenwald. Choses vues*, Bruxelles, Éd. de la Nouvelle Revue, 1945, 63 p. (11 546).

FOUCHER-CRÉTEAU (Roger), *Écrit à Buchenwald (1944-1945)*, préface du général André ROGERIE, introduction et notes d'Olivier LALIEU, Paris, La Boutique de l'Histoire Éditions, 2001, 236 p.

GARIN (Jean-Paul), *La Vie dure*, préface du docteur Jean ROUSSET, Lyon, Audin Éditeur, 1946, 186 p.

GIRAUD (Armand), *Un instituteur résistant et déporté*, La Crèche, Geste, 2004, 302 p.

GOYARD (Paul), *100 dessins du camp de concentration de Buchenwald*, Göttingen, Wallstein Verlag, 2002, 275 p.

GUYAUX (Achille), *À Buchenwald*, Gand-Bruxelles, Pr. des établissements Snoeck-Ducaju et Fils, 1948, 260 p.

HARCOURT (Pierre d'), *Journal de Buchenwald*, Paris, PUF, 1988, 351 p.

HEILBRONN (Max), *Galerie Lafayette, Buchenwald, Galeries Lafayette...*, présenté par Alain GUÉRIN, Éd. Economica, 1989, 170 p.

HENOCQUE (abbé Georges), *Les Antres de la bête... Fresnes, Buchenwald, Dachau*, Paris, G. Durassié, 1947, 250 P.

JEAN-PAUL (39 727), *Chaînes et lumières*, Béthune, Imp. Logier, s.d., 69 p.

JULITTE (Pierre), *L'Arbre de Goethe*, préface de Joseph KESSEL de l'Académie française, Paris, Presses de la cité, 1965, 375 p.

LACOUR-GAYET (Michel), *Un déporté comme les autres*, Paris, Éd. SPID, 1946, 274 p.

LAPAILLE (Hubert), *Buchenwald*, Bruxelles, Éd. Germinal et Michel Ange, 1945, 124 p.

LE GOUPIL (Paul), *La Route des crématoires*, Blainville-sur-Mer, L'Amitié par le livre, 1962, 245 p.

– *Un Normand dans... Itinéraire d'une guerre, 1939-1945*, Paris, Éd. Tirésias, 1991, 273 p.

LELOIR (Léon), *Les Paradoxes du retour*, Bruxelles, Éditions universitaires, 1945, 75 p.

– *Je reviens de l'enfer*, Paris, Éd. du Rendez-Vous, 1945, 285 p.

MANHÈS (Frédéric-Henri), *Buchenwald. L'organisation et l'action clandestines des déportés français (1944-1945)*, Paris, FNDIRP, 1947, 61 p.

MARNOT (René), *Dix-huit mois au bagne de Buchenwald*, Éd. de la Nouvelle République, 1945, 76 p.

MARSHALL (Bruce), *Le Lapin blanc*, préface de Gilberte PIERRE-BROSSOLETTE, Paris, Gallimard, 1953, 358 p. (coll. « L'air du temps »).

MAZEAUD (H. L. J. P.), *Visages dans la tourmente, 1939-1945*, Paris, Albin Michel, 1946, 353 p.

MIALET (Jean), *La Haine et le pardon. Le déporté*, 2ᵉ éd., Paris, Robert Laffont, 1997, 305 p.

MICHAUT (Édouard et François), *Esclavage pour une résurrection*, préface du général DEJUSSIEU-PONTCARRAL, Bagneux, Éd. du Cep, 1945, 255 p.

MICHEL (Jean), *De l'enfer aux étoiles. Dora. Le temps de la nuit*, Paris, Plon, 1986, 298 p.

MICHLIN (Gilbert), *Aucun intérêt au point de vue national. La grande illusion d'une famille juive en France*, commenté par Zeev STERNHELL, Paris, Albin Michel, 2001, 175 p.

MONTANGON (Jean de), *Un saint-cyrien des années 40*, Paris, Éd. France-Empire, 1987, 254 p.

MOULINET (J.), *Chemins de croix*, préface et épilogue du général AUDIBERT, Brest, Imp. commerciale et administrative, 1949, 45 p.

MOUSSÉ (Jean), *Libre à Buchenwald. Leçon de vie pour aujourd'hui*, Paris, Bayard/Centurion, 1995, 175 p.

NATHAN-MURAT (Mireille), *Poursuivi par la chance. De Marseille à Buchenwald. Mémoires partagées (1906-1996). Dialogue avec Roger et Lily Nathan-Murat*, Paris, L'Harmattan, 1996, 318 p. (coll. « Mémoires du XXe siècle »).

NOUVEAU (L. H. dit Saint-Jean), *Un autre monde. Seize mois à Buchenwald*, Paris, Calmann-Lévy, 1961, 441 p.

ONFRAY (Joseph), *L'Âme résiste*, Alençon, Imp. Alençonnaise, 1948, 346 p.

PALANT (Charles), *Je crois au matin*, Paris, Le Manuscrit, 2009, 430 p.

PASTEUR (Henry), *Mes souvenirs de la guerre 39-45*, chez l'auteur, s.d., 68 p.

PAUL (Marcel), « Buchenwald : Du martyre à l'insurrection », in *Histoire de notre temps. Toute la vérité*, textes présentés par Robert ARON, Paris, Plon, 1968.

PINEAU (Christian), *La Simple Vérité (1940-1945)*, Paris, Julliard, 1960, 632 p.

PONTOIZEAU (André), *Dora la mort. De la Résistance à la Libération par Buchenwald et Dora*, Tours, COSOR, 1947, 144 p.

POUZET (Richard), *Dora. Propos d'un bagnard à ses enfants*, Imp. A. Castet, 1946, 219 p.

PUISSANT (Jean), *La Colline sans oiseaux. 14 mois à Buchenwald*, Paris, Éd. du Rond-Point, 1945, 210 p.

RICHET (professeur Charles, Jacqueline et Olivier), *Trois bagnes*, Paris, J. Ferenczi & fils, 1945, 211 p.

ROGERIE (André), *Vivre c'est vaincre*, 2e éd., Maulévrier, Hérault éd., 1992, 103 p.

REVEL (docteur Gaston), *Évocation de Buchenwald*, préface de Léon MEISS, s.l., Imp. Alsacienne, 1947, 31 p.

– « Témoignage sur la libération de Buchenwald », in *Le Monde juif*, n° 158, septembre-octobre 1996, pp. 104-111.

Roos (docteur Georges), *Buchenwald*, préface de Christian Pineau, Paris, Éd. Médicis, 1945, 113 p.

Rousset (David), *L'Univers concentrationnaire*, Paris, Éd. de Minuit, 1989, 187 p. (coll. « Documents »).

– *Les Jours de notre mort*, Paris, Éd. du Pavois, 1947, 786 p.

Rousset (docteur Jean), *Chez les barbares*, Lyon, chez l'auteur, s.d., 115 p.

Semprun (Jorge), *Le Grand Voyage*, 2e éd., Paris, Gallimard, 1972, 278 p.

– *Quel beau dimanche !*, Paris, Grasset, 1991, 388 p. (coll. « Les Cahiers Rouges »).

– *L'Écriture ou la vie*, Paris, Gallimard, 1994, 318 p.

– *Le Mort qu'il faut*, Paris, Gallimard, 2001, 196 p.

Simon (Albert), *Dieu à Buchenwald*, Paris, Éd. de l'Atelier/Éd. ouvrières, 2000, 188 p.

Taslitzky (Boris), *111 dessins faits à Buchenwald*, présentés par Julien Cain, Paris, La Bibliothèque française, 1945, non-paginé.

Tauzin (Jean-Henri), *Quatre ans dans les bagnes hitlériens. Buchenwald, Laura, Ellrich, Harzungen, Dora*, Corbeil, Imp. Crété, 1945, 126 p.

Teitgen (Henri), « Buchenwald 1944-1945 », in *La Vie intellectuelle*, 13e année, n° 6, juillet 1945, pp. 10-29.

Verdet (André), *Anthologie des poèmes de Buchenwald*, 2e éd., Paris, Tirésias, 1995, 152 p.

Wellers (Georges), *L'Étoile jaune à l'heure de Vichy. De Drancy à Auschwitz*, préface de Jacques Delarue, postface du R. P. Riquet, Paris, Fayard, 1973, 452 p.

Wiechert (Ernst), *Le Bois des morts*, traduit de l'allemand par Blaise Briod, Paris, Éd. Egloff, 1947, 204 p.

Wiesel (Élie), *La Nuit*, préface de François Mauriac, Paris, Éd. de Minuit, 1958, 178 p.

III. ARCHIVES ORALES

Entretiens réalisés par l'auteur

Francis Beltrami, 17 août 2004, Paris.
Guy Ducolone, 9 mars 2004, Paris.
Pierre Durand, 24 juin 2000, Breuille-le-Sec.
Hermann Langbein, 15 juin 1995, Paris.
Paul Le Goupil, 15 octobre 2004, Valcanville.
Robert Marcault, 22 novembre 2004, Toulouse.

Jacques MOALIC, 13 décembre 1996, Paris.
David ROUSSET, 30 janvier, 13 et 23 juin 1995, Paris.
Jorge SEMPRUN, 27 juin et 3 juillet 2000, Paris.

Entretiens provenant d'autres sources

Entretien avec Marcel PAUL conduit par Jean-Pierre VITTORI, 1980.
Entretien avec Marcel PAUL conduit par Pierre DURAND (déposé à la FNDIRP).
Entretien avec Marcel PAUL conduit par Henri ALLEG (déposé à la FNDIRP).

BIBLIOGRAPHIE

I. BIBLIOGRAPHIE GÉNÉRALE

La bibliographie sur notre sujet est considérable. Nous nous bornons à n'indiquer ici qu'un nombre volontairement réduit d'ouvrages, directement utilisés au cours de cette recherche.

Contexte historique et politique

Amouroux (Henri), *La Grande Histoire des Français après l'Occupation. Les règlements de comptes. La page n'est pas encore tournée (septembre 1944-octobre 1945)*, 2ᵉ éd., Paris, Robert Laffont, 1999, 1331 p.

Azéma (Jean-Pierre), *De Munich à la Libération 1938-1944*, Paris, Seuil, 1979, 412 p. (coll. « Points »).
– et Prost (Antoine) et Rioux (Jean-Pierre), *Le Parti communiste français des années sombres (1938-1941)*, Paris, Seuil, 1986, 316 p. (coll. « L'univers historique »).
– *Les Communistes français de Munich à Châteaubriant (1938-1947)*, Paris, Presses de la Fondation nationale des sciences politiques, 1987, 439 p.

Buton (Philippe), *Des lendemains qui déchantent. Le parti communiste français à la Libération*, Paris, Presses de la Fondation nationale des sciences politiques, 1993, 352 p.
– *La joie douloureuse. La libération de la France*, Bruxelles/Paris, Complexe/IHTP, 2004, 285 p.

COURTOIS (Stéphane) et LAZAR (Marc), *Histoire du parti communiste français*, Paris, PUF, 1995, 439 p. (coll. « Thémis »).
– et WIEVIORKA (Annette), *L'État du monde en 1945*, Paris, Éd. La Découverte, 1994, 316 p. (coll. « L'État du monde »).
CRAIPEAU (Yvan), *Contre vents et marées. Les révolutionnaires pendant la Seconde Guerre mondiale*, Paris, Savelli, 1977, 287 p.
DAZY (René), *Fusillez ces chiens enragés !... Le génocide des trotskistes*, Paris, Olivier Orban, 1981, 365 p.
FAUVET (Jacques), *Histoire du parti communiste français*, t. II : *Vingt-cinq ans de drames, 1939-1965*, Paris, Fayard, 1965, 404 p.
KASPI (André), *La Libération de la France (juin 1944-janvier 1946)*, Paris, Perrin, 1995, 562 p.
KUPFERMAN (Fred), *Les Premiers Beaux Jours, 1944-1946*, Paris, Calmann-Lévy, 1985, 224 p.
RABAUT (Jean), *Tout est possible. Les « gauchistes » français (1929-1944)*, Paris, Denoël/Gonthier, 1974, 415 p.
RIOUX (Jean-Pierre), *La France de la quatrième République*, 2 tomes, Paris, Seuil, 1980 et 1983, 309 p. et 382 p. (coll. « Points »).
WIEVIORKA (Annette), dir., *Les Procès de Nuremberg et de Tokyo*, Bruxelles, Complexe, 1996, 328 p. (coll. « Interventions »).

II. RÉSISTANCE ET DÉPORTATION

Occupation et Résistance

ALGAN (Alya), *La Résistance sacrifiée. Le mouvement « Libération-Nord »*, préface de Jean-Pierre AZÉMA, Paris, Flammarion, 1999, 455 p.
ANGELI (Claude) et GILLET (Paul), *Debout, partisans*, Paris, Fayard, 1970, 388 p.
AZÉMA (Jean-Pierre) et BÉDARIDA (François), dir., *La France des années noires*, 2 tomes, Paris, Seuil, 1993, 536 et 517 p. (coll. « L'Univers historique »).
COURTOIS (Stéphane), *Le PCF dans la guerre. De Gaulle, la Résistance, Staline...*, Paris, Ramsay, 1980, 585 p.
GRANET (Marie), *Ceux de la Résistance (1940-1945)*, Paris, Éd. de Minuit, 1964, 375 p. (coll. « Grands documents »).
JACKSON (Julian), *La France sous l'Occupation (1940-1944)*, Paris, Flammarion, 2004, 853 p.
MARCOT (François), LEROUX (Bruno), LEVISSE-TOUZÉ (Christine), *Dictionnaire historique de la Résistance*, Paris, Robert Laffont, 2006, 1187 p.
MICHEL (Henri), *Les Courants de pensée de la Résistance*, Paris, PUF, 1962, 842 p. (coll. « Esprit de la Résistance »).

– *La Guerre de l'ombre. La Résistance en Europe*, Paris, Grasset, 1970, 420 p.

Noguères (Henri), dir., *Histoire de la Résistance française*, 5 tomes, Paris, Robert Laffont, 1967 à 1981. (coll. « L'Histoire que nous vivons »).

Sadoun (Marc), *Les Socialistes sous l'Occupation*, préface de Maurice Duverger, Paris, Presses de la Fondation nationale des sciences politiques, 1982, 323 p.

Wieviorka (Olivier), *Une certaine idée de la Résistance. Défense de la France (1940-1949)*, Paris, Seuil, 1995, 407 p. (coll. « L'Univers historique »).

– *Nous entrerons dans la carrière. De la Résistance à l'exercice du pouvoir*, Paris, Seuil, 1994, 450 p. (coll. « XXe siècle »).

Généralités ou analyses particulières sur le système concentrationnaire et la Shoah

Arras (Xavier d'), *Des médecins déportés français dans les camps de concentration nazis*, thèse pour le diplôme D'État de docteur en médecine, université de Bordeaux II, UFR des sciences médicales, 1994, 195 p.

Bédarida (François) et Gervereau (Laurent), dir., *La Déportation. Le système concentrationnaire*, Paris, BDIC/musée d'histoire contemporaine, 1995, 311 p.

Hilberg (Raul), *La Destruction des Juifs d'Europe*, traduit de l'anglais par Marie-France de Paloméra et André Charpentier, Paris, Fayard, 1988, 1099 p.

Klee (Ernst), *La Médecine nazie et ses victimes*, traduit de l'allemand par Olivier Mannoni, Arles, Actes Sud, 1999, 482 p.

Langbein (Hermann), *La Résistance dans les camps de concentration nationaux-socialistes (1938-1945)*, traduit de l'allemand par Denise Meunier, Paris, Fayard, 1981, 512 p. (coll. « Les nouvelles études historiques »).

Sofsky (Wolfgang), *L'Organisation de la terreur. Les camps de concentration*, traduit de l'allemand par Olivier Mannoni, Paris, Calmann-Lévy, 1995, 436 p. (coll. « Liberté de l'esprit »).

Voutey (Maurice), *Les Camps nazis. Des camps sauvages au système concentrationnaire (1933-1945)*, Paris, Graphein/FNDIRP, 1999, 234 p.

Wormser-Migot (Olga), *Le Système concentrationnaire nazi*, Paris, PUF, 1968, 660 p.

– *L'Ère des camps*, Paris, Union générale d'éditions, 1973, 312 p.(coll. « 10/18 »).

III. LE RETOUR, LES RESCAPÉS ET LEURS ASSOCIATIONS

ABZUG (Robert H.), *Inside the vicious heart. Americans and the liberation of nazi concentration camps*, New-York/Oxford, Oxford University Press, 1985, 192 p.

COCHET (François), *Les Exclus de la victoire. Histoire des prisonniers de guerre, déportés et STO (1945-1985)*, préface de Maurice VAÏSSE, Paris, SPM, 1992, 272 p. (coll. « Kronos »).

DREYFUS (Jean-Marc), *Ami, si tu tombes... : Les déportés résistants des camps au souvenir, 1945-2005*, Paris, Perrin, 2004, 231 p.

LAGROU (Pieter), *Mémoires patriotiques et occupation nazie*, Paris/Bruxelles, IHTP/Complexe, 2003, 358 p.

MATARD-BONUCCI (Marie-Anne) et LYNCH (Édouard), dir., *La Libération des camps et le retour des déportés. L'histoire en souffrance*, Bruxelles, Complexe, 1995, 285 p.

WAHL (Alfred), dir., *Mémoire de la Seconde Guerre mondiale*, Metz, Centre de recherche histoire et civilisation de l'université de Metz, 1984, 301 p.

WOLIKOW (Serge), VIGREUX (Jean), *Les combats de la mémoire : La FNDIRP de 1945 à nos jours*, Paris, Le Cherche Midi, 2006, 332 p.

WORMSER-MIGOT (Olga), *Le Retour des déportés. Quand les Alliés ouvrirent les portes...*, 2e éd., Bruxelles, Complexe, 1985, 341 p.

IV. LA MÉMOIRE : CONSTRUCTION ET MANIFESTATIONS

BENSOUSSAN (Georges), *Auschwitz en héritage ? D'un bon usage de la mémoire*, nouv. éd. revue et augm., Paris, Éd. Mille et une nuits, 2003, 300 p.

BORWICZ (Michel), *Écrits des condamnés à mort sous l'occupation nazie (1939-1945)*, préface de René CASSIN, 2e éd. revue et augm., Paris, Gallimard, 1973, 374 p.

CHAUMONT (Jean-Michel), *La concurrence des victimes. Génocide, identité, reconnaissance,* Paris, Éd. La Découverte, 1997, 380 p. (coll. « Textes à l'appui/série sociologie »).

CHÉROUX (Clément), dir., *Mémoire des camps. Photographies des camps de concentration et d'extermination nazis (1933-1999)*, Paris, Marval, 2001, 246 p.

FALIGOT (Roger) et KAUFFER (Rémi), *Les Résistants. De la guerre de l'ombre aux allées du pouvoir (1944-1989)*, Paris, Fayard, 1989, 669 p.

GUILLON (Jean-Marie) et LABORIE (Pierre), *Mémoire et histoire : la Résistance*, préface de Philippe JOUTARD, Toulouse, Éd. Privat, 1995, 352 p.

HERF (Jeffrey), *Divided memory. The Nazi past in the two Germanys*, Cambridge/Londres, Havard University Press, 1997, 527 p.

LALIEU (Olivier), « L'invention du devoir de mémoire », in *Vingtième siècle*, n° 69, janvier-mars 2001, pp.83-94.

LÉVI (Primo), *Les Naufragés et les rescapés. Quarante ans après Auschwitz*, traduit de l'italien par André MAUGÉ, Paris, Gallimard, 1989, 200 p. (coll. « Arcades »).
- *Le Devoir de mémoire*, entretien avec Anna BRAVO et Frederico CEREJA, traduit de l'italien par Joël GAYRAUD, avec une introduction et une postface de Frederico CEREJA, Paris, Éd. Mille et une nuits, 1995, 95 p.

POLLAK (Michael), *L'Expérience concentrationnaire. Essai sur le maintien de l'identité sociale*, Paris, Métailié, 1990, 342 p.

REICHEL (Peter), *L'Allemagne et sa mémoire*, traduit de l'allemand par Olivier MANNONI, Paris, Odile Jacob, 1998, 353 p.

SEMPRUN (Jorge) et WIESEL (Élie), *Se taire est impossible*, Paris, Éd. Mille et une nuits/Arte Éd., 1995, 46 p.

VIDAL-NAQUET (Pierre), *Le Trait empoisonné. Réflexions sur l'affaire Jean Moulin*, Paris, Seuil, 1993, 159 p

WIEVIORKA (Annette), *Déportation et génocide. Entre la mémoire et l'oubli*, 2ᵉ éd, Paris, Hachette Littérature, 2003, 506 p. (coll. « Pluriel »).
- *L'Ère du témoin,* Paris, Plon, 1998, 185 p.
- *Auschwitz, 60 ans après*, Paris, Robert Laffont, 2005, 286 p.

WIEVORKA (Olivier), *La mémoire désunie. Le souvenir de la Seconde Guerre mondiale*, Paris, Seuil, 2010, 303 p.

V. SOUVENIRS DIVERS ET BIOGRAPHIES

« David Rousset », in *Lignes*, n° 2, mai 2000, Paris, Éd. Léo Scheer, 231 p.

Marcel Paul ou la passion des autres, Paris, FNDIRP, 1983, 79 p.

Robert Antelme. Textes inédits sur l'espèce humaine. Essais et témoignages, Paris, Gallimard, 1996, 300 p.

Azéma (Jean-Pierre), *Jean Moulin, le rebelle, le politique, le résistant*, Paris, Perrin, 2003, 507 p.

– dir., *Jean Moulin face à l'histoire*, Paris, Flammarion, 2000, 417 p.

Baynac (Jacques), *Les Secrets de l'affaire Jean Moulin*, Paris, Seuil, 1998, 511 p.

Becker (Annette), *Maurice Halbwachs. Un intellectuel en guerres mondiales, 1914-1945*, préface de Pierre Nora de l'Académie française, Paris, Agnès Viénot éditions, 2003, 474 p.

Bourdet (Claude), *L'Aventure incertaine. De la Résistance à la restauration*, Paris, Stock, 1975, 478 p.

Carlier (Claude), *Marcel Dassault. La légende d'un siècle*, Paris, Perrin, 1992, 563 p.

Copfermann (Émile), *David Rousset*, Paris, Plon, 1991, 213 p.

Cordier (Daniel), *Jean Moulin. La République des catacombes,* Paris, Gallimard, 1999, 999 p.

Dassault (Marcel), *Le Talisman*, Paris, J'ai lu, 1970, 122 p.

Desanti (Dominique), *Les Staliniens. Une expérience politique (1944-1956)*, Paris, Fayard, 1975, 383 p.

Durand (Pierre), *Marcel Paul, vie d'un « pitau »*, Paris, Messidor, 1983, 320 p. (coll. « Temps actuels »).

– *Ite, Missa est. Récits autobiographiques*, Paris, Le Temps des cerises, 1999, 263 p.

Duras (Marguerite), *La Douleur*, 2e éd., Paris, Gallimard, 1993, 224 p.

Frenay (Henri), *La Nuit finira. Mémoires de Résistance (1940-1945)*, Paris, Robert Laffont, 1973, 607 p. (coll. « Vécu »).

– *L'énigme Jean Moulin*, Paris, Robert Laffont, 1977, 304 p.

Hessel (Stéphane), *Danse avec le siècle*, Paris, Odile Jacob, 1997, 312 p.

Jansen (sabine), *Pierre cot,* Paris, Fayard, 2002.

Mascolo (Dionys), *Autour d'un effort de mémoire. Sur une lettre de R. Antelme*, Éd. Maurice Nadeau, 1987, 95 p.

Maspero (Armand), *Les Abeilles et la guêpe*, Paris, Seuil, 2003, 281 p.

Mutter (André), *Face à la Gestapo*, Paris, Honoré Champion, 1945, 188 p.

Noirot (Paul), *La Mémoire ouverte*, Paris, Stock, 1976, 365 p.

Passy (Colonel), *Mémoires du chef des services secrets de la France libre*, présenté par Jean-Louis Crémieux-Brilhac, Paris, Odile Jacob, 2000, 801 p.

Péan (Pierre), *Vies et morts de Jean Moulin*, Paris, Fayard, 1998, 715 p.

Saint-Marc (Hélie de), *Toute une vie*, Paris, Les Arènes, 2004, 280 p.

Semprun (Jorge), *Autobiographie de Frederico Sanchez*, Paris, Seuil, 1978, 314 p.

SUDREAU (Pierre), *Au-delà de toutes les frontières*, Paris, Odile Jacob, 1991, 367 p.

WETZEL (Laurent), *Un internement politique sous la Ve République*, Paris, Odilon média, 1997, 253 p.

WIESEL (Élie), *Tous les fleuves vont à la mer. Mémoires*, t. I, Paris, Seuil, 1994, 558 p.

– *Et la mer n'est pas remplie. Mémoires*, t. II, Paris, Seuil, 1996, 542 p.

INDEX

A

AILLERET (Charles), 163, 277, 348, 413
ALLEG (Henri), 129, 301
ANKER (Daniel), 131, 195, 196, 201, 204, 205, 221, 310
ANTELME (Robert), 42
Arbeitsstatistik, 83, 84, 192-196, 198, 200-202, 204, 206, 208-210, 217-219, 222, 223, 265, 295, 310, 317, 335
ARENDT (Hannah), 93, 94
Armée secrète (AS), 144, 164, 215
ARNOULD (Roger), 157, 158, 270, 275, 276, 279
ARTOUS (Louis), 277, 300, 302, 413
AS, *voir* Armée secrète.
AUDIBERT (Louis), 313, 349, 413
AUDOUX, 348
Auschwitz, 27, 41, 43, 77, 153, 165, 188, 204, 236, 283, 285, 286, 305, 307, 364, 372

B

BADEL (colonel), 277, 349, 413
BAILLOU (Jean), 234
BALACHOWSKY (Alfred), 68, 69, 163, 266, 348, 412
BALLANGER (Robert), 126
BARDY (René), 348
BARRIER (Floréal), 279, 412
BARTEL (Walter), 178, 179, 199
BARTHEL (Karl), 92
BASSET, 348
BASSOMPIERRE (Henri), 155, 412
BELTRAMI (Francis), 167
Belzec, 41
BERGAS, 152
BERTIN (Jean), 205, 348
BFAL, *voir* Brigade française d'action libératrice.
BICLET (Yves), 192
BLACK (Edwin), 222
BLANC, 348
BLOCH (Marc), 48
BLOCH (Marcel dit Marcel Dassault), 213, 294, 413
Block 8, 284
Block 10, 241, 247, 248, 287, 351, 355, 366
Block 14, 234, 355, 366
Block 26, 258, 296, 355
Block 31, 234, 241, 299, 356, 361
Block 34, 66, 160, 217, 229, 230, 232, 233, 241, 242, 254, 259, 285, 294, 356, 365, 366
Block 46, 68
Block 50, 68, 69, 281, 332
Block 51, 196, 240, 365

Block 57, 155, 156, 246, 286, 310, 361, 364, 365
Block 59, 361
Blois, 131, 132, 141, 195
BLONDET (Louis), 347
BLUM (Léon), 61
BLUME (Jean), 195
Bochum, 284
BONIFAS (Aimé), 139
BORDERIE (Pierre), 146, 348
BOULONGNE (Yves), 204, 234, 412
BOURDET (Claude), 177, 184, 190, 212, 215, 219, 220, 319, 320, 328, 341, 343, 391, 406-409
BOUTEILLE (Robert), 320, 321, 322, 323
BRAU (Joseph), 145, 185, 186, 224
BRAUN (Maurice), 169, 348, 412
Brigade française d'action libératrice (BFAL), 268, 271-273, 279-282, 293, 295, 299, 300, 408, 409
BROSSARD (Pierre), 120
BROSSOLETTE (Pierre), 119, 120
BRUTELLE (Georges), 353
BURNEY (Christopher), 315, 316, 317, 391
BUSSE (Ernst), 92, 145, 148, 178, 179, 287

C

CAHUZAC (commandant), 109, 167
CAIN (Julien), 196, 197, 215, 221, 234, 242, 243, 250, 349, 413
CARIAT (Lucien), 162, 286
CARLEBACH (Emil), 284
Ce Soir, 318
« Ceux de la Libération », 67, 115, 146, 147, 314, 347, 349
« Ceux de la Résistance », 117, 163, 347, 350
CGT, *voir* Confédération générale du travail.
CHALLE (Albert), 349, 413
CHALLE (André), 349
CHAMBEIRON (Robert), 109, 117
CHAMBON (Albert), 86, 109
CHAPELAIN (Lucien), 157, 159, 412
CHAULIAT (Jean-Paul), 347
CHAVANE DE DALMASSY (sous-lieutenant), 310
Chelmno, 41
Cherche-Midi, 121
CHETANEAU (Roger), 85-87
CHURCHILL (Winston), 383
CIF, *voir* Comité des intérêts français.
CIUFOLI (Domenico), 178
Clairvaux, 195
CND, *voir* « Confrérie Notre-Dame ».
CNR, *voir* Conseil national de la Résistance.
« Cohors-Asturies », 150
« Combat », 163, 164, 167, 177, 220, 319, 347
Comité d'action socialiste, 45, 149
Comité des intérêts français (CIF), 29, 32, 36, 37, 44, 48, 152, 161-163, 165, 166, 168-177, 179-181, 183, 186, 187, 190, 201-205, 207, 211, 213-215, 217, 218, 221, 226-228, 231, 235, 236, 238-240, 247, 248, 252, 253, 256, 257, 260, 262, 263, 267, 268, 271, 273, 274, 286, 288-291, 295, 305, 306, 309, 311, 313, 316-318, 323, 328, 331, 332, 334, 335, 337, 338, 347, 354-356, 362-364, 368-372, 374-377, 389, 407-409
Compiègne, 30, 45, 51, 79, 95, 121, 131, 132, 139, 140, 153, 167, 191, 195, 197, 220, 240, 244, 245, 273, 280, 286, 322, 364, 366, 410
Confédération générale du travail (CGT), 45, 118, 143, 152, 154, 160, 347, 350, 362
« Confrérie Notre-Dame » (CND), 347, 361, 373
Conseil national de la Résistance (CNR), 120, 140, 158, 162, 177, 183, 184, 220, 278, 306, 315, 319, 320, 332, 373, 387, 388, 391
CONVERSY (Marcel), 212, 244, 245, 413

COT (Pierre), 109
Crapouillot (Le), 325
CRUTEL (Octave), 151, 349, 362, 413

D

Dachau, 41, 43, 46, 57, 58, 89, 144, 284, 294, 372, 404
DALIGAULT (Jean), 229
DARRIET (Yves), 70, 77, 79, 99, 232, 233, 234, 412
DARSONVILLE (Robert), 131, 133, 155, 163, 164, 168, 172, 295, 347, 355, 378, 413
DAURIAC (Sylvain), 167, 353, 413
DE CHALVRON (Bernard), 348, 373
DE SAINT-MARC (Hélie), 192
DEBEAUMARCHÉ (Edmond), 324
« Défense de la France », 163, 173, 347
DEJUSSIEU (général), 215
DELESTRAINT (Charles), 144, 404
DESLANDES (Gaston), 142, 150, 251
DESNOS (Robert), 221
DESPIERRE, 353
DING-SCHULER (Erwin), 68, 149, 298, 332
DOLIVET (Louis), 109
Dora, 68, 88, 89, 94, 186, 188, 189, 193, 207, 209, 215, 217, 251, 261, 265, 266, 309, 323, 324, 328, 367, 372, 396
DOUCET (Colonel), 349
Drancy, 195, 213
DUBOIS, 379
DUCLOS (Jacques), 379
DUCOLONÉ (Guy), 286
DUPUY, 353
DURAND (Pierre), 114, 179, 180, 280, 293, 412

E

Effektenkammer, 67, 84, 96, 231, 281, 368
EICKE (Theodor), 54
EIDEN (Hans), 196, 305
EISENHOWER (Dwight D.), 27, 181
Ellrich, 189
ELMELIK (docteur), 408
ELMELIK (Léon), 186
Elmelik, 145, 186, 408
ENKER (Max), 241
EPELBAUM (Didier), 330
Époque (L'), 318
Erfurt, 274
Ettersberg, 52, 55, 76, 91, 188, 283, 335

F

FAURISSON (Robert), 329
FERRIERES (Marcel), 347, 349, 413
Fichtenhain, 62
Figaro (Le), 328
FIX (Léon), 157, 412
FLEURET (François), 290, 347, 373
Fontevrault, 131, 157
FORCINAL (Albert), 30, 31, 32, 150, 165, 166, 191, 241, 311, 318, 333, 347, 350, 362, 413
FOUCHER-CRÉTEAU (Roger), 204, 223, 229, 413
FRACHON (Benoît), 379
FRAGER (Henri), 221
« France au combat », 149, 350
« Franche-Comté », 290, 347, 373
FRANCIS-BŒUF (Claude), 69, 77, 79, 412
Francs-tireurs et partisans français (FTPF), 118, 129, 131-133, 153, 154, 157, 163, 164, 205, 241, 268, 347, 386
FRANK (Josef), 195,
FRANK (Jules), 160, 217, 242, 243, 274, 275, 412
FRENAY (Henri), 177, 319, 392
FRESNEL (Paul-Louis), 186, 412
Fresnes, 30, 121, 157, 240, 366
FRICHET, 348
FROMMHOLD (Ernst), 92
« Front national », 117, 152, 153, 159-161, 163, 164, 169, 170, 195, 204, 217, 218, 230, 241, 250, 290, 306, 311, 348, 362, 373, 381, 400

FTPF, *voir* Francs-tireurs et partisans français.

G

GAILLARD (Lazare), 163, 216, 218, 347
« Gallia », 167
Gandersheim, 42
GANDREY-RETY (Jean), 234
GANEVAL (Jean), 220, 412
GARCIA, 355
GARIN (Jean-Paul), 192
GAULLE (Charles de), 117, 119, 121, 145, 162, 218, 311, 323, 335, 412
GEOFFROY (Jean), 313
GIRARD, 347
GIRAUD (Armand), 167, 168
GIRAUDOUX (Jean), 45
GLINEUR (Henri), 178
GOERING (Hermann), 61, 129
GOETHE (Wolfgang von), 52, 55, 88, 267
GOFFEZ (Louis), 190
Gotha, 274
GOYARD (Paul), 229, 230, 412
GREZES, 353
GRILLE (Charles), 348
Gross-Rosen, 283
GUILBERT (Henri), 280
Gurs, 43
Gustloff-Werke II, 168, 185, 231, 265, 274, 280, 300

H

HAGENMULLER (Paul), 88, 187, 199, 200
HAKEN (Jan), 178
HALBWACHS (Maurice), 197
HARCOURT (Pierre d'), 173, 174, 217, 223, 259, 320, 413
HAROUX, 348
Harzungen, 189
HAVEZ (Auguste), 126-128, 131, 132, 141
« Hector », 185
HEILBRONN (Max), 117
HÉNOCQUE (abbé), 192, 243, 244, 413
HÉRACLE (Louis), 328

HERING (Hermann), 347
HERNU (Charles), 272
HEURTAUX (Alfred), 349
HEWITT (Maurice), 215, 232, 234, 349, 413
HIMMLER (Heinrich), 53, 69, 82, 294
HITLER (Adolf), 61, 77, 78, 108, 128, 339
HOLDOS (Ladislav dit Pedro Kaliaric), 280
HORN (Otto), 178, 236
HOUSSAYE, 347
HRSEL (Emil), 178
Humanité (*L'*), 110, 196, 313, 318, 328
HUMMELSHEIM (Walter), 149, 150

I

INEMANN (Kvetoslav), 178
IZYDORCZYK (Jan), 178

J

JACQUEMARD (Marius), 290, 373, 413
JANVIER (Émile), 45
JULITTE (Pierre), 88, 266, 267, 328, 413

K

KAEPPELIN (Roger), 308
« Kasanga », 167
KEMPECK (Hermann), 57
KERMAREC (Yves), 155, 296, 413
KINBERG (Michel), 349
KINDINGER (Jacob), 238, 239
KIPP (Otto), 148
KIRCHMEYER (Alfred), 146, 166
KIRRMANN (Albert), 41, 69, 83, 85, 219, 282
KJUNG (Nikolaj), 178
KNIEPER (Alfred), 287
KOCH (Ilse), 61
KOCH (Karl), 56, 59, 61
KOGON (Eugen), 19, 20, 46, 47, 52, 54, 69, 73, 80, 90, 98, 210, 220, 259, 264, 288, 298, 300, 314, 332
KRÄMER (Walter), 95
KRÉHER (Jean), 167
KUHN (Harry), 178, 179
KUNTZ (Albert), 94

L

LABARTHE (André), 109
LACROIX, 348
LAFFITTE (Jean), 130, 153, 154
LAGARDE (Lucien), 142, 143, 150, 152, 154, 156, 158, 175, 227, 379
LAGUNAS (Simon), 279, 299, 412
LAMOUREUX (Philippe), 328
LAMY (Jacques), 229
LANGBEIN (Hermann), 42, 43, 75, 90, 94, 264, 343
LANSAC (Jean), 186
LASTENNET (Jean), 279
LAVAL (Pierre), 124
LAWRENZ (Mikael), 241
LE GOUPIL (Paul), 189, 204, 206, 412
LEBON (Rémy), 308
LECOMPTE-BOINET (Jacques), 109, 117
Leipzig, 77, 243
LELOIR (Léon), 101, 192, 249, 309, 313, 412
LEMBERTECHE (Jean-Baptiste), 281
LEROY (André), 132, 153, 158, 274, 275, 276, 348, 412
LESPINASSE (Herbert), 198
LEVI (Primo), 37, 38, 39, 83, 331
« Libération Nord », 45, 117, 150, 163, 348
Libération, 163, 328, 350, 361
« Liberté Égalité Fraternité », 146, 318
Lichtenberg, 54, 55, 57, 145
LLOUBES (Jean), 132, 153, 154, 156, 158, 276, 290, 327, 348, 373
Lublin-Majdanek, 27, 41
LUSSEYRAN, 347

M

MADIOT (Karl), 279, 412
Magdeburg, 284
MAIRE (Auguste), 347
MAMMONAT (René), 281
MANCEL (Colonel), 350
MANDEL (Georges), 61, 128
MANHÈS (Henri-Frédéric), 31-35, 44, 47, 78, 79, 83, 85, 104-110, 115-121, 123, 125, 133, 134, 140, 145, 146, 149-152, 155, 159, 161, 165, 166, 168, 169, 173-176, 183, 189, 201-204, 208, 211, 224, 226, 238, 239, 241, 242, 252, 256, 257, 260, 262, 270, 272-274, 276, 277, 281, 299, 308, 309, 311-313, 317, 318, 323, 325, 332, 333, 347, 350, 357, 362, 375, 378, 404, 407-411, 413
MANHÈS (Lucie), 115, 116
MANIA (Pierre), 160, 230, 241, 243, 245, 412
MARCAULT (Robert), 305
MARCOVITCH (Louis), 232
MARIE (André), 234, 349, 413
MARNOT (René), 208
MARTIN, 347
MASPERO (Henri), 197
MASSPACHER (Robert), 120
MATARD-BONUCCI (Marie-Anne), 27
Mauthausen, 89, 92, 132, 141
MAUVAIS (Henriette), 133
MAYER (Daniel), 315
MAYNADIER (Pierre), 186, 275
MAZEAUD (Léon), 214, 249, 250, 269, 309, 314, 349, 413
MÉLÈZE (Joseph), 49
MERVY DE RICAUT (Claude), 232
MEUNIER (Pierre), 109, 117, 120, 312
MICHAUT (Édouard et François), 51, 79, 95, 142, 188
MICHELET (Edmond), 144
MICHELIN (Marcel), 213, 223-225, 412
MNPGD, *voir* Mouvement national des prisonniers de guerre et déportés.
MOLLARD (Émile), 277, 349
Monde (Le), 328
Montluc, 45, 213
MORAT (René), 413
MOULIN (Jean), 106, 109, 115-120, 146, 165, 166
MOUSSÉ (Jean), 192

Mouvement national des prisonniers de guerre et déportés (MNGPD), 140, 205, 348
MRAZOVICH (Georges), 348, 413
MULHER (Alfred), 242, 243, 259
MUSSET (René), 349
MUTTER (André), 314, 315, 318, 320, 325

N

NAJAC (Jean), 167
NAP, *voir* « Noyautage des administrations publiques ».
NATHAN-MURAT (Roger), 167, 204, 216, 413
Natzweiler, 27, 144
NÈGRE (Maurice), 102, 247, 348, 413
Neuengamme, 28, 43, 177
NEUMANN (Alois), 178
NIKLE (Alexandre), 198, 200
NIVROMONT (Pierre), 330
NOURRY (Anne), 219
« Noyautage des administrations publiques » (NAP), 177, 290, 348, 373, 400

O

OCM, *voir* Organisation civile et militaire.
OHLES (Josef), 92, 93
Ohrdruf, 27, 188, 222, 223, 259, 293, 309
Oranienburg-Sachsenhausen, 62, 89
Organisation civile et militaire (OCM), 117, 167, 348, 361
Organisation spéciale (OS), 129, 130, 154, 162
OS, *voir* Organisation spéciale.

P

PALANT (Charles), 307
PANIER (Maurice), 117
PAPAUD (Roger), 152
PAPEN (Franz von), 149
PARAZ (Albert), 324

Paroles françaises, 314-316, 318, 320, 325, 391, 393, 400, 402, 406, 407
Parti communiste français (PCF), 114, 129, 130, 135, 139, 140, 144, 152-156, 163, 164, 171, 195, 212, 225, 227, 251, 270, 328, 332, 343, 348, 373, 375
Parti socialiste français (ou SFIO, Section française de l'Internationale ouvrière), 151, 163, 164, 324, 348, 362
PASQUIER (Émile), 131
PASSY (Colonel), 119, 120
« Patriam Recuperare », 146
Patriote résistant (*Le*), 317
PAUL (Marcel), 32-37, 44, 88, 104, 110-115, 126-134, 138, 139, 141, 144, 153-162, 164-166, 168, 169, 172, 173, 175-180, 183, 186, 187, 189, 191, 196, 199, 201, 204, 206, 208-215, 223- 225, 229, 230, 235-239, 246, 249-251, 256, 259, 265, 271, 273, 276, 277, 279, 286, 287, 289, 290, 292, 293, 301, 307-313, 315, 317, 318, 321, 323, 325-330, 332, 334, 335, 337, 339, 341-343, 347, 348, 350, 351, 353, 357, 378, 379, 391, 394, 399, 401-405, 407-413
PCF, *voir* Parti communiste français.
PÉAN (Pierre), 106-108, 119, 121
PERY (Pierre), 347, 413
PESQUIER (Armand), 353
PÉTAIN (Philippe), 124, 127, 397
PINEAU (Christian), 45-47, 96, 97, 160, 160, 168, 170, 173, 174, 215, 217-220, 224, 225, 228, 233, 234, 241, 243, 245, 246, 259, 260, 281, 285, 286, 292, 294, 299, 305, 328, 343, 348, 412
PISTER (Hermann), 93, 293, 298
PLANQUE (Vincent), 347, 413
Poissy, 153, 157
PONTOIZEAU (André), 192
Porta Westphalica, 28
« Pour la République », 361

PROVOST (Pierre), 231, 413
PUCHEU (Pierre), 133
PUISSANT (Jean), 238, 240, 320, 413
PUJOL, 143

Q

QUITTARD (Jean), 26, 29-32, 35
Quotidien de Paris (Le), 328

R

RANCY (Jacques), 348
RAYMOND (Maurice), 247, 248, 287, 291
REICHEL (Peter), 336
RENARD (Jean), 191
RENAUD (Maurice), 167
RENET (Marcel), 250, 348
RESSIGEAC (A.), 321
Revier, 43, 67, 68, 71, 84, 143, 145, 148, 155, 185-187, 202, 214, 231, 239, 250, 254, 256, 288, 305, 368
REY-GOLLIER (Charles), 266, 293, 413
RIANDEY (Charles), 167
RICHET (Charles), 67, 71, 76, 83, 84, 145, 163, 185, 193, 216, 244, 246, 249, 250, 313, 318, 340, 348, 349, 413
RICHTER (Hubert), 92
RIPOCHE (Marcel), 115
ROBERT, 348
ROBRIEUX (Philippe), 337
ROHMER, 347
Romainville, 195, 197
ROOS (Georges), 156
ROOSEVELT (Franklin D.), 181, 383
ROTH (Charles), 236, 412
ROTIVAL (colonel), 304
ROURE (Rémy), 215
ROUSSET (David), 19, 28, 44, 46, 47, 51, 72, 81, 86, 94, 149, 151, 168, 170, 176, 189, 192, 228, 280, 294, 314, 328, 341, 394
ROUSSET (Jean), 145, 186, 255
ROYER (Gontran), 322, 323, 348, 413

S

Sachsenburg, 55
SAILLANT (Louis), 319, 320
Saint-Cyprien, 43
SALMSON (Jean-Philippe), 333, 334
SANDER (Charles), 404, 409, 411, 413
Santé (La), 131, 153, 157
Sarrebrück, 173
SAUCKEL (Fritz), 53, 54
SCHMIT (Otto), 236, 237
Schönebeck, 188, 408
SCHRECK (Paul), 239
Schreibstube, 200
SCHUSTER (Franz), 178
SCHWARTZ (Gilbert), 150, 155, 160, 241, 265, 357, 413
SCHWEBLIN (Jacques), 217
SCHWEIZER, 400
SEIFERT (Willy), 198-201, 205
SEISDEDOS (Joseph), 232
SEMPRUN (Jorge), 23, 47, 91, 92, 142, 195, 196, 198, 200, 201, 204, 205, 221, 303, 328, 412
Serment (Le), 326, 327
SFIO (Section française de l'Internationale ouvrière), voir Parti socialiste français.
SIMAKOV (Nicolai), 178
SIMONIN (René), 290, 347, 373
SMIRNOV (Ivan), 178
SMOULARD (Alfred), 167
SOFSKY (Wolfgang), 63
SOMMET (Jacques), 199
SOUDAN, 234
SPOENAY (Henk), 195
STALINE (Joseph), 135, 380
STENGER (Georges), 191-193, 333
STRAKA (Georges), 309
Strassfurt, 188
SUDREAU (Pierre), 347, 357
SUHARD (Maurice), 349
SUPEK (Rudi), 178

T

TALLANDIER (Jules), 107
TASCHAW (abbé), 191
TASLITZKY (Boris), 228, 229, 231, 233, 234
THÄLMANN (Ernst), 266
THIEBAULT, 348
THIÉBAUT (Pierre), 347
THOMAS (Eugène), 30, 32, 149-151, 164, 165, 168, 171, 191, 289, 311, 318, 333, 347, 348, 350, 353, 355, 362, 378, 413
THOREZ (Maurice), 114, 312, 339, 379
Thuringe, 52-54, 122, 274, 285, 310, 368
TIMBAUD (Jean-Pierre), 154
Treblinka, 41
TYL (Joseph), 192, 210, 309

U

ULMANN (André), 140, 141
UNTEREINER (Alfred dit frère Birin), 193, 253
URSS, 128, 178, 239, 377, 380

V

VAILLANT-COUTURIER (Marie-Claude), 133
VALLEY (Émile), 131, 132
VALTON, 348
VANBREMEERSCH (Claude), 160, 171, 193, 207, 229, 242, 243, 253, 254, 277, 302, 412
VANNIER (Maurice), 146, 167, 347
VAUTIER (Louis), 154, 160, 164, 172, 347, 348, 378
« Vengeance », 146, 147, 348
VERDET (André), 234, 412
« Vérités », 318
VIC-DUPONT (Victor), 146, 147, 149, 174, 185, 287
VIGUIER (Robert), 289
VITTORI (Jean-Pierre), 114, 213
« Voix du Nord », 117

W

WAITZ (Robert), 31, 349
WEGERER (Gustav), 150-152, 155, 232
WEIDLICH (Herbert), 198-201
WEIL (Gaston), 167, 318, 348, 413
Weimar, 52, 53, 55, 58, 62, 168, 192, 274, 293, 302
WETTERWALD (François), 147
WETZEL (Laurent), 325, 327-330
WIEVIORKA (Annette), 26, 310
WILHELM, 287
WIRTHS (Édouard), 43
WOLFF (Fritz), 93
WORMSER-MIGOT (Olga), 52, 93, 148, 338

Y

YEO-THOMAS (Forrest), 120

Z

Zeltlager, 240, 366
ZWEIG (Stefan-Jerzy dit Juschu), 284
ZYGUEL (Léon), 286

REMERCIEMENTS

Merci à Annette Wieviorka, Maurice Voutey et Tal Bruttmann pour avoir relu avec autant d'attention et de compréhension le manuscrit.

Merci à Denis Peschanski.

Les conseils éclairés de Jean-Pierre Azéma, Annette Becker et Yves Ternon.

L'Association française Buchenwald-Dora et kommandos, Guy Ducoloné, président d'honneur, Jean-Claude Gourdin, président, Bertrand Herz, secrétaire général, Simone Frocourt, Catherine Guérin, Dominique Orlowski, pour leur confiance et leur dévouement.

La FNDIRP, comme toujours Danièle Baron pour sa fidèle amitié et Dominique Vitrant.

Jean-Paul Bodin, directeur de la mémoire, du patrimoine et des archives au ministère de la Défense, ainsi que son adjointe Paule René-Bazin, conservateur général des archives de la Défense.

Joachim König et Sabine Stein du mémorial de Buchenwald

Florence Dartois de l'INAthèque

Jean Laidet et Paul Le Goupil pour leur gentillesse et leur disponibilité, Hubert et Larissa Cain pour leurs encouragements bienveillants, sans oublier Irène Savignon.

Mes collègues du mémorial de la Shoah, en particulier son directeur Jacques Fredj, Joël Kotek, si proche dans ces moments particuliers, Georges Bensoussan, Claude Singer, Sébastien Lucas ainsi que Lior Lalieu-Smadja et Karen Taieb.

Guy Krivopissko, Xavier Aumage et Céline Heytens du Musée de la Résistance nationale de Champigny-sur-Marne.

Myriam Le Floc'h et David Scholl ont réalisé les traductions.

Merci enfin à tous ceux que, par inadvertance ou pudeur, je n'aurais pas cités et qui ont pourtant permis à ce livre d'exister.

Dans la même collection

Louis ALTHUSSER, *Machiavel et nous*
François-Jean ARMORIN, *Terre Promise, terre interdite*
Colette ARNOULD, *Histoire de la sorcellerie*
Raymond ARON, *Essais sur la condition juive contemporaine*
Frédérique AUDOIN-ROUZEAU, *Les Chemins de la peste : le rat, la puce et l'homme*
Elisabeth BADINTER, *Les Remontrances de Malesherbes*
Jacques BAINVILLE, *Histoire de France*
Malcom BARBER, *Le Procès des Templiers*
Alessandro BARBERO, *Barbares. Émigrés, réfugiés et déportés dans l'Empire romain*
Giovanni BELZONI, *Voyages en Égypte et en Nubie*
Célia BERTIN, *La Femme à Vienne au temps de Freud*
Georges BORDONOVE, *La Tragédie des Templiers*
Georges BORDONOVE, *La Tragédie Cathare*
Marcel BRION, *Frédéric II de Hohenstaufen*
Marcel BRION, *Les Borgia*
Louise BROOKS, *Loulou à Hollywood*
Christopher R. BROWNING, *Des hommes ordinaires. Le 101ᵉ bataillon de réserve de la police allemande et la Solution finale en Pologne*
Christopher R. BROWNING, *Politique nazie, travailleurs juifs, bourreaux allemands*
Riccardo CALIMANI, *Histoire du ghetto de Venise*
Piero CAMPORESI, *Le Goût du chocolat*
Paul CARELL, *Ils arrivent ! Le Débarquement vécu du côté allemand*
Matei CAZACU, *Dracula*
Boni DE CASTELLANE, *L'Art d'être pauvre*, précédé de *Comment j'ai découvert l'Amérique*
Pierre CHAINE, *Mémoires d'un rat*
Eddie CHAPMAN, *Ma Fantastique Histoire*
Kellow CHESNEY, *Les Bas-Fonds de Londres. Crime et prostitution sous le règne de Victoria*
Winston CHURCHILL, *Discours de guerre*. Édition bilingue
Winston CHURCHILL, *Journal politique, 1936-1939*
Winston CHURCHILL, *Mes jeunes années*
Winston CHURCHILL, *Mon voyage en Afrique*
Winston CHURCHILL, *Réflexions et Aventures*
Marthe COHN, *Derrière les lignes ennemies*
Bernard COTTRET, *Histoire de l'Angleterre*
Pierre DAIX, *Aragon avant Elsa*
Franck DANINOS, *CIA. Une histoire politique, 1947-2007*

Amable DE FOURNOUX, *La Venise des Doges*
Philippe DELORME, *Aliénor d'Aquitaine*
Arthur DEMAREST, *Les Mayas*
Sophie DEROISIN, *Le Prince de Ligne*
Moses I. FINLEY, *L'Héritage de la Grèce antique*
Janet FLANNER, *Chroniques d'une Américaine à Paris*
Robert FLEURY, *Marie de Régnier*
Michael R.D. FOOT & J.-L. CREMIEUX-BRILHAC, *Des Anglais dans la Résistance. Le SOE en France, 1940-1944*
Philippe FRANCHINI, *Les Guerres d'Indochine. De la conquête française à 1949*
Philippe FRANCHINI, *Les Guerres d'Indochine. De 1949 à la chute de Saïgon*
Max GALLO, *La Nuit des longs couteaux*
Max GALLO, *L'Italie de Mussolini*
Max GALLO, *Rosa Luxemburg*
Murray GORDON, *L'Esclavage dans le monde arabe*
Zalmen GRADOWSKI, *Au cœur de l'enfer*
Michael GRANT et John HAZEL, *Dictionnaire de la mythologie*
Mogens Herman HANSEN, *La Démocratie athénienne*
Victor HANSON, *Le Modèle occidental de la guerre*
John HERSEY, *Hiroshima*
Richard HILLARY, *Le Dernier Ennemi. Bataille d'Angleterre, juin 1940-mai 1941*
Adam HOCHSCHILD, *Les Fantômes du roi Léopold. La terreur coloniale au Congo belge, 1884-1908*
Alistair HORNE, *Comment perdre une bataille*
John HORNE et Alan KRAMER, *1914, Les Atrocités allemandes*
Richard HOUGH, *La Mutinerie du cuirassé Potemkine*
Aldous HUXLEY, *Les Diables de Loudun*
Christian JACQ, *Le Monde magique de l'Égypte ancienne*
Jean-Noël JEANNENEY, *Georges Mandel. L'homme qu'on attendait*
Lucien JERPHAGNON, *Julien dit l'Apostat*
Alexandre JEVAKHOFF, *Les Russes blancs*
Donald KAGAN, *Périclès*
Joseph KESSEL, *Jugements derniers. Les procès Pétain, de Nuremberg et Eichmann*
Joseph KESSEL, *L'Heure des châtiments*
Joseph KESSEL, *La Nouvelle Saison*
Joseph KESSEL, *Le Jeu du roi*
Joseph KESSEL, *Le Temps de l'espérance*
Joseph KESSEL, *Les Instants de vérité*
Joseph KESSEL, *Les Jours de l'aventure*
Anja KLABUNDE, *Magda Goebbels*
Arthur KOESTLER, *La Treizième Tribu*
Paul LAFARGUE, *Paresse et Révolution, 1880-1911*
Hermann LANGBEIN, *Hommes et femmes à Auschwitz*

Evelyne LEVER, *Marie-Antoinette, journal d'une reine*
Claude LÉVY et Paul TILLARD, *La Grande Rafle du Vel d'Hiv*
Bernard LEWIS, *Istanbul et la civilisation ottomane*
Louis XIV, *Mémoires suivis de Manière de montrer les jardins de Versailles*. Textes présentés par Joël Cornette
Pierre MENDÈS FRANCE, *Dire la vérité*
Jean MEYER, *La Révolution mexicaine*
André MIQUEL, *Ousâma. Un prince syrien face aux croisés*
Pierre MIQUEL, *Mourir à Verdun*
Nancy MITFORD, *Madame de Pompadour*
Horst MÖLLER, *La République de Weimar*
Philippe MONNIER, *Venise au XVIIIe siècle*
Daniel MORNET, *Les Origines intellectuelles de la Révolution française*
Donald M. NICOL, *Les Derniers Siècles de Byzance*
George D. PAINTER, *Marcel Proust*
Jacques-Henry PARADIS, *Le Journal du siège de Paris*. Texte annoté et présenté par Alain Fillion
Jean-Christian PETITFILS, *Le Véritable d'Artagnan*
Jean-Robert PITTE, *Histoire du paysage français*
Christophe PROCHASSON, *14-18. Retours d'expérience*
Salomon REINACH, *Sidonie ou Le Français sans peine*
Yves RENOUARD, *Les Hommes d'affaires italiens au Moyen Âge*
Jean-François REVEL, *Un festin en paroles. Histoire littéraire de la sensibilité gastronomique de l'Antiquité à nos jours*
Jacqueline DE ROMILLY, *Alcibiade*
Steven RUNCIMAN, *La Chute de Constantinople : 1453*
Cornelius RYAN, *La Dernière Bataille : 2 mai 1945*
Cornelius RYAN, *Le Jour le plus long*
Comte Philippe de SÉGUR, *Un aide de camp de Napoléon. De 1800 à 1812*
Comte Philippe de SÉGUR, *La Campagne de Russie, 1812*
Comte Philippe de SÉGUR, *Du Rhin à Fontainebleau, 1812-1815*
Heinrich SCHLIEMANN, *La Fabuleuse Découverte des ruines de Troie*
William L. SHIRER, *Les Années du cauchemar, 1934-1945*
La Baronne STAFFE, *Usages du monde. Règles du savoir-vivre dans la société moderne*
Robert VAN GULIK, *Affaires résolues à l'ombre du poirier. Un manuel chinois de jurisprudence et d'investigation policière du XIIIe siècle*
Paul VEYNE, *Sénèque. Une introduction*
Alexander WERTH, *La Russie en guerre. La patrie en danger, 1941-1942*
Alexander WERTH, *La Russie en guerre. De Stalingrad à Berlin, 1943-1945*
Edith WHARTON, *Villas et jardins d'Italie*
Arthur YOUNG, *Voyages en France*
Natalie ZEMON DAVIS, *Le Retour de Martin Guerre*

Achevé d'imprimer en décembre 2011
sur les presses de Normandie Roto Impression s.a.s.
61250 Lonrai
N° d'imprimeur : 114685
Dépôt légal : janvier 2012
N° d'éditeur : 3477
ISBN : 978-2-84734-855-2

Imprimé en France